Curriculumentwicklung heute –
Vom Lehrplan zum didaktischen Gesamtkonzept
Anwendungen für öffentliche und betriebliche Einrichtungen

Herausgeber:

Viktoria Bergmann

Manfred Künzel

Felix Sprenger

Jakob Thieme

Über die Herausgeber dieses Buches:

Bergmann, Viktoria: Studierte im Lehramt unter anderem Erziehungswissenschaft und Bildungswissenschaft an der Albert-Ludwigs-Universität in Freiburg. Sie besitzt praktische Erfahrung im Unterrichten an der Schule und hat dort Erfahrungen im Erstellen von Stoffverteilungsplänen und Umsetzen von Lehrplänen gesammelt.

Prof. Dr. Künzel, Manfred: Arbeitet als Hochschuldidaktiker in Deutschland und der Schweiz, sowie als Dozent für Curriculumentwicklung an verschiedenen Hochschulen.

Sprenger, Felix: Studiert Bildungswissenschaften und Bildungsmanagement an der Albert-Ludwigs Universität in Freiburg. Er hat bereits Erfahrungen im Bereich des Teamtrainings gesammelt und absolviert ein Praktikum an der Hochschule der Künste in Bern.

Für die Hilfe beim Lekorat danken wir:

Simone Armbruster

Anna E. Laufs

Katharina Schneider

1. Auflage

Druck und Bindung: Lulu Press
Printed in Freiburg, Germany

Inhaltsverzeichnis

Die in diesem Buch gesammelten Curricula wurden entsprechend ihrer Zieleinrichtungen in vier Bereiche eingeteilt. Es finden sich curriculäre Aus- und Weiterbildungen für die Bereiche Schule, Universität, öffentlichen Einrichtungen und Betriebe. Bei den Lehrprogrammen handelt es sich sowohl um Ausbildungsprogramme, wie zum Beispiel die Einführung neuer Studiengänge, Integrationskurse oder Einarbeitungskonzepte für neue Mitarbeiter, als auch um Weiterbildungsprogramme zum Beispiel von Lehrkräften oder Mitarbeitern in Unternehmen.

Die „Präventionstage zur Entwicklung einer lösungsorientierten Konfliktkultur im sekundären Bildungsbereich" richten sich an Lehrer und zukünftige Schüler weiterführender Schulen. Aufgrund des abrupten Übergangs von der Grundschule in die weiterführende Schule, haben die Schüler oft Schwierigkeiten, sich in der neuen Umgebung und der neuen Schulstruktur zurechtzufinden. Soziale Gefüge unter den Schülern werden neu geordnet, was nicht selten zu Konfrontationen und ausgrenzender Cliquenbildung führt. Zudem fühlen sich die Schüler oftmals der Menge und Komplexität des neuen Schulstoffs nicht gewachsen. Auch die Lehrer der weiterführenden Schulen sehen sich in dieser Übergangsphase mit diesen Problemen konfrontiert, da sie als Mittler zwischen den Schülern und der neuen Schulform auftreten. Die dreitägigen Präventionstage wirken diesen Problemen entgegen. Die Lehrer bauen in einem Workshop ihre Kompetenzen in der Mobbingprävention aus. Die Schüler lernen in sechs aufeinander aufbauenden Modulen ein konfliktfreies, angenehmes Klassenklima herzustellen, und eine Orientierung in der neuen Schulstruktur zu finden. Zudem werden sie im selbstständigen Lernen nach Peter O. Chott gefördert, um den gewachsenen Lernstoff bewältigen zu können.

Die Weiterbildung „Heterogenität und Krisenmanagement im Schulalltag" richtet sich an Schulen, welche täglich vor der Herausforderung stehen, die zunehmende Heterogenität der Schüler in den Schulalltag einzubinden. Mit Hilfe individueller Betreuung durch professionelle Coaches und der expliziten Förderung der Zusammenarbeit innerhalb des Kollegiums, werden die Teilnehmer auf den souveränen und stressfreien Umgang mit Krisen im Berufsalltag vorbereitet. Anstatt dies durch einen gesetzten Rahmen zu erarbeiten, haben wir verschiedene Module in Anlehnung an das Schienenmodell nach Hansruedi Kaiser entwickelt, wodurch der Lernfortschritt individuell und intensiv gestaltet wird. Zusätzlich zu den Kompetenzen können Sie sich als certified Moderator ausbilden lassen und erlernen dadurch wichtige Aspekte der Moderation, welche Sie am Ende selbstständig durchführen können. Dies garantiert einen flexiblen und interessensorientierten Verlauf der Weiterbildung. Von Sitzung zu Sitzung nimmt die Leitung der Coaches ab, dadurch steigt die Eigenverantwortung der Teilnehmer und führt zu einem sicheren Umgang mit den gelernten didaktischen Konzepten, die Sie auch über die Dauer der Fortbildung hinaus effektiv anwenden können.

Hohe Abbruchquoten Studierender verursachen jährlich enorme Zusatzkosten für Land und Universitäten und beeinflussen maßgeblich die Qualität der Studienabschlüsse. Anhand des hier vorgestellten Konzeptes eines zweiwöchigen verpflichtenden Probestudiums soll Studieren zukünftig schon vor dem Studium erlebbar gemacht und so Studienabbrüche reduziert werden. Neben dem zweiwöchigen Probestudium beinhaltet das Konzept eine Schulung für Lehrer*Innen, einen vorbereitenden Orientierungstag für Schüler*Innen und eine Evaluation mit Langzeit-Monitoring. Schüler*Innen entscheiden sich für einen Studiengang, können diesen zwei Wochen lang auf Probe studieren und dabei entscheidende Erfahrungen sammeln. Die Investitionskosten des kompletten Konzepts amortisieren sich bereits nach dem dritten Jahr, womit das Konzept schon ab dem vierten Jahr einen jährlichen Gewinn einbringt.

Das Spezialisierungsmodul „Global Cultural Communication & Marketing“ richtet sich an kreative Studierende des Bachelorstudiengangs Anglistik und Amerikanistik, die Kenntnisse in der Kulturwissenschaft und im Marketingbereich erwerben möchten. Innerhalb von zwei Semestern perfektionieren Sie Ihre Aussprache. Außerdem sammeln Sie Erfahrungen im ökologischen und ökonomischen Marketing. Zudem beherrschen Sie die Grundlagen der Verkaufspsychologie und Aspekte fairer, verantwortungsbewusster Verkaufsstrategien. Sie führen, unter der Berücksichtigung kultureller Aspekte, eine Marktanalyse durch und optimieren Marketingmaßnahmen. Während der gesamten Spezialisierung werden Sie von erfahrenen Dozenten, Muttersprachlern und Marketingexperten individuell unterstützt und beraten. Durch die duale Organisation werden Theorie und Praxis optimal miteinander kombiniert. Dadurch werden Sie ideal auf die Anforderungen der Marketingbranche vorbereitet.

2. Mastersystem PWW: Personal Skills - Wirtschaft - Wissenschaft S. 111-142

Das Mastersystem PWW ermöglicht eine qualitativ hochwertige Weiterbildung in Personal Skills, Wirtschaft und Wissenschaft. Masterstudierende sind in Bezug auf ihre beruflichen Erfahrungen und Ziele, sowie ihren Kenntnissen aus dem Bachelorstudium, sehr heterogen. Anstelle eines starren Fächerkanons wird den Studierenden deshalb die Möglichkeit eröffnet, ihre Zertifikate innerhalb der Bereiche Personal Skills, Wirtschaft und Wissenschaft kreativ zusammenzustellen. Neben drei frei wählbaren Zertifikaten, existieren zwei weitere - "Projekt" und Thesis". Die Affinität zwischen Theorie und praktischer Tätigkeit sichert ein außergewöhnliches Engagement und eine hohe Leistungsbereitschaft der Studierenden. Während des gesamten Studiums wird auf persönliche Beratung und intensive Betreuung, sowohl für die Auswahl der Zertifikate, als auch beim Anfertigen der wissenschaftlichen Arbeiten, großen Wert gelegt. PWW realisiert einen spezifischen und individuellen Master.

Öffentliche Bildung S. 143-186

1. Sprach- und Integrationskurs für Flüchtlinge „SPRING“ S. 143-170

Dieses Curriculum richtet sich an alle Flüchtlinge in Deutschland, die bereits den FlüAG-Kurs erfolgreich absolviert haben und daran interessiert sind, an einem Sprach- und Integrationskurs teilzunehmen, der sich nicht ausschließlich auf das Erlernen der deutschen Sprache spezialisiert hat. Dieser Sprach- und Integrationskurs bietet neben dem Erlernen der deutschen Sprache einen direkten Praxisbezug zu alltäglichen Situationen in Deutschland und erleichtert somit die Integration der Teilnehmer. Er besteht aus insgesamt acht unterschiedlichen Kursen, die thematisch gegliedert sind, jedoch nicht zwingend aufeinander aufbauen. Im Gegensatz zu anderen Sprach- und Integrationskursen setzen wir den Schwerpunkt unter anderem auf einen hohen Praxisanteil, der passend zu jedem Kurs einen Bezug zum Alltag herstellt. Des Weiteren arbeiten wir mit didaktischen Konzepten, wie der sogenannten Flemo-Box und dem Prinzip der Immersion und Transferdidaktik. Die Dauer des Kurses beläuft sich auf insgesamt 22 Wochen. Ziel des Kurses ist es, den Flüchtlingen einen leichteren Einstieg in den deutschen Alltag zu ermöglichen, um eine hohe Integrationsrate zu erzielen.

2. Ausbildung zu HonorarmitarbeiterInnen der Freiwilligendienste der Diözese Rottenburg-Stuttgart S. 171-186

Die HonorarmitarbeiterInnen der Freiwilligendienste DRS eröffnen den FSJlern während der Bildungstage zahlreiche Möglichkeiten sich weiterzubilden und dabei ihre Persönlichkeit weiterzuentwickeln. Um diesem Anspruch zu genügen ist es notwendig, dass die Honorarmitarbeiter mit Einsatzbeginn eine Schulung über relevante Themen und Aspekte der Bildungstage erhalten. Durch vom Träger ausgesuchte Coaches und Referenten werden die angehenden HonorarmitarbeiterInnen inhaltlich, pädagogisch und methodisch ausgebildet. Damit ist es den HonorarmitarbeiterInnen möglich die Bildungstage für die jungen Menschen kreativ und innovativ zu gestalten.

Betriebliche Bildung S. 187-249

1. Soziale und ökologische Nachhaltigkeit in Unternehmen S. 187-226

Das Beratungskonzept „Soziale und ökologische Nachhaltigkeit in Unternehmen" richtet sich an Firmen, die ein nachhaltiges Wirtschaften dauerhaft in ihre Unternehmensstrukturen implementieren möchten. Da jedes Unternehmen individuelle Dynamiken und komplexe Strukturen besitzt, werden dabei Methoden der systemischen Beratung, der Partizipation, und des Change-Managements sowie grundlegende ökonomische Erfolgsmodelle speziell auf Ihr Unternehmen zugeschnitten eingesetzt. Ausgehend von einer Vision wird mit diesen Strategien ein kontinuierlicher Entwicklungsprozess in Gang gesetzt, an dem alle Ebenen des Unternehmens aktiv beteiligt werden. Durch diese Partizipation und durch den eigenständigen Erwerb von neuen Kompetenzen, steigt gleichzeitig die Mitarbeiterzufriedenheit und damit verbunden die Arbeitgeberattraktivität. Angepasst an die Forderungen potentieller Kunden werden des Weiteren Methoden des Corporate Social Responsibility eingesetzt. Dies steigert die Wettbewerbsfähigkeit, da eine zunehmende Nachfrage auf Seiten der Klienten nach ethischen, sozialen und ökologischen Standards zu beobachten ist. Das Konzept beinhaltet zudem die einzigartige Möglichkeit einer Zertifizierung. Diese befähigt die teilnehmenden Personen selbstständig in weiteren Unternehmen oder in anderen Kontexten eine Umstellung auf Nachhaltigkeit durchzuführen.

2. Onboarding: Ein metagkognitiver Ansatz zum Einlernen neuer Mitarbeiter S. 227-249

Das Einlernkonzept „Onboarding neuer Mitarbeiter - ein metakognitiver Ansatz" stützt sich auf eine Bedarfserhebung im Auftrag eines Freiburger Biotechnologie-Unternehmens zum Einlernen neuer Mitarbeiter im Labor. Das hierfür entwickelte Konzept gliedert sich in mehrere Phasen und Module die auf den Methoden des Cognitive Apprenticeship und des selbstgesteuerten Lernens basieren. Metakognitive Prozesse stehen im Mittelpunkt und die neuen Mitarbeiter werden schrittweise dazu angeleitet ihnen unbekannte Aufgaben eigenständig zu erlernen und Alltagsprobleme selbstständig anzugehen und zu bewältigen

Vorwort

Curriculum und Bildungsmanagement

Curriculum und Bildungsmanagement
Ein Curriculum ist mehr als ein Lehrplan, der Unterrichtsinhalte aufzählt. Ein Curriculum erfasst auch Lernziele, Lernprozesse, die Lernorganisation und orientiert sich an den Bedürfnissen von Gesellschaften, Welt zu verstehen und berufliche Situationen zu meistern. In diesen Grundzügen wurde der Begriff durch Saul B. Robinsohn eingeführt1.

Was sind die Ansprüche an ein aktuelles Curriculum?

Wir gehen von einem späteren Einsatz in einer Praxis aus. Dieser wird als Profil, als Gesamtziel eines Curriculums, formuliert. Es beschreibt den späteren Einsatz der erworbenen Kompetenzen. Aus dem Profil abgeleitet stellen wir Lernziele als Werte und Haltungen (durch Vorbild, Reflexion und entsprechende Aufgaben vermittelt), Kompetenzen (an komplexen Situationen geübt), Fertigkeiten (mehrfach in einfachen Situationen trainiert) und Wissenstrukturen dar. Sie sollen helfen, die zukünftigen Herausforderungen zu meistern. Sich ergänzende Ziele und Tätigkeiten bilden Ausbildungsmodule. Die Auszubildenden, Teilnehmenden oder Studierenden sehen wir in modernen Curricula nicht mehr als eine einheitliche Klasse, sondern wir planen für Individuen mit unterschiedlichen Bedürfnissen, Interessen und Lernbiographien. Daher gehört ein Individualisierungs- oder Heterogenitätskonzept in ein Curriculum.

Wer soll es lesen?

Das Curriculum ist ein Koordinations- und Kommunikationsinstrument für die Lehrenden und Lernenden. Es ist so geschrieben, dass beide es verstehen. Vor allem das pädagogische oder didaktische Konzept soll mit wenig Fachvokabular auskommen und möglichst konkret beschreiben, was sich die Autorengruppe des Curriculums überlegte. Eine Infografik vereinfacht die curricularen Zusammenhänge.

Bildungsmanagement?

Ist das Curriculum in Zusammenarbeit mit den Betroffenen entworfen, muss ein Angebot an die Trägerschaft der Ausbildung erstellt und durch den entsprechenden Entscheidungsprozesse begleitet werden. Das Angebot soll auch die Kosten der Entwicklung und des Betriebs umfassen. Schließlich braucht es ein fähiges Projektteam, um die Ausbildung zu realisieren d.h. qualifizierte Lehrpersonen, die nötigen Finanzen und Räumlichkeiten zu beschaffen und ein erfolgreiches Marketing mit Unterstützung relevanter Stakeholder zu betreiben. BildungsmanagerInnen können all diese Schritte begleiten und bewältigen.

Die in diesem Buch vorgestellten Curricula stammen von Studierenden des Studiengangs Bildungsmanagement der Albert-Ludwigs-Universität Freiburg (Studiengangsleitung Prof. Nückles und Prof. Wittwer) und sind im Rahmen unseres Seminars „Curriculumentwicklung“ entstanden. Die Vorstudien sowie genannte Unternehmen und Personen sind zum Teil fiktiv. Ansonsten umfassen sie alle Ansprüche an ein aktuelles Curriculum, sind so geschrieben, dass das didaktische Konzept von Fachlehrpersonen ohne pädagogische Ausbildung verstanden und umgesetzt werden kann und enthalten das Angebot der Projektteams an eine Trägerschaft, die das Projekt umsetzen könnte.

Ich danke allen Beteiligten für ihren großen Einsatz, die gewissenhafte Arbeit und die inspirierenden Entwürfe und wünsche ihnen in ihrem Vorhaben, Bildung zu entwerfen und zu managen, viel Erfolg und Freude.

Bern, 15. Januar 2016 — Manfred Künzel

Schulische Bildung

1.
Präventionstage zur Entwicklung einer lösungsorientierten Konfliktkultur im sekundären Bildungsbereich

von Bianca Henzler, Jonas Hug, Adelia Jäger,
Martin Pfister und Hanna Roshankar

Gliederung

Präventionstage zur Entwicklung einer lösungsorientierten Konfliktkultur im sekundären Bildungsbereich

1. Abstrakt

Die „Präventionstage zur Entwicklung einer lösungsorientierten Konfliktkultur im sekundären Bildungsbereich" richten sich an Lehrer und zukünftige Schüler weiterführender Schulen. Aufgrund des abrupten Übergangs von der Grundschule in die weiterführende Schule, haben die Schüler oft Schwierigkeiten, sich in der neuen Umgebung und der neuen Schulstruktur zurechtzufinden. Soziale Gefüge unter den Schülern werden neu geordnet, was nicht selten zu Konfrontationen und ausgrenzender Cliquenbildung führt. Zudem fühlen sich die Schüler oftmals der Menge und Komplexität des neuen Schulstoffs nicht gewachsen 1. Auch die Lehrer der weiterführenden Schulen sehen sich in dieser Übergangsphase mit diesen Problemen konfrontiert, da sie als Mittler zwischen den Schülern und der neuen Schulform auftreten.
Die dreitätigen Präventionstage wirken diesen Problemen entgegen. Die Lehrer bauen in einem Workshop ihre Kompetenzen in der Mobbingprävention aus. Die Schüler lernen in sechs aufeinander aufbauenden Modulen ein konfliktfreies, angenehmes Klassenklima herzustellen, und eine Orientierung in der neuen Schulstruktur zu finden. Zudem werden sie im selbstständigen Lernen nach Peter O. Chott gefördert, um den gewachsenen Lernstoff bewältigen zu können.

1 *http://www.focus.de/familie/schule/schulwahl/uebertritt/die-verflixte-fuenfte-klasse-schuluebertritt_id_2115012.html (zuletzt abgerufen: 08.12.15)*

2. Vorstudie

Auftrag
Wir als Curriculumsentwickler der EUV GmbH (Entwickeln, Unterstützen, Verbessern GmbH) haben den Auftrag vom Johannes Keppler Gymnasium in Freiburg erhalten, ein Curriculum zu entwickeln, welches Mobbing in der Unterstufe und generell in einem gestörten Schulklima entgegenwirkt. Nach ersten Ideen, Recherchen und Überlegungen haben wir uns entschieden Präventionstage für die angehenden Fünftklässler zu erstellen, in welchen den Schülern das zukünftige Schulsystem vorgestellt wird und zielgerichtet auf aktuelle Probleme des Mobbings und der homogenen Gruppenbildung eingegangen wird.

Vorgehen
Für die Vorstudie war uns das Gespräch mit dem Schulleiter und den Lehrern wichtig; so wurden uns die übergeordneten Ziele der Veranstaltung mitgeteilt, welche während der Präventionstage erreicht werden sollten. Nach einem Brainstorming von Lehrern und dem Schulleiter sind

folgende Wünsche klar geworden:
Die Lehrer möchten mit Hilfe des Curriculums ihre Kenntnisse der Mobbingprävention erweitern und in Interaktion mit den Schülern Mobbing in Zukunft vermeiden. Resultierend daraus soll sich das aktuelle Schul- und Klassenklima verbessern und den Schulalltag lernförderlicher gestalten.
Zusätzlich befragten wir einen Klassenlehrer der aktuellen Viertklässler über eventuell geäußerte Ängste oder Wünsche der Schüler an den Präventionstagen in ihrer weiterführenden Schule. Die Ergebnisse dieser Befragung ergaben, dass viele Schüler unsicher sind, sich in einer unbekannten Schule zu bewegen und neue Kontakte zu knüpfen. Es gibt allerdings auch Schüler, die schon mit Mobbing oder Ähnlichem konfrontiert wurden und sich solchen Situationen nicht gewachsen fühlen.

Vorläufige Ideen

Wir erstellen einen Ablaufplan für drei Wochentage in der letzten Woche der Sommerferien, an denen die angehenden Fünftklässler zum Einen die Möglichkeit erhalten sollen, einen Überblick über das neue Schulumfeld und Einblicke in die Schulstrukturen zu bekommen. Zum anderen werden den neuen Schülern im Bereich des selbstständigen Lernens Grundlagen vermittelt, um Schwierigkeiten mit zukünftigen Lernaufgaben aus dem Weg zu gehen. Ein besonders wichtiger Bestandteil ist das Thema Mobbing. Dieses wird mit den Schülern in spezifischen Modulen behandelt.

Mitwirkende

An den Präventionstagen sind der Schulleiter des Gymnasiums und der Schuldirektor der Grundschule, die sich gegenseitig bei der Organisation des Informationsflusses absprechen, beteiligt. Die Lehrer der vierten Klasse sind, im Sinne der Vorstudie, mitwirkend und helfen die Anregungen der Schüler zu berücksichtigen. Die involvierten Lehrer des Gymnasiums, die die Funktion als zukünftige Klassenlehrer einnehmen, unterstützen die Vorstudie mit ihren Vorstellungen und Angeboten für die verschiedenen Module und sind auch an der direkten Umsetzung dieser beteiligt. Außerdem werden die Paten und die Sport-/Kunstlehrer an den Modulen mitarbeiten.
Interesse an unserem Angebot besteht auf Seiten der Eltern der angehenden Fünftklässler, der Schüler selbst und der betreffenden Lehrer.

Einsatzsituation

Die Schüler, die an den Präventionstagen teilnehmen, werden ihr Wissen über die neue Schule und die geknüpften Kontakte mit ihren Mitschülern in den ersten Tagen der fünften Klasse nutzen können und sich somit den Start in ihrer weiteren Schullaufbahn erleichtern. Ihr erweitertes Wissen über Mobbing, Gruppenbildung und Konfliktlösung wird sich unmittelbar in ihrem Schulalltag manifestieren. Die neuen Kenntnisse über selbstständiges Lernen unterstützen den allgemeinen Lernvorgang und das Selbstkonzept der Schüler.
Das Wissen der Lehrer über Mobbing wird in den Modulen, in denen sie mit den Schülern zusammenarbeiten, ein wichtiger Bestandteil sein. Auch in ihrer weiteren Schullaufbahn werden sie immer auf ihre erworbenen

Kenntnisse zurückgreifen können, falls Konfliktsituationen dies erfordern.

Erfahrungen der Teilnehmer

Die Lehrer hatten schon in früheren Klassen Mobbingfälle und Cliquenbildungen. Auch einige Schüler haben in der Grundschule Mobbing und Gruppenbildung bereits erlebt. Das System von weiterführenden Schulen ist teilweise durch größere Geschwister bekannt und den allgemeinen Alltag in einer Schule kennen sie aus ihrer Grundschulzeit. Die Schüler sind in Bezug auf ihren Lernprozess unterschiedlich reflexiv und haben verschiedene Erfahrungen mit Arbeitsaufträgen.

Unterschiede der Teilnehmer

Die Schüler kommen von mehreren Grundschulen und sind somit verschiedene Strukturen oder Schulformen gewohnt. Sie haben unterschiedliche Wissensstände in den Pflicht- und Ergänzungsfächern und können eventuell durch einen Migrationshintergrund Sprachbarrieren haben. Außerdem kommen die Kinder aus verschiedenen Stadtvierteln und haben unterschiedliche soziale Hintergründe.

Organisatorische Bedürfnisse

Um den Ablauf der Präventionstage optimal zu gestalten ist es notwendig, dass die Lehrer und der Schulleiter rechtzeitig festlegen, wann die Tage stattfinden und welche Räume passend für die geplanten Module sind.

Der Mobbingpräventions-Workshop mit einem externen Berater muss rechtzeitig gebucht werden; bei Interesse können Infobroschüren und Anmeldeformulare per Post oder im Sekretariat der Grundschule angefordert werden. Den Eltern werden bei einer Anmeldung die finalen Infos der genauen Rahmenbedingungen mindestens vier Wochen vorher mitgeteilt. Auch die Mensa muss darüber informiert werden, wann sie Essen für die bestimmte Anzahl an Personen bereitstellen soll und welche Sporthallen zu welchem Zeitpunkt in Anspruch genommen werden können. Dies muss eventuell mit zuständigen Sportvereinen koordiniert werden.

3. Projektteam

Wir entwickeln Erfolg!

„Erfolg entsteht durch zielgerichtetes Verbessern, fortschrittliche Entwicklungen und die kundenspezifische Unterstützung von Innovation und Intervention."

Wir – die EUV, Entwickeln, Unterstützen, Verbessern GmbH – sind ein Team von fünf Bildungswissenschaftlern mit dem Schwerpunkt Curriculumentwicklung. Durch eine Vielzahl an abgeschlossenen, thematisch unterschiedlichen Projekten haben wir langjährige und vielfältige Arbeitserfahrung in dem Bereich der Modul- und Planentwicklung. Aufgrund vergangener Aufträge an Schulen wissen wir, wie eine Klasse strukturiert ist und worauf es bei pädagogischen Eingriffen in dieser ankommt. Erfolgreich durchgeführte Projekte mit dem gesetzten Fokus auf Sportlicher Erlebnispädagogik, Gruppendynamik oder Lernorientierung liefern uns eine wissenschaftliche

Basis, welche für die spezifischen Module dieses Curriculums und damit speziell für die Anforderungen unseres Kunden von Nutzen ist. Durch unser Bachelorstudium des Bildungsmanagements sind uns empirisch belegte Konzepte und Methoden vertraut, auf denen wir die geplanten Präventionstage und die einzelnen didaktisch aufbereiteten Module gestalten.

4. Produkte

In diesem Dokument präsentieren wir Ihnen zum Einen den Modulplan, der den Ablauf der geplanten Präventionstage an Ihrer Schule tabellarisch und grafisch darstellt und erste Ansätze über den Aufbau des Curriculums vermitteln soll. Zum Anderen stellen wir Ihnen das allgemeine Didaktische Konzept vor, in dem die grundlegenden Theorien erklärt werden, auf denen die verwendeten Methoden während der Projekttage basieren. In dem darauffolgenden Modulhandbuch wird jedes einzelne, im vorherigen Modulplan bereits vorgestellte Modul, mit allen Abläufen, Zielen und eingesetzten Methoden vertieft beschrieben. Am Ende dieses Dokuments finden Sie die zugehörige Ausschreibung. In dieser stellt sich unser Unternehmen kurz vor und die Kosten für die Entwicklung dieses Curriculums umgerechnet auf einen einzelnen Schüler werden übersichtlich aufgegliedert. Hier finden Sie zudem die Lohnaufwände auf Seiten der Schule die bei der Durchführung der Präventionstage aufkommen.

5. Konzepte und Begriffe

Inspiriert vom Zivilisatorischen Hexagon von Dieter Senghaas wollen wir mit dem Begriff der Konfliktkultur eine lösungsbereite und funktionsfähige (Schul-)Gemeinschaft benennen, die sich speziell auf unsere Präventionstage angewendet dazu in der Pflicht und in der Lage sieht, dem Entstehen und den Folgen von Mobbing aktiv entgegen zu wirken.[1]

Curriculum

Das Curriculum ist ein Lehrplan, der auf einer Theorie des Lehrens und Lernens aufbaut, das die Struktur, den Inhalt und die Ziele eines Kurses wiedergibt. Dabei berücksichtigt es auch den Zeitaufwand und die Rahmenbedingungen des Kurses.[2]

Modul

Unter dem Begriff Modul versteht man eine festgelegte, abgeschlossene Lerneinheit, die den Kursinhalt, die Leinziele, den Zeitaufwand und das didaktische Konzept beinhaltet. Wir benutzen Module um das Curriculum in sinnvolle Lerneinheiten zu unterteilen. Eine detaillierte Beschreibung erfolgt im Modulplan.[3]

Vorstudie

Die Vorstudie ist einer der ersten Bausteine der Projektplanung und -durchführung. Die bereits bestehende Situation, Probleme, Ideen und Entwicklungen werden näher betrachtet und analysiert. Am Ende der Vorstudie soll ein grober Lösungsvorschlag

1 *König, Helmut: Dieter Senghaas und die Zivilisationstheorie. In: Leviathan. 1993. Heft 4. S. 453 - 460.*

2 *König, Helmut: Dieter Senghaas und die Zivilisationstheorie. In: Leviathan. 1993. Heft 4. S. 453 - 460.*

3 *http://www.uni-protokolle.de/Lexikon/Modul_%28Hochschule%29.html*

vorliegen und die Ziele genau definiert werden.[4]

Klimata

Unter Klima verstehen wir im Allgemeinen die wahrgenommene Umwelt und deren Auswirkungen auf die einzelnen Schüler der Klassen, die die Präventionstage durchlaufen. Aufgeteilt wird dieses allgemeine Klima in drei spezifische Klimata:

Zum einen gibt es das Schulklima, das die erkennbare Umwelt der Schule als ganzes System beschreibt. Zum anderen das Klassenklima, welches sich durch das soziale Gefüge in der Klasse - wobei die Klasse als Teilsystem der Schule gesehen wird -auszeichnet. Zusätzlich herrscht in der Klasse das Unterrichtsklima, das die wahrgenommenen Einflüsse auf jegliche Unterrichtssituationen in der Klasse bezieht.[5]

Sozialisationsfunktion

Die Sozialisationsfunktion der Schule meint, dass die Schule – neben anderen Funktionen wie dem Vermitteln von Fächer relevantem Wissen – auch die Funktion besitzt, die Schüler auf zukünftige Rollen, deren Erwartungen und auf die Orientierung in der Gesellschaft vorzubereiten. Die Schule unterstützt damit die „sozial verträgliche" Entwicklung des Einzelnen und bedingt somit die funktionsfähige Gesellschaft.[6] Bezogen auf unsere Verwendung trägt die Schule mit der Einführung der Präventionstage dazu bei, den Schülern Kompetenzen im Bereich des Mobbings zu vermitteln und somit einen stress- und konfliktfreieren Alltag zu ermöglichen.

Wir-Identität

Unter einer kollektiven bzw. „Wir" -Identität verstehen wir das Bild, das eine Gruppe von sich aufbaut und mit dem sich deren Mitglieder identifizieren.[7]

Selbstkonzept und Social Comparison Theory

Nach Festinger besagt die Social Comparison Theory, dass das Selbstkonzept eines Individuums immer in Relevanz zu dem sozialen Umfeld des Individuums steht. Der Vergleich mit anderen hilft die eigenen Fähigkeiten, Kompetenzen und Verhaltensweisen einzuordnen und einzuschätzen, was einem ein Gesamtbild der selbst wahrgenommenen Begabungen und Fähigkeiten entwerfen lässt.[8]

Lernstrategien

Lernstrategien sind hilfreiche Vorgehensweisen, die bei einem Lernprozess bewusst oder unbewusst eingesetzt werden, um die Informationsverarbeitungsprozesse des Lernvorgangs zu steuern und dadurch zu optimieren. Als Beispiel können die Elaborationsstrategie (Verknüpfen von neuem Wissen mit schon bestehendem), die Organisationsstrategie (Aufbereiten des Stoffes nach bestimmten subjektiven Kriterien) und die Wiederholungsstrategie (Wiederholung der Inhalte zum besseren Behalten)

4 *http://www.it-infothek.de/it-system-kaufmann/softwaretechnik-3.html*

5 *https://kops.uni-konstanz.de/bitstream/handle/123456789/1662/G%C3%B6tz.pdf?sequence=1*

6 *Niederbacher, A., Zimmermann, P. (2011). Grundwissen Sozialisation. VS Verlag für Sozialwissenschaften.*

7 *Assmann(1992) 132; Hervorhebungen im Original.*

8 *Festinger, L. (1954). A theory of social comparison processes. Human Relations, 7.*

genannt werden.[9]

Peer Group

Die Peer Group ist eine soziale Gruppe von gleichaltrigen Jugendlichen, in der das Individuum soziale Orientierung sucht und die ihm als Bezugsgruppe, zum Beispiel bei Lernaufgaben, dient. In unserem Fall stellt die Peer Group die neue Klasse mit ihren einzelnen Mitgliedern dar.[10]

Kooperatives Lernen

Kooperatives Lernen bezeichnet Lernprozesse, bei denen Schüler in Kleingruppen an einer Lernaufgabe arbeiten und diese gemeinsam zu einem Ergebnis bringen.[11]

6. Profil

Die teilnehmenden Schüler haben nach den Präventionstagen eine bessere Orientierung in ihrer Schule und kennen ihre neuen Klassenkameraden bereits vor Schulbeginn. Sie kennen sich mit den räumlichen Gegebenheiten und den Strukturen aus, und pflegen einen gegenseitig offenen und respektvollen Umgang miteinander, bei dem es weniger zur aggressiven Cliquenbildung mit Ausgrenzungen kommt. Zudem können sie Mobbingsituationen erkennen; sie wissen, auf welche Weise sie selbst intervenieren können und, dass dies zur angenehmen Klassenatmosphäre beiträgt. Zusätzlich sind sie in der Lage den gewachsenen Lernstoff durch metakognitive Lernstrategien zu bewältigen. Dadurch vollführen sie angstfreier, motivierter und gelassener ihren Schulwechsel und können somit den gehobenen Leistungsanforderungen gerecht werden.

Lehrer bekommen während dieser Präventionstage eine Schulung zur Mobbingprävention. Sie sind in der Lage Mobbingsituationen rechtzeitig zu erkennen und ihnen entgegenzuwirken. Sie kennen die No Blame Approach-Methode und können nach dieser Technik Mobbing im eigenen Klassenzimmer entgegenwirken und für ein offenes, angenehmes Klassenklima sorgen.

7. Modulplan

Im Anhang findet sich eine tabellarische Darstellung der einzelnen Module für die Präventionstage und des Workshops für die Lehrer (S.32-35). Zum anschaulicheren Überblick werden die Module zusätzlich in einem grafischen Modulplan dargestellt (S. 36-37).

8. Schlusskompetenzen, Werte, Haltungen

Mit den Präventionstagen zur Entwicklung einer lösungsorientierten Konfliktkultur im Johannes-Keppler Gymnasium verfolgen wir mehrere, mit dem Auftraggeber abgesprochene Ziele in Bezug auf Schlusskompetenzen, Werte und Verhalten der Schüler und Lehrer gegenüber dem Schul-, Unterrichts- und Bildungsklima.

9 *Elzen-Rump, V., Leutner, D. & Wirth, J. (2008). Lernstrategien im Unterrichtsalltag. In Kliemann, S. (Hrsg.), Diagnostizieren und Fördern in der Sekundarstufe I. Berlin:Cornelson Verlag.*

10 *http://wirtschaftslexikon.gabler.de/Definition/peer-group.html*

11 *Renkl, A. (2008). Kooperatives Lernen. In Schneider, W.& Hasselhorn. Handbuch Pädagogische Psychologie (S.84-94). Göttingen: Hogrefe*

Auf Seiten der Lehrer verfolgen wir mit den Präventionstagen das Ziel, sie durch einen Workshop mit dem Fokus der Mobbingprävention für spätere Unterrichtsinteraktionen in der Klasse zu sensibilisieren. So sollen kritische Situationen frühzeitig erkannt und kompetent entschärft werden und das Lehrer–Schüler–Gespräch in diesem Thema erleichtert werden. Mobbing soll kein „Tabu-Thema“ bleiben. Hinzukommend sollen sie als präventive Maßnahme eine zu starke Gruppenbildung zu verhindern wissen, wenn diese zur Ausgrenzung Einzelner führen könnte. Zusätzlich werden die Lehrer nach den Präventionstagen ihre Werte und Auffassungen über Mobbing an die Schüler weitergeben können.

Die Schüler auf der anderen Seite verlieren durch die Inhalte der Module der Präventionstage Ängste und Unsicherheiten, die durch die unbekannte Schulform und neue Klassenkameraden entstehen könnten. Sie lernen die Schulumgebung mit Räumen und Unterrichtseinheiten kennen, sodass sie im Schulalltag eine bessere Orientierung haben. Unterstützend werden die Schüler in die Grundzüge des selbstständigen Lernens eingeführt, wodurch sie im Unterrichtsgeschehen fähig sind bestimmte Lernstrategien passend anzuwenden. Dadurch können die einzelnen Schüler erfolgreicher Lernen, was wiederum eine angenehme Lernatmosphäre im Klassenraum bedingt.

In den zwei Modulen der Mobbingprävention sollen alle Schüler beide Seiten des Mobbings interaktiv erfahren und sich somit in das Opfer/Täter-Gefüge einfühlen können. Durch diese Erfahrung ist es den Schülern möglich, mit solch zukünftigen Situationen umzugehen und diese erfolgreich mit Hilfe des Lehrers und der Klassenkameraden zu meistern, da sie Konflikte einordnen und diesen entgegensteuern können.

9. Didaktisches Konzept

Die Präventionstage finden auf drei Tage verteilt statt, an denen jeweils zwei oder drei Module durchgeführt werden. Die Entscheidung mit thematisch fokussierten Modulen zu arbeiten beruht auf der Idee des kooperativen Lernens, bei der einzelne Lernende durch Unterstützung von anderen Lernenden ihr Wissen erweitern. Durch die Abwechslung von Einzel-Lernsituationen und Gruppenorientierten-Lernsituationen mit Unterstützung von Paten, der neuen Peer Group und den Lehrkräften wird ein optimaler Lernerfolg der Schüler ermöglicht.

Mit den einzelnen Modulen streben wir auf übergeordneter Ebene danach, die verschiedenen existierenden Klimaräume, die in einer Schule zusammenwirken, anzusprechen. Dabei wird zum einen auf das Klassenklima zwischen den Schülern eingegangen, indem das Kennenlernen der angehenden Fünftklässler geplant und gestaltet wird. Außerdem wird auf das Unterrichtsklima im Klassenzimmer eingewirkt, welches durch selbst gesteuertes, bewusstes Lernen optimiert werden soll. Dabei wird berücksichtigt, dass dies erst in der täglichen

Übung und Anwendung gefestigt wird. Zum Anderen wird das allgemeine Schulklima durch die Einführung dieser Präventionstage nachhaltig verändert, indem alle angehenden Schüler durch diese Tage einen Einblick in die lösungsorientierte Konfliktkultur bekommen.

Die jeweiligen Module unterscheiden sich in ihrer Ausrichtung auf die zu erwerbenden Kompetenzen. Daher ergibt sich folgende Aufteilung:

Wir bieten zwei wertevermittelnde Module an, die durch Erarbeiten einer lösungsorientierten Konfliktkultur die Sozialisationsfunktion der Schule unterstützen, indem Schüler und Lehrer gleichermaßen, eingehend auf jeweilige Vorkenntnisse, aktiviert werden. Darunter fallen der Workshop für die Lehrer, das einführende Mobbingmodul (Modul 4) und das vertiefende Mobbingmodul (Modul 5).

Das physisch aktivierende Sportmodul (Modul 2), soll den Schülern soziale Interaktion im Rahmen von sportlicher und spaßiger Aktivität ermöglichen und den Klassenlehrern gleichzeitig die Möglichkeit bieten, die Gruppendynamik der einzelnen Klassen erstmals zu beobachten. Der Klassenlehrer hat dabei eine Doppelrolle, in der er zum einen die Schüler in Interaktion untereinander und zum anderen den Sportlehrer in Interaktion mit den Schülern beobachten kann. Nach Abschluss des Moduls hat der Klassenlehrer die Aufgabe, dem Sportlehrer seine Eindrücke von der Lehrer-Schüler-Interaktion zu vermitteln und diesem somit Verhaltensweisen der Schüler darzulegen, die er selbst während der Durchführung nicht registrieren konnte, die für den weiteren Sportunterricht jedoch relevant sein können.

Das Modul 6 „Selbstreguliertes Lernen“ hat die kognitiven Fähigkeiten der Schüler im Fokus. In diesem werden Lernstrategien vermittelt, die den Schülern das zukünftige Lernen im sekundären Bildungsbereich erleichtern und damit ein verbessertes Unterrichtsklima schaffen sollen.

Das kreativitätsfördernde Modul (Modul 3) dient als Rahmen für die Gestaltung von Bildern durch die einzelnen Schüler. Diese nutzen dabei ihre Kreativität, um den eigenen Namen darzustellen und sich somit als selbstständiges Subjekt zu bestärken und ihr Selbstkonzept aufzubauen.

10. Modulhandbuch

Im folgenden Modulhandbuch werden die einzelnen Module und der Workshop genauer beschrieben:

Modul: Lehrer-Workshop Mobbing

Phase: Begrüßung und Einführung zum Thema Mobbing

Zeit: 9:00-9:45 Uhr

Zu Beginn werden wir die Begrifflichkeiten zum Thema Mobbing klären.[12] Hierfür wird es einen Input Teil mit folgenden Inhalten geben

Was ist Mobbing

Wer ist betroffen

Wer ist „Täter“

Signale von Mobbing

Auswirkungen auf die Klassengemeinschaft

12 Schäfer, M. & Korn, S. (2004). Mobbing in der Schule. In: Deutsches Kinderhilfswerk e.V. (Hg.), Kinderreport Deutschland, S. 263-275, München: kopaed.

Hierzu wird es ein Handout mit den wichtigsten Fakten und Punkten geben.
Zeit: 9:45-10:30 Uhr
Nachdem wir nun ein Bild über das „System Mobbing“ erhalten haben werden wir verschiedene Fallbeispiele, welche „schiefgelaufen“ sind analysieren und sehen, woran dies lag. Das sollte, um alle Anwesenden zu aktivieren, in einer Gruppendiskussion stattfinden.
Zeit: 10:30-11:00 Uhr
Im Anschluss werden wir die „No Blame Approach“[13] Methode erarbeiten. Diese wird zuerst wieder mit Eckdaten und den 3 Schritten des Ablaufs als Input untermauert.

Phase: Kaffeepause
Zeit: 11:00-11:15 Uhr
Zeit: 11:15-12:15 Uhr
Die drei Schritte des Ansatzes werden genauer erläutert und an Beispielen verständlich dargelegt.

Phase: Mittagspause
Zeit: 12:15-13:00 Uhr
Zeit: 13:00-14:00 Uhr
Die Lehrkräfte versetzen sich anhand von zugewiesenen Rollen in die Rolle von „Täter“, „Opfer“, Klassenkammeraden und Lehrkraft, und setzen den NBA in Simulierter Umgebung um.

Phase: Entwicklung eines Fallbeispiel
Zeit:14:00-15:30 Uhr
Im Anschluss werden wir ein geeignetes Beispiel erarbeiten[14], welches die Schüler durchspielen werden um ein Gefühl für das Thema Mobbing bekommen und den richtigen Umgang damit zu lernen.

Phase: Nachbesprechung, Diskussionsrunde Zeit:15:30-16:00 Uhr
Ergebnissicherung anhand einer Zusammenfassung. Anschließende Diskussionsrunde über eigene Erfahrungen und Umsetzungsmöglichkeiten sowie Empfehlung weiterer Literatur und Ansprechpartner

Kurzbeschreibung
In diesem Modul werden die Klassenlehrer der angehenden Fünftklässler angesprochen. Optional können aber alle, an der Schule tätigen Lehrer an diesem Workshop zur Mobbingprävention mit dem „No Blame Approach“ Ansatz teilnehmen.

Konzept
Inhalte zum Thema Mobbing sollen aufgefrischt und der „No Blame Approach“ Ansatz besprochen und angewandt werden können.
Durch die Interaktion mit den Teilnehmern und den Wechsel zwischen Inputphasen und Gruppenaktivierung soll ein angenehmes Arbeitsklima geschaffen werden, welches es ermöglicht das Thema Mobbing aktiv und realitätsnah zu begreifen.
Durch begleitende Literatur können die Teilnehmer sich Notizen machen und dadurch im Ernstfall auf den Workshop zurückgreifen. Des Weiteren werden wir ein Rollenspiel Entwickeln, welches die Klassenlehrer mit den angehenden Sextanern durchspielen werden, um noch vor der Bildung einer Klassengemeinschaft die Kinder für das Thema Mobbing zu sensibilisieren.

---

13 Beck, D. & Blum, H. (2010): Praxishandbuch No Blame Approach - Mobbing-Intervention in der Schule. Wuppertal: Fairaend.
14 Kasper, H. (2004). Streber, Petzer, Sündenböcke. Wege aus dem täglichen Elend des Schülermobbings. Lichtenau: AOL

Ziele
Die Lehrkräfte sind im Anschluss in der Lage Mobbing frühzeitig zu erkennen, präventiv einzugreifen und im Ernstfall aufgrund des „No Blame Approach" - Ansatz Mobbing zu stoppen.

Heterogenitätskonzept
Wir gehen davon aus, dass jeder Lehrer unterschiedliche Grundkenntnisse zum Thema Mobbing besitzt und eigene Erfahrungen mitbringt, sei es durch bereits erworbene Kenntnisse, Erzählungen von Kollegen oder aus dem Selbststudium der Literatur.
Dieses Wissen wird im Workshop durch eine Gruppenaktivierungen und die Diskussionsrunde konstruktiv genutzt und erweitert.

Leistungsnachweis
Die Teilnehmer haben am Ende des Workshops Zeit sich mit dem Moderator in Form einer Gruppendiskussion auszutauschen und offene Punkte, bzw. Bedenken zu äußern. Des Weiteren soll durch die Auswahl eines Kollegen, jedem Lehrer die Möglichkeit gegeben werden sich während des Schuljahres über Peer-Feedback Hilfen zu holen und auszutauschen. Die Teilnahme des Workshops wird zertifiziert.
Wichtig: Der Workshop ist auf eine Teilnehmerzahl von 6-10 Personen ausgelegt. Sollte ein Mehrbedarf bestehen, wird geraten einen 2. Workshop zu buchen.

Tag 1 der Präventionstage:
Nachdem der Workshop für die Lehrer zeitlich eine Woche vor den Präventionstagen durchgeführt wurde, haben die Lehrer Zeit sich auf die genaue Planung der einzelnen Module vorzubereiten. Dabei greifen sie auf das neu vermittelte Wissen des Workshops und auf ihr allgemeines Vorwissen zum Thema Mobbing zurück.
Wir empfehlen die Präventionstage selbst an einem Vormittag gegen 10 Uhr zu starten. Dies kann mithilfe einer Einführung geschehen, die Eltern, Schüler und Lehrer zusammenbringt und eine allgemeine Orientierung über die bevorstehenden Tage präsentiert. Nachdem diese individuell gestaltete Begrüßung abgeschlossen ist, gehen die angehenden Fünftklässler mit ihren Klassenlehrern und Paten in ihren neuen Klassenraum, in dem dann die eigentlichen Module gestartet werden.

Modul 1: Unser neues Klassenzimmer!

Phase 1: Vorstellung und Kennenlernen Zeit: 11:00- 11:30 Uhr
Inhalt: Der Klassenlehrer und die Paten führen Kennlernspiele mit den Schülern durch.

Phase 2 Umgebung erkunden
Zeit: 11:30- 12:00 Uhr
Inhalt: Anschließend gibt der Lehrer eine Führung durch das Schulgebäude und gibt dabei einen Einblick in die wichtigsten Räumlichkeiten.

Phase 3 Struktur im Klassenzimmer
Zeit: 12:00- 12:50 Uhr
Inhalt: Nach der Schulführung kehren der Lehrer und die Schüler in ihr Klassenzimmer zurück. Dort werden den Schüler durch ein Losverfahren die neuen Sitzplätze zugeteilt.

Phase 4: Mensabesuch
Zeit: 12:50- 13:00 Uhr
Inhalt: Am Ende des Moduls geht der Lehrer mit den Schülern zusammen

zur Mensa. Dort wird gemeinsam zu Mittag gegessen.

Kurzbeschreibung

In diesem Modul lernen die Schüler ihre neue Schule, den Klassenlehrer, die Paten und die zukünftigen Mitschüler kennen. Das Grundlagenwissen und die wichtigste Regeln zur neuen Umgebung werden vermittelt. Das Wir-Gefühl als Klasse steht im Vordergrund.

Ziele

Die Schüler sind mit dem Schulgebäude vertraut und kennen ihren Kassenlehrer, die Paten und die Mitschüler. Sie kennen die Verhaltensregeln im Schulgebäude und im Klassenzimmer.

Die Klasse hat verstanden, dass Toleranz und Respekt einen hohen Wert haben und es keine Gründe für Mobbing gibt, da alles durch Gespräche geklärt wird. Sie haben erkannt, dass man sich in einer Gruppe mit einem ausgeprägten Wir-Gefühl sehr wohl fühlen kann.

Durch den Mensabesuch am Ende des Moduls ist der Weg dorthin nun bekannt.

Konzepte und Methoden

Der Klassenlehrer begrüßt die Schüler im neuen Klassenzimmer und stellt sich näher vor. Die Paten stellen sich vor und erklären ihre Aufgaben als Ansprechpartner, das gibt den Schülern Sicherheit, da sie wissen, dass ihre Paten ihnen helfen. Um sich besser kennenzulernen gibt es ein kleines Spiel, bei dem jeder Schüler etwas Persönliches über sich erzählen darf. Dadurch erhöht sich die Sympathie für die Mitschüler und ein vertrauter Raum wird erzeugt. Ein Wir-Gefühl entsteht und die Klasse merkt, dass man sich untereinander vertrauen kann.

Es folgt ein Rundgang durch das Schulgebäude und über den Pausenhof bei dem die Verhaltensregeln auf dem Schulgelände erläutert werden. Die wichtigsten Räume werden gezeigt.

Zurück im Klassenzimmer wird per Losverfahren eine Sitzordnung generiert, um für eine gute Durchmischung zu Sorgen und eventuellen Streitereien entgegenzuwirken.

Die Verhaltensregeln in der Klasse werden von den Schülern selbst erarbeitet und sollen auf Respekt ausgerichtet sein und damit Mobbing präventiv entgegen wirken. Die selbsterstellten Regeln werden auf ein Plakat geschrieben und aufgehängt, da man seine eigenen Regeln motivierter befolgt.

Der Klassenlehrer erläutert den Ablauf der ersten Wochen und nimmt der Klasse die Nervosität, da sie sich nun vorstellen kann, was auf sie zukommt.

Am Ende des Moduls gehen alle gemeinsam zur Mensa; dabei lernen die Schüler den Weg dorthin kennen, beim gemeinsamen Mittagsessen bleibt zudem Zeit zum Reden.

Heterogenitätskonzept

Die fünfte Klasse besteht aus Schülern mit unterschiedlicher Entwicklung, Herkunft, verschiedenen Wissensständen und Interessen. Deshalb ist es wichtig, dass der Lehrer Unterschiede erkennt und Lösungsstrategien entwickelt um alle auf eine Ebene zu bringen.

Leistungsfeststellung

Da es in diesem Modul ausschließlich um das Kennenlernen der neue Umgebung und der Klasse sowie um die Förderung des Wir-Gefühls geht, ist eine Leistungsfeststellung nicht möglich, beziehungsweise nötig.

Modul 2: Bewegung zur Stärkung der Wir-Identität

Phase 1: Besichtigung der Sporteinrichtungen
Zeit: 14:00- 14:40 Uhr
Inhalt: Die Paten sowie Sport- und Klassenlehrer führen die Klasse zu dem Sportplatz und der Sporthalle und erklären wie diese ein Teil der zukünftigen Schuljahre werden.
Nach dem Umziehen in der Sporthalle fertigt jeder Schüler ein Namensschild an.

Phase 2 Aufwärmen und Kennenlernen Zeit: 14:40- 14:50 Uhr
Inhalt: Der Klassenlehrer zieht sich zurück, bleibt als Beobachter jedoch dabei. Sportlehrer und Paten Spielen zum Aufwärmen und zur Lockerung verschiedene Kennenlern-Spiele.

Phase 3 Einführung in den Sportunterricht
Zeit: 14:50- 16:00 Uhr
Inhalt: Danach können die Schüler in Form eines Zirkels verschiedene Sportarten und die zughörigen Sportgeräte erkunden.

Phase 4 Spiel und Bewegung für die Klassengemeinschaft
Zeit: 16:00 16:15 Uhr
Inhalt: Nach dem Vorstellen der verschiedenen Sportarten werden nochmals verschiedene Spiele durchgeführt um eine gute „Teamchemie" zu erzeugen.

Phase 5 Reflexion des Moduls
Zeit: 16:15- 16:30 Uhr
Inhalt: Am Ende des Moduls gibt es Zeit zum Besprechen von negativen und positiven Eindrücken der Schüler. Es tauschen sich zusätzlich der Klassenlehrer und der Sportlehrer über die beobachtete Klassendynamik aus.

Kurzbeschreibung

In dem Modul besichtigen die Schüler die Sportanlagen und erhalten einen Einblick in den Sportunterricht. Schüler und Lehrer lernen Respekt füreinander, es bildet und verfestigt sich eine Klassengemeinschaft.

Ziel

Am Ende des Moduls kennen die Schüler die Sportanlagen, sie wissen nun was sie im Sportunterricht erwartet und sind mit den Regeln und dem Ablauf vertraut. Es ist vor allem im Sportunterricht einfach sich kennenzulernen und Kontakte zu knüpfen; deshalb haben sich sowohl die Schüler untereinander kennen gelernt aber auch ihren zukünftigen Sportlehrer und die Paten. Da dieses Modul der Mobbing-Prävention dient, wurden gezielt Spiele und Sportarten gewählt, bei denen zum einen jeder seine Stärken unter Beweis stellen konnte, aber auch Teamwork gefordert war. Dadurch und durch positive Zusprüche wächst das Selbstvertrauen der Schüler, die Teamdynamik der Klasse steigt und der Respekt füreinander ist gestärkt.
Jetzt können die Schüler sich auf den Sportunterricht freuen und sehen sich als Team, das sich im Laufe der

Schulzeit aufeinander abstimmt und ergänzt.

Konzepte und Methoden

Bei der Besichtigung der Sportanlagen sollen sowohl die Lehrer als auch die Paten dafür sorgen das ein entspanntes, freundliches Klima herrscht, die nötige Disziplin die im Sportunterricht sehr wichtig ist, jedoch nicht fehlt. In der Sporthalle geht es vor allem darum sich kennenzulernen und ein Gefühl für das zu bekommen was sie erwartet. Das Kennenlernen erfolgt durch Namensschilder die zu Beginn der sportlichen Aktivitäten angefertigt werden und verschiedene Spiele, bei denen es um Teamwork, Geschicklichkeit, Respekt und Vertrauen geht. Mehrere Stationen an denen Sportarten und die dazugehörigen Geräte vorgestellt werden, geben einen Einblick in den Lehrplan.

Um dem Präventionsauftrag gerecht zu werden wird der Klasse gegenüber wiederholt betont, dass sie ein Team sind und Respekt füreinander sehr wichtig ist. In der abschließenden Reflexion teilt jeder Schüler seine Eindrücke mit der Klasse und bekommt ein positives Feedback des Sportlehrers, was ebenfalls das Selbstbewusstsein steigert.

Während der Rücksprache tauschen der Sportlehrer und der Klassenlehrer ihre Beobachtungen aus, wie der Umgang der Schüler untereinander und der Schüler mit dem Lehrer ist. Es können auf eventuelle Rollenverteilungen und Verhaltensauffälligkeiten Einzelner hingewiesen werden. Der Klassenlehrer bekommt dadurch einen Einblick in die Klassendynamik und kann diesen in den folgenden Modulen und im zukünftigen Unterrichtsalltag direkt nutzen um Gruppenarbeiten oder didaktische Methoden erfolgreich auszuwählen.

Heterogenitätskonzept

Da besonders sportlich gesehen die Unterschiede zwischen Einzelnen deutlich sind, ist es sehr wichtig in dem Modul die richtigen Inhalte auszuwählen um sicherzugehen, dass jeder seine Stärken hervorheben kann um etwas für die Gemeinschaft zu leisten und als Team zu bestehen. Durch das Beobachten der Sport- und Klassenlehrer ist es möglich Leistungsunterschiede frühzeitig zu erkennen und ihnen individuell entgegenzuwirken.

Leistungsfeststellung

Nach einer genauen Beobachtung und Analyse der Kompetenzen der Schüler, erfolgt die Leistungsfeststellung lediglich in Form einer Rückmeldung des Sportlehrers.

Tag 2 der Präventionstage:

Modul 3: Wir gestalten unseren Lernraum!

Phase 1: Vorstellen der Rahmenbedingungen des Kunstunterrichts

Zeit: 10:00-10:20 Uhr

Inhalt: Vorstellen der Kunsträume durch den Klassen- und Kunstlehrer. Aufzeigen der Möglichkeiten des zukünftigen Kunstunterrichts mit Fokus auf verschiedenen Gestaltungsmöglichkeiten.

Phase 2: Erstellen eines Namenplakats

Zeit:10:20- 11:30 Uhr

Inhalt: Wahl einer Gestaltungsmöglichkeit durch die Schüler Aufgabenstellung: jeder Schüler soll eigenen Namen mit einer Gestaltungsart auf einem Bild festhalten.

Phase 3: Aufhängen der Bilder im Klassenzimmer
Zeit: 11:30- 12:00 Uhr
Inhalt: Arbeiten der Schüler werden im Klassenraum aufgehängt

Phase: Pause
Zeit: 12:00- 13:00 Uhr
Inhalt: Gemeinsames Mittagessen in der Mensa

Kurzbeschreibung

Bei „Wir gestalten unseren Lernraum" geht es darum, den Schülern Möglichkeiten zu geben, ihre eigene Kreativität zu nutzen, um ihr Selbstkonzept in der neuen Klassengemeinschaft zu stärken. Durch gestalterische Freiheiten bei der gestellten Aufgabe haben die Schüler die Möglichkeit sich je nach eigenen Vorlieben zu bewegen, um etwas zu erschaffen, was später einen Teil der Klassenzimmergestaltung darstellt.

Ziele

Die Schüler lernen den zukünftigen Kunstunterricht kennen.
Die Schüler stärken ihr Selbstkonzept und vertreten ihre eigenen Interessen.
Der Klassenlehrer hat nach dem schon stattgefundenen Sportmodul die Möglichkeit weiteres Beobachtungsmaterial über die Klassendynamik und die einzelnen Schüleridentitäten zu sammeln.

Konzepte und Methoden

Die Kunst- und Klassenlehrer arbeiten zusammen mit den Schülern in einem Kunstraum an Namensbildern. Davor stellt der Kunstlehrer den Fünftklässlern die neuen Möglichkeiten des Kunstunterrichtes in der Sekundarstufe 1 vor.

Der Kunstlehrer ist in der konkreten Ausführung, wie die Gestaltung ablaufen sollte, sehr frei und kann auch die Wahl der Materialien durch seine eigenen Ideen facettenreich gestalten. Der Klassenlehrer ist während des Moduls anwesend, unterstützt den Kunstlehrer und beobachtet die Schüler, wie sie miteinander in einem solchen Projekt umgehen und wie leicht ihnen eine selbstständige Wahl der Gestaltung und somit eine Behauptung der eigenen Interessen und Vorlieben fällt. Beide Lehrkräfte haben die Aufgabe die Schüler in ihrer eigenen Wahl und Gestaltung zu bestärken, da sich das Modul auf die Theorie des Selbstkonzeptes stützt. Jeder Schüler bekommt für sein eigenes Bild zustimmende Rückmeldung von den Lehrkräften und der Peer Group und kann sich somit positiv mit den Klassenkameraden vergleichen. Gesichert wird diese positive Rückmeldung durch das Aufhängen jedes Bildes in dem neuen Klassenraum. Dabei sollen die Schüler laut äußern, was ihnen an dem jeweiligen Bild gefällt. Laut der Social Comparison Theory von Festinger (1954) ist das Selbstkonzept eines Individuums stets relativ von der sozialen Umwelt und somit von ihr abhängig.[15] Wenn die Klassengemeinschaft sich also gegenseitig bestärkt, wird das Selbstkonzept der Einzelnen unterstützt, was Selbstsicherheit und Zufriedenheit auslöst.

Heterogenitätskonzept

Die Schüler haben durch ihre verschiedenen Grundschulen bereits unterschiedliche Materialien und Möglichkeiten zur Gestaltung eines Bildes kennengelernt. Manches wird

15 *Festinger, L. (1954). A theory of social comparison processes. Human Relations, 7.*

ihnen also in der einführenden Vorstellung des Kunstlehrers bekannt sein, anderes werden sie jedoch als neue Gestaltungsart entdecken. Die freie Wahl der Gestaltungsmöglichkeit durch die Schüler ist angepasst an das jeweilige Vorwissen der Schüler, da jeder selbst wählen kann, welche Kunsttechnik er heranziehen möchte und an welche neuen Materialien er sich herantraut.

Leistungsfeststellung

Die beiden durchführenden Lehrkräfte können die erfolgreiche Vermittlung der neuen Gestaltungsmöglichkeiten prüfen, indem sie beobachten wie die Schüler diese bei ihrer kreativen Arbeit anwenden und gebrauchen. Sie können den Einfallsreichtum der Gestaltung und die klare Darstellung des Namens beobachten, wodurch sie feststellen können, wie gut ein Schüler die gestellte Aufgabe verstanden hat und inwieweit er bereit ist, sich mit dem Thema der bildnerischen Gestaltungsart zu beschäftigen. Die Lehrer können außerdem durch die eigenständige Wahl der Schüler beobachten, welcher Schüler seine eigenen Interessen bereits selbstbewusst vertritt und welcher Schüler eventuell in zukünftigen Lernsituationen noch bestärkende Unterstützung benötigt.

Modul 4: Mobbingprävention I – Gemeinsam für ein freundliches Klassenklima!

Phase 1: Erkennen von Mobbing
Zeit: 13:00-13:30 Uhr
Inhalt: Textanalyse: „Mit dem spielen wir nicht!"

Phase 2: Anwenden des „No Blame Approach"
Zeit: 13:30-15:00 Uhr
Inhalt: Rollenspiele, in denen der „No Blame Approach" praxisnah ausprobiert wird.

Phase 3: Erarbeitung von Klassenregeln & Formulierung von positiven Bitten
Zeit: 15:00-15:30 Uhr
Inhalt: Jeder Schüler schreibt Klassenregeln auf, die zu einem angenehmen Klassenklima beitragen sollen. Zudem werden vorformulierte, aggressive Vorwürfe in positive Bitten umformuliert.

Kurzbeschreibung

Die Schüler lernen in diesem Modul, wie man Mobbing im eigenen Klassenzimmer rechtzeitig erkennt und wie man dem entgegenwirken kann. Zusätzlich lernen sie, wie man den Umgang untereinander respektvoll und freundlich gestaltet, sodass der Klassenraum zu einem angenehmen Lernort wird.

Ziele

Die Schüler erwerben in diesem Modul die Fähigkeit, Mobbingsituationen rechtzeitig zu erkennen.
Sie lernen praktische Handlungsweisen, um sich und/oder andere in konkreten Mobbingsituationen zu schützen.
Sie lernen generell, wie sie respektvoll miteinander umgehen und somit ihr Klassenklima zu verbessern.

Konzepte und Methoden

Im ersten Schritt lesen die Schüler einen Textausschnitt aus dem Buch „Mit dem spielen wir nicht!"[16]. In Kleingruppen erarbeiten sie nun

16 *Schopf, S.: „Mit dem spielen wir nicht!". Hier: http://www.amazon.de/Mit-dem-spielen-wir-nicht/dp/3219116132/ref=pd_sim_14_1ie=UTF8&dpID=619gnARXUqL&dpSrc=sims&preST=_AC_UL160_SR126%2C160_&refRID=199TDTG5SHCEGFMR00JF*

Erkennungsmerkmale von Mobbing, die sich in dem Text finden lassen und sortieren diese nach folgenden Kategorien: verbales Mobbing, physisches Mobbing und kollektiv-unterschwelliges Ausgrenzen. Zur Ergebnissicherung werden die Resultate an der Tafel gesammelt.

Im nächsten Schritt lernen die Schüler den No Blame Approach[17], dessen Methodik sich die Lehrer im Workshop angeeignet haben. Dieser lösungsorientierte Ansatz dient Mobbingsituationen akut und langfristig entgegenzuwirken. Die Kinder erlernen diese Methode zunächst durch den Lehrer theoretisch und können sie in einer praktischen Phase (durch ein Rollenspiel) anschließend anwenden. Eventuelle Defizite werden durch den Lehrer und die Paten durch konstruktives Feedback beglichen.

Aus den bisherigen Erfahrungen im Modul leiten die Schüler in einer produktiven Phase nun ab, wie sie sich ein respektvolles Miteinander vorstellen und formulieren hierzu Regeln, die im Klassenzimmer aufgehängt werden. Schließlich werden vom Lehrer kleine vorbereitete Karten verteilt, auf denen aggressive Vorwürfe stehen. Jeder Schüler soll nun in Partnerarbeit diese Vorwürfe in positive Bitten umformulieren, die einen respektvollen Ton wahren und mit den zuvor erarbeiteten Klassenregeln konform gehen.

Heterogenitätskonzept

Die Teilnahme an diesem Modul ist Pflicht, um jeden Schüler gleichermaßen für das Thema zu sensibilisieren. Zudem baut das Modul „Mobbingprävention II" hierauf auf, daher sollten alle Schüler auf den gleichen Stand gebracht werden.

In diesem Modul soll spezifisch darauf geachtet werden, dass die Schüler von ihren unterschiedlichen Erfahrungen und Wissensständen gegenseitig profitieren und am Ende des Moduls über die gleichen Kompetenzen verfügen. Um dies zu erreichen, muss auf jeden individuell eingegangen werden. Dies geschieht insbesondere durch die Paten, welche beim Rollenspiel darauf achten, dass Interessen berücksichtigt und Kompetenzen ausgebaut werden.

Leistungsfeststellung

Ein Bestehen oder Nicht-Bestehen für die Schüler gibt es nicht.

Eine Leistungsfeststellung erfolgt für den Lehrer durch die Textanalyse, das Vorführen des Rollenspiels und der konkreten Formulierung von positiven Bitten. Hierauf schreibt er mit den Paten zusammen ein schriftliches, individuelles Feedback für den Schüler, worin er seine Kompetenzen hervorhebt und erläutert, wo der Schüler sich noch verbessern kann.

Innerhalb von 2 Tagen nach dem Modul formulieren die Schüler zusätzlich eine Selbstreflexion, in der sie erläutern, was sie gelernt haben und inwieweit ihnen das Modul geholfen hat, ihren Schulalltag mobbingfreier zu gestalten. Die Selbstreflexion lassen sie dem Lehrer zukommen.

Nach ca. 3 Monaten soll das Modul evaluiert werden, indem Schüler und Lehrer bewerten sollen, inwieweit sie ihr Klassenklima als angenehm und mobbingfrei empfinden.

17 *nach Beck, D. & Blum, H. (2010): Praxishandbuch No Blame Approach -Mobbing-Intervention in der Schule.*

Tag 3 der Präventionstage:

Modul 5: Unser Drehbuch für einen mobbingfreien Schulalltag!

Phase 1: Vorwissensaktivierung durch offenes Brainstorming
Zeit: 10:00 – 10:20 Uhr
Inhalt: Durchführung eines Brainstormings geleitet durch den Lehrer.

Phase 2: Film: „Die dicke Tilla"
Zeit: 10:20 – 11:40 Uhr
Inhalt: Anschauen des Filmes mit Aufgabestellung von Seiten des Lehrers.

Phase 3: Projekt „Wir schreiben unser eigenes Drehbuch"
Zeit: 11:40 – 12:00 Uhr
Inhalt: Einführung in die Projektarbeit

Phase 4: Mittagspause
Zeit: 12:00 – 13:00 Uhr
Inhalt: Gemeinsames Mittagessen in der Mensa.

Phase 5: Weiterführung des Projektes
Zeit: 13:00 – 14:45 Uhr
Inhalt: Fortführen der Projektarbeit mit Hilfe der Paten und der Lehrkraft.

Phase 6:Pause mit Spiel und Spaß auf dem Schulhof
Zeit:14:45 – 15:10 Uhr
Inhalt: Kurze Pause für die Schüler vor Modul 6.

Kurzbeschreibung

Das Modul „Unser Drehbuch für einen mobbingfreien Schulalltag" legt den Fokus auf eine Projektarbeit, in der die Schüler in Gruppen ein Drehbuch verfassen, in dem es darum gehen soll eine Mobbingsituation mit allen möglichen Rollen und einem Lösungsansatz darzustellen. Unterstützend sehen die Schüler zunächst den Film „Die dicke Tilla", der die Geschichte der kleinen Anne erzählt, die durch einen Umzug in eine neue Schule und damit in ein neues Klassenumfeld kommt und dort auf Probleme mit einer neuen Klassenkameradin stößt[18].

Ziele

Die Schüler festigen durch die Vorwissensaktivierung ihr Wissen aus dem Modul „Gemeinsam für ein freundliches Klassenklima".
Durch das Projekt erhalten die Schüler die Kompetenzen sich vertieft in die möglichen Rollengefüge bei Mobbing einzuarbeiten und gleichzeitig eine Lösung zu kreieren.
Die Schüler erkennen anhand des Films und des eigenen Drehbuchs, wie vielfältig eine Mobbingsituation sein kann und wie viele Personen bewusst und unbewusst an Mobbing beteiligt sein können. Dadurch schärfen sie ihren Blick auf Konfliktsituationen und lernen die Situation in ihrem Ganzen zu betrachten.

Konzepte und Methoden

Das Modul beginnt mit einer Vorwissensaktivierung bei welcher der Klassenlehrer alle Eindrücke, die von Seiten der Schüler zu dem vergangenen Modul „Gemeinsam für ein freundliches Klassenklima" kamen, an der Tafel festhält und diese somit nicht wertend sammelt. Für den Ablauf ist es wichtig, dass der Lehrer im vornherein betont, dass es keine falschen Antworten gibt und auch jede Wortmeldung mit einem Platz an der Tafel berücksichtigt wird. Somit können sich die Gedanken und Ideen der Schüler während des Brainstormings frei entfalten. Durch die Darstellung an der

18 *http://webcache.googleusercontent.com/search?q=cache:6cQ8REx6Sg8J:www.kinofenster.de/download/dossier-mobbingpraevention-durch-filmeinsatz-pdf/+&cd=1&hl=de&ct=clnk&gl=de*

Tafel, bleibt das gesammelte Wissen während des ganzen Moduls für die Schüler sichtbar, sodass diese immer auf ihr Wissen zurückgreifen können.
Nach dem Brainstorming führt die Lehrkraft die Schüler zu dem bevorstehenden Film hin, indem sie den Schülern kurz den Inhalt vorstellt und dann auf die Aufgabenstellung für die Schüler eingeht. Diese beinhaltet, dass sich die Schüler während des Films Notizen machen sollen, wenn sie Mobbing erkennen. Zusätzlich sollen sie festhalten wer an diesen Situationen jeweils beteiligt ist und wie die Personen versuchen diese zu lösen. Eventuell bietet es sich an, dass der Lehrer die Schüler in Gruppen einteilt und jede Gruppe eine Aufgabe übernimmt. Dies ist dem Lehrer, der die Schüler besser einschätzen kann, selbst überlassen.
Anschließend zu dem Film bekommen die angehenden Fünftklässler die Einführung für ihre bevorstehende Projektarbeit. In dieser sollen die Schüler in drei- bis fünfer Gruppen ein eigenes Drehbuch erarbeiten, in dem ein Fall von Mobbing die Grundlage ist. Die Rahmenbedingungen können lauten: „Ihr kommt an eure neue Schule und lernt viele unbekannte Klassenkameraden kennen. Stellt euch vor, nach ein paar Wochen kommt es zu einem Mobbingfall in eurer Klasse. Wie kann dieser genau aussehen? Wer ist daran beteiligt? Wie löst ihr diesen auf?“
Die Schüler bekommen durch das Verfassen der einzelnen Rollen und Sprechakte einen fokussierten Einblick in jede Rolle, die bei einer Mobbingsituation von Bedeutung ist und lösen diese dann aus dem Blickwinkel aller Beteiligten auf. Somit haben die Schüler einen umfassenden Überblick über spezifische Fälle und können auch verwobene Situationen im Alltag schneller überblicken.
Die abgeschlossenen Drehbücher werden am Ende vom Klassenlehrer im Klassenraum ausgestellt. Für die Schüler bleiben ihre „geschaffenen Werke“ somit in Reichweite und für jedermann sichtbar, sodass auch in späteren Schulalltagssituationen darauf zurückgegriffen werden kann.

Heterogenitätskonzept

Die Schüler werden durch das Brainstorming aktiv an die Themen vom Vortrag aus dem Modul 5 erinnert. Durch das offene Plenum hat jeder Einsicht in die Gedanken und Eindrücke der anderen Schüler was den Wissenstand der Einzelnen angleicht.
Während der Projektarbeit helfen die Lehrkraft und die Paten den einzelnen Gruppen ihre Aufgabe erfolgreich und zielorientiert zu bearbeiten, sodass keine Gruppe durch mangelnde Ideen oder auftretende Schwierigkeiten „auf der Strecke bleibt“.

Leistungsfeststellung

Das einführende Brainstorming ermöglicht dem Klassenlehrer die Feststellung, wie viel von dem eingeführten Stoff im Modul „Gemeinsam für ein freundliches Klassenklima!“ bei den Schülern verankert wurde.
Da das Thema Mobbing ein sehr sensibles und privates Thema für jeden Schüler ist, wird es keine Leistungserhebung im Sinne eines Testes oder ähnlichem geben. Der Lehrer kann am Ende des Projektes, wenn die Drehbücher formuliert sind und in der Klasse

ausgestellt werden, erkennen, wie tief die Themen Mobbing und regelhafte Konfliktlösung theoretisch in der Klasse verankert sind. Die praktische Feststellung, ob die Schüler nach den gelernten Regeln und Vorgehensweisen bei einem Fall von Mobbing reagieren, kann der Klassenlehrer zunächst erst im allgemeinen Schulalltag beobachten.

Es bietet sich ihm jedoch jederzeit die Möglichkeit während des Schuljahres „Klassenkonferenzen" einzuberufen, bei denen er mit den Schülern bespricht, ob und wie genau sie ihr Wissen über Mobbing einsetzen können und dies auch schon getan haben.

Idee: Die Drehbücher können für eventuelle unter dem Schuljahr stattfindende Klassenprojekte herangezogen werden, um aus Einem ein wirkliches Theaterstück zu gestalten.

Modul 6: Selbstgesteuertes Lernen

Phase 1: Allgemeine Lernstrategien
Zeit: 15:10 Uhr
Inhalt: Vermittlung von essentiellen Lernstrategien durch den zukünftigen Klassenlehrer, die fächerübergreifend Anwendung finden (Stichwort: Lernen lernen, nach Konzepten von Peter O. Chott[19]).

Phase 2: Sprachliche Kompetenzen
Zeit: 15:30Uhr
Inhalt: Fachspezifisch Deutsch/ Fremdsprachen: Umgang mit Texten + Anlegen von Karteikarten. Die Schüler lernen Texte nach wichtigen Informationen zu analysieren, diese zusammenzufassen und sinngebend vorzutragen. Die Lehrkräfte der Fremdsprachen erläutern den Nutzen des Karteikartensystems.

Phase 3: Mathematische Kompetenzen
Zeit: 15:50 Uhr
Inhalt: Fachspezifisch Mathematik: Vermittlung von Ansätzen zu Problemlösestrategien. Der Mathematiklehrer lässt die Schüler Daten aus Sachtexten erfassen, welche in einfachen kombinatorischen Aufgaben münden. Realitätsnahe Beispiele verbinden hier mathematische Problemstellungen mit dem Alltag der Schüler.

Phase 4: Methodentraining
Zeit: 16:20 Uhr
Inhalt: Durchführung eines Methodentrainings anhand von gemischten Beispielaufgaben, die die Schüler vom jeweiligen Fachlehrer erhalten. Die Paten stehen den Schülern hier beratend zur Seite.

Phase 5: Handout
Zeit: 17:00 Uhr
Inhalt: Austeilen des Handouts, gemeinsames Verlassen des Klassenraumes und abschließende Worte zu den Präventionstagen.

Kurzbeschreibung

Das Modul ist darauf ausgerichtet angehenden Schülern der 5. Klassenstufe grundlegende Methoden des selbstgesteuerten Lernens zu vermitteln. Die Schüler lernen unterschiedliche Aufgabentypen aus verschiedenen Fächern erfolgreich zu bearbeiten. Sie werden methodische Ansätze kennenlernen um bei auftretenden Lernschwierigkeiten entsprechende Gegenmaßnahmen anzuwenden. Des Weiteren ist die

19 *Chott, Peter O. / Barth, Gila: Gemeinsam Lernen lernen in der Schule - Modell einer schulhausübergreifenden Förderung von Methodenkompetenz (nicht nur) für die Grundschule. Stamsried: Vögel 2008.*

Vermittlung von Ansätzen den eigenen Lernerfolg einschätzen zu können, Teil des Moduls.

Ziele

Grundlegende Methoden des selbstgesteuerten Lernens werden erlernt.

Das Entstehen eines Gefühls für zukünftige fachspezifische Aufgaben wird gefördert.

Es können einfache, altersgerechte metakognitive Strategien selbstständig angewendet werden.

Lernschwierigkeiten können erkannt und eigenständig behoben werden.

Konzepte und Methoden

Die Vermittlung von allgemeinen Lernstrategien, wie es zu Beginn des Moduls vorgesehen ist, gibt den Schülern einen Einblick über das, was sie im Modul erwartet. Gleichzeitig sollen die Schüler verstanden haben, welchen Mehrwert sie durch das Erlernen dieser Strategien erfahren.

Das Fördern von Methodenkompetenz dient darüber hinaus nicht nur den Schülerinnen und Schülern, sondern auch den Lehrkräften, was für diese eine große Investition in die zukünftige Gestaltung des Arbeitsablaufes darstellt. Wenn Schüler bestimmte Lerninhalte selbstständig erarbeiten, eröffnet dies den Lehrkräften mehr Freiraum für Lernorganisation, Supervision und Coaching. Somit wird der Unterrichtsablauf weniger von Frontalunterricht geprägt sein, was sowohl für die Schüler, als auch für die Lehrer eine positive Entwicklung darstellt. Es bedeutet für die Lehrkräfte eine Schonung ihrer persönlichen Ressourcen und für die Schüler einen Schritt von der rezeptiven Unterrichtsaufnahme hin zur aktiven Mitgestaltung. Im weiteren Verlauf des Moduls, werden neben allgemeinen Lernstrategien auch fächerspezifische Methoden vermittelt. Im Bereich der Fremdsprachen beispielsweise können Methoden, Fertigkeiten und Kenntnisse von einer Sprache zur anderen übertragen werden. Ein von den Lehrern der sprachlichen Fächer gemeinsam erarbeitetes Methodenkonzept sorgt für ein möglichst arbeitsökonomisches Vorgehen und bedeutet eine Entlastung des Unterrichts in den einzelnen Sprachen. Im fächerspezifischen Teil für Mathematik erschließen die Schüler unter Anleitung der Lehrkräfte mit Hilfe der Mathematik Phänomene in Gesellschaft und Natur und versuchen sie als Werkzeug zur Modellierung von realen Situationen nachzuvollziehen. Mathematik ist nicht nur Sprache der Naturwissenschaften und der Technik, sie unterstützt auch andere Zugänge zur Wirklichkeit. Diesen Ansatz sollen die Schüler verinnerlichen, gleichzeitig wird ihnen durch greifbare, realitätsnahe Beispiele die Angst vor der Mathematik genommen.

Vermittlung von essentiellen Lernstrategien

Fachspezifisch Deutsch/Fremdsprachen: Umgang mit Texten + Anlegen von Karteikarten

Fachspezifisch Mathematik: Vermittlung von Ansätzen zu Problemlösestrategien

Durchführung eines Methodentrainings anhand von Beispielaufgaben

Heterogenitätskonzept

Dadurch, dass in den Klassen Schüler aus unterschiedlichen Stadtgebieten, sozialen, sowie finanziellen Hintergründen und sowohl Mädchen als auch

Jungen zusammenkommen muss von einem höchst heterogenen Gruppenbild ausgegangen werden. Diese Heterogenität schlägt sich darüber hinaus auch in der schulischen Leistung jedes einzelnen Schülers nieder. Es ist daher von besonderer Bedeutung für die Lehrkräfte, die Schüler auf einen einheitlichen Stand in Bezug auf Wissen und Fähigkeiten, zu bringen, wozu dieses Modul optimale Voraussetzungen bietet. Während der Durchführung wird stark darauf geachtet, dass Schüler, die in einer Lerndisziplin schwächere Leistungen aufweisen, den Anschluss behalten. Die Paten übernehmen diese tragende Rolle und unterstützen die Schüler.

Leistungsnachweis

Ein Leistungsnachweis ist in Form einer Anwendung der zuvor gelernten Methoden auf gemischte Aufgaben zu erbringen. Dieser wird weder benotet noch in anderer Form gewertet. Das vorrangige Ziel, den Schülern die Fähigkeiten für die Bewältigung spezieller Aufgaben zu vermitteln, kann jedoch nicht in wenigen Stunden umgesetzt werden, sondern stellt einen nachhaltigen Prozess dar. Die zuständigen Fachlehrer werden daher innerhalb des laufenden Schuljahres konstant die Entwicklung der Schüler in den vermittelten Lerndisziplinen überwachen und durch Feedback und konkrete Übungsaufgaben diese essentiellen Fähigkeiten stärken. Dies entspricht einer adäquaten Form der Leistungsfeststellung.

11. Ausschreibung

Wir stellen uns vor!

Wir – die EUV, Entwickeln, Unterstützen, Verbessern GmbH – sind ein Team von fünf ausgebildeten Bildungswissenschaftlern mit dem Schwerpunkt Curriculumentwicklung. Wir haben langjährige und vielfältige Arbeitserfahrung in diesem Bereich, da wir eine Vielzahl von unterschiedlichen Projekten durchgeführt haben. Durch unmittelbare Arbeitserfahrung an Schulen wissen wir, wie eine Klasse strukturiert ist und worauf es bei Interventionen in dieser ankommt. Durch vergangene Projekte mit dem Fokus auf Sport, Gruppendynamik oder Lernorientierung haben wir Vorwissen, welches für die spezifischen Module des Curriculums von Nutzen ist. Durch unser Bachelor Studium des Bildungsmanagements haben wir eine nachweisliche Grundlage, auf der wir die geplanten Einführungstage und die einzelnen didaktisch aufbereiteten Module gestalten.

Adressaten

Dieses Curriculum richtet sich an Schulleiter, Lehrer oder Elternvertreter einer weiterführenden Schule, die die Schwierigkeiten angehender Sextaner, sich zügig in das neue Schulsystem zu integrieren, kennen. Ebenso möchten Sie eine nachhaltige Präventionsmaßnahme gegen Mobbing und deren Folgen implementieren.
Um keinen zeitlichen und arbeitstechnischen Mehraufwand während des Schuljahres zu haben, konzipierten wir dieses Curriculum, welches wir Ihnen nun kurz vorstellen werden.

Profil

Die teilnehmenden Schüler haben nach den Präventionstagen eine bessere Orientierung in ihrer Schule und kennen ihre neuen Klassenkameraden bereits vor Schulbeginn. Sie kennen sich mit den räumlichen Gegebenheiten und den Strukturen aus und lernen einen gegenseitig offenen und respektvollen Umgang miteinander. Die Schüler können Mobbingsituationen erkennen und wissen, auf welche Weise sie selber intervenieren können und wie dies wiederum zur angenehmen Klassenatmosphäre beiträgt. Zusätzlich sind sie in der Lage den gewachsenen Lernstoff durch metakognitive Lernstrategien zu bewältigen. Dadurch vollführen sie angstfreier, motivierter und gelassener ihren Schulwechsel und können somit den gehobenen Leistungsanforderungen gerecht werden. Lehrer bekommen vor diesen Präventionstagen eine Schulung zur Mobbingprävention. Sie sind in der Lage kritische Situationen rechtzeitig zu erkennen und diesen entgegenzuwirken. Sie kennen die „No Blame Approach"-Methode und können mit Hilfe dieser Technik Mobbing im eigenen Klassenzimmer entgegenwirken und für ein offenes, angenehmes Klassenklima sorgen.

12. Didaktisches Konzept

Die Präventionstage finden verteilt auf drei Tage statt, an denen jeweils zwei oder drei Module durchgeführt werden. Die Entscheidung mit thematisch fokussierten Modulen zu arbeiten beruht auf der Idee des kooperativen Lernens, bei der einzelne Lernende durch Unterstützung von anderen Lernenden ihr Wissen erweitern. Durch die Abwechslung von Einzel-Lernsituationen und Gruppenorientierten-Lernsituationen mit Unterstützung von Paten, der neuen Peer Group und den Lehrkräften wird ein optimaler Lernerfolg der Schüler ermöglicht.

Mit den einzelnen Modulen streben wir auf übergeordneter Ebene danach, die verschiedenen existierenden Klimaräume, die in einer Schule zusammenwirken, anzusprechen. Dabei wird zum einen auf das Klassenklima zwischen den Schülern eingegangen, indem das Kennenlernen der angehenden Fünftklässler geplant und gestaltet wird. Außerdem wird auf das Unterrichtsklima im Klassenzimmer eingewirkt, welches durch selbst gesteuertes, bewusstes Lernen optimiert werden soll. Dass dies erst in der täglichen Übung und Anwendung gefestigt wird ist dabei berücksichtigt. Zum anderen wird das allgemeine Schulklima durch die Einführung der Präventionstage nachhaltig verändert, indem alle angehenden Schüler durch diese Tage einen Einblick in die lösungsorientierte Konfliktkultur bekommen.

Die jeweiligen Module unterscheiden sich in ihrer Ausrichtung auf die zu erwerbenden Kompetenzen. Daher ergibt sich folgende Aufteilung:

Wir bieten zwei wertevermittelnde Module an, die durch Erarbeiten einer lösungsorientierten Konfliktkultur die Sozialisationsfunktion der Schule unterstützen, indem Schüler und Lehrer gleichermaßen, eingehend auf jeweilige Vorkenntnisse, aktiviert werden.

Darunter fallen der Workshop für die Lehrer, das einführende Mobbingmodul (Modul 4) und das vertiefende Mobbingmodul (Modul 5).

Das physisch aktivierende Sportmodul (Modul 2), soll den Schülern soziale Interaktion im Rahmen von sportlicher und spaßiger Aktivität ermöglichen und den Klassenlehrern gleichzeitig die Möglichkeit bieten, die Gruppendynamik der einzelnen Klassen erstmals zu beobachten. Der Klassenlehrer hat dabei eine Doppelrolle, in der er zum einen die Schüler in Interaktion untereinander und zum anderen den Sportlehrer in Interaktion mit den Schülern beobachten kann. Nach Abschluss des Moduls hat der Klassenlehrer die Aufgabe, dem Sportlehrer seine Eindrücke von der Lehrer-Schüler-Interaktion zu vermitteln und diesem somit Verhaltensweisen der Schüler dazulegen, die er selbst während der Durchführung nicht registrieren konnte, die für den weiteren Sportunterricht jedoch relevant sein können.

Das Modul 6 „Selbstreguliertes Lernen" hat die kognitiven Fähigkeiten der Schüler im Fokus. In diesem werden Lernstrategien vermittelt, die den Schülern das zukünftige Lernen im sekundären Bildungsbereich erleichtern und damit ein verbessertes Unterrichtsklima schaffen sollen.

Das kreativitätsfördernde Modul (Modul 3) dient als Rahmen für die Gestaltung von Bildern durch die einzelnen Schüler. Diese nutzen dabei ihre Kreativität, um den eigenen Namen darzustellen und sich somit als selbstständiges Subjekt zu bestärken und ihr Selbstkonzept aufzubauen.

13. Kosten

Gemeinkosten

Produkt	Tagessatz	Anzahl der Tagessätze	Summe	Erläuterung
Konzeptentwicklung	600,-	4	2400,-	Für die Konzeptentwicklung werden 2 Entwickler á 2 Tage gerechnet
Material			50,-	Kosten für Handouts, Präsentationsmaterialien und Plakate des Lehrerwershops

Durchführungskosten

Produkt	Stundensatz	Anzahl der Stunden	Summe	Erläuterung
Externe Lehrpersonen	150,-	6	900,-	Der Workshop zur Mobbingprävention für Lehrer wird von einem Coach moderiert.
8 Lehrpersonen		6		Zum Workshop zur Mobbingprävention wird mit 8 Lehrpersonen kalkuliert.
Evaluation/QM	30,-	6	180,-	Um die Qualität unseres Produktes zu gewährleisten werden wir die Maßnahmen überwachen und im Anschluss mit dem Schulleiter evaluieren.
Lehrperson		37,45		Die Lehrpersonen werden während des Workshop und der 3 Tage insgesamt einen Mehraufwand von 37,45 Stunden haben.

Gesamtkosten	**3530,-**
Kosten pro Schüler	**35,50**

13. Anhang

Modulplan

Zunächst wird die tabellarische Übersicht der Module in Abhängigkeit der einzelnen Tage zusammengestellt.

Voraussgehender Workshop: Lehrer-Workshop Mobbing

Phase	**Zeit**	**Inhalt**
Begrüßung und Einführung zum Thema Mobbing	9:00- 9:45 Uhr	Zu Beginn werden wir die Begrifflichkeiten zum Thema Mobbing klären. Hierfür wird es einen Input Teil mit folgenden Inhalten geben ➢ Was ist Mobbing ➢ Wer ist betroffen ➢ Wer ist „Täter" ➢ Signale von Mobbing ➢ Auswirkungen auf die Klassengemeinschaft Hierzu wird es ein Handout mit den wichtigsten Fakten und Punkten geben.
	9:45-10:30 Uhr	Nachdem wir nun ein Bild über das „System Mobbing" erhalten haben werden wir verschiedene Fallbeispiele, welche „schiefgelaufen" sind, analysieren und sehen woran dies lag. Das sollte um alle Anwesenden zu aktivieren in einer Gruppendiskussion stattfinden.
	10:30-11:00 Uhr	Im Anschluss werden wir die „No Blame Approach" Methode erarbeiten. Diese wird zuerst wieder mit Eckdaten und den 3 Schritten des Ablaufs als Input unterfüttert.
Kaffeepause	11:00-11:15 Uhr	
	11:15-12:15 Uhr	Die 3 Schritte des Ansatzes werden genauer erläutert und an Beispielen verständlich dargelegt.

Mittagspause	12:15- 13:00 Uhr	
	13:00-14:00 Uhr	Die Lehrkräfte versetzen sich anhand der zugewiesenen Aufgabe in die Rolle von „Täter", „Opfer" Klassenkameraden und Lehrkraft und setzten den NBA in simulierter Umgebung um.
Entwicklung eines Fallbeispiel	14:00- 15:30 Uhr	Im Anschluss werden wir ein geeignetes Beispiel erarbeiten, welches die Schüler durchspielen werden um ein Gefühl für das Thema Mobbing und den richtigen Umgang damit zu bekommen.
Nachbe-sprechung Diskussions-runde	15:30- 16:00 Uhr	Ergebnissicherung anhand einer Zusammenfassung. Anschließende Diskussionsrunde über eigene Erfahrungen und Umsetzungsmöglichkeiten, Empfehlung weiterer Literatur und Ansprechpartner

Tag 1
Modul 1: Unser neues Klassenzimmer!

Phase	Zeit	Inhalt
Phase 1 Vorstellung und Kennenlernen	11:00- 11:30 Uhr	Der Klassenlehrer und die Paten führen Kennlernspiele mit den Schülern durch.
Phase 2 Umgebung erkunden	11:30- 12:00 Uhr	Anschließend gibt der Lehrer eine Führung durch das Schulgebäude und gibt dabei einen Einblick in die wichtigsten Räumlichkeiten
Phase 3 Struktur im Klassenzimmer	12:00- 12:50 Uhr	Nach der Schulführung kehren der Lehrer und die Schüler in ihr Klassenzimmer zurück. Dort werden den Schülern durch ein Losverfahren die neuen Sitzplätze zugeteilt.
Phase 4 Mensabesuch	12:50- 13:00 Uhr	Am Ende des Moduls geht der Lehrer mit den Schülern zusammen zur Mensa. Dort wird gemeinsam zu Mittag gegessen.

Modul 2: Bewegung zur Stärkung der Wir-Identität

Phase	Zeit	Inhalt
Phase 1 Besichtigung der Sporteinrichtung-en	13:00- 13:40 Uhr	Sport- und Klassenlehrer sowie die Paten führen die Klasse zu dem Sportplatz und der Sporthalle und erklären wie diese ein Teil der zukünftigen Schuljahre werden. Nach dem Umziehen in der Sporthalle fertigt jeder Schüler ein Namensschild an.
Phase 2 Aufwärmen und Kennenlernen	13:40- 13:50 Uhr	Der Klassenlehrer zieht sich zurück, bleibt als Beobachter jedoch dabei. Sportlehrer und Paten Spielen zum Aufwärmen und zur Lockerung, verschiedene Spiele zum Kennenlernen.
Phase 3 Einführung in den Sportunterricht	13:50- 15:00 Uhr	Danach können die Schüler in Form eines Zirkels verschiedene Sportarten und die zughörigen Sportgeräte erkunden.
Phase 4 Spiel und Bewegung für die Klassengemein-schaft	15:00- 15:15 Uhr	Nach dem Vorstellen der verschiedenen Sportarten werden nochmals verschiedene Spiele durchgeführt um eine gute „Teamchemie" zu erzeugen.
Phase 5 Reflexion des Moduls	15:15- 15:30 Uhr	Am Ende des Moduls gibt es Zeit zum Besprechen von negativen und positiven Eindrücken der Schüler. Es tauschen sich zusätzlich der Klassenlehrer und der Sportlehrer über die beobachtete Klassendynamik aus.

Tag 2
Modul 3: Wir gestalten unseren Lernraum

Phase	Zeit	Inhalte
Phase 1: Vorstellen der Rahmenbedingungen des Kunstunterrichts	10:00-10:20 Uhr	Vorstellen der Kunsträume durch den Klassen- und Kunstlehrer Aufzeigen der Möglichkeiten des zukünftigen Kunstunterrichts mit Fokus auf verschiedenen Gestaltungsmöglichkeiten
Phase 2: Erstellen eines Namen-plakats	10:20 - 11:30 Uhr	Wahl einer Gestaltungsmöglichkeit durch die Schüler Aufgabenstellung: jeder Schüler soll eigenen Namen mit einer Gestaltungsart auf einem Bild festhalten
Phase 3: Aufhängen der Bilder im Klassenzimmer	11:30 - 12:00 Uhr	Die Arbeiten der Schüler werden im Klassenraum aufgehängt.
Pause	12:00- 13:00 Uhr	Gemeinsames Mittagessen in der Mensa

Modul 4: Mobbingprävention I: - Gemeinsam für ein freundliches Klassen-klima

Phase	Zeit	Inhalt
Erkennen von Mobbing	13:00-13:30 Uhr	Textanalyse: „Mit dem spielen wir nicht!“
Anwenden des „No Blame Approach“	13:30-15:00 Uhr	Rollenspiele, in denen der „No Blame Approach“ praxisnah ausprobiert wird.
Erarbeitung von Klassenregeln & Formulierung von positiven Bitten	15:00-15:30 Uhr	Jeder Schüler schreibt Klassenregeln auf, die zu einem angenehmen Klassenklima beitragen sollen. Zudem werden vorformulierte, aggressive Vorwürfe in positive Bitten umformuliert.

Modul 5: Unser Drehbuch für einen Mobbingfreien Schulalltag

Phase	Zeit	Inhalt
Vorwissensaktivierung durch offenes Brainstorming	10:00 – 10:20 Uhr	Durchführung eines Brainstormings durch den Lehrer
Film: „Die dicke Tilla“	10:20 – 11:40 Uhr	Anschauen des Filmes mit Aufgabestellung von Seiten des Lehrers
Projekt „Wir schreiben unser eigenes Drehbuch“	11:40 – 12:00 Uhr	Einführung in die Projektarbeit
Mittagspause	12:00 – 13:00 Uhr	Gemeinsames Mittagessen in der Mensa
Weiterführung des Projektes	13:00 – 14:45 Uhr	Fortführen der Projektarbeit mit Hilfe der Paten und der Lehrkraft
Pause mit Spiel und Spaß auf dem Schulhof	14:45 – 15:10 Uhr	Kurze Pause für die Schüler vor Modul 6

Modul 6: Selbstgesteuertes Lernen

Phase	Zeit	Inhalt
Allgemeine Lernstrategien	15:10 Uhr	Vermittlung von essentiellen Lernstrategien durch den zukünftigen Klassenlehrer, die Fächerübergreifend Anwendung finden (Stichwort: Lernen lernen, nach Konzepten von Peter O. Chott).
Sprachliche Kompetenzen	15:30 Uhr	Fachspezifisch Deutsch/Fremdsprachen: Umgang mit Texten + Anlegen von Karteikarten. Die Schüler lernen Texte nach wichtigen Informationen zu analysieren, diese zusammenzufassen und sinngebend vorzutragen. Die Lehrkräfte der Fremdsprachen erläutern den Nutzen des Karteikartensystems.
Mathematische Kompetenzen	15:50 Uhr	Fachspezifisch Mathematik: Vermittlung von Ansätzen zu Problemlösestrategien. Der Mathematiklehrer lässt die Schüler Daten aus Sachtexten erfassen, welche in einfachen kombinatorischen Aufgaben münden. Realitätsnahe Beispiele verbinden hier mathematische Problemstellungen mit dem Alltag der Schüler.
Methodentraining	16:20 Uhr	Durchführung eines Methodentrainings anhand von gemischten Beispielaufgaben, die die Schüler vom jeweiligen Fachlehrer erhalten. Die Paten stehen den Schülern hier beratend zur Seite.
Handout	17:00 Uhr	Austeilen des Handouts, gemeinsames Verlassen des Klassenraumes und abschließende Worte zu den Präventionstagen

Folgende Abbildung zeigt den grafischen Überblick der angebotenen Module innerhalb der Präventionstage zur Entwicklung einer lösungsorientierten Konfliktkultur im sekundären Bildungsbereich. Die Veranstaltung ist auf drei Tage angelegt, welchen ein Workshop vorausgeht, der ausschließlich für Lehrkräfte vorgesehen ist. Der Workshop und die Präventionstage finden im Gebäude der Schule statt, die von den angehenden Schülern der Klassenstufe 5 in Zukunft besucht wird. An den einzelnen Tagen finden jeweils zwei Module statt, die Mobbingprävention, Methodenkompetenz und kreativ/aktivierende Komponenten beinhalten. Die Module zur Mobbingprävention bauen inhaltlich aufeinander auf und sind daher als Gesamtpaket zu betrachten.

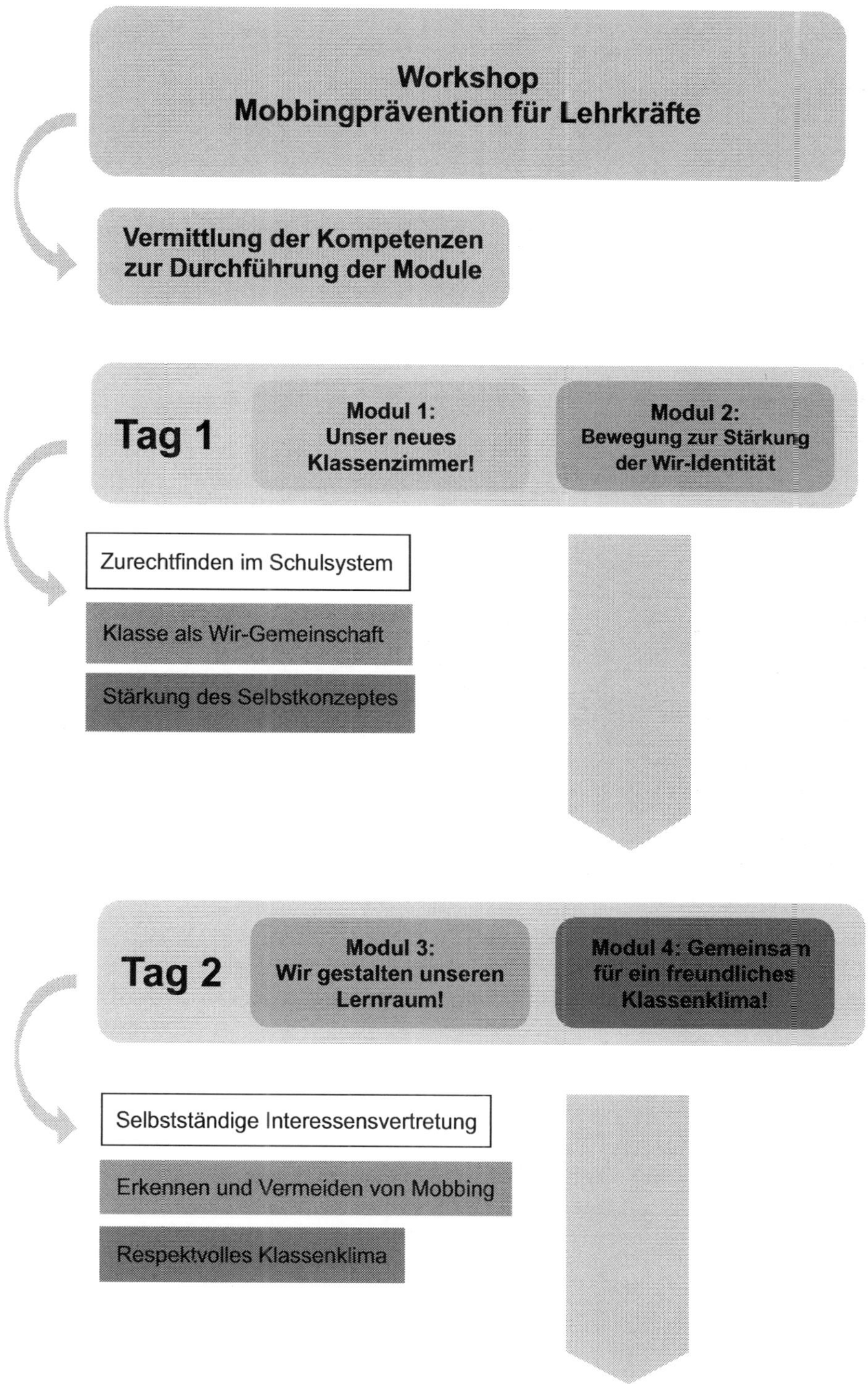
Workshop
Mobbingprävention für Lehrkräfte
Vermittlung der Kompetenzen zur Durchführung der Module
Tag 1
Modul 1: Unser neues Klassenzimmer!
Modul 2: Bewegung zur Stärkung der Wir-Identität
Zurechtfinden im Schulsystem
Klasse als Wir-Gemeinschaft
Stärkung des Selbstkonzeptes
Tag 2
Modul 3: Wir gestalten unseren Lernraum!
Modul 4: Gemeinsam für ein freundliches Klassenklima!
Selbstständige Interessensvertretung
Erkennen und Vermeiden von Mobbing
Respektvolles Klassenklima

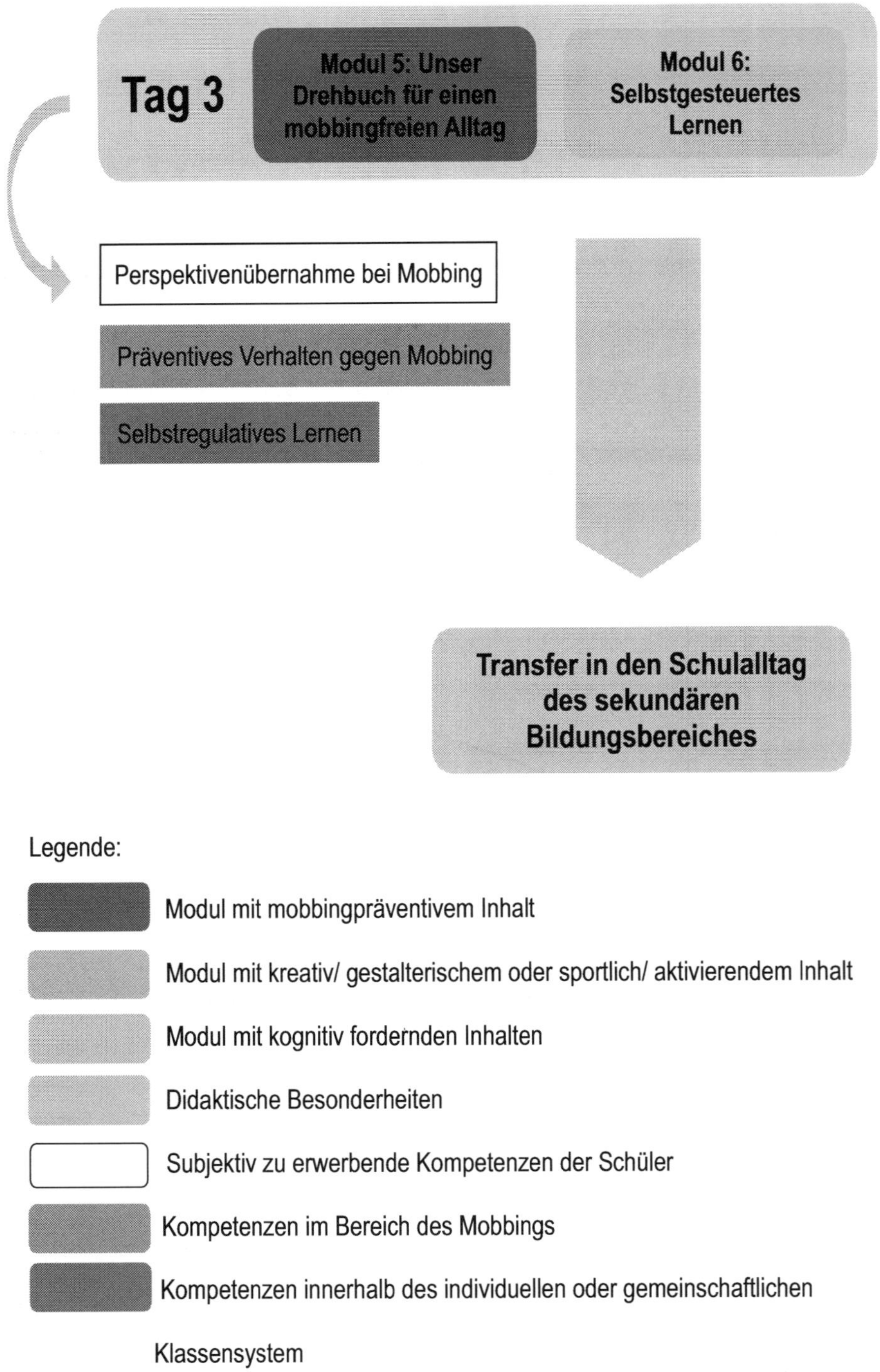
Tag 3
Modul 5: Unser Drehbuch für einen mobbingfreien Alltag
Modul 6: Selbstgesteuertes Lernen
Perspektivenübernahme bei Mobbing
Präventives Verhalten gegen Mobbing
Selbstregulatives Lernen
Transfer in den Schulalltag des sekundären Bildungsbereiches
Legende:
Modul mit mobbingpräventivem Inhalt
Modul mit kreativ/ gestalterischem oder sportlich/ aktivierendem Inhalt
Modul mit kognitiv fordernden Inhalten
Didaktische Besonderheiten
Subjektiv zu erwerbende Kompetenzen der Schüler
Kompetenzen im Bereich des Mobbings
Kompetenzen innerhalb des individuellen oder gemeinschaftlichen Klassensystem

Schulische Bildung

2.
Weiterbildung für Lehrkräfte: „Heterogenität und Krisenmanagement im Schulalltag“

von Roland Ebert-Glang, Pauline Lemmer, Alba Eileen Lohmann, Sandra Reichert und Lisa Süßlin

Gliederung

Weiterbildung für Lehrkräfte: „Heterogenität und Krisenmanagement im Schulalltag"

1. Abstrakt

Die Weiterbildung "Heterogenität und Krisenmanagement im Schulalltag" richtet sich an Schulen, welche täglich vor der Herausforderung stehen, die zunehmende Heterogenität der Schüler in den Schulalltag einzubinden. Mit Hilfe individueller Betreuung durch professionelle Coaches und der expliziten Förderung der Zusammenarbeit innerhalb des Kollegiums, werden die Teilnehmer auf den souveränen und stressfreien Umgang mit Krisen im Berufsalltag vorbereitet. Anstatt dies durch einen gesetzten Rahmen zu erarbeiten, haben wir verschiedene Module in Anlehnung an das Schienenmodell nach Hansruedi Kaiser entwickelt, wodurch der Lernfortschritt individuell und intensiv gestaltet wird. Zusätzlich zu den Kompetenzen können Sie sich als certified Moderator ausbilden lassen und erlernen dadurch wichtige Aspekte der Moderation, welche Sie am Ende selbstständig durchführen können. Dies garantiert einen flexiblen und interessensorientierten Verlauf der Weiterbildung.

Von Sitzung zu Sitzung nimmt die Leitung der Coaches ab, dadurch steigt die Eigenverantwortung der Teilnehmer und führt zu einem sicheren Umgang mit den gelernten didaktischen Konzepten, die Sie auch über die Dauer der Fortbildung hinaus effektiv anwenden können.

2. Überblick

Heterogenität ist in der modernen Zeit überall zu finden und ein bereicherndes Charakteristikum der heutigen Gesellschaft. Dennoch ist mit ihr auch eine große Herausforderung verbunden, die sich aktuell durch den anhaltenden Flüchtlingsansturm in Europa zunehmend verstärkt. Dies stellt vor allem Schulen und andere Bildungseinrichtungen vor eine komplexe Aufgabe, da sie sich im Schulalltag mit daraus resultierenden Konflikten wie Gewalt, Rassismus, Gruppenbildung oder Isolation auseinandersetzen müssen.

3. Vorstudie

Auftrag

Der aktuelle Ansturm von Flüchtlingen führt zu einer Überflutung der Schulen, da für Kinder in Deutschland bis 16 Jahre eine Schulpflicht besteht. Flüchtlingskinder werden in den regulären Unterricht eingegliedert, was zu einer Überforderung der Schulen in allen Bereichen führt. Der Schulleiter des Rotteck-Gymnasiums Freiburg erteilte uns den Auftrag eine Lehrerfortbildung zu entwickeln, welche die Lehrer auf den professionellen und souveränen Umgang mit der gesteigerten Heterogenität und den daraus resultierenden Konflikten vorbereitet.

Vorgehen

Um eine qualitativ hochwertige Lehrerfortbildung zu gestalten, haben wir Vorstudien durchgeführt. Wir haben zum einen die Angestellten des Rotteck-Gymnasiums, Flüchtlinge und Menschen mit Migrationshintergrund befragt, zum anderen auch die Eltern von Schülern, um die Inhalte genau den Bedürfnissen anzupassen. Zusätzlich haben wir Internetrecherche betrieben, um den aktuellen Stand der Bildungspolitik bezüglich der Flüchtlinge zu erfassen.

Vorläufige Idee

Unser Plan ist es, die Lehrer zu einem kompetenten, stressfreien Umgang mit Flüchtlingskindern fortzubilden, indem wir ihnen didaktische Konzepte nahe bringen, welche sie nach der Weiterbildung selbständig weiterführen können.

Interessierte und Beteiligte

Im Interesse der Lehrkräfte des Rotteck-Gymnasiums, sowie Sozialarbeiter und Schüler, aber auch des Bildungsministeriums Freiburg, werden wir die Fortbildung so gestalten, dass die Lehrkräfte fächerübergreifend von den Inhalten profitieren können.

Einsatzsituation und Ausbildung

Die Fortbildung richtet sich an die Lehrer und Sozialpädagogen im Schulalltag.

Erfahrungen und Kenntnisse der Teilnehmer

Die Teilnehmer verfügen teilweise über Vorkenntnisse durch bereits besuchte Fortbildungen oder persönlichen Migrationshintergrund. Des Weiteren bringen die Teilnehmer individuelle Erfahrungen und Vorwissen aufgrund der Dauer ihrer Berufstätigkeit mit.

Unterschiede zwischen den Teilnehmern

Die Vorstudie hat ergeben, dass die Teilnehmer unterschiedliche Herangehensweisen an Probleme haben. Die einen handeln erfolgsorientiert, die anderen misserfolgsorientiert. Hinzu kommen die verschiedenen Fächerkombinationen und die unterschiedlich ausgeprägte Motivation der Teilnehmer an der Fortbildung.

Organisatorische Bedürfnisse der Teilnehmer

Da für die Lehrer des Rotteck-Gymnasiums Freiburg jeden Mittwoch eine Präsenzzeit von 15.30 bis 18 00 besteht, hat der Schulleiter uns gebeten, die Fortbildung in diesem Zeitraum in den Räumlichkeiten der Schule einzugliedern. Das Produkt wird eine berufsbegleitende Fortbildung sein, welche sich über ein Jahr streckt.

Weitere Erkenntnisse

Lehrer brauchen eine Reihe an Methoden und Konzepten, aus denen sie wählen können um selbstgesteuert und passend auf Probleme zu reagieren. Da nicht alle Lehrer genügend Zeit aufbringen können, um an jeder Sitzungen teilzunehmen, haben wir uns für ein Schienenmodell entschieden. Durch dieses Modell können die Teilnehmer individuell auswählen, wo und wie sie ihren Schwerpunkt setzen wollen. Damit möglichst viele Lehrer nachhaltig von der Weiterbildung profitieren, wird es möglich sein, sich ein Zertifikat ausstellen zu lassen, um andere Lehrkräfte weiterzubilden.

4. Projektteam

Unser Team besteht aus fünf erfahrenen Bildungswissenschaftlern und –managern. Durch das grundlegende Studium, welches sich intensiv mit Schulpädagogik und internen sowie externen Lernprozessen auseinandersetzt, sind wir auf der theoretischen Ebene hervorragend ausgebildet. Doch auch in der Praxis konnten wir bereits viele Erfahrungen sammeln. Hervorzuheben sind hierbei vor allem Erfahrungen im Bereich der Kinder- und Jugendarbeit, wie beispielsweise die Zusammenarbeit mit Township-Schulen, mehrere Projekte mit Heimkindern oder das Leiten von Theater- und Schwimmgruppen. Durch diese haben wir bereits selbst Erfahrungen im Bereich Heterogenität gesammelt, die in die Konzeption der Fortbildung miteingeflossen sind. Zusätzlich können wir durch mehrere Projekte im Bereich Jugend und Bildung eine langfristige Zusammenarbeit mit dem Bildungsministerium Freiburg nachweisen. Die eigens für die Weiterbildung eingestellten externen Coaches weisen ebenfalls eine langjährige Berufserfahrung auf und zeichnen sich durch eine hohe Kompetenz im Bereich der Didaktik und Pädagogik, aber auch durch ein hohes fachliches Wissen in ihrem jeweiligen didaktischen Konzept, aus.

5. Produkte

Das vorliegende Curriculum setzt sich aus mehreren Komponenten zusammen, um Ihnen die Inhalte und Aufbau unseres Curriculums verständlich darzubieten. Mit Hilfe des Ablaufplans und den Ausführungen zu unserem didaktischen Konzept wird ein genauer Überblick über den spezifischen Ablauf und die konkreten Inhalte der einzelnen Sitzungen geschaffen. Zum besseren Verständnis liegen diese in schriftlicher, grafischer und tabellarischer Form vor. Des Weiteren enthält das didaktische Gesamtkonzept detaillierte Angaben über die im Curriculum genutzten didaktischen Konzepte, den Ablauf, den zeitlichen Aufwand, die erworbenen Fähigkeiten und Kompetenzen sowie den Umgang mit Heterogenität innerhalb der Teilnehmer. Zusätzlich verfügt das vorliegende Curriculum ebenfalls über ein aufschlussreiches Ausschreiben. Dies enthält eine detaillierte Kostenaufstellung, durch welche die Kosten und der Aufwand pro Teilnehmer und ausgewähltem Track genau nachzuvollziehen sind.

6. Konzepte und Definitionen

Curriculum

Ein Lehrprogramm, welches auf einer Theorie des Lehrens und Lernens einen Lehrplan aufbaut. Das Curriculum ist eine systematische Darstellung unserer Lernziele, inhaltlicher Aspekte, sowie der didaktisch-methodischen Gestaltung der Fortbildung.[1] Unser Curriculum ist auf 6 Monate angelegt, soll danach aber durch die Schule und durch die Fortbildung ausgebildete Lehrkräfte fortgesetzt werden. Daher

1 http://www.duden.de/rechtschreibung/Curriculum

orientiert sich unser Curriculum an dem Schienenmodell.

Schienenmodell

Das Schienenmodell nach Hansruedi Kaiser (1999) ist ein Weiterbildungsformat für anwendungsbezogenes Wissen, welches den Aufbau von reflektiertem situativen Wissen der Lehrkräfte fördert.[2] Auf diesem Konzept ist unsere Lehrerfortbildung aufgebaut. Eine Schiene ist ein pädagogisches Konzept. Für jedes Konzept gibt es unterschiedliche Schlusskompetenzen. Der Vorteil eines Schienenmodells ist, dass Lehrkräfte individuell zwischen den Schienen wechseln können, sobald diese die Schlusskompetenzen, welche in Transferverträgen festgehalten sind, erreicht hat.

Dieses ermöglicht eine individuelle Gestaltung der Weiterbildung, welche sich an den Interessen der Teilnehmer orientiert und sich dementsprechend anpasst.

Transfervertrag

Ein Transvertrag ist ein Dokument, in dem zu Beginn einer Schiene festgehalten wird, welche Schlusskompetenzen durch die Schiene erlangt werden sollen.

Kompetenzen

Wir beziehen uns in diesem Curriculum auf die Definition von Kompetenzen von dem Bundesministerium für Bildung und Forschung. Kompetenzen sind „die bei Individuen verfügbaren oder durch sie erlernbaren kognitiven Fähigkeiten und Fertigkeiten, um bestimmte Probleme zu lösen, sowie damit verbundene motivationale, volitionale und soziale Bereitschaften und Fähigkeiten, um die Problemlösungen in variablen Situationen erfolgreich und verantwortungsvoll nutzen zu können.“[3]

CO-Moderation

Das Konzept der Co-Moderation verwenden wir in den Sitzungen, um die Lehrkräfte des Certified Tracks auszubilden. Eine Lehrkraft übernimmt die Leitung eines didaktischen Konzepts, bekommt aber noch Hilfestellung eines bereits ausgebildeten Coaches.

Peer-Coaching

Peer-Coaching beschreibt ein Konzept, bei dem ein problemlösungsorientierter, kollegialer Dialog auf einer hohen Vertrauensebene im Zentrum steht.[4] Eine Peer-Coaching-Gruppe besteht aus zwei Personen, welche abwechselnd die Rolle des Gecoachten bzw. des Coaches einnehmen. Hierauf beziehen wir uns in unserer Fortbildung als eines der fünf ausgewählten didaktischen Modelle, das das Finden von Problemlösungen situativ und individuell unterstützen soll.

Selbstreflexion

Die Selbstreflexion ist eine Methode, die in unserer Fortbildung gelehrt wird, welche die Reflexion der eigenen Person in Bezug auf das eigene Verhalten und Handeln impliziert.[5] Für die Lehrkräfte bietet diese Methode die Möglichkeit, selbstständig das Problem zu bewältigen und eigenständig mit Krisen und Heterogenität im Schulalltag umzugehen.

2 *http://hrkll.ch/WordPress/iml2/das-buch/entstehungsgeschichte/26-schienenmodell-1999/*

3 *http://www.olev.de/k/kompetenz_als_bildungsziel.htm*

4 *Peer Coaching Overview: Andrew Thorn, Marilyn McLeod, Marshall Goldsmith ©2007*

5 *http://www.psychiater-psychotherapie.com/?p=31659&lang=de*

Intervision
Die Intervision, auch kollegiale Beratung genannt, ist ein weiteres didaktisches Konzept, welches in unserer Weiterbildung seine Anwendung findet. Es basiert auf einem strukturierten Erfahrungsaustausch zwischen gleichrangingen Kollegen.[6] In unserer Situation ermöglicht es die fächerübergreifende Zusammenarbeit der Lehrkräfte. Durch diesen vielfältigen Erfahrungsaustausch lernen die Lehrkräfte neue Ideen und Handlungskonzepte kennen, welche zum professionellen Umgang mit Heterogenität und Krisen im Schulalltag führen.

Supervision
Die Supervision wird in unserem Weiterbildungsmodell nicht angewandt, ist aber für die Beschreibung der Intervision wichtig für das Verständnis. Es handelt sich ebenfalls um eine Methode zur Beratung und zum Lösen von Problemen, allerdings unter Überwachung eines Psychotherapeuten.[7]

Coaching
Unter dem Begriff "Coaching" kann eine Kombination aus individueller, unterstützender Problembewältigung und persönlicher Beratung auf Prozessebene für unterschiedliche berufliche und private Anliegen verstanden werden. Ein Grundziel des Coaching ist die Hilfe zur Selbsthilfe und zur Selbstverantwortung.[8] In unserer Weiterbildung benötigen wir Coaching für die Moderation und Anleitung der Teilnehmer.

Rollenspiel
Unter einem Rollenspiel versteht man den Vorgang, spielend einen Rollentausch vorzunehmen, sich in eine fremde Person zu versetzen, sich mit ihr zu identifizieren, in ihre Denk- und Fühlweise einzuleben und aus ihr heraus deren Handlungen nachzuvollziehen. Das Pädagogische Ziel ist dabei, ein besseres Verständnis für den anderen zu entwickeln.[9]

7. Profil

Als Lehrkraft werden Sie täglich mit Konfliktsituationen im Schulalltag konfrontiert. Diese bewältigen Sie souverän mit Hilfe von detaillierten Fakten- und anwendungsbezogenem Wissen über die Problemlösestrategien Selbstreflexion, Intervision, Peer-Coaching und professionellem Coaching. Sie wählen situationsabhängig die beste Strategie aus und wenden diese auf Ihre Konfliktsituation an. Dadurch entschärfen Sie immer mehr den Konfliktherd Heterogenität und verbessern das Klassen- und Schulklima. Auftretende Probleme erkennen Sie und formulieren diese reflektiert gegenüber einem Kollegen oder einer Gruppe. Gleichzeitig üben Sie konstruktiv Kritik und unterstützen Ihre Kollegen in Konfliktsituationen beratend. Sie treten selbstbewusst auf und schaffen für Ihre Schüler und sich eine optimale Lernumgebung, in der externe Störfaktoren schnell aufgelöst werden.

6 *https://www.uni-trier.de/fileadmin/fb1/prof/PAD/ZEL/HORUS-Unterlagen/Intervision_Rev01.doc*
7 *http://www.duden.de/rechtschreibung/Supervision*
8 *http://www.ganztaegig-lernen.de/media/web/download/AH-07-WEB.pdf*
9 *Siegbert A. Warwitz, A. Rudolf: Was Spielen bewirken kann, In: Dies.: Vom Sinn des Spielens. Reflexionen und Spielideen. Baltmannsweiler. 3. Auflage 2014, Seiten 22-35*

Als Lehrkraft mit erworbener Zusatzqualifikation in einem der didaktischen Konzepte leiten Sie gekonnt Sitzungen zu Ihrem Konzept und bilden als Coach zusätzlich andere Lehrkräfte aus.

8. Schlusskompetenzen

- Sie nutzen die neu erworbene Selbststeuerung, sowie Umsetzungskompetenz im Umgang mit Krisen und Heterogenität im Schulalltag.
- Die didaktischen Konzepte Intervision, Coaching, Peer-Coaching, Selbstreflexion und Rollenspiel sind vertraute Methoden, welche Sie situativ auswählen und anwenden.
- Im gezielten und sicheren Umgang mit Menschen entschärfen Sie Probleme und bearbeiten diese mit Klarheit.
- Certified Moderator: Ihr zertifiziertes didaktisches Konzept stellen Sie anderen Lehrkräften vor und führen sie in diese Methode sorgfältig ein.

9. Didaktisches Gesamtkonzept

Das angepasste Schienenmodell:
Unser Konzept ist an das Schienenmodell von Hasruedi Kaiser angelehnt. Das klassische Konzept des Schienenmodells lässt sich in drei Aspekte unterteilen: Hierbei handelt es sich um die Schiene selbst, die einzelnen Lernstopps und die Transferverträge.

Im originalen Modell sind die Schienen so definiert, dass diese eine Weiterbildungsveranstaltung mit bestimmtem Fokus aber nicht komplett definiertem Programm ist. Wichtig zu verstehen ist hier, dass jede Schiene von den Teilnehmern individuell genutzt werden kann. Dieses ist auch im Kontext unseres Konzeptes so umzusetzen. Wir haben die verschiedenen didaktischen Konzepte so aufgebaut, dass der Fokus immer auf einer bestimmten Methode liegt, das zu behandelnde Thema aber frei wählbar ist.

Der zweite Punkt des Schienenmodells ist der Lernstopp. Bei diesen Lernstopps handelt es sich um die eigentlichen Veranstaltungen. Im Modell nach Hansruedi Kaiser finden diese nur alle vier Wochen statt. Dieses haben wir in wöchentliche Veranstaltungen für unser Konzept verändert, da wir der Meinung sind, dass gerade bei der Thematik "Heterogenität im Schulalltag" eine intensivere Bearbeitung notwendig ist.

Der dritte Aspekt sind die Transferverträge. Diese haben wir aus dem Konzept übernommen. Hierbei geht es um die Verständigung zwischen den Teilnehmern und der Institution, in diesem Fall die Schule. Es wir in diesen Verträgen festgehalten, welche Kompetenzen erlangt werden sollen, wie das Umfeld davon profitieren kann und wie die Rahmenbedingungen der Fortbildung sind. Diese Transferverträge formulieren wir zusammen mit Ihnen in den ersten Pflichtseminaren. Im Laufe der Weiterbildung greifen wir diese Verträge immer wieder auf und überprüfen, ob diese mit dem Konzept erfüllt werden und sind so in

der Lage, die Schienen perfekt auf Ihren Alltag anzupassen.
Unser Modell ist so aufgebaut, dass jeder Teilnehmer individuell entscheiden kann, wann er mit einer Schiene anfängt. Dies kommt auf den Interessensbereich der jeweiligen Person an. Sind die gewünschten Kompetenzen erreicht, kann der Teilnehmer die Schiene wieder verlassen und auf eine andere Schiene, also ein anderes Konzept, aufspringen.
Parallel dazu sind Sie in der Lage, sich zwischen drei verschiedenen Tracks zur Durcharbeitung der Schienen zu entscheiden. Diese werden unter Punkt 8.5. ausführlich erklärt. Mit diesen verschiedenen Tracks auf den Schienen möchten wir Ihnen die Möglichkeit geben, die Schienen individuell auf Ihre Bedürfnisse angepasst zu durchlaufen.

Teilnehmerbestimmungen

An der Weiterbildung nimmt die gesamte Lehrerschaft des Rotteck-Gymnasiums Freiburg teil. Die ersten fünf Termine sind für alle Lehrkräfte Pflicht. Für die folgenden Termine gilt, dass Vollzeitkräfte bei mindestens 50% der Seminare anwesend sein müssen, die Teilzeitkräfte hingegen nur 25%. Die Lehrkräfte können selbstverständlich auf freiwilliger Basis zusätzliche Seminare besuchen.

Zeitlicher Rahmen

Unsere Fortbildung ist vorerst auf 29 Termine angesetzt. Die einzelnen Sitzungen finden mittwochnachmittags (ca. 2 Stunden) in der Präsenzzeit der Lehrkräfte statt. Während des Verlaufs der Fortbildung wird besprochen, ob es sinnvoll ist, weitere Termine anzuhängen.

Ablauf

Zu Beginn der Fortbildung sind fünf Pflichttermine à vier Parallelveranstaltungen angesetzt (Woche 1-5). Dadurch, dass vier parallele Sitzungen stattfinden, beschränkt sich die Teilnehmerzahl pro Seminar auf 15 Lehrkräfte, sodass die Gruppen überschaubar bleiben. In den ersten fünf Sitzungen lernen die Lehrkräfte unsere fünf verschiedenen didaktischen Konzepte kennen (Rollenspiel, Intervision, Coaching, Peer-Coaching, Selbstreflexion). Diese Einführungsveranstaltungen sind für jede Lehrkraft Pflicht, sodass sie einschätzen können, welche Konzepte sie für sich persönlich als wichtig erachten und besuchen möchten. Am Ende der letzten Pflichtveranstaltung findet eine Evaluation unserer Coachs statt. Die besten zwei werden die Lehrkräfte in den folgenden Wochen weiterhin betreuen und begleiten.
Ab der sechsten Veranstaltung und somit auch ab der sechsten Woche, wählen die Lehrkräfte selbständig, welches Seminar sie besuchen und welches nicht. Da durch die selbsteinteilbare Anwesenheitszeit die einzelnen Seminare nicht mehr vollbesetzt sein werden, finden ab der sechsten Woche nur noch zwei Parallelveranstaltungen statt. Eine weitere Änderung im Gegensatz zu den Pflichtveranstaltungen ist, dass das Rollenspiel ab sofort keine eigene Veranstaltung mehr ist, sondern an jeder Sitzung am Ende 15 Minuten stattfindet. Wie im Ablaufplan (im Anhang auf S.61) zu erkennen ist, finden die Seminare zu den unterschiedlichen didaktischen Konzepten vorerst abwechselnd statt. Diese Reihenfolge

kann variieren, da wir die Thematik und die didaktischen Konzepte je nach Bedarf der Lehrkräfte anpassen werden. Durch diese rollende Planung ist unsere Weiterbildung einzigartig.

Mögliche Tracks:

Certificated Track

Zwölf Lehrkräfte haben die Möglichkeit diesen Weg zu wählen. Sie entscheiden sich zu Beginn, in welchem der didaktischen Konzepte (Intervision, Coaching, Peer-Coaching, Selbstreflexion) ein Zertifikat absolviert werden soll. Ziel ist es, dass die Lehrer neu hinzukommende Lehrkräfte in das ausgewählte didaktische Konzept einarbeiten können. Zu Beginn müssen die Lehrkräfte zusätzlich zur Pflichtveranstaltung drei Sitzungen zum jeweiligen didaktischen Konzept besuchen. Nachdem die Lehrkräfte nun einen ausreichenden Einblick in die Konzepte besitzen, übernehmen sie zwei Co-Moderationen und bekommen anschließend Feedback von einem unserer externen Coachs. Absolvieren die Lehrkräfte die darauffolgenden Moderationen professionell und souverän, so bekommen sie ein Zertifikat ausgehändigt.

Ressource Track

Lehrer, welche den Ressource Track wählen, haben als einzige Bedingung ihre Anwesenheitszeit einzuhalten. Sie können frei wählen, welche Veranstaltungen sie besuchen möchten.

Necessity Track

Diesen Track können die Lehrer ebenfalls selbst wählen, allerdings ist es auch möglich, dass sie mit einem Problem vom Direktor zu einer Sitzung eines geeigneten Konzepts geschickt werden. In dieser Sitzung wird dann das aktuelle Problem des Lehrenden bearbeitet. Die Lehrenden gehen nicht aus reiner Interesse zu den Veranstaltungen, allerdings ist es wichtig, dass sie im Endeffekt trotzdem auf ihre Anwesenheitszeit kommen.

Im Folgenden werden unsere fünf didaktischen Konzepte einzeln und ausführlich dargestellt.

Selbstreflexion - durch Selbstanalyse zum Ziel

Pädagogisches Konzept

Unter Selbstreflexion wird das Reflektieren des eigenen Verhaltens und Handelns verstanden. Zu oft bewerten und überprüfen Menschen das Handeln der anderen und weisen ihnen die Schuld zu. Dies ist einfacher, als sein eigenes Handeln zu reflektieren. Selbstreflexion zu erlernen ist daher ein wichtiges pädagogisches Konzept. Es schult die Fähigkeit zur Selbstwahrnehmung und hilft den Menschen zu verstehen, mit welchen Verhaltensmustern sie auf die Umwelt einwirken. Dadurch lernen sie die eigenen Stärken, Schwächen, Vorlieben und Eigenarten kennen und sind in der Lage, ihr Verhalten objektiv zu analysieren, was wiederum Konflikten vorbeugen kann.

Die wichtigste Voraussetzung, um effektiv Selbstreflexion zu betreiben, ist Zeit. Als Lehrkraft müssen sie sich Zeit in ihrem Alltag nehmen, um ihr Handeln und Verhalten zu reflektieren. Oft weiß die Lehrkraft wie sie in einer Situation richtig handeln sollte, doch unter Druck und geleitet von den Emotionen, kommt die Intention meist falsch rüber.

Methoden

Für die Anwendung von Selbstreflexion gibt es verschiedene Methoden. Eine Möglichkeit ist das "Innere Team" von Schulz von Thun, bei welcher die Person die Kommunikation in ihrem Inneren genauer betrachtet. Diese Methode hat zum Ziel, in einer fiktiven Konferenz, die innerlich ambivalenten Sichtweisen anzuhören und objektiv zu betrachten. Dieser Austausch der inneren Impulse bildet die Grundlage für eine fundierte Entscheidung.[10]

Eine weitere Methode ist das Führen eines Tagebuchs. In diesem schildert die Lehrkraft ihr Problem oder (inneren) Konflikt und ihre Überlegungen, dieses zu bearbeiten. Mit der Zeit werden sich Fortschritte ergeben, welche im Tagebuch festgehalten werden sollen. Indem sie frühere Stände ihrer Situation immer wieder nachlesen können, erlangen sie dadurch zu der Erkenntnis, was sie bereits richtig gemacht haben oder wie sie ihre Herangehenweise in Zukunft anpassen könnten.

Ziele

Werte und Haltungen:

Die Lehrkräfte stärkt durch das didaktische Konzept der Selbstreflexion ihre Fähigkeiten im Umgang mit schwierigen Situationen im Schulalltag.

Handlungskompetenz:

Sie reflektieren Probleme indem Sie bei sich selbst ansetzen und ziel- und ergebnisorientiert handeln.

Intrapersonelle Fertigkeiten:

Sie können Ihr eigenes Verhalten und Handeln reflektieren, sodass Sie sich auch Fehler eingestehen können. Sie können erkennen, welche Auswirkungen Ihr Handeln hat, wodurch ggf. Konflikte vermieden werden können. Sie fördern Ihre Krisen- und Belastungskompetenz.

Interpersonelle Fertigkeiten:

Sie stärken Ihre Selbstwahrnehmung und sind in der Lage, Problemen selbstbewusster zu begegnen. Außerdem können Sie erkennen, was Ihnen im Schulalltag fehlt, und was Sie verändern möchten. Sie können Probleme alleine reflektieren und beheben, ohne sich Ratschläge von Kollegen einholen zu müssen.

Heterogenitätskonzept

Unterschiede zwischen den Teilnehmern wirken sich positiv auf das Konzept aus. Die verschiedenen selbstreflektierenden Herangehensweisen an ein Problem bieten mehrere Möglichkeiten der Konfliktbewältigung.

Exemplarischer Ablauf einer Sitzung

Angenommen, in Ihrer Klasse herrscht eine starke Gruppenbildung und es kommt zur Ausschließung von Einzelnen. Hier sollten Sie zunächst überlegen, woher dieses Problem kommen könnte. Können Sie durch Ihr Verhalten etwas an der Situation ändern? Versuchen Sie sich in die Lage der Schüler hineinzuversetzen und überlegen Sie, was sie ändern könnten. Beispielsweise könnten Sie, bei Gruppentischen in Ihrer Klasse, die Gruppen öfter neu mischen, damit nicht immer die gleichen Schüler zusammen sitzen.

Während den einzelnen Sitzungen setzen Sie sich mit anderen Lehrkräften zusammen und tauschen sich über

10 *http://www.schulz-von-thun.de/index.php?article_id=93*

Ihre Probleme, Fortschritte und Erfolge aus. Sie erzählen sich gegenseitig, was für ein Problem oder Konflikt Sie haben, und wie Sie sich mit diesem auseinandergesetzt haben. So arbeiten Sie zunächst an sich selber, können sich aber Ratschläge und Tipps von Kollegen einholen. Am Ende jeder Sitzung findet ein Rollenspiel statt, in welchem die Lehrkräfte spielerisch ihre Situation vorstellen und ihre Herangehensweise darstellen. So können sie sich gleichzeitig auch in die Lage der Schüler versetzen und ggf. deren Haltung verstehen. Am Ende eines Rollenspiels bekommen die Lehrkräfte, die ihre Situation vorgestellt haben, ein Feedback der anderen Lehrkräfte.

Selbstreflexion kann in nahezu allen Bereichen des Schulalltags angewandt werden, und wird auch in der Lehrerfortbildung von verschiedenen Seiten beleuchtet. Wenn Sie als Lehrperson allerdings merken, dass Sie allein zu keiner Lösung kommen, gibt es weitere didaktische Konzepte, in welchen Sie mit anderen Lehrkräften oder professionellen Coaches arbeiten können.

Leistungsnachweis

Die Leistungsfeststellung erfolgt in diesem Konzept über das Führen eines Tagebuchs. Je nach gewähltem Track führt die Lehrkraft dieses Tagebuch unterschiedlich ausführlich. Die Lehrkräfte im Certified Track schreiben jede Woche ihre Fortschritte auf und reflektieren diese. Die Lehrkräfte des Ressource Tracks schreiben alle zwei Wochen ihre Erkenntnisse auf und die Lehrkräfte des Necessity Tracks schreiben das Tagebuch nur nach Bedarf.

Warum Selbstreflexion?

Die Selbstreflexion ist ein sehr wichtiges und hilfreiches didaktisches Konzept, das oft unterschätzt wird. Da Menschen oft die Fehler in Anderen suchen, ist es essentiell auch sein eigenes Handeln und Verhalten reflektieren zu können. Im Vergleich zu den anderen didaktischen Konzepten, ist dies eine Methode, mit der die Person am besten alleine auf die Lösung kommen sollte, sich natürlich über die Lösungswege aber mit anderen Lehrkräften austauschen kann. Das ist sogar erwünscht, da so ein breiteres Bild an Verhalten und Lösungsmöglichkeiten erlernt wird.

Intervision - Mittel und Wege kollegial erarbeiten

Pädagogisches Konzept

Eine Intervisionsgruppe besteht in der Regel aus vier bis sechs Lehrkräften. Die Größe der Gruppe kann variieren, es wird jedoch davon ausgegangen, dass die Diskussionen und der Erfahrungsaustausch ab vier Personen anregender sind. Sobald sich eine Gruppe gebildet hat, bleibt diese über den gesamten Zeitraum die Gleiche und trifft sich im Normalfall ca. viermal in 6-9 Monaten. Die Häufigkeit der Sitzungen kann selbstverständlich nach Bedarf angepasst werden. Die Intervisionssitzungen im Rahmen unserer Weiterbildung werden zu Beginn häufiger durchgeführt, so dass jede Lehrkraft im Verlauf der Zeit mehr Sicherheit beim eigenständigen Durchführen einer Intervision bekommt.

Eine Intervisionssitzung dauert in der Regel zwei Stunden, mit Ausnahme der ersten Sitzung. Bei der ersten Sitzung stellen sich die Kollegen und ihre Erwartungen an die Intervision untereinander vor, legen Termine und Regeln fest und bestimmen für die nächste Sitzung einen Moderator, sowie die Lehrkraft, welche ein Problem/Fall vorstellt. Zu Beginn unserer Weiterbildung wird kein Moderator bestimmt, da die Moderation vorerst von einem unserer externen Coachs übernommen wird. Durch die Übernahme der Moderation, können sich die Teilnehmer vorerst auf den Ablauf der Intervision konzentrieren und sich die Aufgaben des Moderators durch Lernen am Modell aneignen. Nach den ersten drei Sitzungen, können die Lehrkräfte, welche Certificated Intervisions-Coach werden möchten, die erste Moderation übernehmen.

Die Erkenntnisse und Ergebnisse, welche durch eine Intervision gefunden werden, bringen jede einzelne Lehrkraft weiter. Die Lehrkraft, welche das Problem mitbringt, hat nun eine mögliche Lösung und setzt diese bis zur nächsten Intervisionssitzung um. Die anderen teilnehmenden Lehrkräfte können aus dem Ergebnis Erkenntnisse für den eigenen Unterricht mitnehmen.

Methoden

In dem vorangegangenem Abschnitt "Pädagogisches Konzept" ist die klassische Methode der Intervision dargestellt. Auf dieser Methode sollen nach Möglichkeit unsere Seminare beruhen. Je nach Bedarf (falls die Teilnehmeranzahl für die klassische Methode zu groß) ist es möglich, dass die Fishbowl-Methode nach Kurt Hekele angewandt wird. Hierbei wird die Gruppe in zwei Kleingruppen aufgeteilt, während die eine Gruppe in einem inneren Stuhlkreis Platz nimmt und die andere im äußeren Kreis. Die Teilnehmer des inneren Kreises führen eine klassische Intervision durch, die Äußeren machen sich vorerst nur Notizen und begleiten das Geschehen still. Vor der Entscheidung gehen die Teilnehmer des äußeren Kreises in den Inneren und stellen ihre Vorschläge vor oder führen einen Perspektivenwechsel durch. Erst danach trifft der Fallbringer seine Entscheidung.

Friedemann Schulz von Thun hat eine weitere Methode entwickelt, welche sich eher an dem Rollenspiel orientiert, um die Situationen realitätsgetreu darzustellen. Diese Methode schließen wir in unserem Konzept aus, da wir jede Sitzung eine extra Einheit "Rollenspiel" durchführen.

Unser angewandtes Konzept der Intervision beruht teilweise auf dem niederländischen Konzept der Intervision. Dieses Konzept schlägt vor, immer wieder Expertise zur Hilfe zu holen, welche wichtige Fakten hinzufügen kann. In unserem Weiterbildungsprogramm sind dies unsere Coachs. Allerdings nehmen sich unsere Coachs immer mehr aus dem Geschehen raus, da die Teilnehmer sich zunehmend Expertise in diesem Bereich aneignen.[11]

Im Sinne unserer Weiterbildung ist es möglich, die jeweiligen Methoden je nach Bedarf anzupassen.

Ziele

Werte und Haltungen:

Es ist Ihnen wichtig mit konfliktreichen und neu auftretenden Situationen entspannt und professionell umzugehen.

11 http://www.shnetz.de/klawe/archiv/Evaluation/Kollegiale_Beratung.pdf

Handlungskompetenzen:
Sie führen nach der Weiterbildung, zusammen mit Ihren Kollegen, Intervisionen im Lehralltag durch.
Lehrer, welche den Certificated Track gewählt und erfolgreich bewältigt haben, arbeiten neue Lehrkräfte in die Durchführung einer Intervision sorgfältig ein.

Intrapersonelle Fertigkeiten:
Sie arbeiten lösungsorientiert, geben den anderen Lehrkräften konstruktives Feedback, nehmen dieses selbst an und verarbeiten es. Zusätzlich profitieren Sie von den Erfahrungen, Kompetenzen und Konzepten Ihrer Kollegen und wenden diese auf verschiedene Situationen selbst an.

Interpersonelle Fertigkeiten:
Sie arbeiten professionell in einem Team und beraten sich gegenseitig. Durch die kollegiale Beratung ist der Teamgeist gestärkt.

Heterogenitätskonzept

Die Unterschiedlichkeit der Lehrer ist in diesem Konzept nicht von Nachteil, sie kann im Gegensatz sogar positive Erkenntnisse miteinbringen. Die Lehrkräfte unterschiedlicher Fächer, sowie Lehrer mit unterschiedlich langer Berufserfahrung können verschiedene Lösungsansätze miteinbringen und beeinflussen dadurch die Vielfalt der möglichen Lösungen positiv. Durch die Heterogenität der einzelnen Lehrkräfte werden die Probleme weiträumiger betrachtet und viele individuelle Lösungsansätze diskutiert.

Exemplarischer Ablauf einer Sitzung

Grundlegendes wie Einführung in die Intervision, Gruppenbildung, Festlegung der Regeln etc. wird in der Einführungsveranstaltung geklärt. In diesem Beispiel finden sich die Intervisionsgruppen zu Beginn der Sitzung zusammen und führen ihre Sitzung moderiert von einem Coach. Frau Müller bringt heute ihr Problem zum Thema Gewalt mit.
Zu Beginn beschreibt Frau Müller ihren Fall so präzise wie möglich. Sie erzählt zum Beispiel: „In letzter Zeit ist mir immer häufiger aufgefallen, dass einige Schüler vor Beginn des Unterrichts Rangeleien haben. Es sind immer die gleichen drei Jungen aus der 7c. Selbst wenn ich in das Klassenzimmer komme, stört es sie nicht und sie machen weiter. Ich bekomme sie zwar im Endeffekt gebändigt, doch das ist nicht mein Problem. Viel mehr ist das Problem, dass diese Rangeleien überhaupt stattfinden."
Nun haben die anderen Lehrkräfte die Möglichkeit genauere Details zu erfragen. Wir befinden uns zu diesem Zeitpunkt immer noch im ersten Teil, in welchem nur Informationen zu dem Fall gesammelt werden. Die Lehrkräfte könnten zum Beispiel fragen, aus welchem sozialen Umfeld die Schüler kommen; ob sie normalerweise in einer Clique sind etc. Sobald jeder der Meinung ist, dass genug Informationen gesammelt sind, kommen wir zum zweiten Teil. Hier ist die Aufgabe der Moderation besonders wichtig, da darauf geachtet werden muss, dass keine Lösungsvorschläge genannt werden, sondern nur die Ursachenforschung im Vordergrund steht. Jede/r Lehrer/in schreibt nun seine/ihre Gedanken auf. Z.B. „Die schlechten Noten der

Schüler sind ausschlaggebend.“ „Die gewaltvollen Medien haben die Kinder beeinflusst.“

Dies sind nur Beispielgedanken, welche die Lehrkräfte aufschreiben könnten.

Letztendlich werden nun im dritten Teil Lösungen gesammelt. Hier könnten die Lehrer zum Beispiel vorschlagen, dass das Klassenzimmer in der Pause abgeschlossen sein muss, sodass die Schüler im Blickfeld der Pausenaufsicht sind oder auch das Elterngespräch. Es wird nicht nur nach einer Lösung gesucht, sondern die Lehrkraft, welche von dem Problem betroffen ist, sucht sich die für sie am besten passende Lösung aus und setzt diese bis zum nächsten Termin um.

Der letzte Teil besteht aus der Organisation der nächsten Sitzung. Es wird bestimmt wer einen Fall mitbringt und wer eventuell schon die Co-Moderation oder Moderation übernehmen könnte.

Leistungsnachweis

Es wird kein Leistungsnachweis in Form einer Prüfung erfasst. Lediglich am Anfang jeder einzelnen Sitzung wird der Transfer der erarbeiteten Lösungen in die Praxis reflektiert. Durch diese Reflexion erhalten die Lehrkräfte eine Übersicht, inklusive Feedback, über ihr Verhalten und ihre Handlungen.

Warum Intervision?

Bei der Intervision gibt es keinen Supervisor, sondern die Lehrkräfte strukturieren ihre Sitzung gemeinsam. Durch die Gleichrangigkeit der Lehrenden können sie ihre Erfahrungen und ihr Wissen frei erzählen und jede einzelne Lehrkraft kann davon profitieren. Nach der Durchführung unseres Konzeptes fallen keine weiteren Kosten an, da die Lehrkräfte selbst in der Lage sind, die Sitzungen zu führen. Dieser Punkt zeigt, dass die Intervision auch nach unserer Weiterbildung im Lehralltag zu finden ist.[12]

Peer-Coaching - eine kollegiale Partnerschaft für jede Situation

Pädagogisches Konzept

Peer-Coaching beschreibt ein Konzept, bei welchem der problemlösungsorientierte, kollegiale Dialog auf einer hohen Vertrauensebene im Zentrum steht. Beide Teilnehmer sind abwechselnd, sowohl in der Rolle des Coaches, als auch des Gecoachten und wirken dabei sowohl unterstützend, als auch motivierend. Im Zentrum der jeweiligen Sitzung steht das Üben von konstruktiver Kritik bzw. das Geben von Feedback auf der einen Seite, auf der anderen das Treffen von Entscheidungen bzw. Explizieren von Teil- und Hauptzielen. Ab der zweiten Sitzung werden die Teilnehmer dazu angehalten, eigene Problemstellungen, welche sowohl erfunden, als auch aus dem erlebten Schulalltag sein können, in die Sitzungsgestaltung mit einzubringen. Ausgebildete Coaches stehen dabei immer bei Fragen oder Problemen zur Verfügung, achten aber auch darauf, dass die Prinzipien des Peer-Coachings eingehalten werden.

Ein vertrauensvoller und gemeinschaftlicher Umgang, sowie konstruktives, aber gleichzeitig freundliches Kommunizieren ohne jeglichen Wettbewerbsgedanken gehört zu

12 *http://www.oevs.or.at/2013/08/intervision-kollegiale-beratung-kontrollsupervision/*

diesen Prinzipien des Peer-Coachings.[13] Generell bietet das Peer-Coaching einen sehr flexiblen Rahmen, womit es von den Teilnehmern selbst in Bezug auf Dauer, Häufigkeit und Art der Treffen individuell und immer wieder neu angepasst werden kann.

Methoden

Das in der Weiterbildung verwendete Konzept des Peer-Coaching berücksichtigt zwei bewährte Methoden. Zum einen handelt es sich um das collegial coaching model[14] von Karen Lee Chapman. Dieses Modell setzt sich aus drei Phasen zusammen. In der Vorbesprechung wird das Ziel der nächsten Unterrichtsstunde, deren Aufbau, Inhalt und andere wichtige Umstände bzw. Faktoren besprochen. Daraufhin begleitet der Peer den Peer-Partner in die zuvor besprochene Unterrichtseinheit. Hier greift er allerdings nicht in das Geschehen ein, sondern fungiert lediglich als stiller Beobachter. Er achtet genau auf das Verhalten des Peer-Partners und ob bzw. wie dieser die selbst definierten Ziele zu erreichen versucht. Bei einem Nachtreffen werden die Beobachtungen besprochen. Charakteristisch für dieses Modell ist, dass die führende Rolle nicht vom Peer eingenommen wird. Der Peer-Partner erläutert und reflektiert sein Verhalten selbst, während der Peer lediglich ergänzend zuarbeitet. Demgegenüber liegt bei der Methode des cognitive coaching von Art Costa und Robert Garmston der Fokus auf den kognitiven Prozessen der einzelnen Partner. Hierbei übernimmt der Teilnehmer in der Rolle des Coaches die Aufgabe den Partner zu ermutigen über sein eigenes Verhalten nachzudenken und ihn zur Selbstreflexion zu animieren. Der Gecoachte lernt dadurch seine Gedanken zu explizieren. Dies ermöglicht ihm eigene Entscheidungen zu treffen und über sein eigenes Verhalten als Lehrperson zu reflektieren.

Ziele

Werte und Haltungen:
Sie verbessern kontinuierlich Ihre Selbsteinschätzung und stärken damit Ihr persönliches Bewusstsein und Vertrauen in sich selbst und Ihre Entscheidungen.

Handlungskompetenzen:
Sie handeln ziel- und ergebnisorientiert. Sie treten in schwierigen und konfliktreichen Situationen selbstsicher auf und können Problemsituationen Lösungsstrategien entwickeln und danach handeln.

Intrapersonelle Fertigkeiten:
Sie sind sich Ihrer eigenen Fähigkeiten bewusst und erkennen Ihre persönlichen Ressourcen. Sie treffen stressfrei und kompetent Entscheidungen. Sie fördern Ihre Krisen- und Belastungskompetenz.

Interpersonelle Fertigkeiten:
Sie besitzen grundlegende Fertigkeiten für die soziale Interaktion: Sie besitzen eine Kritik-, Konflikt- und vor allem Kontaktfähigkeit. Sie haben eine hohe Teamfähigkeit, sind in der Lage konstruktives Feedback zu geben und sind kompetent im Beraten.

Heterogenitätskonzept

Für das Peer-Coaching spielt die Heterogenität der Teilnehmer eine entscheidende Rolle. Gerade

13 *Peer Coaching Overview: Andrew Thorn, Marilyn McLeod, Marshall Goldsmith ©2007*

14 *Chapman, Karen Lee (2008) Collegial Coaching: Teacher Acceptance of a Model. Doctoral Dissertation, University of Pittsburgh.*

diese Unterschiede führen zu einer multiperspektivischen Sicht auf die einzelnen Problemfälle und zeigen den Teilnehmern unterschiedliche Ansätze, die von der eigenen abweichen können. Somit wird auch der Blick des einzelnen geschärft und führt gleichzeitig auf individueller Ebene zu einer weiträumigeren Betrachtung der Konflikte.

Exemplarischer Ablauf einer Sitzung

Zu Beginn einer Einheit werden in den Zweierpaaren, welche sich nach der Einführungsveranstaltung gebildet haben, vertrauensstärkende Übungen durchgeführt. Diese bilden die Basis jeder Einheit, da ein vertrauensvoller Umgang zu den Grundprinzipien des Peer-Coachings gehört. In der heutigen Sitzung werden einem der beiden Partner die Augen verbunden. Dieser wird nun von seinem Partner durch den Raum geführt und achtet darauf, dass die blinde Person weder mit Gegenständen, noch andere Personen kollidiert. Da es sich um die erste Inhaltssitzung handelt, erhalten die einzelnen Peer-Groups nach der Vertrauensübung eine von den ausgebildeten Coaches ausgedachte Problemstellung zum Konfliktfeld Mobbing. Frau Müller und Herr Maier bekommen folgendes Problem: Seit kurzem trägt Ayla, ein Mädchen aus der Klasse 9a, ein Kopftuch. Obwohl sie davor ein beliebtes Mädchen in der Klasse gewesen ist, wird sie nun von ihren MitschülerInnen geschnitten und Gerüchte über sie verbreitet. Ayla glaubt, dass diese Anfeindungen von Monika ausgehen und bittet nun Sie als Lehrer/Lehrerin der Klasse um Hilfe. Da in der heutigen Sitzung Herr Maier die Rolle des Gecoachten einnimmt, beschreibt er nun zuerst seinen Lösungsansatz, stellt aber auch immer wieder Rückfragen. Frau Müller beantwortet die Rückfragen zwar sehr hilfreich, fällt Herrn Maier aber zu oft ins Wort und möchte ihm ihre Sichtweise aufdrängen. Genau hier greift der Coach ein und weist noch einmal auf die Grundprinzipien des Peer-Coachings hin, da gerade der respektvolle Umgang untereinander sehr wichtig ist für ein erfolgreiches Gelingen. Frau Müller entschuldigt sich daraufhin bei Herrn Maier und bemüht sich sehr, ihn aussprechen zu lassen und erst danach in ruhigem, sachlichen Ton ihren Lösungsansatz vorzubringen. Gegen Ende der Stunde haben sie sich auf einen Lösungsansatz geeinigt, der in den Grundzügen dem von Frau Müller entspricht, allerdings durch einige gute Ideen von Herrn Maier erweitert wurde. In der nächsten Sitzung soll nun Frau Müller ein frei erfundenes oder im Schulalltag erlebtes Problem in Bezug auf Mobbing mitbringen. In der folgenden Sitzung wird Herr Maier die Rolle deshalb Herr Maier die Rolle des Coaches einnehmen.

Leistungsnachweis

Für dieses didaktische Konzept gibt es keinen expliziten Leistungsnachweis. Dieser besteht vielmehr in der praktischen Anwendung des Gelernten in verschiedenen Situationen des Schulalltags. Jenes Anwenden des Konzeptes wird zu Beginn der Sitzung von den einzelnen Teilnehmern vorgetragen und zuerst selbst reflektiert bewertet. Daraufhin erhält der Teilnehmer auch von seinem Peer-Partner eine Rückmeldung. Hierdurch wird ein regelmäßiges Prüfen der Leistung garantiert. Damit einher geht gleichzeitig ein kontinuierlicher Lernprozess bzw. eine kontinuierliche Verbesserung, welche dadurch auch über die Weiterbildung hinaus gewährleistet ist.

Warum Peer-Coaching?

Peer-Coaching fördert nicht nur eine Kompetenz, sondern zielt auf die allgemeine und kontinuierliche positive Unterrichtsentwicklung ab. Grundlage dafür ist die Unterstützung und der Austausch innerhalb des Kollegiums, also mit Personen, die ähnliche Situationen bzw. Konflikte erleben. Gleichzeitig kommt das Peer-Coaching nach der durch das Seminar gegebenen Einführung ohne externe Hilfe aus und ist daher ein nachhaltiges und kostengünstiges Konzept.

Coaching- Mit den eigenen Ressourcen zum Erfolg

Pädagogisches Konzept

Coaching ist eine professionelle Beratungsmethode, welche sowohl einzeln als auch im Team angewendet werden kann. Ziel ist es, durch ergebnis- und lösungsorientierte Beratung, den Klienten zur Steigerung und zum Erhalt seiner Leistungsfähigkeit zu verhelfen. Dabei steht nicht der Coach als Berater im Mittelpunkt, sondern der Klient mit seinen Problemen. Der Coach vermittelt keine allgemeingültigen Verhaltensratschläge, sondern unterstützt die Klienten darin, seine ganz individuelle Lösung selbst zu entwickeln. Der Coach ermöglicht dabei das Erkennen von Problemursachen und dient daher zur Identifikation und Lösung der zum Problem führenden Prozesse. Die Voraussetzung für die Durchführung eines Coachings ist der Wille zur Veränderung und die Bereitschaft, Eigenverantwortung zu übernehmen. Wenn diese Voraussetzungen nicht erfüllt sind, dann funktioniert das Coaching-Gespräch nicht.

In einem Coaching-Gespräch versucht der Coach die Ziele des Klienten zu erfahren und diese mit ihm anhand einer Zielsetzungsmethode (wie z.B. nach dem SMART-Prinzip) zu konkretisieren. Danach werden die Ressourcen der zu beratenden Person evaluiert und schließlich aktiviert. Der Coach verdeutlicht dem Klienten welche positiven Möglichkeiten, Fähigkeiten und Qualitäten er hat und dass diese genutzt werden können um seine Probleme zu lösen. In einem nächsten Schritt wird das Problem aktualisiert. Das Gespräch wird so gestaltet, dass der Coach mit dem Klient gemeinsam problematische Erfahrungen durchgeht um diese zu benennen und Lösungswege aufzuzeichnen. Wenn die Probleme erkannt sind, unterstützt der Coach den Klienten bei der aktiven Problembewältigung. Durch die Ressourcenaktivierung wurde die Erfahrung gemacht, dass Herausforderungen und Probleme aus eigener Kraft zu lösen sind. Nun soll der Klient Problemlösungen eigenständig in seinem Berufsfeld anwenden und ausprobieren. Ein weiterer Wirkfaktor von Coaching ist die motivationale Klärung. Die Gesprächsführung hilft dem Klienten seine bewussten und unbewussten Motive, Ziele und Werte klarer zu sehen.

Unsere Coaches übernehmen für die gesamte Fortbildung die Moderation der einzelnen Sitzungen. In unserem Modulplan sind dennoch mehrere Coaching Sitzungen mit eingeplant in denen die Coaches mit den Lehrkräften einzelne Probleme angehen.

Methoden

Coaching bedient sich unter anderem des Neuro-Linguistischem-Programmierens. NLP ist eine Sammlung von Kommunikationstechniken, die eine Verhaltensänderung zum Ziel haben. Dabei sollen Verhaltensvorgänge mithilfe der Sprache und Handlungsanweisungen geändert werden. Refraiming ist ein Vorgehen, welches der Coach anwenden kann, um den Teilnehmern Ressourcen bewusst zu machen. Beim Refraiming wird ein Sachverhalt, der durch den Klienten als negativ angesehen wird, positiv umformulier,t um ihm so eine neue Bedeutung zu geben. So kann z.B. die Angst jemanden durch sein Feedback zu verletzen, positiv umformuliert werden, in dem man diese Angst als ausgeprägte Empathie versteht. Eine weitere Methode des Coachings ist die Wunderfrage, dabei soll der Klient Veränderungen phantasieren ohne Angst vor den Konsequenzen haben zu müssen. Dadurch wird oft erst klar, dass die Realität, die Konsequenzen und das eigene Verhalten nach Eintritt des "Wunders" oft tragbar und konkret bleiben.

Ziele

Werte und Haltungen:

Sie lernen Ihre eigenen Stärken und Fähigkeiten als Ressource wertzuschätzen.

Handlungskompetenzen:

Strukturierte Gesprächsführung führt zur Lösung von Problemen und berufliche sowie persönliche Ziele können effizienter erreicht werden. Lehrer, welche den Certificated Track gewählt und erfolgreich bewältigt haben, sind zusätzlich befugt weitere Lehrkräfte in das didaktische Konzept des Coachings einzuarbeiten.

Intrapersonelle Fertigkeiten:

Sie arbeiten Zielbezogen, Sie erkennen Ihre Fähigkeiten und Ressourcen und können diese nutzen.

Interpersonelle Fertigkeiten:

Sie gehen mit anderen Menschen reflektierter um.

Heterogenitätskonzept

Die Coaches, die wir für unsere Sitzungen engagieren sind sich der Unterschiedlichkeit der Lehrkräfte bewusst und nutzen diese Heterogenität als Ressource um eine möglichst große Bandbreite an Lösungen zu erarbeiten. Auch für die Lehrer ist es hilfreich, wenn sie anhand der Beispiele ihrer Kollegen, verschiedene Problemlagen und ihre Lösungswege kennenlernen können. Des Weiteren können die Teilnehmer des Certificated Track, die Arbeit des Coaches besser kennenlernen.

Exemplarischer Ablauf einer Sitzung

Der Coach beginnt die Sitzung mit einer Begrüßung und Einleitung. Danach schildern die Lehrkräfte ihre Anliegen und Schwierigkeiten. Es geht um Rassismus in einer Schulklasse, der bisher nicht durch die Lehrer unterbunden werden konnte. Gemeinsam wird das Ziel gesetzt, die Rassismus-Vorfälle zu begrenzen und mit den Schülern aufzuarbeiten. Es wird vereinbart, dass es eine

Interventionssitzung mit der Klasse geben wird, an der alle Lehrkräfte teilnehmen, die diese unterrichten. Die Aufgabe des Coaches ist dabei, die Lehrer zu unterstützen und die Umsetzung zu kontrollieren. Abschließend wir die Umsetzung vorbereitet und das Ergebnis reflektiert.

Leistungsnachweis

Der Leistungsnachweis beim Coaching erfolgt über die Kontrolle der Fortschritte durch den Coach. Der Coach stellt gemeinsam mit den Klienten Ziele auf, die sie erreichen wollen. Die Erfolgskontrolle wird dabei über Feedback gewährleistet und über die Definierung von Meilensteinen, die die Klienten erreicht haben.

Warum Coaching?

Coaching ermöglicht Anliegen zu klären, klare Ziele zu setzen und durchzuführen. Herausforderungen wie Heterogenität und Krisen im Schulalltag sind um einiges leichter mit Hilfe eines klärenden Blickes von außen zu lösen.

Rollenspiel - Die eigenen Gefühle besser verstehen

Pädagogisches Konzept und Methoden

In unserem individuell für den Schulalltag erarbeitetem Konzept ist eine wichtige Komponente, die des Rollenspiels innerhalb der Gruppen. In der ersten Woche, gibt es ein Pflichtseminar zum Thema Rollenspiel. Hier wird kurz der Aufbau dieses Konzepts erklärt und es werden Rollenspiele in verschiedenen Situationen durchgespielt.

In den darauffolgenden Wochen wird das Konzept des Rollenspiels keine eigene Sitzung mehr haben. Ein Rollenspiel kann sehr intensiv und veranschaulichend sein, wodurch wir in unserem Seminar uns darauf berufen, am Ende jeder Sitzung ein kurzes Rollenspiel zum jeweiligen Thema der Sitzung durchzuführen. Dadurch ist das Rollenspiel weiterhin Inhalt des Trainings und ermöglicht dem Individuum das Erarbeitete in einer „realen" Situation zu vertiefen bzw. ein Verhalten auszuprobieren.

Rollenspiele sind vielfältig anwendbar und werden oft auch im Bereich der Pädagogik verwendet. Das Wort Rollenspiel erklärt schon sehr gut, wobei es bei dieser Handlung geht. Personen nehmen unterschiedliche Rollen ein bzw. spielen einen definierten Charakter und haben ein teilweise vorgegebenes Handlungsmuster, nachdem sie gebeten werden sich zu verhalten. Hierbei geht es vordergründig um die sozialen Rollen der einzelnen Personen.

Es gibt sehr viele unterschiedliche Formen des Rollenspiels. Es können die Nachahmung einer einzelnen Szene, welche von zwei Menschen gespielt wird, aber auch größere Gruppen mit komplexeren Situationen sein. Das Rollenspiel ist individuell auf jede Situation anpassbar und kann daher sehr gut in einen anderen Kontext eingearbeitet werden. Beim Rollenspiel im pädagogischen Bereich gibt es oft einen Moderator oder einen Anleiter, der am Anfang kurz die Situation und die verschiedenen Rollen, wenn diese nicht offen gestaltbar sind, erklärt und erläutert.

Wie oben schon kurz erläutert, geht es bei einem Rollenspiel um das

Nachstellen von real auftretenden Situationen. So können in einem Rollenspiel verschiedene Handlungen und Reaktionen sozusagen getestet werden. Hier gibt es unglaublich viele Möglichkeiten. Im Spiel kann eine Situation z.B. in einer Eskalation oder einem Konflikt enden und der Umgang mit dieser Situation kann in verschiedenen Rollen geübt werden. Das Rollenspiel ist dazu da, zu lernen und am wichtigsten, sich selbst ausprobieren und zu erfahren.

Ziele

Werte und Haltung:
Durch die verschiedenen Rollen, die Sie während der Erarbeitung eingehen sind Sie am Ende in der Lage, sich selbst besser einzuschätzen und in Alltagssituationen entspannt aber auch bestimmt eingreifen zu können. Sie haben Vertrauen in Ihre eigenen Handlungen und Ihre Selbsteinschätzung erhöht sich. Dadurch ändert sich Ihre Haltung gegenüber Konfliktsituationen.

Handlungskompetenzen:
Sie können gezielt und sicher in Situationen mit anderen Menschen agieren. Dieses wird dadurch erreicht, dass Sie im Rollenspiel bestimmte Situationen durchgespielt und dadurch Ihre eigenen Gefühle reflektiert haben.

Intrapersonelle Fertigkeiten:
Durch die intensive Arbeit mit Ihren Kollegen fällt es Ihnen am Ende des Seminares leicht sich in andere hineinzuversetzen, ihnen zuzuhören und gleichzeitig Ihre eigenen Handlungen und Emotionen reflektiert zu steuern.

Interpersonelle Fertigkeiten:
Durch die intensive Arbeit innerhalb des Rollenspiels lernen Sie ihre Kollegen besser kennen. Dieses führt dazu, dass Sie als geschlossenes Team auftreten, sich gegenseitige Hilfestellung anbieten und konstruktiv an Problemen arbeiten können.
Durch den Rückhalt der Kollegen können Sie alle Probleme innerhalb des Teams ansprechen und diese zusammen aufarbeiten.

Heterogenitätskonzept

Unterschiede zwischen den Lehrkräften sind bei diesem Konzept nicht schlecht, sondern sogar sehr wichtig. Durch die unterschiedlich lange Berufserfahrung und eigene Einstellung gegenüber dem Beruf ist es den Teilnehmern bei diesem Konzept möglich, sehr viel von Anderen zu lernen und sich über verschiedene Verhaltensweisen auszutauschen. Daher hat die Heterogenität in der Gruppe einen positiven Effekt auf das Arbeiten.

Exemplarischer Ablauf einer Sitzung

Im ersten Wochenblock gibt es eine ganze Sitzung nur zum Rollenspiel. Hier würde sich der Anleiter kurz vorstellen und bitten auch die anderen sich vorzustellen. Man kann hierzu verschiedene Methoden anwenden, welche die Stimmung etwas lockern und zugleich auch Spaß und Sinn machen. Der Moderator erklärt am Anfang die Hintergründe und die Entstehung des Rollenspiels. Dem folgend können die Teilnehmer untereinander besprechen, welche Problematiken sie gerne bearbeiten würden. Nach einer kurzen Sequenz zum Aufwärmen geht es los. Eine beispielhafte Problematik aus dem Schulalltag könnte wie folgt aussehen. In der Pause ist es im Flur zu einer Auseinandersetzung

zwischen zwei Grüppchen von Schülern und Schülerinnen der siebten Klasse gekommen. Als die Lehrerin eingreifen wollte (diese ist noch sehr neu an der Schule) wurde sie von den Schülern nicht richtig wahr bzw. ernst genommen. Diese Situation wird als Ausgangspunkt für das Rollenspiel genommen. Als erstes wird darüber diskutiert, welches Verhalten erwünscht wäre und wie die Lehrkraft gerne reagiert hätte. Dieses kann anschließend im Spiel getestet und ausprobiert werden. Je nach Gruppengröße, können mehrere Gruppen parallel arbeiten. Am Ende einer Sitzung wird elaboriert, ob das Rollenspiel geholfen, wie man sich in seiner Rolle gefühlt hat und wie man mit der Situation versucht das nächste Mal umzugehen.
Vom Aufbau ist der Ablauf für das Rollenspiel, auch mit dem am Ende jeder Sitzung gleich, wobei es schneller geht, da die Teilnehmer durch die bestehende Übung schneller in die Rollen eintauchen können.

Leistungsnachweis
Bei einem Rollenspiel steht die Reflexion der eigenen Handlungen im Vordergrund. Daher haben sie nach jeder Sitzung die Aufgabe kurz aufzuschreiben, was Ihnen in dem Rollenspiel an Ihnen selbst und auch an anderen aufgefallen ist. Dieses wird nicht als Leistungsnachweis gesehen, sondern dient mehr als eigene Stütze für die Reflexion. Dadurch geben wir Ihnen eine Möglichkeit den eigenen Lernfortschritt zu veranschaulichen.

Warum Rollenspiel?
Das Rollenspiel kann schnell etwas sehr persönliches werden. Als Lehrer kann man oft in Konfliktsituationen schnell an seine pädagogischen Grenzen stoßen. Durch das Rollenspiel können Sie lernen, dies kontrolliert und reflektiert zu tun. Auch kann man im Rollenspiel sich selbst ausprobieren und Hemmungen überwinden. Dadurch, dass man als Team zusammen an seinem Verhalten arbeitet, erhöht sich die Vertrautheit innerhalb der Gruppe und stärkt die Individualität des einzelnen.

10. Ausschreibung

Unser Team:
Wir, die Learning & Developement Consulting GmbH (LDC GmbH), sind ein Team auf fünf erfahrenen Bildungswissenschaftlern und -managern. Wir erstellen Curricula für berufliche Weiterbildungen in Schulen auf Grundlage didaktischer und pädagogischer Konzepte. Im Folgenden stellen wir Ihnen unser Konzept vor.

Unser Produkt:
Wir bieten Ihnen eine umfassende Weiterbildung im Bereich Heterogenität und Krisenmanagement im Schulalltag, in der die Lehrkräfte anwendungsbezogenes Wissen zu den fünf ausgewählten Methoden erwerben. Dies sind: Selbstreflexion, Intervision, Peer-Coaching, professionellem Coaching und Rollenspiel, die sie nach Besuch der Weiterbildung erfolgreich in Alltagssituationen anwenden können. In Konfliktsituationen können Sie situativ eigene Problemlösestrategien anwenden, welche die bestmögliche Lernumgebung für Sie

und Ihre Schüler schafft. Zusätzlich besteht für interessierte Lehrkräfte die Möglichkeit, eine Zusatzqualifikation in einem der didaktischen Konzepte zu erlangen. Dies befähigt Sie, das jeweilige Konzept eigenständig anzuleiten, aber auch als Coach andere Lehrkräfte in dem didaktischen Konzept auszubilden.

Ablauf und didaktisches Konzept:
Nach einführenden Pflichtveranstaltungen zu den jeweiligen didaktischen Konzepten, zeichnet sich die Weiterbildung durch eine freie Wahl an möglichen Vertiefungen der Konzepte, individuell nach Interesse der Lehrkraft, aus. So wählen Sie einen geeigneten Track, entweder den Certified Track, den Ressource Track oder den Necessity Track, welchem Sie dann folgen. Während der Weiterbildung wird viel Wert auf individuelle Unterstützung und persönliche Beratung gelegt. Diese ergibt sich nicht nur durch die professionellen Coaches, sondern auch durch kollegiale Zusammenarbeit, sowie, durch die Fortbildung ausgebildeten, certified Moderators. Die auf sechs Monate angesetzte Weiterbildung ist auf dem Konzept des Schienenmodells nach Hansruedi Kaiser aufgebaut und entwickelt sich je nach Bedarf der Lehrkräfte. So sollen die Sitzungen nach den sechs Monaten von den zertifizierten Lehrkräften fortgesetzt werden, besteht allerdings noch Bedarf an professionellen Coaches, werden diese weiterhin zur Verfügung stehen.

Der Leistungsnachweis erfolgt, je nach gewählten Track, durch didaktisch wertvolle Konzepte, welche die Lehrkraft zusätzlich als Methode im Unterricht einsetzen kann, so beispielsweise das Festhalten von Fortschritten in einem Tagebuch oder das Darstellen von Problemen in einem Rollenspiel. Ein weiterer Vorteil der Weiterbildung ist der direkte Bezug zur praktischen Anwendung der Konzepte, was einen weiterern indirektern Leistungsnachweis darstellt, gleichzeitig aber auch die Lernumgebung für Lehrkraft und Schüler fördert.

11. Kosten

Die Kosten für unser Modell entstehen aus verschiedenen Einheiten, die wir Ihnen unten ausführlich erklären.

Die Konzipierungskosten belaufen sich auf insgesamt 4.800€. Diese ergeben sich aus dem Tagessatz á 600€ für acht Tage Arbeit. Hiervon werden Ihnen nur 10% (also 480€) in Rechnung gestellt.

In der Vorbereitung auf die Zusammenarbeit mit der Schule arbeiten zwei unserer ausgebildeten Mitarbeiter für jeweils zwei Stunden mit jedem Coach zusammen, um diesen einen Einblick in die Problematiken an Schulen einzuführen. Hierbei entstehen Kosten von 9.600€, welche sich aus den Gehältern (6x 200€) und der Arbeitszeit (2h pro Coach) zusammenstellen.

Nachträglich werden die Kosten für die Seminare aufgeführt. Wir berechnen für die Gestaltung eines Seminars 400€, also 200€ pro Stunde. Daraus ergeben sich für die fünf Pflichttermine insgesamt 12.000€ und für die Folgetermine 38.880€. Im Folgenden sehen sie alle oben genannten Kosten tabellarisch aufgeführt.

Gegliederte Kosten

Konzipierung	480 €
Vorbereitung	9.600 €
Pflichttermine	12.000 €
Folgetermine	38.880 €
Gesamtkosten	**60.960 €**

Dies scheint zunächst eine große Summe für Ihre Schule zu sein. Allerdings haben wir das Konzept so gestaltet, dass alle Seminare innerhalb der Präsenzzeit am Mittwochnachmittag stattfinden. So sind ihre Lehrer schon bezahlt und Sie müssen keine extra Stunden, Fahrzeiten oder Unterbringungskosten bezahlen.

Jeder Teilnehmer hat die Möglichkeit die Schienen individuell zu besuchen. Trotzdem gibt es zwei Rahmenbedingungen, die mit der Schule vereinbart wurden. Lehrkräfte, welche eine Vollzeitanstellung haben, müssen mindestens an 50% der Veranstaltungen teilnehmen. Umgerechnet bedeutet dies, dass Sie zehn Stunden für die Pflichttermine und 24 Stunden für die Wahltermine aufbringen. So kommen Sie auf mindestens 34 Stunden Arbeitsaufwand. Teilzeitlehrkräfte müssen laut Vertrag nur an 25% der Veranstaltungen teilnehmen. somit kommen sie auf einen Arbeitsaufwand von 22 Stunden, der sich aus den 10 Stunden für die Pflichttermine und aus zwölf Stunden für die Wahltermine zusammensetzt. Je nach Interesse können die Lehrkräfte natürlich auch weitere Veranstaltungen besuchen.

Da jeder Lehrer entscheiden kann, wie viele Veranstaltungen er besucht und es auch unterschiedliche Tracks zu absolvieren gibt, haben wir, als Unternehmen in Absprache mit der Schule, entschieden, dass die gesamte Fortbildung für jede Lehrkraft pauschal berechnet wird. Es gibt über das Jahr verteilt 68 einzelne Seminartermine. Der Preis pro Seminartermin liegt bei 896,47€. Bei 60 Teilnehmern ergibt sich ein Kostenaufwand pro Teilnehmer von 15€ pro Seminar. Ein super Preis für das große Angebot das wir Ihnen bieten.

12. Anhang

Ablaufplan

Bei diesem Ablaufplan wird das Gerüst der gesamten Weiterbildung dargestellt. Die verschiedenen Farben stehen jeweils für unsere fünf didaktischen Konzepte, welche unsere Schienen darstellen. Durch die verschiedenen Buchstaben werden Beispielverläufe der möglichen Tracks aufgezeigt, welche in der Legende definiert werden. Die Teilnehmer, gleichgültig welcher Track gewählt wurde, können bei den Veranstaltungen jeder einzelnen Schiene teilnehmen. Wie nach Hansruedi Kaiser, müssen die Teilnehmer sich nicht für eine Schiene entscheiden, sondern können je nach Interesse und erworbenen Kenntnissen, in eine neue oder auch eine weitere Schiene eintreten.

Ablaufplan

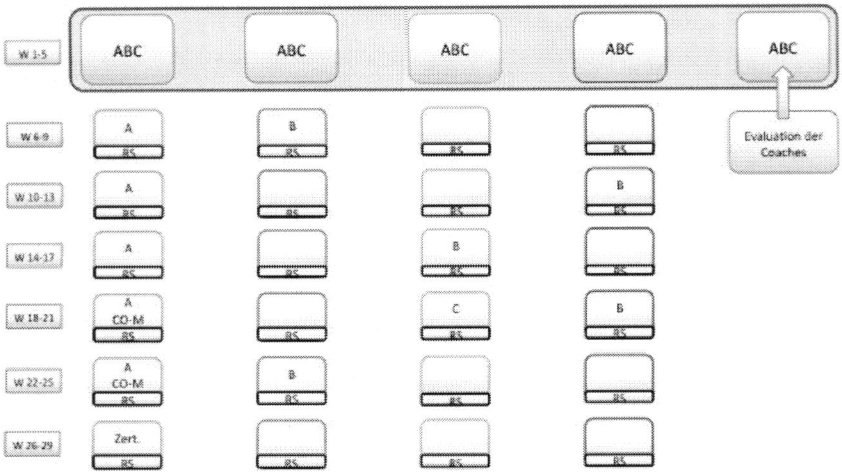

Legende - Ablaufplan

A = A steht für die Lehrkraft, die sich entscheidet den certified Track zu gehen, um am Ende qualifiziert für ein Certified Moderator zu sein.

B = B steht für die Lehrkraft, welche sich für den "Individual Ressource Track" entscheidet.

C = C steht für Lehrkräfte, die nach den Pflichtterminen kein weiteres Interesse an der Lehrerfortbildung gezeigt haben, durch andere Personen aber mit akutem Problem zu bestimmtem didaktischen Konzept geschickt werden

CO-M = Nachdem eine Lehrkraft des Certified Tracks ihr ausgewähltes Konzept 3 Mal besucht hat, ist sie selbst an der Reihe, in Begleitung eines Coaches, eine Sitzung zu gestalten, um das Zertifikat zu erwerben.

W 1-5 = Woche 1 bis 5 ; Anders als das Schienenmodell nach Kaiser finden unsere Veranstaltungen wöchentlich statt, sodass das Vertrauen zu den didaktischen Konzepte schnell wächst und der Umgang mit diesen ausführlich geübt wird.

□ Pflichtveranstaltungen, zu jedem didaktischen Konzept (Selbstreflexion, Intervision, Peer-Coaching, Coaching und Rollenspiel)

□ Veranstaltungen Selbstreflexion
□ Veranstaltung Intervision
□ Veranstaltung Peer-Coaching
□ Veranstaltung Coaching
□ Rollenspiel ca. 15 min. am Ende jeder Sitzung

Hinweis: Die Reihenfolge der didaktischen Konzepte, sowie die speziellen Themen wie Gewalt, Mobbing, etc. können je nach Bedarf variieren.

Ablauf - Wahlmöglichkeiten

In dieser Graphik werden jegliche Wahlmöglichkeiten der Lehrkräfte aufgezeigt, welche durch die verschiedenen Farben gekennzeichnet sind.
Verdeutlicht wird ebenfalls, dass die Lehrkräfte im Falle des Nicht-Bestehens der Moderation die Möglichkeit haben, dem Ressource Track oder den Necessity Track nachzugehen.

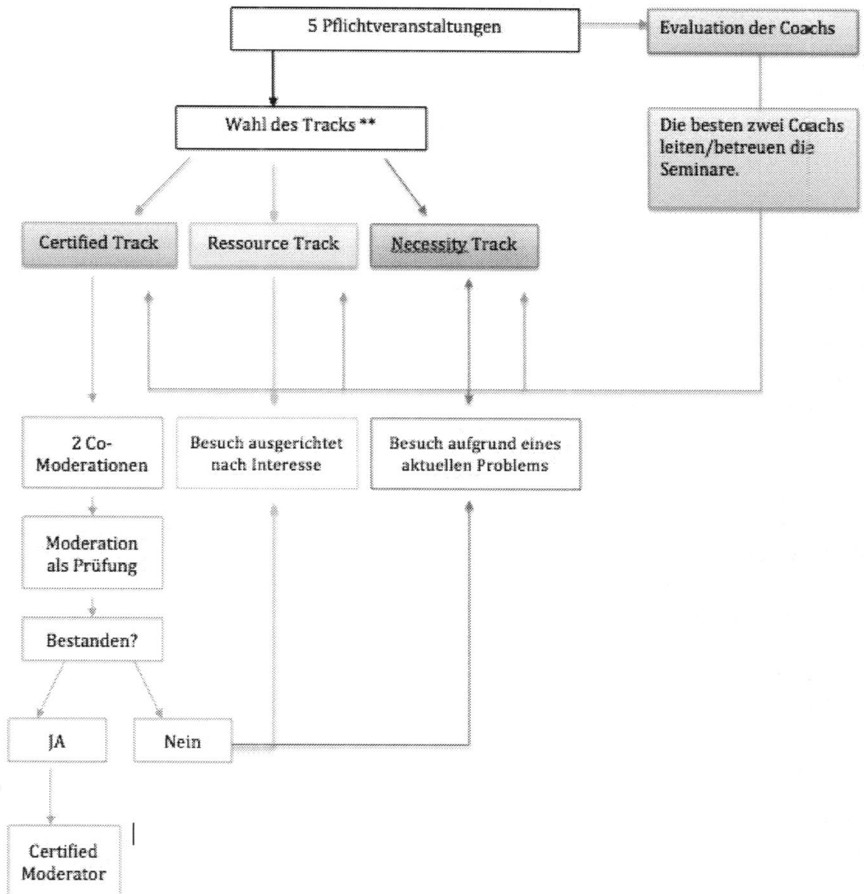

** Die erste Wahl des Tracks ist nicht bindend, d.h. die Teilnehmer können jeder Zeit den Track wechseln.

Tabellarischer Ablaufplan

In dem tabellarischen Ablaufplan wird noch einmal verdeutlicht, welche Schiene welche Konzepte und Qualifikationen beinhaltet und welche Präsenzzeit erforderlich ist.

Gruppe	Wahl der Schiene	Veranstaltungs-ort	Konzept	Qualifikation der Lehrperson	Präsenzzeit
A	Certified Track	Räumlichkeiten der Schule	Interversion/ Coaching/ Peer-Coaching/ Selbstreflexion	Certified Moderator	Pflichtveranstaltung; mindestens 6 Besuche des ausgewählten Konzepts (inklusive: 2 Co-Moderationen 1 Moderation)
B	Ressource Track	Räumlichkeiten der Schule	Interversion/ Coaching/ Peer-Coaching/ Selbstreflexion	Grundkenntnisse über das didaktische Konzept	Pflichtveranstaltung; Vollzeit: 50% der Termine ; 25% der Termine
C	Necessity Track	Räumlichkeiten der Schule	Interversion/ Coaching/ Peer- Coaching/ Selbstreflexion	Fähigkeit, aktuelles Problem lösen zu können	Pflichtveranstaltung Falls Problem vorhanden oder nach Aufforderung

Schulische Bildung

3.
Studieren probieren: Ein Konzeptplan für mehr Orientierung und Sicherheit im Erststudium

von Dhruv Kattar, Melanie Lechner,
Nicole Müller und Tatjana Rödel

Gliederung

Studieren probieren: Ein Konzeptplan für mehr Orientierung und Sicherheit im Erststudium

1. Abstrakt

*Hohe Abbruchquoten Studierender verursachen jährlich enorme Zusatzkosten für Land und Universitäten und beeinflussen maßgeblich die Qualität der Studienabschlüsse. Anhand des hier vorgestellten Konzeptes eines zweiwöchigen verpflichtenden Probestudiums soll Studieren zukünftig schon vor dem Studium erlebbar gemacht und so Studienabbrüche reduziert werden. Neben dem zweiwöchigen Probestudium beinhaltet das Konzept eine Schulung für Lehrer*Innen, einen vorbereitenden Orientierungstag für Schüler*Innen und eine Evaluation mit Langzeit-Monitoring. Schüler*Innen entscheiden sich für einen Studiengang, können diesen zwei Wochen lang auf Probe studieren und dabei entscheidende Erfahrungen sammeln. Die Investitionskosten des kompletten Konzepts amortisieren sich bereits nach dem dritten Jahr, womit das Konzept schon ab dem vierten Jahr einen jährlichen Gewinn einbringt.*

2. Überblick

Mit begründeter Sicherheit den richtigen Studiengang wählen ist ein erstrebenswertes Ziel – sowohl für nahezu jede*n Absolvent*In des Abiturs, als auch für deren zukünftige Universitäten oder jede andere akademische Weiterbildungsinstitution. Die Fakten legen jedoch nahe, dass dieses Ziel weit entfernt von der Realität ist. Falsche Vorstellungen, die große Auswahl auch durch halbjährlich hinzukommende neue, meist sehr spezialisierte Studiengänge und wenig Klarheit über die berufliche Zukunft nach dem Abitur führen zu einer hohen Quote an Studienabbrüchen bzw. Studiengangwechseln. Laut dem Deutschen Forum für Hochschul- und Wissenschaftsforschung (2014) betrug allein im Jahr 2012 in Deutschland die durchschnittliche Quote an Bachelor-Studienanfänger*Innen, die keinen Abschluss erreichten, 28 %. Dies entspricht nahezu einem Drittel aller, wobei die Quote bei den technisch-naturwissenschaftlichen, den MINT-Fächern, wesentlich höher ausfällt (bis zu 51 %). Bei einem durchschnittlichen Betrag von 26.000 Euro, den eine Universität für jede*n Studienanfänger*In erhält (unabhängig von dem Erfolg des Studienabschlusses) kosteten unvollendete Studien den Staat im Jahre 2007 (Jahr des Studienbeginns) 2.2 Milliarden Euro.[1]

An dieser Stelle, dem Übergang von der Hochschulzugangsberechtigung zum Studium setzt die hier vorgestellte Konzeptentwicklung der Probieren-Studieren-AGTM an. Die Vorstellung eines bestimmten Studiengangs soll

1 *http://www.dzhw.eu/pdf/pub_fh/fh-201404.pdf*

durch das Erleben desselben maßgeblich wahrheitstreuer für jede*n Schüler*In werden, der/die das Abitur und ein Studium anstrebt.

Dieses Dokument bietet ein ausgearbeitetes und in dieser Weise einzigartiges Konzept eines zweiwöchigen Probestudiums von Schüler*Innen an einer Universität. Institutionen, die diese Art von Projekt ermöglichen, sind der Vorläufer einer neuen Art der Studienwahl aufgrund einer innovativen Studienorientierung. Während die Kosten durch jedes eingesparte abgebrochene Studium sinken, steigt gleichzeitig die Qualität der Studierenden eines Faches durch die besser begründete Auswahl eben jenes Faches an. Es bleiben Studierende, die mit Sicherheit Interesse und Begeisterung für ihre Fächerwahl und deren Inhalte aufbringen. Langfristiges Ziel ist es des Weiteren, die Etablierung dieses Projektes an einer Großzahl von Universitäten und Schulen mit der Möglichkeit des Abiturs zu erreichen.

Haben wir Ihr Interesse geweckt, so kontaktieren Sie gerne unser Team per Mail an Studieren-probieren@ucation.org. Wir bieten Ihnen umgehend ein erstes unverbindliches Treffen an.

3. Vorstudie

Projektidee

Eine Vielzahl an Abiturient*Innen haben nur wenige oder häufig falsche bzw. naive Vorstellungen von zukünftigen Karrieremöglichkeiten und den dafür nötigen Studienfächern. Vorhandene Programme zum Testen eines Studiengangs sind meist freiwillig und benötigen deshalb einen hohen Grad an Eigeninitiative.

Die Idee eines zweiwöchigen verpflichtenden Probestudiums schon in der Schulzeit resultiert aus der hier durch die Vorstudie beschriebenen Situationsanalyse. Ziel ist dabei die drastische Reduzierung der Quoten an Studienabbrüchen und damit verbunden eine langfristige Kostenreduzierung und Qualitätssteigerung der Universitäten durch die maßgeblich erhöhte Sicherheit bei der Wahl eines Erststudiums.

Vorgehen

Zur Informationssammlung wurde auf die Problemschilderung aus verschiedenen Perspektiven zurückgegriffen. Es wurden sowohl Studienabbrecher*Innen bzw. Studienwechsler*Innen und Oberstufenschüler*Innen als auch Lehrkräfte und Studienberater*Innen nach dem Phänomen Studiengangwechsel, dessen mögliche Ursachen und ihrer Meinung zur Projektidee befragt. Zusätzlich wurden die eigenen Erfahrungen dieses Teams mit aufgenommen. Bereits existierende ähnliche Programme wurden analysiert. Des Weiteren erhielt die hier vorgestellte Konzeptidee eines verpflichtenden Probestudiums sehr viel positive Rückmeldung in Bezug auf die Frage, ob dieses bei der Entscheidung des Studiums hilfreich sein könnte.

Situationsanalyse

Analyse der Teilnehmenden

Als vorwiegender Grund für einen Studienwechsel wurde sowohl von aktiver als auch von beratender Seite aus überwiegend angemerkt, dass die Vorstellungen vieler

Studienabbrecher*Innen über ihr gewähltes Fach nicht mit den Inhalten desselben übereinstimmen. Es fehlte also die Möglichkeit, genügend Eindrücke des abgebrochenen Studiums vor der Immatrikulation zu sammeln. Die vielen Informationsmöglichkeiten werden nur teilweise und meistens nicht in ihrem vollen Umfang genutzt.

Analyse bisheriger Programme

Es gibt bereits einige Angebote zur Studienorientierung. Einige davon sind in der nachfolgenden Tabelle eins aufgeführt (Siehe Anhang Seite xy Tabelle 1). Beispielsweise bieten verschiedene Universitäten ein Schnupperstudium an, bei dem Schüler*Innen je nach Hochschule verschiedene Studiengänge ausprobieren können. Für überdurchschnittlich begabte Schüler*Innen gibt es an diversen Standorten das Angebot des Frühstudiums. Das Leibniz Kolleg in Tübingen bietet ein ganzes Studienjahr, in dem unterschiedlichste Fächer studiert werden. Diese Angebote sind meist für viele Studieninteressierte zugänglich, jedoch nicht verbindlich. Lediglich der Studieninfotag in Baden-Württemberg ist Pflicht. Hierbei geht es allerdings vorrangig um die Information über Formalia und Inhalte in einem Studium, nicht aber darum, probeweise zu studieren.

Unser Konzept knüpft an viele bestehende Orientierungsprogramme an und versucht, ihre jeweiligen Vorteile zu kombinieren. Es ist kostenlos, nicht aufwändig für den/die Schüler*In und verpflichtend. Es wird ein Zeitfenster nur für das Probestudium festgelegt, in dem keine Schule und keine Ferien stattfinden. Es ist somit ausnahmslos für jede*n Schüler*In der Jahrgangsstufe 11 der gymnasialen Oberstufe zugänglich. Das Studieren-Probieren-Programm ist daher unfreiwillig und benötigt wenig Eigeninitiative der Schüler*Innen. Es ist damit in dieser Art einmalig. Zum Vergleich der existierenden Möglichkeiten zur Studienorientierung mit jeweiligen zeitlichen Rahmen, Zugänglichkeit, Pflicht und Teilnahmekosten, finden Sie eine Tabelle im Anhang auf Seite 79 in Tabelle 1.

Auftrag und Produkt

Dieses Dokument beinhaltet ein aus der Situationsanalyse entwickeltes vollständiges Umsetzungskonzept eines Probestudiums für Oberstufenschüler*Innen. Das Programm selbst umfasst eine Lehrerfortbildung (6h), einen Orientierungstag (7h), die Programmdurchführung (zwei Wochen á fünf Tage) und ein abschließendes Debriefing und findet anfangs an interessierten Schulen aus der Region und an der Universität selbst statt. Da langfristig eine flächendeckende Einführung des Probestudiums vorgesehen ist, sind die nachfolgenden Vorstellungen des Inhaltes allgemein gehalten. Neben der eigentlichen Programmausarbeitung wird ein klar umrissenes Profil, ein didaktisches Gesamtkonzept, ein vollständiger Interventionsplan für die zweijährige Ersteinführung auf allen Organisationsebenen sowie ein an das Programm anschließendes Monitoring-Konzept präsentiert. Im Folgenden werden diese Elemente näher erläutert.

4. Profil

Profil der Gymnasiast*Innen
Nachdem die Schüler*Innen das Programm von Studieren probieren absolviert haben, starten sie motiviert und informiert in ihr Universitätsleben. Durch die bereits in der Schule geleistete Selbstreflexion und Selbstorientierung wählen sie sicher und gezielt ihren Studiengang. Durch Studieren probieren kennen die Schüler*Innen bereits die strukturellen und organisatorischen Abläufe der Universität und sind vertraut mit der Universitätssoftware. Somit haben sie bereits eine erste Übersicht und Orientierung, wodurch sie in der Einstiegsphase weniger Druck und mehr Sicherheit haben. Als Studienanfänger*Innen kennen sie die Anforderungen und Inhalte ihres Studiengangs, begegnen ihrem Studienbeginn angstfrei und motiviert und können so den Leistungsanforderungen besser gerecht werden.

Profil der Lehrpersonen
Teilnehmende Lehrerkräfte können die während des Programms erworbenen vielfältigen Coaching-Methoden professionell anleiten und können ihre Schüler*Innen somit als Mentoren unterstützen und begleiten. Sie kennen die strukturellen und organisatorischen Abläufe der Universität, sowie die Universitätssoftware. Sie sind durch die jährlich durch das Programm aktualisierten Kenntnisse stets auf dem aktuellen Wissenstand bezüglich der genannten Inhalte.

5. Didaktisches Gesamtkonzept

Studieren probieren bietet ein Multiplikatoren-Modell. Jede Schule sendet eine Lehrperson zum Schulungsseminar. Diese werden von Fachkräften (Studienberater*Innen) in verschiedenen Coaching Methoden ausgebildet, um selbstständig zu coachen. Das erworbene Wissen geben sie an ihrer Schule an alle Lehrer*Innen weiter. Somit profieren an allen Schulen alle Lehrer*Innen durch die Ausbildung einiger einzelner Lehrerpersonen. Durch die professionelle Anleitung und Unterstützung der Schüler*Innen durch die Lehrer*Innen am Orientierungstag, wird das Wissen aller Lehrer*Innen an die Schüler*Innen weitergegeben. Diese wiederum können ihr Wissen Familienmitgliedern und anderen Freunden und Bekannten (Peers) mitgeben. Der Schulungstag der Lehrer*Innen findet jedes Jahr statt, sodass neue Lehrer*Innen eine Einweisung in Coaching-Methoden erhalten und bereits geschulte Lehrer*Innen eine Auffrischung. Durch diesen Schulungstag sind die Lehrer*Innen jedes Jahr mit aktuellen Informationen ausgestattet bezüglich aktueller Studienorientierungsmöglichkeiten und Veränderungen an der Universität. Somit sind die Oberstufenschüler*Innen der Gymnasien immer auf dem neuesten Stand was ihre Studiengänge und ihre Universität betrifft.
Unser Programm bietet Schüler*Innen einen professionellen und didaktisch gestützten Rahmen zur Selbstorientierung und Selbstreflexion. Dabei steht die gezielte Förderung des „Learning by

Doing“ im Fokus. Schüler*Innen erleben Lernen in Form von persönlichen Erfahrungen und deren Reflexion. Der individuelle Freiraum fordert und fördert die Selbstständigkeit und somit auch die Persönlichkeitsentwicklung von allen Teilnehmenden. Durch die aktive und konstruktive Lernumgebung erleben Schüler*Innen Studieren praxis- und realitätsnah. Das duale System von Theorie und Praxis fordert des Weiteren den Einsatz und die Aneignung von deklarativem und prozeduralem Wissen und führt die Schüler*Innen somit zur selbstständigen Problembewältigung.

Studieren probieren bietet Schüler*Innen die Freiheit, ihren Wunschstudiengang auszutesten ohne die Konsequenzen eines Studienabbruchs tragen zu müssen. Schüler*Innen begegnen ihrem Probestudium somit völlig offen und ohne Ängste und können sich somit ganz ihrem Studienfach, dessen Inhalte und aufkommenden Fragen sowie Probleme widmen. Im Austausch mit ihren Peers können sie interaktiv agieren und sich ihr eigenes Bild des jeweiligen Studienfaches selbst konstruieren. Hier können Fehlkonzepte erlebt, erkannt und überprüft und damit die Weichen für die Zukunft gestellt werden.

6. Interventionsplan

In Tabelle 2 (siehe Anhang Seite 80, Tabelle 2) ist die zeitliche Abfolge, in der die verschiedenen Aktivitäten der an dem Programm teilnehmenden Gruppen beschrieben werden, zu sehen. In den ersten sechs Monaten geht es um die Vorstudie und die Planung unter Einbindung des Ministeriums. Es wird ausgearbeitet, wie genau die Daten für die Studie erhoben werden, die Situationsanalyse durchgeführt und das Konzept dem Ministerium, der Universitätsleitung und den Schulleitungen vorgestellt. Bis zu dem Beginn des eigentlichen Programms werden die Schulungsseminare für Schullehrkräfte und Dozierende durchgeführt und die Universitätsorganisation und die Schulen vorbereitet. Eineinhalb Jahre nach dem Erstellen des Konzepts wird das Programm zum ersten Mal durchgeführt. Nach Beendigung des Programms führt eine Gruppe von Bildungsforscher*Innen ein abschließendes Debriefing mit Evaluation und Langzeit-Monitoring durch.

Schulungsseminar der Lehrer*Innen

Auch zu finden im Anhang auf Seite 81 in Tabelle 3.

Veranstaltungsort: Nächste Universität im Umkreis

Veranstalter: Universitäth

Seminarleitung:Studienfachberater*Innen der Universität

Teilnehmende: Im Umkreis der Universität je Gymnasium zwei Lehrpersonen

Veranstaltungsdauer: Ein Tag: sieben Zeitstunden (mit einer Stunde Pause)

Veranstaltungsinhalte Das Schulungsseminar ist in drei Blöcke gegliedert:

Block 1: (120 Min)

Universitätsstruktur – Hardware und Software

Block 2: (180 Min)
Coaching-Methoden der Selbstorientierung
Block 3: (60 Min)
Lernzielüberprüfung und Reflexion
Für die Inhalte sind die Studienberater*Innen verantwortlich
Ziel der Veranstaltung:
Die Lehrerkräfte werden für den Orientierungstag der Schüler*Innen ausgebildet. Mit ihren Kenntnissen werden sie an ihren Schulen alle anderen Lehrkräfte ebenfalls ausbilden, so dass genug Lehrkräfte am Orientierungstag die Schüler*Innen ihrer Klasse anleiten können.

Lernziele:

- Lehrkräfte kennen die Universitätssoftware, können diese bedienen und sie den Schüler*Innen erklären.
- Lehrkräfte kennen verschiedene Techniken zur Selbstorientierung und können damit mit den Schüler*Innen zusammen deren Talente und Wünsche erarbeiten.
- Lehrkräfte kennen Techniken, um diesen Talenten oder Wünschen passende Berufe zuzuordnen.
- Lehrkräfte können mit Schüler*Innen am Ende der Veranstaltung einen Studiengang für das Probestudium erarbeiten, so dass sich die Schüler*Innen mit der entsprechenden Software dafür anmelden können.

Block 1: Universitätsstruktur – Hardware und Software

Die Seminarleitung stellt sich vor und begrüßt die Teilnehmenden. Die Lehrer*Innen bekommen eine Übersicht zum Aufbau und Ziel des Schulungsseminars, sowie eine allgemeine Einführung in das Thema und über allgemeine strukturelle sowie organisatorische Abläufe der Universität. Anschließend wird in die grundlegende Universitätssoftware der jeweiligen Universität eingeführt. Dabei wird vor allem auf folgende Punkte eingegangen: Registrierung bzw. Anmeldung, Druckerkonto, Emailadressen, Verteilersysteme. Die Lehrkräfte (und später somit auch die Schüler*Innen) sollen in der Lage sein, auf Basis des Vorlesungsverzeichnisses, der Prüfungsordnungen und der Studienverlaufspläne einen Stundenplan zu erstellen. Weiterhin wird die Plattform der Universität für Materialien von Dozenten und Studierenden, (Foren zum Austausch, Informationen per Email) vorgestellt und erklärt. Zum Abschluss des ersten Blocks wird die eigens für das Probestudium entwickelte Software erläutert. Mit dieser sollen sich die Schüler*Innen später mit ihrem ausgewählten Studiengang für das Probestudium anmelden.

Block 2: Coaching-Methoden der Selbstorientierung

Im zweiten Block stehen vor allem die Coaching-Techniken zur Selbstorientierung im Vordergrund. Die Schüler*Innen sollen später für sich folgende Punkte erarbeiten:
Was interessiert mich? Was mache ich gerne? Was würde ich gerne tun? Was kann ich gut? Wo will ich hin? Was will ich machen?
Den Lehrern*Innen werden von der Seminarleitung Techniken vorgestellt und nähergebracht, mit denen sie die Schüler*Innen bei diesem Prozess unterstützen können. Haben die

Schüler*Innen etwas gefunden, mit dem sie sich identifizieren können, geht es in den letzten Schritt der Selbstorientierung:
In welchem Beruf könnte ich meine Talente und Interessen wiederfinden? Welcher Studiengang könnte gut dazu passen?
Auch hierzu erläutert die Seminarleitung Techniken und Unterstützungsmöglichkeiten, die den Lehrer*Innen ermöglichen, für jede*n Schüler*In einen passenden Studiengang zu finden.

Block 3: Lernzielüberprüfung und Reflexion

Im letzten Block des Schulungsseminars reflektieren die Lehrer*Innen mit dem/der Studienberater*In gemeinsam den Tag, sowie die erworbenen Techniken und Kenntnisse. Hier können Lehrer*Innen noch offene Fragen stellen oder Anregungen für die nächsten Orientierungstage geben. Die Lehrer*Innen erhalten Anlaufpunkte für weiterführende Informationen über Coaching-Methoden, Studien- und Berufsberatung und die Universitäten. Beispielsweise werden einzelne Studiengänge auf der Homepage der verschiedenen Universitäten vorgestellt; an jeder Universität gibt es eine Studienfachberatung, die für persönliche Gespräche zur Verfügung steht. Auch die Fachschaften an den jeweiligen Universitäten können eine Hilfestellung sein. Beinahe alle Angebote werden auch für internationale Studierende angeboten. Allgemeinere Informationen über Berufe und Studiengänge sind auch über www.arbeitsagentur.de beziehbar. Weitere Möglichkeiten zur Selbstorientierung bieten auch Orientierungstests zu Berufen, Studiengängen und Selbstfindung, z.B. studieren.de, studiengaenge.zeit.de, geo.de.

Orientierungstag

Auch zu finden im Anhang auf Seite 82 in Tabelle 4.
Veranstaltungsort: An den jeweiligen Gymnasien, von denen zwei Lehrer*Innen am Schulungsseminar teilgenommen haben.
Veranstalter: Schule Seminarleitung Klassenlehrer*Innen
Teilnehmende: Schüler*Innen der Oberstufe, vorletzte Klasse
Veranstaltungsdauer: Ein Tag: Sieben Zeitstunden (mit einer Stunde Pause)

Veranstaltungsinhalte: Der Orientierungstag ist in drei Blöcke gegliedert:
Block 1: (90 Min)
Universitätsstruktur – Hardware und Software
Block 2: (180 Min)
Workshop zur Selbstorientierung
Block 3: (90 Min)
Auswertung und Reflexion der Ergebnisse
Für die Inhalte sind die Klassenlehrer*Innen verantwortlich.
Ziel der Veranstaltung:
Die Schüler*Innen machen sich Gedanken über sich und Ihre Zukunft sowie darüber, welche Berufe und Studiengänge dadurch für sie in Betracht kommen. Weiterhin beherrschen sie Grundkenntnisse der Universitätssoftware und der Software des Schnupperstudiums.

Lernziele:

- Schüler*Innen kennen die

Universitätssoftware und können diese bedienen.

- Schüler*Innen machen sich Gedanken über sich und die Dinge die sie gut können, gerne machen oder gerne machen würden.
- Schüler*Innen erarbeiten sich einen dazu passenden Beruf.
- Schüler*Innen können am Ende der Veranstaltung einen Studiengang für das Schnupperstudium benennen und sich mit der entsprechenden Software dafür anmelden.

Block 1: Universitätsstruktur – Hardware und Software

Die Lehrkraft begrüßt die Klasse und gibt eine allgemeine Einführung in das Thema und eine Übersicht zu dem Aufbau und zu dem Ziel des Schulungsseminars. Sie erläutert die Grundidee des Probestudiums und vermittelt die Lernziele des Orientierungstags, sowie allgemeine strukturelle und organisatorische Abläufe der Universität.

Zu Beginn gibt es eine Einführung in die grundlegende Universitätssoftware der jeweiligen Universität. Dabei wird vor allem auf folgende Punkte eingegangen: Registrierung/Anmeldung, Druckerkonto, Emailadressen, Verteilersysteme. Die Schüler*Innen sollen in der Lage sein, auf Basis des Vorlesungsverzeichnisses, der Prüfungsordnungen und der Studienverlaufspläne einen Stundenplan zu erstellen. Weiterhin wird die Plattform der Universität für Materialien von Dozenten und Studierenden, (Foren zum Austausch, Informationen per Email) vorgestellt und erklärt. Zum Abschluss des ersten Blocks wird in die eigens für das Probestudium entwickelte Software eingeführt. Mit dieser sollen sich die Schüler*Innen später für ihren ausgewählten Studiengang des Probestudiums anmelden.

Block 2: Workshop zur Selbstorientierung

Im zweiten Block geht es um die Selbstorientierung der Schüler*Innen. Die Schüler*Innen sollen für sich selbst folgende Punkte erarbeiten:

Was interessiert mich? Was mache ich gerne? Was würde ich gerne tun? Was kann ich gut? Wo will ich hin? Was will ich machen?

Die Lehrkräfte unterstützen die Schüler*Innen bei diesem Prozess. Auch können sie sich innerhalb ihrer Peer-Gruppe immer wieder austauschen. Haben die Schüler etwas gefunden, mit dem sie sich identifizieren können, geht es in den letzten Schritt der Selbstorientierung:

In welchem Beruf könnte ich meine Talente und Interessen wiederfinden? Welcher Studiengang könnte gut dazu passen?

Auch hier unterstützen die Lehrer*Innen die Schüler*Innen, so dass es jede*r Gymnasiast*In möglich ist, einen passenden Studiengang für sich zu finden.

Es ist sehr wichtig, den Schüler*Innen in diesem Block ausreichend Zeit und Ressourcen (Internetzugang, Unterstützung durch Lehrer*Innen, Tests, Selbstfindungsmethoden) zur Verfügung gestellt werden.

Block 3: Auswertung und Reflexion der Ergebnisse

Im letzten Block werden alle Informationen und Ergebnisse mit den Schüler*Innen noch einmal gemeinsam zusammengetragen und

reflektiert. Dabei steht die Überprüfung dieses Lernziels im Vordergrund: Hat jede*r einzelne Schüler*In einen Studiengang für das Probestudium finden können?
(Sollte es eine*n Schüler*In geben, der/die noch keinen Studiengang gefunden hat, so kann der/die Lehrer*In später noch einmal mit ihm/ihr zusammen Möglichkeiten eruieren).
Die Schüler*Innen melden sich anschließend mit der speziell dafür entwickelten Software für ihren ausgewählten Studiengang an.
Zum Abschluss des Seminars erhalten die Schüler*Innen Informationen darüber, wie sie sich bei Bedarf noch weiter informieren können. Beispielsweise werden einzelne Studiengänge auf der Homepage der verschiedenen Universitäten vorgestellt. An jeder Universität gibt es Studienfachberatungen, die für persönliche Gespräche zur Verfügung stehen. Auch die Fachschaften an den jeweiligen Universitäten sind eine Hilfestellung. Beinahe alle Angebote werden auch für auch für internationale Studierende angeboten. Allgemeinere Informationen über Berufe und Studiengänge sind auch über www.arbeitsagentur.de beziehbar. Weitere Möglichkeiten zur Selbstorientierung bieten auch Orientierungstests zu Berufen, Studiengängen und Selbstfindung, z.B. studieren.de, studiengaenge.zeit.de, geo.de.

Programm

Auch zu finden im Anhang auf Seite 82 in Tabelle 5.
Veranstaltungsort:An der teilnehmenden Universität
Veranstalter: Universität
Seminarleitung: Dozent*Innen, Tutor*Innen
Teilnehmende: Schüler*Innen der Oberstufe
Veranstaltungsdauer: Zwei Wochen, insgesamt 24 AE8 (anschließend eine AE an der Schule zur Reflexion)
Voraussetzungen: Ausgewählte Studigänge (evtl. Haupt und Nebenfach)
Die Lehrveranstaltungen müssen online angemeldet worden sein.
Ziel der Veranstaltung: Die Schüler*Innen haben Erfahrung gesammelt in ihren gewählten Studiengängen und wissen, ob diese für sie weiterhin in Betracht kommen. Sie haben einen ersten Eindruck des Studentenalltags erleben können. Sie beherrschen Grundkenntnisse der Universitätsstrukturen, der Universitätssoftware und der Software des Schnupperstudiums.

Lernziele:

- Die Schüler*Innen sind nach dem zweiwöchigen Probestudium in der Lage:
- die Hauptinhaltsstruktur der von Ihnen ausgewählten Fächer zu beschreiben,
- die Universitätsstruktur zu skizzieren,
- eine klarere Sicht auf ihre akademische und berufliche Zukunft zu erläutern.

Programm

Am ersten Tag begrüßen die Fakultätsleiter*Innen ihre Studierenden auf Probe, stellen die Dozent*Innen und wichtige Informationen über die Lehrveranstaltungen vor.

Teilnehmende Schüler*Innen

Die Schüler*Innen besuchen die Lehrveranstaltungen im Umfang von mindestens 24 AE[2] innerhalb der zwei Wochen. Inhalte können das Lesen von wissenschaftlichen Texten und die Bearbeitung und teilweise online durchgeführte Abgabe von Vor- und Nachbereitungsaufgaben sein, die in Tutorien besprochen werden. Die Texte und Aufgaben und alle weiteren Inhalte werden von Dozierenden online zur Verfügung gestellt. Die Schüler*Innen haben auch die Gelegenheit, die Studierenden der Universität durch das Online-Portal oder eine mögliche Uni-Party kennenzulernen. Nach dem Programm des Probestudiums nehmen alle Schüler*Innen an einer von Schullehrkräften durchgeführten Feedbackrunde teil.

Falls Probleme oder Zweifel auftreten, können sich alle beteiligten Schüler*Innen mit ihren Mentor*Innen (durch das Schulungsseminar für diese Aufgabe kompetente Lehrkräfte) in Verbindung setzen. Zum Arbeitsaufwand finden Sie Informationen im Anhang auf Seite 83 in Tabelle 6.

Teilnehmende Dozierende

Die Dozierenden gestalten die Lehrveranstaltungen mit dem Ziel, den Schülern*Innen einen Überblick des Studiengangs zu verschaffen. Sie betreuen die Tutor*Innen und werden selbst von der jeweiligen Fachbereichsleitung betreut. Sie erstellen eine Anwesenheitsliste für ein Protokoll, laden durch eine Online-Software die zu bearbeitenden Texte und Aufgaben für die Schüler*Innen hoch und geben nach Abgabe der Aufgaben ebenfalls online Feedback. Zusätzlich wird für mögliche Rückfragen der Schüler*Innen eine offene Sprechstunde angeboten.

Die Dozierenden und die Tutor*Innen organisieren in der ersten Woche eine Uni-Party, in der die Schüler*Innen eine Gelegenheit erhalten, die Dozierenden, Tutor*Innen, Studierende der Universität und Schüler*Innen anderer Schulen kennenzulernen.

Mentor*Innen

Lehrer*Innen werden die Rolle von Mentor*Innen für ihre Schüler übernehmen und werden während des Probestudiums die Schüler*Innen betreuen. Nach dem Probestudium führen sie eine Feedbackrunde durch und leiten die Ergebnisse in Form eines kurzen Berichtes an die Universitätsleitung und das Kultusministerium weiter.

Universitätsorganisation

Die Verwaltung und sonstige Abteilungen der Universität wie zum Beispiel das Rechenzentrum kümmern sich um die Kostenrechnung, die Raumbelegung und technologische Unterstützung. In der Belegphase vor dem Probestudium werden sie sich mit den Verträgen der Dozierenden, Tutor*Innen und anderen Mitarbeiter*Innen beschäftigen und die Dozierenden unterstützen.

7. Abschließendes

Debriefing

Nach Ende des Projektzyklus wird von einer Forschungsgruppe bestehend aus Bildungswissenschaftler*Innen ein Debriefing durchgeführt. So soll

2 *Akademische Einheit (1 AE = 45 Minuten)*

das Konzept reflektiert werden und deutlich werden, was bei Fortführung desselben verbessert werden kann.
Das Debriefing gliedert sich in zwei Komponenten: Eine Evaluation während und nach dem Programm und ein langzeitiges Monitoring der Teilnehmenden.

Evaluation

Es wird sowohl zu Beginn des Orientierungstages in den Schulen, als auch am Ende der zwei Programmwochen in den Hochschulen eine Evaluation durchgeführt. Damit wird festgestellt, ob sich die Haltung der Schüler*Innen bezüglich Studienwahl während der Projektphase geändert hat.
Konkrete Teile dieser Evaluation sind: Art der Studienwahl, Einschätzung der persönlichen Eignung und Neigung, Sicherheit bezüglich Studienwahl und Zufriedenheit mit dem Projekt insgesamt.
Ziel der Evaluation ist eine möglichst schnelle Auswertung des Programmes, damit dieses möglichst im Folgejahr für eine erweiterte Teilnehmerzahl verbessert werden kann.

Langzeit-Monitoring

Die Teilnehmenden der ersten und auch aller folgenden Projektphasen werden nach Absolvierung des Probestudiums bis zum Abschluss ihres höchsten Bildungsabschlusses an der Hochschule beobachtet. Mit dem Einverständnis der Schüler*Innen verfolgt die Forschungsgruppe den beruflichen Werdegang der Teilnehmenden anhand der persönlichen Daten.
In diesem Zuge werden auch die Daten einer Vergleichsgruppe aufgenommen, die nicht an dem Projekt teilgenommen hat.
Das Ziel dieses Langzeit-Monitorings ist es, langfristig anhand der Quoten der Studienabbrecher*Innen und -Wechsler*Innen festzustellen, wie effektiv das Konzept Probieren studieren tatsächlich funktioniert.

8. Ausblick

Das hier vorgestellte Konzept setzt sich kein geringeres Ziel, als Studieren erlebbar zu machen. Bei erfolgreicher Einführung und auf dem Debriefing des Pilotprojektes beruhender möglicher Ausbesserung ist eine sequenzielle großflächige Einführung in ganz Deutschland und möglicherweise darüber hinaus geplant. Des Weiteren ist durch das Monitoring eine Langzeitstudie zur Auswirkung des Probestudiums auf Abbruchquote, Studienabschlussnote und berufliche Zukunft angedacht.
Zur erstmaligen Durchführung des Probestudiums selbst wird ein Zeitraum in den Semesterferien der Universitäten und nach dem in Baden-Württemberg schon eingeführten Studienorientierungstag empfohlen. Dadurch sind Räume und Dozierende in der Universität verfügbar und erste Gedanken der Schüler*Innen zum Studium bereits eingeleitet.
Nicht nur bei der Studienwahlorientierung besteht ein großes Defizit. So ist eine Ausweitung des Konzeptes auf Fach-, duale Hochschulen und Ausbildungsunternehmen eine weitere Idee der Studieren-Probieren-AG. Diese Alternative zum Probestudium ist für nicht an einem Universitätsstudium interessierte Oberstufenschüler*Innen

gedacht und kann in der Zukunft bei entsprechendem Interesse als eigenes Konzept entworfen und ausgearbeitet werden.

9. Ausschreibung

Angebot

Unser kompetentes Team der Studieren-Probieren-AGTM bietet Ihnen als visionär orientierte Bildungsinstitution ein Dokument zur Durchführung einer neuen Form der Studienorientierung, des Studieren-probieren-Probestudiums. Sie erhalten neben Vorstudie und daraus resultierendem Profil ein didaktisches Gesamtkonzept und einen konkreten, ausgearbeiteten Interventionsplan zur Umsetzung des Multiplikatoren Modells auf drei Ebenen. Ein zusätzliches Monitoring-Konzept dient zur Beobachtung bei erstmaliger Einführung. Somit ermöglicht das Probieren-Studieren-Konzept neben sofortiger Intervention vor allem langfristig eine drastische Senkung der Erststudienabbrechenden und der damit verbundenen Zusatzkosten.

Team

Hinter der Probieren-Studieren-AG steht ein international aufgestelltes, dynamisches und innovatives junges Team ausgebildeter Bildungswissenschaftler*Innen mit Schwerpunkt Bildungsmanagement und Curricula Entwicklung. Durch die persönliche Erfahrung sowohl auf dem Problemgebiet Studienwechsel als auch auf dem Projektgebiet Probestudium (Studium Generale) verfügen wir zusätzlich über ein hohes persönliches Interesse, das zur Entwicklung des Projektes führte.

Profil

Absolvent*Innen des hier vorgestellten Konzeptes haben sich Gedanken über ihre Zukunft nach dem Abitur gemacht und wissen, ob sie die Studienfachkombination ihrer ersten Wahl studieren wollen oder nicht. Sie haben erste Erfahrungen im Universitätsalltag und können sich in Universitätsstrukturen, sowohl in der der alltäglichen Universitätsorganisation als auch in der der Universitäts-Software, selbstständig zurechtfinden.
Die als Mentoren fungierenden Lehrpersonen können Techniken zur Selbstorientierung angemessen vermitteln und kennen aktuelle organisatorische, strukturelle und technische Informationen über den Universitätsalltag.

Ablauf und didaktisches Konzept

Studieren probieren bietet ein Multiplikatoren Modell, in dem Lehrpersonen das auf einem Schulungsseminar von Fachkräften vermittelte Wissen zu Selbstorientierung, Studienmöglichkeiten und Universitätsstrukturen an einem Orientierungstag an ihren Schulen an Lernende weitergeben und darüber hinaus mit diesem Wissen als Mentoren für ihre Schüler*Innen fungieren. Es entsteht damit ein professionell angeleiteter und didaktisch gestützter Rahmen zur Selbstorientierung und Selbstreflexion der Oberstufenschüler*Innen, der sich bei der anschließenden Durchführung des zweiwöchigen Probestudiums einer gewählten Fächerkombination fortsetzt. In dieser Angeleiteten Theorie-Praxis-Konfrontation bleibt den Lernenden jedoch genug individueller und auch fehlererlaubender Freiraum, der die Selbstständigkeits- und Persönlichkeitsentwicklung fördert.

Adressaten und Voraussetzungen
Von unserem Konzept profitieren in erster Linie Oberstufenschüler*Innen mit Wunsch nach einem akademischen Bildungsweg. Es richtet sich vor allem an Schüler*Innen, die sich noch nicht oder nur wenig mit der Option Studium beschäftigt haben oder noch unentschlossen sind aufgrund der Vielzahl an Studiengängen.
Das Konzept ist durch viel gegebenen individuellen Freiraum auf die heterogene Gruppe an Schüler*Innen, die in Interesse und Motivation stark variiert, eingestellt. Auch die persönliche Reife der Gymnasiast*Innen ist sehr unterschiedlich.
Neben den Teilnehmenden profitieren auch die lehrenden Positionen. Lehrkräfte erhalten eine grundlegende Ausbildung in der Orientierungshilfe und Informationen zu universitären Strukturen. Dozierende der Universität lehren dabei zukünftige interessierte Studierende, die bei Antritt des richtigen Studiums von diesen Erfahrungen profitieren.
Da dieses Projekt als verpflichtendes Programm für alle Gymnasiast*Innen der 1. Kursstufe einer beteiligten Schule vorgesehen ist, bestehen keine zusätzlichen Zulassungsbedingungen zum Probestudium.

10. Kontakt

Haben wir Ihr Interesse geweckt? Sie möchten mehr erfahren über Ideenbegründung, Umsetzungsvorstellungen oder andere Schwerpunkte? Gerne vereinbaren wir ein unverbindliches Treffen mit Ihnen, um alle aufgekommenen Fragen zu beantworten. Die Probieren-Studieren-AG wird sich nach einer Mail Ihrerseits an Studieren-probieren@ucation.org. umgehend mit Ihnen in Verbindung setzen.

11. Kosten

Der hier vorgestellte Konzeptplan besteht aus verschiedenen Elementen. Jedes dieser Teilbereiche ist klar definiert, strukturell und möglichst umsetzungstauglich ausgearbeitet und lässt dabei noch die Freiheit, individuelle Inhalte durch jeweilige spezialisierte Beteiligte zu ergänzen und auf die Bedürfnisse Ihrer Institution abzustimmen. Für die hier angeführte Kostenrechnung wurde obligatorisch von einer beteiligten Universität und zehn beteiligten Gymnasien ausgegangen.
Bei erstmaliger Durchführung setzen sich die Kosten wie in der folgenden Übersicht zusammen, die exakte Zusammensetzung ist in Tabelle 7 einsehbar. Die Einsparungen in den Kosten pro Jahr lassen sich durch die Kompensierung über

die zweiwöchige wegfallende Lehrerkapazität erklären.

Einmalige Durchführung **_28.900 €_**

Davon Kosten/ Jahr -14.300 €

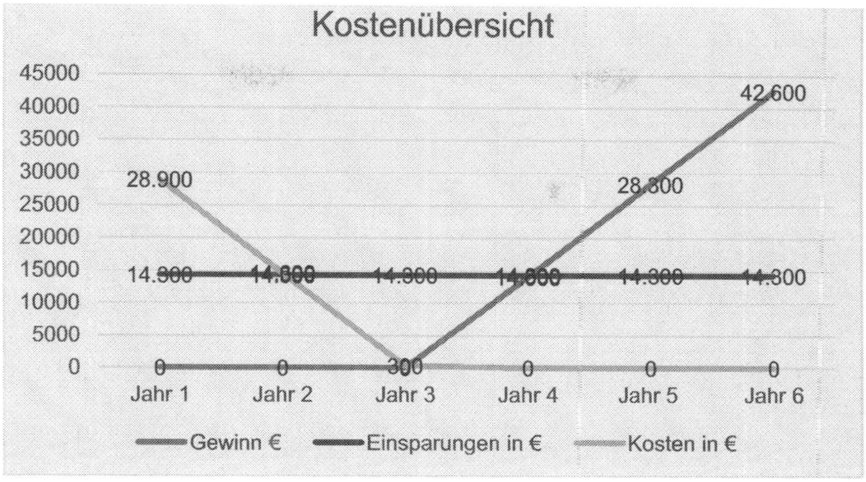

Davon Konzeptionskosten 43.200 €

Eine Detaillierte Kostenübersicht für eine einmalige Durchführung finden Sie im Anhang auf Seite 83 in Tabelle 7

12. Anhang

Aktuelle Möglichkeiten zur Studienorientierung

Programm Quellen	Programm	Zeitlicher Rahmen	Zugänglichkeit	Verpflichtend?	Teilnahme-kosten
Schnupperstudium Uni Heidelberg[2]	Eine Auswahl an Veranstaltungen aller Fakultäten können das ganze Semester lang von Schüler*Innen besucht werden	Ganzes Semester möglich	Schüler*Innen Ohne Anmeldung	nein	Keine Kosten
Schnupperstudium Uni Freiburg[3]	Speziell für Schülerinnen: Es können Fächer im naturwissenschaftlichen Bereich ausprobiert werden	Ein Wochenende im Jahr	Weibliche Schülerinnen ab der 10.Klasse	nein	Keine Kosten
Probestudium LMU München[4]	Es können die Fächer Informatik, Mathematik, Physik oder Skandinavistik auf Probe studiert werden	Eine Woche in den Schulferien	Auf 100 Teilnehmende beschränkt, daher Auswahlverfahren	nein	Keine Kosten
Frühstudium Uni Göttingen[5]	Überdurchschnittlich begabte Schüler*Innen studieren ausgewählte Veranstaltungen in Fakultäten ihrer Wahl	Im Semester	Bewerbung nötig	nein	Keine Kosten
Studium Generale Leibniz Kolleg Tübingen[6]	Abiturient*Innen studieren Fächer nach Wahl	10 Monate	Auf 50 Teilnehmende beschränkt, daher Auswahlverfahren	nein	4700 €/Jahr
Studieninfotag Baden-Württemberg[7]	Schüler*Innen der werden an den Hochschulen über verschiedene Studiengänge in Form von Vorträgen informiert	1 Tag	Schüler*Innen der 11.Klasse der gymnasialen Oberstufe	Ja	Keine Kosten

Tabelle 1: Vergleich der existierenden Möglichkeiten zur Studienorientierung mit jeweiligem zeitlichen Rahmen, Zugänglichkeit, Pflicht und Teilnahmekosten.

[2] http://www.uni-heidelberg.de/studium/interesse/schnupperstudium.html
[3] http://www.studium.uni-freiburg.de/service_und_beratungsstellen/zsb/schnupperstudium
[4] http://ddi.ifi.lmu.de/probestudium
[5] https://www.uni-goettingen.de/de/55877.html
[6] http://www.leibniz-kolleg.uni-tuebingen.de/
[7] http://www.studieninfotag.de/

Zeitliche Übersicht der beteiligten Insitutionen und Gruppen

Zeit/Monat:	**0**	**6**	**dazwischen**	**18**	**dazwischen**	**21**	**24+**
Ablauf	**Vorstudie**	**Ministerium**	**Vorbereitung und Schulungsseminar**	**Orientierungstag**	**Belegphase vor Programm**	**Programmdurchführung & Evaluation**	**Debriefing: Langzeit-Monitoring**
Kultusministerium	Formalia abklären	Konzeptvorlage, inkl. Finanzplan		Finanzierung			
Leitung Gymnasien	Studien durchführen: Schüler/ Lehrer befragen, Unterstützung einholen	Info für Programmstart, Aktivierung der einzelnen Instanzen		Findet in Gymnasien statt			
Leitung Uni	Unterstützung einholen				Sorgt für Organisation	Organisation	
Universitätsorganisation			-Vorbereitung der Belegphase (Software), -Auswahl und Instruktion der Dozierenden, -Buchhaltung, -Aufstellen eines Langzeitmonitoring-Teams	(organisiert Tutoren zum Erzählen aus dem Unialltag) Unterstützt die Schulen	Nach Ende der Belegphase Organisation des Programms, Raumbelegung		Durchführung von Team von Bildungswissenschaftlern
Schulorganisation			Buchhaltung	Organisation			
Trainer*Innen			Organisation & Durchführung der Fortbildung			Machen Abschlussreflexion	
Lehrer*Innen	Werden befragt: Situationsanalyse		Fortbildung für Orientierungstag für einen Lehrer pro Schule, Weitergabe des Wissens an der eigenen Schule	Durchführung		Sind Mentoren	
Dozent*Innen			Inhalte vorbereiten		Inhaltsanpassung	Führen durch	
Schüler*Innen			Haben Studieninformationstag	Nehmen teil	Belegen	Nehmen teil	Daten werden nachverfolgt

Tabelle 2: Zeitliche Übersicht der beteiligten Institutionen und Gruppen

Schulungsseminar der Lehrer*Innen

Veranstaltungsort	Nächste Universität im Umkreis
Veranstalter	Universität
Seminarleitung	Studienfachberater*Innen der Universität
Teilnehmende	Im Umkreis der Universität je Gymnasium zwei Lehrpersonen
Veranstaltungsdauer	Ein Tag: sieben Zeitstunden (mit einer Stunde Pause)
Veranstaltungsinhalte	Das Schulungsseminar ist in drei Blöcke gegliedert: <u>Block 1: (120 Min)</u> Universitätsstruktur – Hardware und Software <u>Block 2: (180 Min)</u> Coaching-Methoden der Selbstorientierung <u>Block 3: (60 Min)</u> Lernzielüberprüfung und Reflexion Für die Inhalte sind die Studienberater*Innen verantwortlich
Ziel der Veranstaltung:	Die Lehrerkräfte werden für den Orientierungstag der Schüler*Innen ausgebildet. Mit ihren Kenntnissen werden sie an ihren Schulen alle anderen Lehrkräfte ebenfalls ausbilden, so dass genug Lehrkräfte am Orientierungstag die Schüler*Innen ihrer Klasse anleiten können.
Lernziele:	1. Lehrkräfte kennen die Universitätssoftware, können diese bedienen und sie den Schüler*Innen erklären. 2. Lehrkräfte kennen verschiedene Techniken zur Selbstorientierung und können damit mit den Schüler*Innen zusammen deren Talente und Wünsche erarbeiten. 3. Lehrkräfte kennen Techniken, um diesen Talenten oder Wünschen passende Berufe zuzuordnen. 4. Lehrkräfte können mit Schüler*Innen am Ende der Veranstaltung einen Studiengang für das Probestudium erarbeiten, so dass sich die Schüler*Innen mit der entsprechenden Software dafür anmelden können.

Tabelle 3: Tabellarische Darstellung der wichtigsten Informationen des Schulungsseminars

Orientierungstag:

Veranstaltungsort	An den jeweiligen Gymnasien, von denen zwei Lehrer*Innen am Schulungsseminar teilgenommen haben.
Veranstalter	Schule
Seminarleitung	Klassenlehrer*Innen
Teilnehmende	Schüler*Innen der Oberstufe, vorletzte Klasse
Veranstaltungsdauer	Ein Tag: Sieben Zeitstunden (mit einer Stunde Pause)
Veranstaltungsinhalte	Der Orientierungstag ist in drei Blöcke gegliedert: Block 1: (90 Min) Universitätsstruktur – Hardware und Software Block 2: (180 Min) Workshop zur Selbstorientierung Block 3: (90 Min) Auswertung und Reflexion der Ergebnisse Für die Inhalte sind die Klassenlehrer*Innen verantwortlich.
Ziel der Veranstaltung:	Die Schüler*Innen machen sich Gedanken über sich und Ihre Zukunft sowie darüber, welche Berufe und Studiengänge dadurch für sie in Betracht kommen. Weiterhin beherrschen sie Grundkenntnisse der Universitätssoftware und der Software des Schnupperstudiums.
Lernziele:	1. Schüler*Innen kennen die Universitätssoftware und können diese bedienen. 2. Schüler*Innen machen sich Gedanken über sich und die Dinge die sie gut können, gerne machen oder gerne machen würden. 3. Schüler*Innen erarbeiten sich einen dazu passenden Beruf. 4. Schüler*Innen können am Ende der Veranstaltung einen Studiengang für das Schnupperstudium benennen und sich mit der entsprechenden Software dafür anmelden.

Tabelle 4: Tabellarische Darstellung der wichtigsten Informationen des Orientierungstages

Programm:

Veranstaltungsort	An der teilnehmenden Universität
Veranstalter	Universität
Seminarleitung	Dozent*Innen, Tutor*Innen
Teilnehmende	Schüler*Innen der Oberstufe
Veranstaltungsdauer	Zwei Wochen, insgesamt 24 AE[8] (anschließend eine AE an der Schule zur Reflexion)
Voraussetzungen:	Ausgewählte Studiengänge (evtl. Haupt- und Nebenfach) Die Lehrveranstaltungen müssen online angemeldet worden sein.
Ziel der Veranstaltung:	Die Schüler*Innen haben Erfahrung gesammelt in ihren gewählten Studiengängen und wissen, ob diese für sie weiterhin in Betracht kommen. Sie haben einen ersten Eindruck des Studentenalltags erleben können. Sie beherrschen Grundkenntnisse der Universitätsstrukturen, der Universitätssoftware und der Software des Schnupperstudiums.
Lernziele:	Die Schüler*Innen sind nach dem zweiwöchigen Probestudium in der Lage 1. die Hauptinhaltsstruktur der von Ihnen ausgewählten Fächer zu beschreiben, 2. die Universitätsstruktur zu skizzieren, 3. eine klarere Sicht auf ihre akademische und berufliche Zukunft zu erläutern.

Tabelle 5: Tabellarische Darstellung der wichtigsten Informationen des Programmes des Probestudiums

Zeit	Ort	Präsenz	Selbststudium	Typ
Woche 1	Universität	12 AE	6 AE	Lehrveranstaltung
Woche 2		12 AE	6 AE	
Nach 2. Woche	Schule	1 AE	-	Gruppenaktivität

Tabelle 6: Darstellung der akademischen Einheiten in Präsenzzeit oder Selbststudium mit Ort und Typ der Lernaktivität.

Detaillierte Kostenübersicht für eine einmalige Durchführung

Programmelemente	Beteiligte	Kostensatz/h	Anzahl /h	Anzahl/Pers.	Summe
Schulungsseminar	Trainer*Innen	100	7	2	1400
	Lehrkräfte	50	7	20	7000
	Verwaltung, Material (pauschal)				200
Software Belegung	Konzeption	100	10	2	2000
	Programmierung	30	10	3	900
Orientierungstag	Fortgebildete Lehrkräfte	50	6	20	6000
	Lehrer (keine Extrakosten)	0	6	60	0
	Materialien				500
Programm	Dozierende	100	6	45	27000
	Tutor*Innen	10	12	15	1800
	Mentoren (fortgebildete Lehrkräfte)	50	10	20	10000
	Lehrkräfte (schulfreie Zeit)	-32,5	40	60	-78000
	Verwaltung	30	30	6	5400
	Material (pauschal)				1500
Probestudium/Jahr	**Summe**				**-14300**
Projektkonzeptionierung		**Kostensatz**	**Anzahl/Tage**	**Anzahl/Pers.**	**Summe**
Erstellung	Projektkonzeptionierung	800	8	4	25600
Einführung	Seminarinstruktion (optional)	800	2	2	3200
Evaluation	Team (Bildungswissenschaft-ler*Innen)	300	12	4	14400
Konzeption gesamt	**Summe**				**43200**
Gesamtsumme der ersten Einführung	**Gesamtsumme**				**28900**

Tabelle 7: Übersicht der Kosten bei einmaliger Durchführung obligatorisch für eine Universität und zehn Schulen, eingeteilt in Projektkosten und Konzeptionskosten.

Universitäre Bildung

1. Bachelorstudiengang Anglistik und Amerikanistik: Spezialisierung „Global Cultural Communication & Marketing

von Alexa Bär, Kathrin Eller,
Ivy Schuckert und Darja Ottenbacher

Gliederung

Bachelorstudiengang Anglistik und Amerikanistik: Spezialisierung „Global Cultural Communication & Marketing

1. Abstrakt

Das Spezialisierungsmodul "Global Cultural Communication & Marketing" richtet sich an kreative Studierende des Bachelor-studiengangs Anglistik und Amerikanistik, die Kenntnisse in der Kulturwissenschaft und im Marketingbereich erwerben möchten. Innerhalb von zwei Semestern perfektionieren Sie Ihre Aussprache. Außerdem sammeln Sie Erfahrungen im ökologischen und ökonomischen Marketing. Zudem beherrschen Sie die Grundlagen der Verkaufspsychologie und Aspekte fairer, verantwortungsbewusster Verkaufsstrategien. Sie führen, unter der Berücksichtigung kultureller Aspekte, eine Marktanalyse durch und optimieren Marketingmaßnahmen. Während der gesamten Spezialisierung werden Sie von erfahrenen Dozenten, Muttersprachlern und Marketingexperten individuell unterstützt und beraten. Durch die duale Organisation werden Theorie und Praxis optimal miteinander kombiniert. Dadurch werden Sie ideal auf die Anforderungen der Marketingbranche vorbereitet.

2. Überblick

Wir haben die Spezialisierung „Global Cultural Communication & Marketing" für den vorhandenen Bachelorstudiengang Anglistik/Amerikanistik entwickelt, da es für diesen Bachelorstudiengang bisher keine vergleichbare Spezialisierung im Hinblick auf Kultur, Sprache und Marketing-Aspekte gibt. GCCM knüpft inhaltlich an die Themen des Grundstudiums der Anglistik/Amerikanistik an und baut auf den Interessen der momentanen Anglistik-Studenten auf. Diese Interessen liegen vor allem im Bereich der Kultur und Sprachverbesserung. Die von uns entwickelte Spezialisierung GCCM verbindet diese beiden Interessen mit Aspekten des Marketings und praxisnaher Erfahrung, wodurch Sie bereits während des Studiums Berufserfahrung im Bereich Marketing sammeln und später einen leichteren Einstieg ins Berufsleben haben.

3. Vorstudie

Wir, als engagierte Bildungswissenschaftlerinnen der Albert-Ludwigs-Universität, haben es uns zur Aufgabe gemacht, den Studierenden des Bachelorstudiengangs Anglistik und Amerikanistik den Berufseinstieg zu erleichtern. Bei der Betrachtung von Berufsfeldern der Absolventen/-Innen dieses Studiengangs, lässt sich feststellen, dass die Mehrzahl einer fachfremden Tätigkeit nachgeht. Um die Ursache dieses Phänomens zu ermitteln, haben wir eine Studie zum Thema „Unzufriedenheit und Verbesserungsmöglichkeiten im Anglistikstudium“ durchgeführt.

Zunächst haben wir eine offene Umfrage in einem sozialen Netzwerk durchgeführt. Diese hat uns erste Anregungen geliefert.

Darauf aufbauend haben wir einen Fragenkatalog entwickelt, mit dessen Hilfe Problemfelder offengelegt werden sollen. Es wurden Studierende der Universitäten in Freiburg und Tübingen befragt. Daraus haben sich einige Kritikpunkte herauskristallisiert, auf die wir im Folgenden eingehen möchten.

Zum einen wird die Aussprache nicht zufriedenstellend perfektioniert. Dies kann auf Gruppengröße, Organisation und praktische Anwendung zurückgeführt werden. Zum anderen werden praktische Tätigkeiten, insbesondere im englischsprachigen Ausland, außer Acht gelassen. Außerdem wurde seitens der Studierenden das Bedürfnis nach einer Spezialisierung, basierend auf der Kulturwissenschaft, geäußert. Des Weiteren wird gewünscht, dass mithilfe einer Spezialisierung aussichtsreichere Berufschancen gesichert werden können.

Ausgehend von diesen Ergebnissen, kam uns die Idee, eine Spezialisierung zu entwickeln, welche im Bereich des Marketings angesiedelt ist. Diese soll in einem Rahmen von zwei Semestern erfolgen.

Beteiligt an der oben aufgeführten Studie sind in erster Linie die Studierenden. Interessiert am Endprodukt und an dessen ständigen Optimierung sind sowohl deutsche Universitäten, als auch internationale Unternehmen. Somit hat sich ergeben, dass Studierende die die Spezialisierung wählen würden, theoretische Grundlagen an der Universität erarbeiten und diese dann in einem Unternehmen praktisch anwenden würden.

Ableitend von den Wünschen der Befragten, haben wir uns für ein breites Spektrum von Dozenten entschieden; auf der einen Seite die Kooperation mit erfahrenen externen Fachcoachs der Marketingbranche und auf der anderen qualifizierte Dozenten aus verschieden Fakultäten der Universität.

Nach langer Ausarbeitung der Fragebögen, sind wir überzeugt, dass durch die Gestaltung der einzelnen Module, mit Fokus auf die Aussprache, Berufserfahrungen und kulturelle Aspekte auf die Bedürfnisse und Vorstellungen der Studierenden eingegangen wird und einen Berufseinstieg im Bereich des Marketings ermöglicht.

4. Qualifizierung des Projektteams

Wir sind ein Team aus vier leidenschaftlichen Bildungswissenschaftlerinnen mit vieljähriger praktischer Erfahrung im Bereich der Curriculumentwicklung. Außerdem bringen wir Kompetenzen aus dem Bereich der Lehr-Lern-Forschung mit und kennen uns aus eigener Erfahrung gut mit verschiedenen Kulturen und verschiedensten didaktischen Methoden aus.

5. Produkte

Das vorliegende Curriculum enthält verschiedene Komponenten, um Ihnen einen klaren Überblick über den Ablauf, die Inhalte und Kosten der Spezialisierung zu verschaffen.
Der Ablauf und die Inhalte werden im Rahmen eines ausführlichen Modulplans dargeboten. Dieser wird in schriftlicher, grafischer und tabellarischer Form veranschaulicht.
Das übersichtliche Modulhandbuch beinhaltet u.a. eine Beschreibung der einzelnen Module, den zeitlichen Aufwand, sowie Ziele, das didaktische Konzept und den Umgang mit Unterschieden.
Zudem enthält das Curriculum eine präzise Ausschreibung, inklusive detaillier Kostenübersicht. Es werden sowohl die Gesamt- als auch die Durchführungskosten dargelegt und verdeutlicht, wie sich diese zusammensetzen. Zusätzlich wird eine Kostenaufstellung für die einzelnen Module aufgestellt, ausgehend von einer Teilnehmerzahl von 50 Personen. Die anfallenden Kosten werden prozentual in einem Kreisdiagramm veranschaulicht.
Außerdem ist dem Curriculum ein konkretes didaktisches Grundkonzept zu entnehmen.

6. Konzepte und Definitionen

Modul:
Wir verstehen unter dem Begriff Modul eine Lehreinheit, die fachlich sinnvoll aus ein bis mehreren Lehrveranstaltungen zusammengesetzt ist. Dabei wird jedes Modul, je nach mit der Teilnahme verbundenem Zeitaufwand, mit ECTS gewichtet und im Zeugnis aufgeführt.[1] Module werden bei uns eingesetzt, um das Curriculum in sinnvolle Lerneinheiten zu unterteilen. Bei unserem Curriculum besteht ein Modul aus maximal drei Lehrveranstaltungen.

ECTS:
ECTS ist die Abkürzung für „European Credit Transfer System“. Es handelt sich dabei um eine europaweite Einrichtung, die Hochschulbildung vergleichbar machen soll.[2] Bei unserem Curriculum werden ECTS-Punkte eingesetzt, um den Arbeitsaufwand der einzelnen Lehrveranstaltungen in den Modulen festzuhalten. Wir verstehen ECTS-Punkte deshalb als Leistungspunkte, mit denen dieser Arbeitsaufwand festgehalten wird.

Soft Skills:
Wir beziehen uns in diesem Curriculum auf den vom Wirtschaftslexikon beschriebenen Begriff der Soft Skills als „eine nicht abschließend definierte Vielzahl persönlicher Werte (z.B. Fairness, Respekt, Verlässlichkeit), persönlicher Eigenschaften (z.B. Gelassenheit, Geduld, Freundlichkeit), individueller Fähigkeiten (z.B. Kritikfähigkeit, Zuhören, Begeisterungsfähigkeit) und sozialer Kompetenzen (Umgang mit anderen Menschen: Teamfähigkeit, Empathie, Kommunikationsfähigkeit).“[3] Soft

1 *http://www.uni-protokolle.de/Lexikon/Modul_(Hochschule).html (letzter Zugriff: 22.11.15)*
2 *https://www.studieninfo-bw.de/studieren/bachelormaster/leistungspunkte_ects_punkte/ (letzter Zugriff: 12.11.15)*
3 *http://wirtschaftslexikon.gabler.de/Definition/soft-skills.html (letzter Zugriff: 10.11.15)*

Skills benötigen wir bei unseren Modulbeschreibungen, um festzulegen, welche Soft Skills nach jedem einzelnen Modul erlernt sein sollen.

Fertigkeiten:
Fertigkeiten sind bei unserem Curriculum vergleichbar mit dem Begriff „Geschick" und können durch wiederholtes Üben erlernt und trainiert werden. Es geht darum, Kenntnisse anzuwenden und das erworbene Wissen effektiv einzusetzen, um damit Aufgaben und Probleme zu lösen. Mit Fertigkeiten sind sowohl kognitive Fertigkeit (logisches, intuitives und kreatives Denken) gemeint, als auch praktische Fertigkeiten (Geschicklichkeit und Verwendung von Methoden und Materialien).[4] Fertigkeiten benötigen wir bei unseren Modulbeschreibungen, um festzulegen, welche Fertigkeiten nach jedem einzelnen Modul erlernt sein sollen.

Kompetenzen:
Wir beziehen uns bei unserer Auslegung des Begriffs Kompetenzen auf die Definition des Bundesinstituts für Berufsbildung. Dieses definiert Kompetenzen als menschliche Fähigkeiten in Form von Wissen und Können und im Zusammenwirken mit motivationalen Kräften des Individuums, die situationsgerechtes Handeln ermöglichen.[5] Kompetenzen kommen bei unseren Modulbeschreibungen zur Sprache, um festzulegen, welche Kompetenzen nach jedem einzelnen Modul erlernt sein sollen.

Werte und Haltungen:
In unserem Curriculum beziehen wir uns auf die Definition des Wertes als Vorstellungen über Qualitäten, die Dingen/Ideen/Beziehungen von Einzelnen/sozialen Gruppen/einer Gesellschaft beigelegt werden, und die den Wertenden wichtig und wünschenswert sind. Haltungen definieren wir wie in der Ethik als die durch Einübung in allgemein anerkannte zwischenmenschliche Verhaltensmuster gewonnene und zur Gewohnheit gewordene innere Einstellung, aus der heraus Handlungen moralisch beurteilt und ausgeführt werden können.[6] Werte und Haltungen benötigen wir bei unseren Modulbeschreibungen, um festzulegen, welche Werte und Haltungen nach jedem einzelnen Modul erlernt sein sollen.

Voucher:
Wir beziehen uns bei unserer Auslegung des Begriffs Voucher auf die Definition des „Gutscheins". Dieser wird als Dokument definiert, welches dem Besitzer den Anspruch auf eine Leistung dokumentiert, welche in Höhe des auf dem Gutschein bezifferten Betrages erfolgt.[7] Vouchers kommen bei unseren Modulbeschreibungen im Heterogenitätskonzept von Modul 1 bis 4 zur Sprache. Wir benötigen Vouchers bei unsere verschiedenen Support-Veranstaltungen, die nach einer Terminvereinbarung mit dem Dozenten wahrgenommen werden können. Jeder Studierende erhält hierfür einen Voucher, der bei Kontaktzeiten eingelöst wird.

4 *http://ec.europa.eu/ploteus/sites/eac-eqf/files/journal_de.pdf (letzter Zugriff: 20.12.15)*

5 *http://www.bibb.de/de/8570.php (letzter Zugriff: 22.11.15)*

6 *http://elsa20.schule.at/uploads/media/Powerpoint_Input_WS_070320.pdf (letzter Zugriff: 22.11.15)*

7 *http://www.juraforum.de/lexikon/gutschein (letzter Zugriff: 07.12.15)*

7. Profil

Als selbststätiger Berater bzw. Angestellter stehen Sie Unternehmen bei der Entwicklung von Werbemaßnahmen zur Seite. Sie zeichnen sich dadurch aus, dass Sie verschiedene englischsprachige Absatzmärkte kennen und überzeugen mit Ihren Kenntnissen über kulturelle Hintergründe dieser Länder. Dadurch treten Sie auch im fremden Kulturumfeld sicher auf.
Sie erheben und analysieren aktuelle Marktsituationen. Basierend auf diesen Ergebnissen optimieren Sie bestehende Werbemaßnahmen, oder kreieren neue. Mit Ihren interdisziplinären Kenntnissen über Verkaufsstrategien und Verkaufspsychologie verstehen Sie, wie man zielgerichtet und professionell die Marketingbranche meistert. Sie sind experimentierfreudig und sind dazu in der Lage, kreative und innovative Lösungsansätze bei Ihrer Arbeit zu finden und gestalten Werbung ökonomisch, ökologisch und fair. Dabei gehen Sie gleichermaßen auf die Interessen des Unternehmens und die Bedürfnisse der Kunden ein.

8. Theorien und Konzepte

Sie erwerben Kenntnisse über:

- Methoden und Theorien der Marktforschung
- Marketingstrategien
- Gesprächsführung
- Verkaufsstrategie
- Verkaufspsychologie
- Budgetierung, Kalkulation, Controlling
- Kulturelle Gegebenheiten

9. Didaktisches Gesamtkonzept

Lernen wird in der vorliegenden Spezialisierung als Reflexion des individuellen Handlungsplans, des Ablaufs und der Ergebnisse verstanden. Die Lernumgebungen bieten genügend Freiraum für die Persönlichkeitsentfaltung und zielen auf die Förderung gesellschaftlich relevanter Aspekte, wie Teamfähigkeit, Sozialkompetenz und Nachhaltigkeit, ab.
Die duale Organisation der Spezialisierung ermöglicht eine enge Verknüpfung von Theorie und Praxis. Theoretische Grundlagen und Erkenntnisse werden praxisorientiert vermittelt, was die Studierenden zum selbstständigen Bewältigen berufstypischer Aufgabenstellungen befähigt. An dieser Stelle kommen sogenannte Case Studies zum Einsatz. Durch das beispielbasierte Lernen können sich die Lernenden einzig auf das Verstehen der Prinzipien, Konzepte, Theorien und Methoden konzentrieren und diese optimal nachvollziehen. Neben der Vermittlung von fachlichen Kenntnissen und der Einübung von Fertigkeiten werden überfachliche Kompetenzen gefördert. Ein besonderer Fokus wird auf die Förderung der beruflichen Flexibilität gelegt, die die Studierenden zur Bewältigung der sich wandelnden Anforderungen in Arbeitswelt und Gesellschaft befähigen.
Durch die Teamarbeit lernen Studierende den respektvollen Umgang miteinander, das Formulieren von eigenen Wünschen und Methoden der Konfliktbewältigung. Dadurch wird ein Lernen miteinander ermöglicht.

Die Zusammenarbeit an Projekten ermöglicht eine Analyse und Evaluation der Handlungsvollzüge des Gegenübers. Dadurch wird ein Lernen voneinander ermöglicht.
Lernende unterscheiden sich im Hinblick auf ihre Vorbildung, Erfahrungen und ihren kulturellen Hintergrund. Der Heterogenität wird dadurch begegnet, dass diese Unterschiede beachtet und - auch benachteiligte oder besonders begabte - entsprechend gefördert werden. Lernende begegnen diesen Unterschieden und lernen den Umgang mit ihnen. Sie sehen sie nicht als Nachteil an, sondern schöpfen aus diesen innovative Lösungsansätze für ihre Problemstellungen.
Die Lehrenden nehmen im Lernprozess die Stellung eines Mentors ein. Sie unterstützen und beraten die Lernenden individuell, wobei die Hilfestellungen seitens der Dozenten und Werbeexperten, schrittweise zurückgenommen werden. Dies führt zu einem selbstgesteuerten Lernen seitens der Lernenden. Sie übernehmen die Verantwortung für den eigenen Lernprozess und nehmen bei aufkommenden Problemen und Fragen eigenständig den Kontakt zur zuständigen Lehrperson auf. Hierfür erhalten die Studierenden einen Voucher, den sie beim Wahrnehmen eines Beratungsgesprächs einlösen.
Eigenverantwortliches Lernen impliziert das Wissen um und den Einsatz von kognitiven und metakognitiven Lernstrategien, die den Lernenden während der gesamten Spezialisierung vermittelt werden. Zudem lernen sie verschiedene Problemlösestrategien kennen, um dem ständigen Wandel der beruflichen Anforderungen gerecht zu werden. Außerdem ist ein Repertoire an effektiven Problemlösestrategien bei der Entwicklung von kreativen, innovativen Werbemaßnahmen unerlässlich.
In der vorliegenden Spezialisierung wird ein besonderes Augenmerk auf innovative und faire Werbemaßnahmen gelegt. Um die entsprechende Lernkultur zu schaffen, werden neue Medien, wie beispielsweise das E-Learning, eingesetzt.
Im Anhang auf Seite 109 werden die Anteile der verschiedenen Lerninhalte in einem Kreisdiagramm präsentiert.

10. Modulplan

Dem Anhang, auf Seite 107-109, ist ein grafischer sowie ein tabellarischer Modulplan zu entnehmen.
Die Spezialisierung „Global Cultural Communication & Marketing" ist in fünf Module aufgeteilt. Die Module werden an unterschiedlichen Lernorten vollzogen. Jeder Teilnehmer muss alle Kurse belegen, um die Spezialisierung erfolgreich abzulegen.
Das erste Modul „Creating Fair, Environmental Marketing in a Cultural Setting" wird mit 5 ECTS gewichtet. Es findet in einem Marketing-Unternehmen statt, damit die Studierenden möglichst viel Praxiserfahrung sammeln können und erste Einblicke in das Berufsleben bekommen. Bei ihrer Tätigkeit im Unternehmen müssen sie bestehende Verkaufsstrategien verbessern und im Team arbeiten, wodurch sie interdisziplinär und eigenverantwortlich lernen.

Für das zweite Modul „Real-Life Experience in a Foreign Market“ werden 6 ECTS vergeben. Es findet zunächst ein Blockseminar zum Thema Marktsituationsanalyse und Gesprächsführung an der Universität statt, um den Studierenden Inhalte zu vermitteln, die sie dann im nächsten Schritt in die Praxis umsetzen können. Der Lerntransfer in die Praxis erfolgt im Ausland, damit die Studierenden ihre Sprachkenntnisse verbessern können und andere Kulturen hautnah kennenlernen. Im Unternehmen führen die Studierenden im Team eine Marktsituationsanalyse durch und stellen diese dem Wissen darüber der Marktsituation in Deutschland gegenüber. Aus der Gegenüberstellung erschließen die Studierenden Verbesserungsvorschläge für die ausländische oder deutsche Marktsituation.

Das dritte Modul „Collaborate with Design School to Produce a New, Creative Marketing Aphproach“ findet wieder an der Universität statt, allerdings in Kooperation mit einer Gestaltungshochschule, an der ebenfalls ein Teil des Moduls durchgeführt wird. Dieses Modul wird mit 5 ECTS gewichtet. Die Studierenden gehen nun einen Schritt weiter von einer Verbesserung eines bestehenden Konzepts zum Neuentwurf. Sie dürfen nun eine Werbemaßnahme selbstständig gestalten. Um ein optimales Ergebnis zu erreichen, ist deshalb die Zusammenarbeit mit einer Gestaltungshochschule unerlässlich.

Für das vierte Modul „Developing and Calculating a Unique, Innovative Product“ werden 7 ECTS vergeben. Dieses Modul wird wieder in einem Unternehmen stattfinden, um weitere Praxiserfahrung zu sammeln. Der Schwierigkeitsgrad der Tätigkeit im Unternehmen wird hier nochmal eine Stufe erhöht, da die Studierenden nun eine ganze Werbemaßnahme, samt Kalkulation, selbstständig durchführen müssen.

Das fünfte Modul „Conversation Practice & Business English“ wird mit 6 ECTS gewichtet. Dieses Modul läuft während der ganzen Spezialisierung nebenher. Somit können die Studierenden selbst wählen, zu welchem Zeitpunkt sie an diesem Modul teilnehmen möchten. Das gesamte fünfte Modul findet an der Universität statt, wo die Studierenden von Muttersprachlern und geeigneten Dozenten begleitet werden, um ihre Sprachfähigkeiten optimal zu verbessern.

11. Modulhandbuch

Im Folgenden werden die einzelnen Module genauer beschrieben:

Modul 1: Creating Fair, Environmental Marketing in a Cultural Setting (5ECTS)

Sie arbeiten in einem Team in ein Unternehmen, das sich mit dem Bereich Marketing befasst. Dort führen Sie eine Analyse durch, um Problemfelder im Verkauf festzustellen. Nach einer selbst durchgeführten Marktstudie verbessern Sie die bestehenden Verkaufsstrategien des Unternehmens durch Aspekte der Kultur, Ökologie und Fairness.

Workload: 150 h

Präsenzzeit: 25 h

Selbststudium: 125h

ECTS-Punkte

Insgesamt werden 5 ECTS-Punkte erworben. Diese setzen sich folgendermaßen zusammen: Für die Kontaktzeit wird 1 ECTS-Punkt und für das Selbststudium werden 4 ECTS-Punkte vergeben.

Veranstaltungsort

Die Veranstaltungen finden in den Räumlichkeiten der Universität und des Unternehmens statt.

Ziele

Soft Skills

Sie verstehen es, Ihre eigenen Ziele und Wünsche selbstsicher zu vertreten und andere von diesen zu überzeugen. Gleichzeitig sind Sie dazu im Stande, professionell mit Kritik umzugehen und sich in die Lage Ihrer Teamkollegen zu versetzen. Da das Projektmodul eine Teamarbeit vorsieht, werden Ihre sozialen Kompetenzen gefordert und gefördert.

Fertigkeiten

Bei einer selbst durchgeführten Marktstudie wenden Sie die verschiedenen Methoden und Theorien der Marktforschung an. Sie sind dazu in der Lage, Aussagen über den Bedarf und über die Problemfelder im Unternehmen zu machen und wissen, wie Sie dem Unternehmen Lösungen darlegen und wie das Unternehmen die Lösungsvorschläge mit Ihrer Unterstützung umsetzen kann.

Kompetenzen

Sie eignen sich die kulturellen Gegebenheiten, die für die Verbesserung der Verkaufsstrategien von Belang sind, an und führen eigenständig eine Marktstudie durch, bei der Sie die aktuellen Bedürfnisse auf dem Markt in Erfahrung bringen. Außerdem verfügen Sie über Kenntnisse grundlegender Verkaufsstrategien. Sie verstehen, welche Verkaufsstrategien für die Zielgruppe geeignet sind und sind dazu im Stande, Argumente für die eigene Wahl zu bringen.

Werte und Haltungen

Bei der Entwicklung der Verkaufsstrategien stehen ökologische, faire und kulturelle Faktoren im Vordergrund. Sie legen Ihren Fokus auf nachhaltige, umweltfreundliche Maßnahmen, die über die gesetzlichen und sozialen Normen hinausgehen, um eine Minimierung bzw. Vermeidung von schädlichen Belastungen für Mensch und Umwelt zu erreichen.

Didaktisches Konzept:

Das Projektmodul „Creating Fair, Environmental Marketing in a Cultural Setting“ setzt die Zusammenarbeit mit einem Unternehmen aus der Marketing-Branche voraus. Sie finden sich in Gruppen zusammen und arbeiten gemeinsam an einem Projekt. Zunächst führen Sie eine Analyse für bestehende Verkaufsstrategien in dem Unternehmen durch, wobei jeweils zwei Teams an demselben Projekt arbeiten. Dies dient der Motivationssteigerung.

Sie analysieren anhand einer selbst durchgeführten Marktstudie eigenständig die aktuellen Bedürfnisse der Zielgruppe, an die das Produkt verkauft werden soll, unter Berücksichtigung der kulturellen Begebenheiten. Schließlich verbessern Sie bestehende Verkaufsstrategien für das entsprechende Produkt, indem Sie die Grundlagenkenntnisse über Verkaufsstrategien miteinbeziehen und diese

optimieren.
Die Resultate werden dem Geschäftsführer des Unternehmens präsentiert, der Sie während des Projekts unterstützt hat. Sie treten hierbei gegen die zweite Gruppe an, die an demselben Projekt gearbeitet hat. Der Geschäftsführer bewertet Ihre Arbeit und wählt die bessere Gruppe aus.

Leistungsnachweis
Die Leistungsfeststellung erfolgt in diesem Modul über eine Portfolioprüfung. In einem 20 minütigen Gespräch mit dem Dozenten werden Ihr persönlicher Lernfortschritt und das Erreichen der Lernziele beurteilt. In dem darauffolgenden Beratungsgespräch wird das weitere Vorgehen diskutiert: Wird ein Lernziel beispielsweise gar nicht oder nur unzureichend erreicht, wird gemeinsam nach möglichen Lösungsansätzen gesucht.

Heterogenitätsprinzip
Durch die Kooperation mit einem Unternehmen verfügen die Studierenden über unterschiedliche Fach- und Vorkenntnisse. Außerdem arbeiten die einzelnen Gruppen an eigenen Projekten. Der Heterogenität wird damit begegnet, dass der Dozent und der Vertreter aus dem Unternehmen die Gruppen während des ganzen Moduls unterstützen und individuell beraten.
Außerdem werden Support-Veranstaltungen für Verkaufsstrategien und Marktforschung angeboten, die Sie nach einer Terminvereinbarung mit dem Dozenten wahrnehmen können. Somit ist es möglich auf die Bedürfnisse des Einzelnen optimal einzugehen. Dafür erhält jeder einen Voucher, der bei Kontaktzeiten eingelöst wird.

Theorien und Methoden
Um erfolgreich im Unternehmen mitarbeiten zu können und wettbewerbsfähig zu sein, ist es wichtig, dass Sie sich in den Bereichen der Marktforschung auskennen und in der Lage sind diese zu betreiben. In diesem Modul lernen Sie deshalb die Grundlagen der Befragung, Beobachtung und die verschiedenen Arten von Experimenten als Methoden der primären Datenerhebung kennen und wissen, wie diese bei der empirischen Forschung eingesetzt werden.
Außerdem lernen Sie die Grundlagen der Sekundärerhebung kennen, wodurch Sie wissen, auf welche unternehmensinternen und externen Datenquellen Sie zurückgreifen können, um verlässliche Ergebnisse zu erhalten. Um die dabei gewonnenen Informationen analysieren zu können, lernen Sie zusätzlich die Grundlagen der verschiedenen Methoden der Datenanalyse kennen.
Nachdem Sie mit Hilfe der neu gewonnen Informationen eine Marktforschung durchgeführt haben und anschließend die Ergebnisse analysiert haben, müssen Sie dazu in der Lage sein, die bestehenden Verkaufsstrategien des Unternehmens zu verbessern, da dies für den Erfolg im Verkauf des Produktes elementar wichtig ist. Dazu benötigen Sie Grundlagen in den aktuellen Theorien der Verkaufsstrategie. Sie verstehen, dass die Verkaufsstrategien immer kundenorientiert sein müssen und somit nach den Bedürfnissen und Vorstellungen der Kunden gerichtet sein müssen.
Sie kennen die aktuellen Ansätze der Verkaufsstrategien. In Folge dieses

Wissens machen Sie sich Gedanken über die Eigenschaften des Produktes, Konkurrenzprodukte, Absatzwege, Handelsvertreter, Verkaufsmethodik, Verkaufsplanung und verkaufsfördernde Maßnahmen. Die Ergebnisse dieser Überlegungen wenden Sie auf die Verbesserung der bestehenden Verkaufsstrategien an. Auch müssen Sie sich im Klaren sein, wo die Stärken und Schwächen Ihrer entwickelten Verkaufsstrategien liegen und die Schwächen, wenn möglich, beseitigen. Bei der Verbesserung der bestehenden Verkaufsstrategien ist es zudem wichtig, dass Sie sich mit den kulturellen Gegebenheiten des Zielpublikums auskennen. Dabei müssen Sie Unterschiede verschiedener Kulturen hinsichtlich Wahrnehmung, Handeln, Denken und Fühlen kennen und Ihre verbesserten Verkaufsstrategien an diese Aspekte anpassen.

Schlusskompetenzen

- Wissen über die kulturellen Hintergründe der Zielgruppe
- Kenntnis über Theorien und Methoden der Verkaufsstrategien
- Sprachkompetenzen
- Sie sind team- und konfliktfähig
- Sie kennen die Grundzüge des ökologischen und fairen Marketings und wenden diese bei der Gestaltung von Werbemaßnahmen gezielt an
- Sie verstehen die Strategien und Vorgehensweisen der Marktforschung

Modul 2: Real-Life Experience in a Foreign Market (6 ECTS)

Zu Beginn des Moduls erwerben Sie, im Rahmen eines Blockkurses, die Grundlagen der Marktsituationsanalyse und der Gesprächsführung in verschiedenen Kulturen. Sie machen sich mit den Merkmalen der Marktsituation des betreffenden Landes vertraut. Dadurch werden Sie optimal auf den Auslandsaufenthalt vorbereitet.

Sie begeben sich ins englischsprachige Ausland in ein Unternehmen, welches in der Marketingbranche tätig ist. Durch die Konversation mit dem Beauftragten des Unternehmens machen Sie sich mit der dortigen Marktsituation vertraut. Dabei wenden Sie die gelernten Grundlagen der Gesprächsführung an. Diese neuen Erkenntnisse stellen Sie Ihrem Wissen über die Marktsituation in Deutschland gegenüber. Aus der Gegenüberstellung erschließen Sie Verbesserungsvorschläge für die ausländische oder deutsche Marktsituation. Sie werden hierbei online durch einen Dozenten ihrer Universität fachmännisch betreut.

Workload: 180h

Präsenzzeit: 110h

Selbststudium: 70h

ECTS-Punkte

Insgesamt werden 6 ECTS-Punkte erworben. Diese setzen sich folgendermaßen zusammen: Für die Kontaktzeit werden 2 ECTS-Punkte und für den Auslandsaufenthalt im Unternehmen 4 ECTS-Punkte vergeben.

Veranstaltungsort

Die Veranstaltungen finden in den Räumlichkeiten der Universität und in einem von Ihnen gewählten Unternehmen im englischsprachigen Ausland statt.

Ziele

Soft Skills

Sie verstehen es, Ihre eigenen Ziele und Wünsche selbstsicher zu vertreten und mit Bedacht Ihre Arbeitskollegen von diesen zu überzeugen. In dem für Sie neuen kulturellen Rahmen, stellen Sie Ihre soziale und interkulturelle Kompetenz unter Beweis.

Es fällt Ihnen leicht, mit viel Empathie intensive Beziehungen aufzubauen und zu nutzen, da Sie sich an die jeweils geltenden kulturellen Regeln halten. Sie sind kommunikationsfähig und dazu in der Lage, Ihr Wissen und Verständnis über Gesprächsführung in diesem kulturellen Rahmen angemessen zu gebrauchen und somit Geschäfte zielsicher abzuschließen.

Fertigkeiten

Sie erfassen, durchleuchten und erklären den Markt von Angebot und Nachfrage und sind demnach in der Lage, Analysen von diversen Marktsituationen durchzuführen.

Des Weiteren ist Ihnen die Bedeutung der zuvor abgeleiteten Verbesserungsvorschläge bewusst, welche Sie in Ihrem weiteren Vorgehen beachten und miteinbeziehen.

Infolgedessen beherrschen Sie es, eine neuartige ökologische Marketingstrategie zu entwerfen und Marketingziele zu realisieren.

Kompetenzen

Sie sind in der Lage, Ihr Wissen über faire Maßnahmen in die Entwicklung und Realisierung von Marketing einfließen zu lassen. Dabei gebrauchen Sie Ihr Verständnis über Gesprächsführung und sind dazu fähig selbstbestimmt zu handeln.

Da Sie in einem englischsprachigen Raum tätig sind, verbessern und entwickeln Sie des Weiteren Ihre Sprachkompetenz.

Werte und Haltungen

Bei ihrer praktischen Tätigkeit legen Sie einen großen Wert auf faire und ästhetische Marketingmaßnahmen. Ihnen sind die kulturellen Hintergründe Ihres neuen ausländischen Umfeldes bewusst und begegnen diesen mit Offenheit und Flexibilität.

Didaktisches Konzept

Durch die duale Gestaltung der Spezialisierung wird ein optimaler Ausgleich zwischen Theorie und Praxis geschaffen. Außerdem haben Sie die Möglichkeit durch ihren Auslandsaufenthalt viele neue Erfahrung in verschieden Marktsituationen zu sammeln und werden somit optimal auf ihren späteren Beruf vorbereitet. Bei Ihren Projekten und Forschungen werden Sie optimal von qualifizierten Dozenten und erfahrenen Unternehmern betreut.

Leistungsnachweis

Die Leistungsfeststellung erfolgt in diesem Modul über eine Portfolioprüfung. In einem 20 minütigen Gespräch mit dem Dozenten werden Ihr persönlicher Lernfortschritt und das Erreichen der Lernziele beurteilt. In dem darauffolgenden Beratungsgespräch wird das weitere Vorgehen diskutiert: Wird ein Lernziel beispielsweise gar nicht oder nur unzureichend erreicht, wird gemeinsam nach möglichen Lösungsansätzen gesucht. Zudem werden die gemachten Erfahrungen, im Hinblick auf die Gesprächsführung und Marktanalyse, nach der Rückkehr nach Deutschland vor Ihren Kommilitonen präsentiert.

Heterogenitätsprinzip
Durch die Zusammenarbeit mit einem ausländischen Unternehmen lernen Sie unterschiedliche Marktsituationen und Unternehmen kennen. Der Heterogenität wird damit begegnet, dass Sie online von Dozenten betreut werden. Zudem absolvieren Sie vor Beginn des Auslandsaufenthalts ein Blockseminar über Gesprächsführung und erhalten eine Einführung in die verschiedenen Marktsituationen.

Theorien und Methoden
Um erfolgreich in einer anderen, ausländischen Marktsituation agieren zu können, ist es wichtig, Wissen über verschiedene Markttypen zu besitzen. Deshalb lernen Sie die wichtigsten Grundtypen der Marktwirtschaft anhand von Case Studies kennen. Sie erlernen verschiede Methoden, wie Beobachten und Experimentieren, um eine Marktsituation korrekt einschätzen zu können.

Zudem wird in diesem Modul ein großer Wert auf die Kommunikation, insbesondere im Zusammenhang mit fremden kulturellen Kontexten, gelegt. Oft verlaufen intrakulturelle Gespräche nicht so, wie es sich beide Interaktionspartner vorstellen. Der Grund dafür ist der, dass verschiedene Kulturen verschiedene Gesprächsstrategien anwenden. Deshalb lernen Sie sowohl ihre eigenen, als auch fremde kulturbedingten Konversationsstrategien kennen. Dazu lernen Sie z.B. die Ping-Pong-Strategie, die insbesondere von der amerikanischen Kultur angewendet wird.

Schlusskompetenzen
- Im englischsprachigen Raum verbessern Sie Ihre Sprachkompetenzen
- Sie üben die Gesprächsführung in einem kulturell anderen Umfeld
- Sie üben Ihr Wissen in der Forschungspraxis anzuwenden
- Sie verfügen über Fachwissen von verschiedenen und aktuellen Marktsituationen
- Sie kennen ökologische und faire Marketingstrategien und sind in der Lage solche selbst zu entwickeln

Modul 3: Collaborate with a Design School to Produce a New, Creative Marketing Approach (5ECTS)

Sie arbeiten mit einer Gestaltungshochschule zusammen. Dort entwickeln Sie kreative, innovative Werbung für ein bestehendes Produkt, das für den Verkauf im englischsprachigen Raum bestimmt ist. Sie stellen ökologische, faire und ästhetische Aspekte der Verkaufspsychologie effizient dar und berücksichtigen dabei die kulturellen Gegebenheiten des Ziellandes.
Workload: 150 h
Präsenzzeit: 25 h
Selbststudium: 125h

ECTS-Punkte
Insgesamt werden 5 ECTS-Punkte erworben. Diese setzen sich folgendermaßen zusammen: Für die Kontaktzeit wird 1 ECTS-Punkt und für das Selbststudium werden 4 ECTS-Punkte vorgeben.

Veranstaltungsort
Die Veranstaltungen finden in den Räumlichkeiten der Universität und

der Gestaltungshochschule statt.

Ziele

Soft Skills

Da das Projektmodul eine Teamarbeit vorsieht, werden Ihre sozialen Kompetenzen gefordert und gefördert. Sie besitzen die Fähigkeit, fair und kollegial im Team gemeinsam Ziele zu definieren und zu erreichen. Sie verstehen es, Ihre eigenen Ziele und Wünsche selbstsicher zu vertreten und andere von diesen zu überzeugen. Gleichzeitig sind Sie dazu im Stande, professionell mit Kritik umzugehen und sich in die Lage Ihrer Teamkollegen zu versetzen. Außerdem halten Sie sich an Absprachen und Vereinbarungen, die im Team gemeinsam getroffen wurden. Des Weiteren identifizieren die kulturellen Gegebenheiten des jeweiligen Ziellandes und begegnen diesen mit Wertschätzung.

Fertigkeiten

Ihnen liegen verschiedene Methoden der Marktforschung zur Hand. Diese Methoden stellen ein wichtiges Werkzeug Ihrer Marketingarbeit dar und ermöglichen Ihnen, Trends und Chancen des Marktes frühzeitig zu erkennen. Demzufolge sind Sie in der Lage, angemessene und branchenbezogene Entscheidungen zu treffen. Auch verstehen Sie es, die verschiedenen Theorien der Verkaufspsychologie präzise anzuwenden und auf bestimmte Verhaltensweisen und kundenspezifische Erwartungen im Markt zu reagieren.

Kompetenzen

Sie sind dazu in der Lage, Aussagen hinsichtlich des potentiellen Kaufverhaltens zu treffen und wissen, welchen Effekt bestimmte Werbemaßnahmen auf das Konsumverhalten haben. Im Zusammenhang damit, verstehen Sie, welche Werbemittel für die Zielkultur geeignet sind und greifen auf neue Medien zurück.

Werte und Haltungen

Bei der Entwicklung der Werbemaßnahme stehen ökologische, faire und ästhetische Faktoren im Vordergrund. Sie legen Ihren Fokus auf nachhaltige, umweltfreundliche Maßnahmen, die über die gesetzlichen und sozialen Normen hinausgehen, um eine Minimierung bzw. Vermeidung von schädlichen Belastungen für Mensch und Umwelt zu erreichen.

Didaktisches Konzept:

Das Projektmodul „Collaborate with a Design School to Produce a New, Creative Marketing Approach“ setzt die Zusammenarbeit mit einer Gestaltungshochschule voraus. Sie finden sich in Gruppen zusammen und arbeiten gemeinsam an einem Projekt. Zunächst führen Sie eine Bedarfsanalyse für ein bestehendes Produkt in einem englischsprachigen Land durch, wobei jeweils zwei Teams dasselbe Thema bearbeiten. Dies dient der Motivationssteigerung.

Sie analysieren anhand von Fallbeispielen eigenständig die aktuelle Marktsituation des Landes und gehen dabei auf die dortigen kulturellen Begebenheiten ein. Schließlich entwerfen Sie eine innovative Werbemaßnahme für das entsprechende Produkt und Land, indem Sie die Aspekte der Verkaufspsychologie miteinbeziehen und diese ggf. optimieren.

Die Resultate werden vor Werbeexperten, die Sie während des Projekts unterstützen, präsentiert. Diese bewerten Ihre Arbeit.

Leistungsnachweis
Die Leistungsfeststellung erfolgt in diesem Modul über eine Portfolioprüfung. In einem 20 minütigen Gespräch mit dem Dozenten werden Ihr persönlicher Lernfortschritt und das Erreichen der Lernziele beurteilt. In dem darauffolgenden Beratungsgespräch wird das weitere Vorgehen diskutiert: Wird ein Lernziel beispielsweise gar nicht oder nur unzureichend erreicht, wird gemeinsam nach möglichen Lösungsansätzen gesucht.

Heterogenitätsprinzip
Durch die Kooperation mit der Gestaltungshochschule verfügen Sie über unterschiedliche Fach- und Vorkenntnisse. Außerdem arbeiten die einzelnen Gruppen an eigenen Projekten. Der Heterogenität wird damit begegnet, dass der Dozent und Werbeexperte die Gruppen während des ganzen Moduls unterstützen und individuell beraten.
Außerdem werden Support-Veranstaltungen für die Verkaufspsychologie, Marktforschung und kulturelle Aspekte angeboten, die Sie nach einer Terminvereinbarung mit dem Dozenten wahrnehmen können. Somit ist es möglich auf die Bedürfnisse des Einzelnen optimal einzugehen. Dafür erhalten Sie einen Voucher, der bei Kontaktzeiten eingelöst wird.

Theorien und Methoden
Um den Erwartungen Ihrer Kunden gerecht zu werden und wettbewerbsfähig zu sein, müssen Sie dazu in der Lage sein, eine effektive Marktforschung zu betreiben. In diesem Modul lernen Sie die Befragung, Beobachtung und verschiedene Arten von Experimenten als Methoden der primären Datenerhebung kennen und wissen, wie diese gestaltet und bei der empirischen Forschung einsetzen werden.
Im Zusammenhang mit der Sekundärerhebung wissen Sie, auf welche unternehmensinternen und externen Datenquellen Sie zurückgreifen können, um verlässliche Ergebnisse zu erhalten. Da die gewonnenen Informationen analysiert werden müssen, lernen Sie die verschiedenen Methoden der Datenanalyse kennen.
Nachdem Sie eine Marktforschung durchgeführt und die Ergebnisse analysiert haben, müssen Sie dazu in der Lage sein, eine optimale Werbemaßnahme zu gestalten. Wichtig hierbei sind die Theorien der Verkaufspsychologie. Sie verstehen, dass die Verkaufspsychologie mit verschiedenen Disziplinen, wie der Lern-, Wahrnehmungs-, Werbe- und Sozialpsychologie, im Zusammenhang steht. Sie kennen die verschiedenen Lerntheorien und verstehen, welche Rolle diese beim Konsum spielen. Zudem wissen Sie, wie Informationsverarbeitungsprozesse ablaufen und stellen Werbung dementsprechend dar. Außerdem verstehen Sie, wie Emotionen das Kaufverhalten beeinflussen und mit welchen Methoden bestimmte Gefühle hervorgerufen bzw. gesteuert werden können. Zudem kennen Sie verschiedene Werbeformen und verstehen, wie Sie das geeignete Medium für Ihre kreative, innovative Werbemaßnahme auswählen.
Darüber hinaus kennen Sie die ethischen Prinzipien wirtschaftlichen

Handelns, wie Nachhaltigkeit und berücksichtigen diese bei der Gestaltung Ihrer Werbemaßnahme.
Letztendlich dürfen bei der Entwicklung der Werbemaßnahme die kulturellen Gegebenheiten des Ziellandes nicht außer Acht gelassen werden. Zunächst machen Sie sich mit dem allgemeinen Begriff der Kultur vertraut und sind dazu in der Lage diesen zu definieren. Sie kennen die spezifischen Konzepte der Wahrnehmung, des Handelns, des Denkens und des Fühlens des Ziellandes und passen Ihre Werbemaßnahme konkret an diese an.

Schlusskompetenzen

- Sie reproduzieren die kulturellen Hintergründe des Ziellandes.
- Sie wenden Theorien, Methoden und Strategien der Verkaufspsychologie präzise an und setzten sich kritisch mit diesen auseinander.
- Sie bieten kreative, innovative Lösungsansätze an.
- Sie stellen Ihre Sprachkompetenzen unter Beweis.
- Sie sind teamfähig und können professionell mit Konflikten umgehen.
- Sie kennen die Maßnahmen der ökologischen und fairen Gestaltung von Marketing und wenden diese gezielt an.
- Sie verstehen die Strategien und Vorgehensweisen der Marktforschung und sind dazu im Stande, sie zu erläutern.

Modul 4: Developing and Calculating a Unique, Innovative Product (7ECTS)

In einem bestehenden Unternehmen entwerfen Sie in einem Team eine Werbemaßnahme für ein neues Produkt, welches für den Verkauf im englischsprachigen Raum bestimmt ist.
Workload: 210 h
Präsenzzeit: 70 h
Selbststudium: 140 h

ECTS-Punkte

Insgesamt werden 7 ECTS-Punkte erworben. Diese setzen sich folgendermaßen zusammen: Für die Kontaktzeit werden 2 ECTS-Punkte und für das Selbststudium 5 ECTS-Punkte vergeben.

Veranstaltungsort

Während des Moduls sind Sie in einem Unternehmen tätig. Lediglich die Support-Veranstaltungen und die Kontaktstunden mit der Lehrperson finden in den Räumlichkeiten der Universität statt.

Ziele

Soft Skills

Sie verstehen es, Ihre Meinung selbstsicher zu äußern und Ihre Kenntnisse überzeugend anzuwenden. Durch die Zusammenarbeit in Kleingruppen wird Ihre Team- und Konfliktfähigkeit gefördert. Außerdem sind Sie dazu in der Lage, die Kunden professionell anzusprechen und auf ihre Wünsche einzugehen.

Fertigkeiten

Sie sind in der Lage, das Marktgeschehen sowie das Umfeld Ihres Unternehmens objektiv zu beobachten und zu analysieren. Dies befähigt Sie dazu, selbstständig eine Werbemaßnahme für ein spezifisches Produkt zu entwerfen.
Hierbei greifen Sie auf Ihre Kenntnisse der Verkaufspsychologie sowie

der Verkaufsstrategie zurück. Diese Kenntnisse ermöglichen es Ihnen, kundenspezifisch zu handeln als auch sicher in Verkaufsgesprächen aufzutreten. Außerdem üben Sie Ihr Knowhow über Budgetierung, Kalkulierung und Controlling in Ihrer Arbeit verantwortungsbewusst anzuwenden.

Kompetenzen
Durch die praktische Tätigkeit in diesem Projektmodul weisen Sie die Kompetenz nach, Ihr Wissen zu Verkaufsstrategien und zu ökologischem Marketing situationsabhängig anzuwenden. Außerdem werden Sie dazu befähigt, die Budgetierung, Kalkulierung und das Controlling in einem neuen Unternehmensrahmen zu gebrauchen und zu realisieren. Abgestimmt auf das Unternehmen, das Produkt und der kulturellen Umgebung Ihrer Kunden, wenden Sie dieses Wissen situationsabhängig an und entwickeln adäquate Strategien, um Ihr Produkt effizient zu vermarkten. Dabei vertiefen Sie Ihre Fähigkeiten, welche Sie in den vorherigen Modulen erworben haben und sind in der Lage, auf aktuelle Bedürfnisse des Marktes einzugehen.
Da die Arbeit in diesem Praxismodul im Team geschieht, werden ebenfalls Ihre sozialen Kompetenzen gefordert und gefördert.

Werte und Haltungen
Bei der Entwicklung der Verkaufsstrategien stehen ökologische, faire und ethische Faktoren im Vordergrund. Sie legen Ihren Fokus auf nachhaltige, umweltfreundliche Maßnahmen, die über die gesetzlichen und sozialen Normen hinausgehen, um eine Minimierung bzw. Vermeidung von schädlichen Belastungen für Mensch und Umwelt zu erreichen.

Didaktisches Konzept:
Das Projektmodul „ Developing and Calculating a Unique, Innovative Product“ findet in einem Unternehmen statt und wird in Form einer Teamarbeit ausgeführt. Die Teams bestehen jeweils aus sechs Studierenden und bilden gemeinsam mit einem Vertreter des Unternehmens und einem Fachcoach ein virtuelles Team. Dies dient dem gemeinsamen Austausch, der gegenseitigen Unterstützung und ermöglicht Ihnen spezifische Informationen für Ihre Arbeit zu erlangen. Mit dieser Form der Arbeit werden sowohl die Motivation, als auch das Engagement der Beteiligten gesteigert.
Mit dem Vorwissen aus den vorherigen Modulen entwickelt das Team nun eine innovative Werbemaßnahme für ein spezifisches Produkt, dessen Vermarktung im englischsprachigen Raum angesiedelt wird. Dadurch verfestigen Sie Ihr Vorwissen und eignen sich zusätzliches Wissen, wie das Budgetieren und Kalkulieren, an.
Das Projektmodul wird mit einer Schlussdebatte abgeschlossen, bei welcher die Projekte vorgestellt werden. Die Geschäftsführer sind daran aktiv beteiligt. Ihre fundierten Kritiken werden in die Bewertung miteinbezogen.
Es wird empfohlen, diese praktische Projektarbeit im Unternehmen als Grundlage für die Bachelorarbeit zu verwenden und das Forschungsthema auf diese zu stützen.
Mit dieser Modulgestaltung werden die Erleichterung des Berufseinstieges und eine Steigerung der Berufschancen beabsichtigt.

Leistungsnachweis

Die Leistungsfeststellung erfolgt in diesem Modul über eine Portfolioprüfung. In einem 20 minütigen Gespräch mit dem Dozenten werden Ihr persönlicher Lernfortschritt und das Erreichen der Lernziele beurteilt. Ebenfalls fließt die Sicht der beteiligten Geschäftsführer in die Bewertung mit ein.

Heterogenitätsprinzip

Durch die Arbeit in verschiedenen Teams an jeweils eigenen Projekten, verfügen Sie über unterschiedliche Fach- und Vorkenntnisse. Diese Unterschiede können jedoch genutzt werden, da jeder Einzelne seine jeweiligen Auslandserfahrungen und Fachwissen in die Teamarbeit integrieren kann. Der Heterogenität wird zusätzlich damit begegnet, dass der Fachcoach oder Dozent die Gruppen während des ganzen Moduls unterstützt und individuell berät.

Außerdem werden Support-Veranstaltungen für die Verkaufspsychologie, Marktforschung und kulturelle Aspekte angeboten, die Sie nach einer Terminvereinbarung mit dem Dozenten wahrnehmen können. Somit ist es möglich auf die Bedürfnisse des Einzelnen optimal einzugehen. Dafür erhält jeder einen Voucher, der bei Kontaktzeiten eingelöst wird.

Theorien und Methoden

Um in einem Unternehmen erfolgreich agieren und wichtige Entscheidungen treffen zu können, ist es wichtig, Wissen über dessen Ressourcen und vorhandenen Budgets zu besitzen. Daher kommt in diesem Modul die Vermittlung von Budgetierung, Controlling und Kalkulation hinzu.

Sie lernen die Grundlagen des Controllings. Dieses basiert auf zuvor erhobenen Kalkulationen. Diese Kalkulation sind Ist-Soll Werte und ausgehend von Vor-, Nach-, und Abweichskalkulationen ist es möglich, das unternehmerische Vorgehen zu planen und laufend auf mögliche Abweichungen reagieren zu können. Es werden Ihnen Strategien an die Hand gegeben, mit deren Hilfe Sie befähigt sind, effizient den Projektverlauf zu überwachen, zu kontrollieren sowie bei Bedarf adäquate Korrekturmaßnahmen vorzunehmen.

Das Budgetieren spielt ebenfalls eine wichtige Rolle und dient der Ressourcenplanung im Unternehmen. Sie lernen mit Absatz-, und Umsatzpläne umzugehen und mit den verschiedenen Budgetbereichen Rücksprache zu halten.

Mit den Grundlagen von Budgetierung, Controlling und Kalkulation sind Sie in der Lage das Projektmodul erfolgreich auszuführen und tragen somit zum Unternehmenserfolg bei.

Schlusskompetenzen

- Anwenden der Theorien und Methoden der Verkaufspsychologie
- Optimieren de Verkaufsstrategien
- Erklären der Aspekte des ökologisches Marketings
- Realisieren der Strategien und Vorgehensweisen der Marktforschung
- Sprachkompetenzen
- Team- und Konfliktfähigkeit
- Fairness
- Verantwortung übernehmen

Modul 5: Conversation Practice & Business English (6 ECTS)

Sie perfektionieren Ihre Aussprache und erlernen wichtige Aspekte der Gesprächsführung. Dadurch sind Sie in der Lage, sprachgewandt und kompetent mit dem Unternehmen zu kommunizieren. Sie arbeiten mit einem qualifizierten Dozenten zusammen und werden gleichzeitig von muttersprachlichen Kommilitonen unterstützt.

Workload: 180h

Präsenzzeit: 80h

Selbststudium:100h

ECTS Punkte

In diesem Modul sind 6 ECTS-Punkte zu erwerben. Diese setzen sich wie folgt zusammen: Für die Kontaktstunden mit dem Dozenten bzw. einem Muttersprachler werden 3 ECTS-Punkte vergeben. Für das Selbststudium und evtl. Tandemarbeit sind ebenfalls 3 ECTS-Punkte vorgesehen.

Veranstaltungsort

Die Veranstaltungen finden in den Räumlichkeiten der Universität statt.

Ziele

Soft Skills

Durch die Zusammenarbeit mit Muttersprachlern, die Sie auf Defizite in Ihrer Aussprache hinweisen, sind Sie in der Lage, professionell mit konstruktivem Feedback umzugehen und stellen somit Ihre Kritikfähigkeit unter Beweis.

Außerdem arbeiten Sie im Sprachlabor zielgerichtet, konzentriert und geduldig an Ihren Schwachstellen.

Kompetenzen

Sie perfektionieren Ihre Aussprache und sind fähig akzentfrei zu sprechen. Dies gilt auch für den Gebrauch von Wirtschaftsenglisch, welches Sie in verschiedenen Situationen anzuwenden wissen. Insbesondere in der Gesprächsführung verstehen Sie es, sich an andere kulturelle Bedingungen anzupassen.

Didaktisches Konzept

Das Übungsmodul „Conversation Practice & Business English" dient der akzentfreien Aussprache, die Sie mit Hilfe von ausgebildeten Dozenten und muttersprachlichen Kommilitonen erlangen. Sie werden in verschiedene linguistische Aspekte der Konversation in anderen Kulturen eingewiesen und erkennen, wie Sie korrekt und professionell in verschiedenen Ländern kommunizieren. Hierbei werden auch wichtige Business English Grundlagen geschaffen. Es ist ein Selbststudium im Sprachlabor vorgesehen, wobei Sie konzentriert an ihren individuellen Defiziten arbeiten. Außerdem werden muttersprachliche Kommilitonen hinzugezogen, die den Dozent dabei unterstützen ein möglichst natürliches English zu erzeugen und weisen Sie auf eine fehlerhafte Aussprache hin.

Leistungsnachweis

Der Leistungsnachweis erfolgt über eine mündliche Prüfung am Ende des Blockseminars. Es werden die Aussprache und das Reproduzieren von Aspekten der Gesprächsführung abverlangt. Außerdem müssen Sie nachweisen, dass Sie die Grundlagen des Wirtschaftsenglisch beherrschen.

Heterogenitätsprinzip

Dadurch, dass viele Studierende andere Sprachniveaus besitzen, muss individuell auf die Bedürfnisse des

Einzelnes eingegangen werden. Dies geschieht durch das Hinzuziehen eines Muttersprachlers, der auf die Problemzonen des Betreffenden hinweist. Darauf aufbauend wird in einem Selbststudium im Sprachlabor an diesen Bereichen gearbeitet. Außerdem werden britische sowie amerikanische Muttersprachler zur Verfügung gestellt, um einen Einblick in beide Aussprachen zu verschaffen. Ein Dozent supervisiert das Blockseminar und vermittelt die Grundlagen des Business Englisches.

Theorien und Methoden

Sie lernen die Grundbegriffe des Wirtschaftsenglisch kennen, um ihr vorhandenes Fachwissen auch international wiedergeben zu können.

Sie eigenen sich eine fachmännische Geschäftskorrespondenz an. Dadurch sind Sie in der Lage sowohl mündlich, als auch schriftlich verhandlungssicher zu agieren und zu kommunizieren.

Sie wiederholen und vertiefen die Strategien aus dem zweiten Modul. Beispielsweise lernen Sie die ′Bowling′ Strategie der Japaner, kennen.

Schlusskompetenzen

- akzentfreie Aussprache
- Meistern des Wirtschaftsenglisch
- Gesprächsführung auf andere Kulturen anpassen

12. Ausschreibung

Der Anbieter

Wir sind ein Expertenteam im Bereich der Curriculumentwicklung, bestehend aus qualifizierten Bildungswissenschaftlern, Anglisten und Psychologen mit langjähriger Berufserfahrung.

Profil

Sie arbeiten im Marketingbereich als selbstständiger Unternehmensberater oder Angestellter in einem Unternehmen. Sie entwickeln kreative innovative, ökologische und faire Werbemaßnahmen für ein Produkt oder eine Dienstleistung. Darüber hinaus, sind Sie in der Lage unter Berücksichtigung der Budgetierung, Kalkulierung und des Controlling die Werbemaßnahme ökonomisch zu gestalten.

Ablauf und didaktisches Konzept

Um auf dem Arbeitsmarkt Fuß fassen zu können, müssen Sie sich von Ihren Mitbewerbern abheben. Unsere Spezialisierung „Global Cultural Communication & Marketing“ bietet Ihnen die Möglichkeit, die Grundlagen des Marketings zu erlernen und diese vor Ort anzuwenden.

Zunächst werden Ihnen die wichtigsten Grundlagen der Marktanalyse vermittelt, mit deren Hilfe Sie im Team eine eigenständige Studie für ein bestehendes Produkt durchführen und die Verkaufsstrategien dementsprechend optimieren.

Im Rahmen des zweiten Moduls „Real-Life Experience in a Foreign Market“ begeben Sie sich in ein branchenspezifisches Unternehmen in einem englischsprachigen Land. Für die Organisation eines Praktikumsplatzes sind Sie persönlich zuständig. In einem Blockkurs werden Sie intensiv auf Ihren Aufenthalt vorbereitet, um vor Ort kompetent agieren zu können. Sie machen sich mit der dortigen Marktsituation vertraut und stellen diese Ihren Kenntnissen aus dem ersten Modul gegenüber. Da die Erfahrungen nach

der Rückkehr den Kommilitonen präsentiert und im Plenum diskutiert werden, erhalten Sie einen Einblick in verschiedene Märkte.
Basierend auf diesen Erkenntnissen entwerfen Sie im sechsten Semester im Team eine innovative, kreative und authentische Werbemaßnahme für ein bestehendes Produkt. Während der vorgesehen Kontaktstunden erlernen Sie verschiedene Methoden der Datenerhebung und Konzepte der Verkaufspsychologie, die Sie bei Ihrer Arbeit berücksichtigen.
Schließlich dürfen Sie im Rahmen des Moduls „Developing and Calculating a Unique, Innovative Product" Ihrer Kreativität freien Lauf lassen und entwerfen eine angemessene Werbemaßnahme für ein neues Produkt. Dazu erlernen Sie wichtige Grundlagen der Budgetierung, Kalkulierung und des Controllings. Außerdem üben Sie das Business English und perfektionieren dabei Ihre Aussprache. In diesem Semester schreiben Sie Ihre Bachelorarbeit, die Sie auf Ihr Projekt beziehen können.
Während der gesamten Spezialisierung steht, neben dem Marketing, die Kulturwissenschaft im Vordergrund. Sie lernen verschiedene Kulturen kennen, was zur Förderung Ihrer interkulturelle Kompetenz beiträgt. Dadurch agieren Sie im fremdkulturellen Umfeld genauso sicher, wie in Ihrer gewohnten Umgebung.
Durch die duale Gestaltung unserer Spezialisierung wird ein optimaler Ausgleich zwischen Theorie und Praxis geschaffen. Die vorgesehenen Praxismodule bieten Ihnen die Möglichkeit, ihre Projekte eigenständig oder im Team zu planen, zu realisieren und zu evaluieren. Dadurch wird ein interdisziplinäres Lernen ermöglicht – Sie lernen mit- und voneinander. Außerdem erkennen Sie dadurch die Relevanz ihrer Studieninhalte für die Praxis.
Während der gesamten Spezialisierung werden sie stets von qualifizierten und erfahrenen Dozenten und Muttersprachlern unterstützt und erhalten konstruktives Feedback seitens der Marketingexperten. Somit ist es möglich, auf die individuellen Unterschiede der Teilnehmer explizit einzugehen.

13. Zielpublikum und Aufnahmebedingungen

Die Spezialisierung „Global Cultural Communication & Marketing" richtet sich an kreative Studierende des Bachelorstudiengangs Anglistik und Amerikanistik, die Kompetenzen in der Kulturwissenschaft und im Marketingbereich erwerben möchten. Wenn Sie sich vorstellen können, nach dem Studium als selbstständiger Unternehmensberater oder Angestellter im Marketingbereich tätig zu sein, sollten Sie sich für unsere Spezialisierung entscheiden. Für die Teilnahme an dieser Spezialisierung muss die in der Prüfungsordnung festgelegte Orientierungsprüfung, sowie die Einführungsveranstaltungen des Grundstudiums erfolgreich abgelegt werden. Die Belegung der Spezialisierung erfolgt im Wintersemester, wobei maximal 50 Studierende zugelassen werden.

14. Kosten

Im Folgenden werden die Kosten in tabellarischer Form aufgeführt. Bei der Berechnung wird von einer Teilnehmerzahl von 50 Personen ausgegangen.

ARBEITSSCHRITT	WER? WAS?	KOSTENZUSAMMENSETZUNG	GESAMT
Entwicklung des Grundkonzepts	4 Bildungswissenschaftler	6 Tage à 800€	19.200€
Weiterentwicklung mit Dozenten	2 Moderatoren mind. 12 Dozenten	2 Tage à 800€ 2 Tage à 500€	15.200€
Durchführungskosten	Lehrpersonen und Experten Voucher bei 50 Teilnehmern	siehe Module	16.300€ 40.250€.
Qualitätsmanagement (optional)	4 Bildungswissenschaftler	6 Tage á 800€	19.200€

GESAMTKOSTEN **OHNE** QUALITÄTSMANAGEMENT	**90.950€**
GESAMTKOSTEN **MIT** QUALITÄTSMANAGEMENT	**110.150€**
DURCHFÜHRUNGSKOSTEN PRO TEILNEHMER FÜR GESAMTE SPEZIALISIERUNG	**1.131€**

Die Durchführungskosten setzen sich folgendermaßen zusammen:

MODUL 1	WER? WAS?	KOSTENZUSAMMENSETZUNG	GESAMT
Creating Fair, Environmental Marketing in a Cultural Setting	Lehrperson Support-Veranstaltungen	14 Kontaktstunden à 200€ Voucher im Wert von 320€	2.800€ 16.000€

GESAMTKOSTEN	**18.800€**
KOSTEN PRO TEILNEHMER	**376€**

MODUL 2	WER? WAS?	KOSTENZUSAMMENSETZUNG	GESAMT
Real- Life-Experience in a Foreign Market	Lehrperson Support-Veranstaltungen	17 Kontaktstunden à 200€ Voucher im Wert von 145€	3.400€ 7.250€

GESAMTKOSTEN	**10.650€**
KOSTEN PRO TEILNEHMER	**213€**

MODUL 3	WER? WAS?	KOSTENZUSAMMENSETZUNG	GESAMT
Collaborate with a Design School to Produce a New, Creative Marketing Approach	Lehrperson	13 Kontaktstunden à 200€	2.600€
	Werbeexperte	12 Kontaktstunden à 200€	2.400€
	Support-Veranstaltungen	Voucher im Wert von 275€	13.750€

GESAMTKOSTEN	**18.750€**
KOSTEN PRO TEILNEHMER	**375€**

MODUL 4	WER? WAS?	KOSTENZUSAMMENSETZUNG	GESAMT
Developing and Calculating a Unique, Innovative Product	Lehrperson	10 Kontaktstunden à 200€	2.000€
	Support-Veranstaltungen	Voucher im Wert von 65€	3.250€

GESAMTKOSTEN	**5.250€**
KOSTEN PRO TEILNEHMER	**105€**

MODUL 5	WER? WAS?	KOSTENZUSAMMENSETZUNG	GESAMT
Coversation Practice & Business English	Lehrperson	60 Kontaktstunden à 200€	1.200€
	Muttersprachler	20 Kontaktstunden à 9,50€	1.900€

GESAMTKOSTEN	**3.100€**
KOSTEN PRO TEILNEHMER	**62€**

Um Ihnen einen klaren Überblick über die Kosten der einzelnen Module zu verschaffen, werden diese im Folgenden in Prozentangaben in einem Kreisdiagramm dargestellt. Dabei entsprechen die Durchführungskosten von **56.550€** 100%.

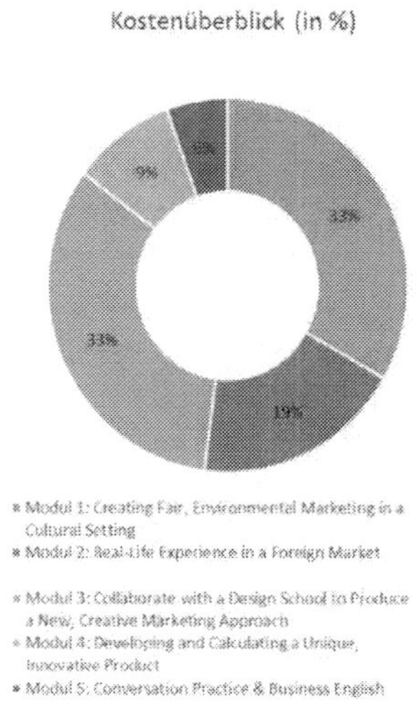

Grafischer Modulplan

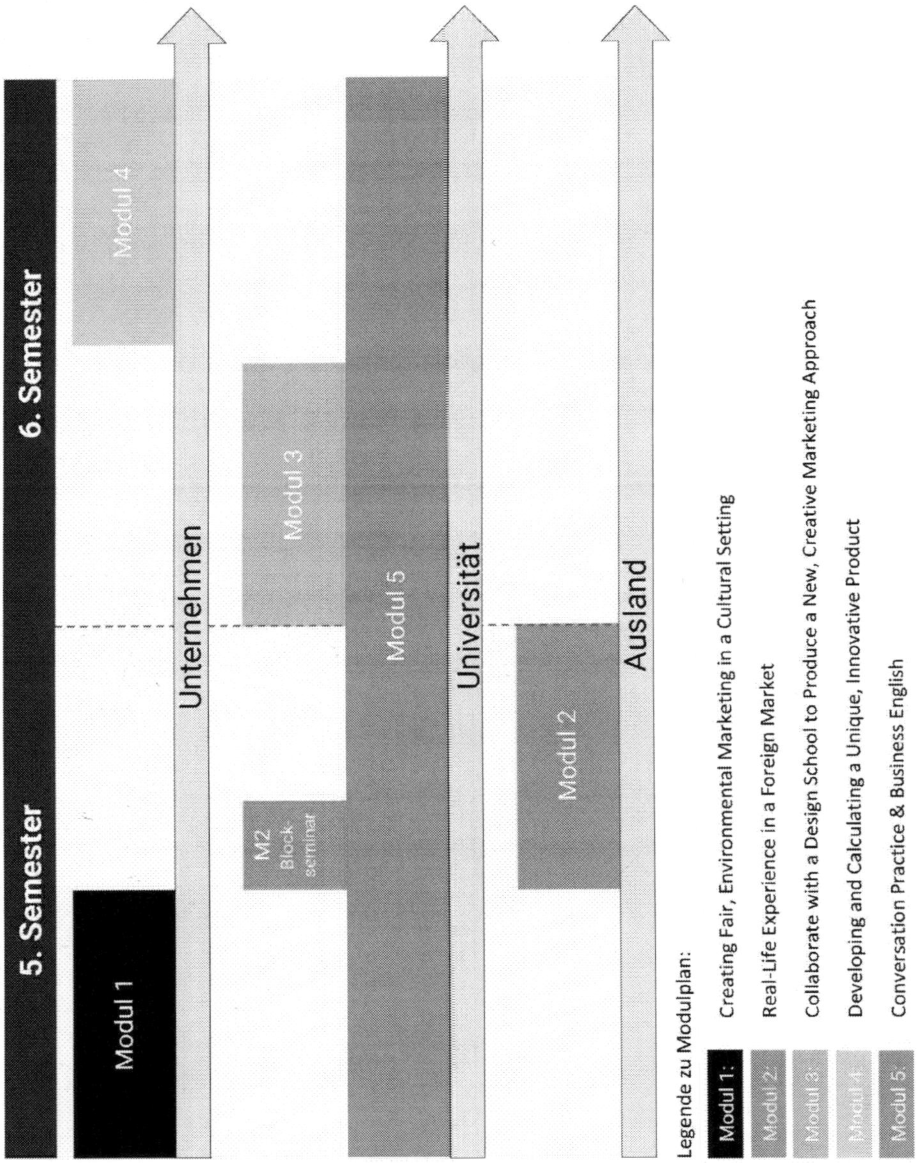

Legende zum graphischen Modulplan

Die Spezialisierung „Global Cultural Communication & Marketing“ ist in fünf Module aufgeteilt. Die Module werden an unterschiedlichen Lernorten vollzogen. Jeder Teilnehmer muss alle Kurse belegen, um die Spezialisierung erfolgreich abzulegen. Das erste Modul „Creating Fair, Environmental Marketing in a Cultural Setting“ findet in einem Marketing-Unternehmen statt und wird mit 5 ECTS gewichtet. Für das zweite Modul „Real-Life Experience in a

Foreign Market" werden 6 ECTS vergeben. Es findet zunächst ein Blockseminar zum Thema Marktsituationsanalyse und Gesprächsführung an der Universität statt. Beim Rest des Moduls wird im Ausland gelernt und gearbeitet. Das dritte Modul „Collaborate with Design School to Produce a New, Creative Marketing Approach" findet wieder an der Universität statt, allerdings in Kooperation mit einer Gestaltungshochschule, an der ebenfalls ein Teil des Moduls durchgeführt wird. Dieses Modul wird mit 5 ECTS gewichtet. Für das vierte Modul „Developing and Calculating a Unique, Innovative Product" werden 7 ECTS vergeben. Dieses Modul wird wieder in einem Unternehmen stattfinden. Das fünfte Modul „Conversation Practice & Business English" wird mit 6 ECTS gewichtet. Dieses Modul läuft während der ganzen Spezialisierung nebenher. Somit können die Studierenden selbst wählen, zu welchem Zeitpunkt sie an diesem Modul teilnehmen möchten. Das gesamte fünfte Modul findet an der Universität statt.

Tabellarischer Modulplan

Semester	Themen des Kurses	Veranstaltungsort	Art des Moduls	Sozialform	Qualifikation Lehrperson	Präsenzzeit	Selbststudium
5	Verkaufsstrategien, Marktforschung	Unternehmen, Online	Projekt	Gruppe	Beauftragter des Unternehmens	25h	125h
					Gesamtvolumen	150h 5ECTS	

Modul 2: Real-Life Experience in a Foreign Market (6 ECTS)

Semester	Themen des Kurses	Veranstaltungsort	Art des Moduls	Sozialform	Qualifikation Lehrperson	Präsenzzeit	Selbststudium
5	Marktsituationsanalyse	Universität	Blockkurs	Gruppe	Fachcoach	15h	5h
	Gesprächsführung	Universität	Blockkurs	Gruppe	Fachcoach	15h	5h
	Auslandsaufenthalt	Unternehmen	Praxis	Einzeln	Chef des Unternehmens	80h	60h
					Gesamtvolumen	180h 6 ECTS	

Modul 3: Collaborate with a Design School to Produce a New, Creative Marketing Approach (5ECTS)

Semester	Themen des Kurses	Veranstaltungsort	Art des Moduls	Sozialform	Qualifikation Lehrperson	Präsenzzeit	Selbststudium
5/6	Verkaufspsychologie	Universität, Gestaltungshochschule	Projekt	Gruppe	Marketing-Experten, Dozenten	25h	125h
					Gesamtvolumen	150h 5 ECTS	

Modul 4: Developing and Calculating a Unique, Innovative Product (7ECTS)

Semester	Themen des Kurses	Veranstaltungsort	Art des Moduls	Sozialform	Qualifikation Lehrperson	Präsenzzeit	Selbststudium
6	Budgetierung Kalkulierung Controlling Inhalte aus Modulen 1-3	Unternehmen	Praxis	Gruppe	Fachcoach	70h	140h
					Gesamtvolumen	210h 7 ECTS	

Modul 5: Conversation Practice & Business English (6 ECTS)

Semester	Themen des Kurses	Veranstaltungsort	Art des Moduls	Sozialform	Qualifikation Lehrperson	Präsenzzeit	Selbststudium
6	Business English	Universität	Sprachlabor, Übung	Dozent, Muttersprachler	Fremdsprachendozent	80h	100h
					Gesamtvolumen	180h 6 ECTS	

Didaktisches Konzept:

Im Folgenden werden die Anteile der veschiedene Lerninhalte in einem Kreisdiagramm präsentiert.

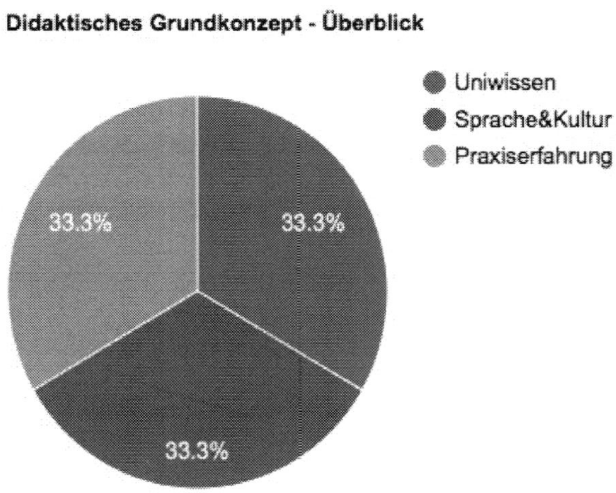

Universitäre Bildung

2.
Mastersystem PWW
Personal Skills - Wirtschaft - Wissenschaft

von Nadja Sigwart, Felix Sprenger
und Melanie Zier

Gliederung

Mastersystem PWW
Personal Skills - Wirtschaft - Wissenschaft

1. Abstrakt

Das Mastersystem PWW ermöglicht eine qualitativ hochwertige Weiterbildung in Personal Skills, Wirtschaft und Wissenschaft. Masterstudierende sind in Bezug auf ihre beruflichen Erfahrungen und Ziele, sowie ihren Kenntnissen aus dem Bachelorstudium, sehr heterogen. Anstelle eines starren Fächerkanons wird den Studierenden deshalb die Möglichkeit eröffnet, ihre Zertifikate innerhalb der Bereiche Personal Skills, Wirtschaft und Wissenschaft kreativ zusammenzustellen. Neben drei frei wählbaren Zertifikaten, existieren zwei weitere - "Projekt" und Thesis". Die Affinität zwischen Theorie und praktischer Tätigkeit sichert ein außergewöhnliches Engagement und eine hohe Leistungsbereitschaft der Studierenden. Während des gesamten Studiums wird auf persönliche Beratung und intensive Betreuung, sowohl für die Auswahl der Zertifikate, als auch beim Anfertigen der wissenschaftlichen Arbeiten, großen Wert gelegt. PWW realisiert einen spezifischen und individuellen Master.

2. Überblick

Das Institut NMF hat ein innovatives Mastersystem entwickelt, das sich aus drei frei wählbaren Zertifikaten und den zwei Pflichtzertifikaten "Projekt" und "Thesis" zusammensetzt. Die Zertifikate sind den Bereichen Personal Skills, Wirschaft und Wissenschaft zuzuordnen. Ein Zertifkat gibt die Spezialiserung, die gewählt wird, an, wie zum Beispiel Research, setting Manager, Manager in Higher Education, Science setting, Administration oder Social setting, Development. Diese Zertifikate bestehen aus jeweils 3 Modulen um eine ausreichende Vertiefung zu gewährleisten. Diese 3 Module sind Inhaltlich so aufeinander abgestimmt, dass ein vernetztes Wissen über die Bezeichnung des einzelnen Zertifikates gewährleistet wird. Die Studierenden entscheiden durch die freie Zertifikatwahl selbst, wie sich ihr zukünftiger Masterabschluss zusammensetzt und welche Möglichkeiten sich dadurch für sie eröffnen. Dies ermöglicht Berufseinsteigern und bereits berufstätigen Personen eine Neu- oder Umorientierung innerhalb von zwei Jahren sowie eine Auswahlmöglichkeit, die nicht nur ein Berufsfeld abdeckt. PWW gibt durch das Pflichtzertifikat "Projekt" allen Studierenden einen Einblick in das spätere berufliche Leben. Somit lernen die Studierenden die tägliche Arbeitswelt kennen, was den Einstieg in das Berufsleben erheblich erleichtert. Wir haben uns dafür entschieden, dass das neue Mastersystem aus Zertifikaten besteht, die Vertiefungen für die Studierenden in verschiedenen Bereichen ermöglicht. Die Zertifikate ergeben sich aus den Bereichen Personal Skills,

Wirtschaft und Wissenschaft. Das ausgearbeitete Konzept wird im Folgenden anhand von einem Beispiel vorgestellt:
Beispiel: Eine Person mit einem erworbenen Bachelor of Science in Biologie möchte durch den Erwerb der folgenden Zertifikate an einem Gymnasium als Lehrkraft tätig sein:
"Science setting" (Z1) & "setting Manager" (Z2) & "Manager in Higher Education" (Z3) & "Projekt": "Jedermann kann Bienen halten" als AG am Kreisgymnasium Bad Krozingen" (Z4) & "Thesis" (Z5).
Der Absolvent oder die Absolventin hat nach diesem Masterstudium PWW den Abschluss:
Master as Science setting Manager in Higher Education.
Mit dem Master as Science setting Manager in Higher Education kann der Absolvent in Schulen oder Unternehmen Lehrinhalte vermitteln. Er besitzt ein bestimmtes Fachwissen und kann dieses in praktischen Versuchen durchführen und anleiten. Dadurch kann Lernenden das Arbeiten im Labor und die dazugehörigen Werte und Haltungen bereits vermittelt werden. Er kann in Unternehmen neue Mitarbeiter und Auszubildende einweisen, kann Verantwortung für Auszubildende übernehmen und ist besonders gut geeignet für den Austausch mit der Schule, um Inhalte und Konzepte abzugleichen.
Die Grafik im Anhang auf Seite 137 zeigt auf, wie die ECTS-Aufteilung in jedem Master aussieht. Es fällt nicht nur auf, dass der Master größtenteils aus frei wählbaren Teilen besteht, sondern auch, dass alle Zertifikate, mit Ausnahme von der "Thesis", gleich gewichtet sind. Sie haben einen Arbeitsaufwand von 15 ECTS-Punkten, welche sich aus jeweils maximal 3 Modulen zusammensetzen. 90 ECTS-Punkte sind in diesem zweijährigen Master zu erwerben.

3. Vorstudie

Das Bildungsinstitut NMF hat den Auftrag der Universität Freiburg im Breisgau erhalten das bestehende Mastersystem grundlegend zu erneuern, um die Ausgangsalge der Absolventen zu verbessern. Es soll ein innovatives System erarbeitet werden, das sowohl einen Mehrwert für die Universität, als auch für die Studierenden hervorbringt.
Zuerst haben wir einen Fragebogen entwickelt, der die momentanen Defizite des aktuellen Mastersystems herausarbeiten sollte. Hierzu waren drei Personen damit beauftragt, Studierende, Lehrer, Abteilungsleiter, Arbeitnehmer und Praktikanten in den Bereichen Forschung, Weiterbildung und Tourismus zu interviewen. Zusätzlich wurden die Lehrenden an der Universität Freiburg dazu befragt, welche Erfahrungen sie mit dem derzeit vorhandenen System gemacht haben und welche Verbesserungsvorschläge bereits an sie herangetragen worden sind. Nach den Auswertungen der Fragebögen ist deutlich geworden, dass Studierende sich einen praxisbezogenen Studiengang wünschen. Auch die flexible Um- oder Neuorientierung nach dem Bachelor, war für viele ein wichtiger Aspekt, dem bisher keine

große Beachtung geschenkt wurde. Vor allem von berufstätigen Lehrern wurde mehrfach der Wunsch nach einer Neuorientierung geäußert. Das zeigt deutlich, dass ein Entwicklungsbedarf besteht. Das neue Mastersystem eröffnet dieser Berufsgruppe in anderen Bereichen neue Herausforderungen. Die Gruppe im wirtschaftlichen Sektor hatte mehrfach den Wunsch geäußert, für eine gewisse Zeit in einen sozialen Bereich zu wechseln. Bisher musste hierfür eine weitere Ausbildung oder ein komplett neues Studium absolviert werden. Mit dem neuen PWW ist es möglich, neben dem Beruf einen Master im sozialen Bereich zu absolvieren und anschließend in diese Branche zu wechseln. Dadurch sollen der Arbeitsmarkt und die Wirtschaft neuen Aufschwung erhalten. Zusammenfassend lässt sich sagen, dass die Befragten eine allgemeine Unzufriedenheit in der Einschränkung der Ausbildung und des Berufslebens feststellen. Der Wunsch nach mehr Flexibilität war deutlich zu spüren.

Das neue Mastersystem ist für Personen direkt nach dem Bachelorabschluss als Vollzeitstudium ausgearbeitet, soll aber auch für bereits Berufstätige zur Verfügung stehen. Vorerst beschränkt es sich auf das Vollzeitstudium - das Teilzeitstudium kann auf Wunsch ausgearbeitet werden. Des Weiteren ermöglicht das PWW-System mehrere Master hintereinander zu absolvieren, sodass noch mehr Berufsfelder abgedeckt sind. Das ausgearbeitete Konzept beinhaltet einen Studienverlaufsplan und sechs Zertifikate.

Als Beteiligte stehen die Lehrenden und Studierenden der Universität im Fokus. Die Lehrenden sind im ständigen Austausch mit anderen Universitäten, um organisatorische und inhaltliche Themen abzugleichen und gegebenenfalls optimieren zu können. Durch die Befragung konnten Probleme, Differenzen, Unklarheiten und Kriterien ausgearbeitet und festgelegt werden. Die beteiligten Dozierenden, die im Laufe der Zeit in das neue PWW System eingeführt werden, stabilisieren und unterstützen die Vorstudie mit ihren inhaltlichen Vorstellungen und didaktischen Überlegungen. Sowohl die Studierenden, als auch die Lehrenden haben großen Einfluss auf die Gestaltung des Modulplans. Zudem werden die Fachschaften der jeweiligen Fakultäten und das Rektorat an dem Angebot mitwirken. Seitens der Wirtschaft wachsen die Anforderungen an den Arbeitskräften und es entsteht das Bedürfnis nach praxiserfahrenen Absolventen mit Kenntnissen in verschiedenen Fachbereichen.

Die Studierenden, die das neue PWW System als Masterstudium absolvieren, werden einen praxisbezogenen und auf die eigenen Bedürfnisse zugeschnittenen Master erhalten. Durch die große Bandbreite des PWWs werden nahezu alle akademischen Berufsfelder abgedeckt. Ausgeschlossen sind Berufe, welche einen bestimmten akademischen Abschluss, beispielsweise den Doktor oder auch das Staatexamen der Juristen, benötigen. Nicht berücksichtigt sind außerdem Abschlüsse im künstlerischen Bereich. Durch die praktischen Tätigkeiten soll es den Absolventen erleichtert werden, schnell und effizient in den Beruf einsteigen zu können. Auch eine Neu- oder

Umorientierung für berufstätige Personen soll unkompliziert ermöglicht werden. Die inhaltlichen Grundlagen der einzelnen Zertifikate werden in den Modulen in verschiedenen Arten präsentiert und von den Lernenden in Zusammenarbeit mit den Dozierenden erarbeitet. Der wichtigste Bestandteil dieses Masters ist das praxisorientierte und prozessorientierte Arbeiten mit realen Sachverhalten und Materialien, so wie sie später im Berufsleben wieder auftauchen werden.

Dozierende haben bereits Erfahrungen im Bereich der Lehre, die sie in den vorhandenen Studiengängen gesammelt haben. Die Studierenden sind bereits mit der Lehre an einer Universität vertraut und kennen die Strukturen und Anforderungsbereiche der bereits bestehenden Mastersysteme. Im PWW ist die Besonderheit des neuen, noch relativ unbekannten Zertifikatssystems hervorzuheben. Die Studierenden sind in Bezug auf ihren Wissenstand und ihre Wissensgebiete sehr heterogen und besitzen verschieden Vorerfahrungen und Fähigkeiten. Bei den Studierenden des PWWs kommen Menschen aus allen Teilen der Welt zusammen und haben somit strukturell und inhaltlich differierende Voraussetzungen und Erfahrungen gesammelt. Die ungleichen Sachkenntnisse und Praxiserfahrungen werfen eventuell zu Beginn des Studiums Probleme auf. Auch der soziale und ökonomische Hintergrund der einzelnen Studierenden muss berücksichtigt werden. Für Interessierte gibt es am Ende jeden Semesters eine Informationsveranstaltung damit Unklarheiten und mögliche Bedenken ausgeräumt werden können. Nachdem sich eine Person für das PWW Studium entschlossen hat, erfolgt eine fristgerechte Bewerbung, die im Internet oder auf dem postalischen Weg erfolgen kann. Durch die individuelle Zusammenstellung der Zertifikate gibt es keinen starren Fächerkanon für die Studierenden. Daher ist die Beratung durch das Patenschaft-Programm, zu Beginn des Studiums ein wichtiger Bestandteil.

Für einen reibungslosen Ablauf während des Semesters muss die Hochschule dafür sorgen, dass geeignete Räumlichkeiten ausreichend zur Verfügung stehen. Die Lehrenden müssen sich optimal auf die Lehrsequenzen vorbereiten. Lehrveranstaltungen außerhalb der Universität müssen rechtzeitig geplant und sinnvoll in das Modul integriert werden. Auch die Kooperation mit privaten und öffentlichen Einrichtungen muss gepflegt sowie eine enge effiziente Zusammenarbeit mit ihnen aufgebaut werden. Externe Lehrende aus betrieblichen Institutionen müssen im Bedarfsfall hinsichtlich didaktischer Umsetzung durch die Dozierenden instruiert werden.

4. Projektteam

Das Bildungsinstitut NFM legt den Fokus auf die Optimierung bestehender und auf die Generierung neuer Lehrsysteme. Als Spezialisten der Curriculumsentwicklung hat das NMF-Team langjährige und vielseitige Arbeitserfahrung in diesem Bereich, da sie bereits eine Vielzahl von unterschiedlichen Projekten durchgeführt haben. Das dreiköpfige Entwicklungsteam mit Nadja Sigwart, Felix Sprenger und Melanie Zier haben einen Bachelor im Bereich "Bildungswissenschaft und Bildungsmanagement" und besitzen somit ein breit gefächertes Wissen im Bereich der Curriculumentwicklung und deren Organisationsformen. Des Weiteren bringt jedes Teammitglied weitere, individuelle Fähigkeiten in die Gestaltung des PWWs mit ein.

Nadja Sigwart verfügt über hervorragende Kenntnisse und Berufserfahrung im Bereich der Lehre und Ausbildungsstrategien. Durch unmittelbare Arbeitserfahrung an Schulen und Nachhilfeinstituten weiß sie, wie eine Lerngruppe strukturiert ist und worauf es bei einer Veränderung und Optimierung in dieser ankommt.

Felix Sprenger bringt zusätzlich professionelle IT Kenntnisse und Fähigkeiten im Hinblick auf neue Programme, die heutzutage die Grundlage jedes Systems bilden, in das Team ein. Aufgrund vergangener Projekte mit dem Fokus auf Teamtraining hat er Vorwissen, welches für die spezifischen Module des Curriculums von Nutzen ist.

Melanie Zier bringt Erfahrungen im Bereich des Finanzmanagements und der Lehre mit. Durch zahlreiche Gestaltungen von Unterrichtssequenzen beherrscht sie die Bewertung von Vor- und Nachteilen verschiedener didaktischer Methoden.

Durch die Gemeinsamkeit ihrer Studieninhalte aus "Bildungswissenschaft und Bildungsmanagement" haben alle Teammitglieder ein solides Fundament, welches die Basis für dieses Projekt bildet. Durch die individuellen Kompetenzbereiche des dreiköpfigen Teams kann eine effiziente und optimale Zusammenarbeit in den verschiedenen Bereichen erfolgen, in dem jeder seinen Schwerpunkt bearbeitet. Nur ein professionelles und innovatives Unternehmen wie NMF kann Ihre Bedürfnisse und Wünsche in der Realität erfolgreich umsetzen.

5. Produkt

Das vorliegende Curriculum enthält unterschiedliche Komponenten, die für Prozesse des Mastersystems PWW wichtig sind. Im Modulhandbuch wird der Ablauf zweier Zertifikate detailliert präsentiert. Dieser beinhaltet jeweils 3 Module aus denen sich das Zertifikat zusammensetzt, den Zeitaufwand (auch angegeben in ECTS-Punkten), den Ausbildungsort, die vermittelnden Inhalte beziehungsweise Theorien, die Fertigkeiten und Kompetenzen, sowie eine Darstellung der jeweiligen didaktischen Grundkonzepte und der Heterogenitätskonzepte. Ebenfalls dargestellt sind Werte und Haltungen sowie die einzelnen Leistungsnachweise.

Außerdem ist dem Curriculum ein tabellarischer Modulplan, ein grafischer Studienverlaufsplan und ein didaktisches Grundkonzept beigefügt, welches erklärt, wie in den einzelnen Zertifikaten gelehrt und gelernt wird.

Zudem haben wir einen Kostenvoranschlag zur Übernahme unseres Konzeptes ausgearbeitet und die laufenden Kosten, die auf Sie zukommen, pro Modul und pro Zertifikat ausgerechnet.

Zur leichteren Orientierung ist das Curriculum in verschiedene Kategorien gegliedert. Um den Aufbau des Mastersystems zu verdeutlichen, zeigen wir Ihnen Kombinationsmöglichkeiten anhand von Beispielen auf.

6. Definitionen

ECTS:

ECTS sind Leistungspunkte (= Credit Points), die an europäischen Hochschulen vergeben werden. Die Übersetzung für ECTS ist European Credit Transfer System. Durch die Allgemeingültigkeit erleichtert es die Anerkennung von Studienleistungen, die sowohl im Inland als auch im Ausland erbracht worden sind. ECTS Punkte sind keine Leistungsbewertung mit einer Note, sondern sie werden zusätzlich zu den Noten vergeben, um die zeitliche Gesamtbelastung der einzelnen Veranstaltungen zu messen. Hier sind die Unterrichts- (Präsenszeit) und die Vor- und Nachbereitungszeit (Selbststudium) enthalten. Auch der Prüfungsaufwand, die Prüfungsvorbereitung, sowie die Abschluss- und Studienarbeit und eventuelle Praktika sind hier mit inbegriffen.[1] In dem PWW-Mastersystem dienen die ECTS Punkte dazu, den Arbeitsaufwand der einzelnen Module innerhalb der Zertifikate zu bestimmen.

Master:

Der Master ist ein möglicher akademischer Abschluss (graduate) und ist vergleichbar mit dem bisherigen deutschen Diplomabschluss. Durch den Bologna Prozess wurde dieser Studienabschluss in Vereinbarung mit Deutschland und anderen europäischen Ländern sukzessive eingeführt. Bisher ist dieser Abschluss weitgehend im englischsprachigen Ländern verbreitet. Die Voraussetzung für einen Masterstudiengang ist ein Bachelor- oder ein anderer vergleichbarer Abschluss. Dieses Studium kann eine Vertiefung des vorangegangen Studiums sein, oder erst nach einer Unterbrechung erfolgen. In der Regel beträgt die Studienzeit zwei Jahre. Durch den Abschluss des Masters ist anschließend eine Promotion möglich. Das Angebot der Universität ist bestimmend, ob ein Ein- oder Mehr-Fach-Studiengang belegt werden kann. Der Master hat in vielen Bereichen den Magister abgelöst, um die Studiengänge zu harmonisieren und vergleichbarer zu machen.[2] Ein PWW-Master entspricht den Anforderungen des Bologna-Prozesses und kann ebenfalls eine Vertiefung, eine Neu- oder Umorientierung der beruflichen Zukunft darstellen.

Modul:

Ein Modul ist eine Lehreinheit bei bestimmten Hochschulstudiengängen. Sie dient dem Zweck der Kapazitätsermittlung und grenzt fachliche Einheiten, welche ein Lehrangebot bereitstellt, voneinander ab. Ein Studiengang soll möglichst derjenigen Lehreinheit zugeordnet sein, die den größten Anteil am Lehrangebot hat.[3] Das PWW-Mastersystem beinhaltet

1 *https://www.studieninfo-bw.de/studieren/bachelormaster/leistungspunkte_ects_punkte/*

2 *http://wirtschaftslexikon.gabler.de/Definition/master.html*

3 *https://www.uni-oldenburg.de/planungentwicklung/akademisches-controlling/hochschulstatistik/definitionen*

Module, welche dem jeweiligen Zertifikat untergeordnet sind. Module werden eingesetzt, um unser Curriculum in sinnvolle Lerneinheiten zu untergliedern. Bei diesem Curriculum besteht ein Zertifikat aus maximal drei Modulen.

Kompetenzen:

Kompetenzen umfassen alles, was ein Mensch beherrscht und weiß, was somit alle Fähigkeiten, Wissensbestände und Denkmethoden, die ein Individuum im Laufe der Zeit erlernt und die ihm zur Verfügung stehen, umschließt.[4] Dem Modulhandbuch des PWWs können die einzelnen Kompetenzen der jeweiligen Module entnommen werden.

Fertigkeiten:

Fertigkeit bedeutet „die Fähigkeit, Kenntnisse anzuwenden und Know-how einzusetzen, um Aufgaben auszuführen und Probleme zu lösen".[5] Fähigkeiten sind geistige und praktische Anlagen, die ein Individuum dazu befähigen etwas zu leisten. Sie können angeborene, oder auch erworbene Fähigkeiten sein, die von Person zu Person in unterschiedlicher Ausprägung vorhanden sind. Für Leistungserbringungen sind aber nicht nur Fähigkeiten bedeutsam, sondern auch die Motivation. Dem Modulhandbuch des PWWs können die einzelnen Fertigkeiten der jeweiligen Module entnommen werden.

Werte und Haltungen

"Strukturen normativer Erwartungen bilden sich im Zuge reflektierter Erfahrung heraus"[6], indem die Gesellschaft dafür Orientierungsmaßstäbe setzt, welche Handlungen oder Gegenstände bewerten. Somit sind Werte und Haltungen als Ideen und Überzeugungen zu verstehen, die für den Menschen selbst und für die Gemeinschaft wichtig sind. Werte entwickeln sich aus historischen, kulturellen und sozialen Zusammenhängen heraus. Wissenschaftlich betrachtet sind sie von Normen und Regeln zu unterscheiden. Diese haben im alltäglichen Leben jedoch kaum Einfluss. Werte dienen dazu uns Orientierung zu geben und ermöglichen es unser eigenes Handeln und das Handeln anderer Menschen einschätzen und bewerten zu können. Dem Modulhandbuch des PWWs können die einzelnen Werte und Haltungen der jeweiligen Module entnommen.

Cognitive-Apprenticeship-Ansatz

Cognitive Apprenticeship („kognitive Lehre") ist eine Methode, die analog eines Meister-Lehrlings-Verhältnisses kognitive Prozesse für den Lernenden sichtbar machen soll. Hierbei versucht man die Vorteile einer praktischen Lehre auch für die theoretische Ausbildung zu nutzen. Die praktische Ausbildung soll die Prozesse bis zur Fertigstellung eines Konstrukts/ Produkts, die bei einer theoretischen Ausbildung unsichtbar bleiben, sichtbar machen. Der Ansatz gründet auf einer Theorie situierter Kognition und steht in enger Verbindung zum situierten Lernen. Es handelt sich um einen sozial-konstruktivistisch begründeten Ansatz, der Prinzipien einer konstruktivistischen Didaktik

4 *https://www.bibb.de/de/8570.php*

5 *http://wirtschaftslexikon.gabler.de/Definition/faehigkeit.html*

6 *http://wirtschaftslexikon.gabler.de/Definition/werte.htm*

trägt: Der Lehrende/Ausbilder führt am Anfang den Lernenden die einzelnen Arbeitsschritte an einem Modell vor (Modeling). Danach sollen sie die einzelnen Arbeitsschritte selbstständig mit Hilfestellung durchführen (Scaffolding). Mit zunehmender Kompetenz der Lernenden nimmt die Unterstützung durch den Lehrenden immer mehr ab (Fading). Der Lehrende muss dabei den Lernprozess der Lernenden genau beobachten, um adäquate Hilfestellungen geben zu können (Coaching).[7] Wir halten es für äußerst sinnvoll, die Studierenden zu einem selbstgesteuerten und eigenverantwortlichen Lernen zu motivieren und zu unterstützen. Deshalb wenden wir für unser PWW-Mastersystem den Cognitive Apprenticeship-Ansatz an.

7. Profil

Universitäten müssen immer neuen wirtschaftlichen und gesellschaftlichen Anforderungen gerecht werden. Durch die zunehmende Globalisierung müssen mehr Arbeitnehmer flexibel auf den momentan herrschenden Arbeitsmarkt reagieren können. Das PWW knüpft genau an diesem problematischen Punkt an: Flexibilität auf dem Arbeitsmarkt!

Da es verschiedene Zertifikate und Module gibt, können ganz unterschiedliche Profile entstehen. Um einen Überblick zu geben, listen wir einige Beispiele auf.

Die folgenden Beispiele finden Sie auch als Grafiken im Anhang auf S. 137-138. Diese Beispiele zeigen wie sich Studierende ihren Master individuell aus den Zertifikaten kombinieren können.

Master as Science setting Manager in Higher Education

Der Science setting Manager in Higher Education kann in Schulen oder Unternehmen Lehrinhalte vermitteln. Er besitzt ein bestimmtes Fachwissen und kann dieses in praktischen Versuchen durchführen und anleiten. Dadurch kann Lernenden das Arbeiten im Labor und die dazugehörigen Werte und Haltungen bereits vermittelt werden. Er kann in Unternehmen neue Mitarbeiter und Auszubildende einweisen, kann Verantwortung für Auszubildende übernehmen und ist besonders gut geeignet für den Austausch mit der Schule, um Inhalte und Konzepte abzugleichen.

Master as Science setting Manager in Research

Der Science setting Manager in Research kann in Unternehmen, die in der Medizinischen Forschung tätig sind, neue Hypothesen ausarbeiten oder Fehler bei Produkten beheben.

Master as Social setting Manager in Administration

Der Social setting Manager in Administration kann Einrichtungen wie Jugendheime oder Kindergärten leiten.

Master as Administration setting Manager in Research

Der Administration setting Manager in Research kann Abteilungen in Forschungsunternehmen leiten.

---

7 *Adams, T.: Cognitive Apprenticeship: Teaching The Crafts of Reading, Writing and Mathematics und Collins, A.; Brown, J.S.; Holum, A.. Cognitive Apprenticeship: Making Thinking Visible*

Social settting Manager in Science setting
Der Social settting Manger in Science setting kann in Unternehmen, die ein wissenschaftliches Tätigkeitsfeld haben, für Personal und Team zuständig sein.

Master as Administration setting Manager in Higher Education
Der Administration setting Manager in Higher Educaction kann in Schulen administrative Aufgaben übernehmen oder in staatlichen Einrichtungen arbeiten, die für Kultur und Bildung zuständig sind.

Master as Research Manager in Higher Education
Der Research Manager in Higher Education kann an Schulen für das Qualitätsmanagement und Evaluierung von Prozessen und deren Zielen zuständig sein.

8. Pläne

Modulplan
Im Anhang auf S. 139-140 befindet sich ein tabellarischer Modulplan mit Zertifikaten.

Studienverlaufsplan
Im Anhang auf S. 140 befindet sich ein grafischer Studienverlaufsplan.

9. Didaktisches Grundkonzept

Das didaktische Grundkonzept des PWWs wird anhand der Zertifikate "Science setting" (Z1) und "Setting Manager" (Z2) beschrieben. Im PWW werden berufsfeldspezifische Prozesse abgebildet. Auf der Basis inhaltlich-theoretischer, empirischer und methodischer Kenntnisse werden die Studierenden in der Durchführung der Prozesse systematisch angeleitet und während der Prozesse begleitet. Lernen wird im PWW als Prozess verstanden der zunehmend Planung, Steuerung und Kontrolle an die Studierenden übergibt (s. Cognitive-Apprenticeship-Ansatz). PWW-Studierende lernen dadurch praxisorientiert, selbstgesteuert und eigenverantwortlich: Sie übernehmen Verantwortung für den eigenen Lernprozess. Den Studierenden werden im Laufe des Studium kognitive und metakognitive Lernstrategien vermittelt, welche ihnen eine große Hilfe beim selbstgesteuerten und eigenverantwortliches Lernen sein werden. PWW etabliert Lernarrangements während des Studiums, die Modellcharakter für Lernarrangements im späteren Berufsfeld haben. Die Studierende sollen in den einzelnen Modulen beispielhaft praktische Erfahrungen sammeln, um so ihr Wissen anwenden zu können. Dies erlaubt später einen einfacheren Berufseinstieg. PWW erachtet es als sinnvoll, individuelle und innovative Leistungsnachweise durchzuführen.
Im Zertifikat "Science setting" im Modul "Developmental Biology" (Z1M1) wird genau dieser Ansatz umgesetzt. Der Dozent seziert und konserviert die Versuchstiere, die Studierenden sollen dies Schritt für Schritt nachahmen. Bei jedem Schritt zieht sich der Dozent aus der Erarbeitung etwas mehr zurück, bis die Studierenden im Stande sind diesen Ablauf selbstständig

durchzuführen. Die kognitiven und metakognitiven Lernstrategien, welche Hilfestellung beim selbstgesteuerten Lernen bieten, sind in diesem Modul das Protokoll und die Concept-Map. Im Modul "Laboratory Work" (Z1M2) wird der Cognitive-Apprenticeship-Ansatz dadurch umgesetzt, dass die Studierenden mit den Abläufen und Gefahrensituationen des Labors vertraut gemacht werden. Dies geschieht durch den Dozenten. Der Dozent zeigt wie die Abläufe durchzuführen sind und lässt die Studierende anschließend selbst die diese unter Anleitung durchführen. Bei jeder Übung wird die Anleitung minimiert, bis die Studierenden in der Lage sind die Abläufe selbständig durchzuführen. So lernen die Studierenden eigenverantwortlich die Arbeitsweisen und Richtlinien eines Labors kennen. Ein weiteres didaktisches Konzept, das in diesem Modul umgesetzt wird, ist das Training. Dieses findet in Form eines virtuellen Lernlabors statt. Dozierende schalten zu bestimmten Zeiten eine Lernplattform frei, in der Übungen in einem virtuellen Labor nachgestellt werden können. Der Vorteil dabei ist, dass die Studierenden nach jeder Übung eine Rückmeldung einholen können, in der Hilfestellungen zur richtigen Lösung zu finden sind. Um in Gefahrensituationen richtig zu handeln, werden diese in Übungssituationen erprobt. Im Modul "Laboratory Teaching" (Z1M3) wird das didaktische Konzept "Leanring by Teaching" wie folgt angewandt: Zuerst müssen die Studierenden eine Unterrichtsstunde für die Laboreinweisung konzipieren und diese mit den Kursteilnehmern durchführen - Learning by Teaching. Bei der anschließenden Reflexion werden die darauf folgenden Unterrichtsgestaltungen optimiert. Auch bei dieser Veranstaltung wird das Cognitive-Apprenticeship umgesetzt, denn der Dozent gibt im Laufe der Unterrichtsplanungen immer weniger Instruktionen und übergibt den Studierenden somit immer mehr Kontrolle, Planung und Steuerung.

Der Fokus des Zertifikats "setting Manager" (Z2) liegt nicht nur auf dem Cognitive-Apprenticeship-Ansatz, sondern auch auf der Projektarbeit. Im Modul "Production and Sales" (Z2M1) werden vom Dozenten zwei Unternehmen, die Produkte in der selben Branche vermarkten, ausgewählt. Die Studierenden werden in zwei Gruppen eingeteilt und bekommen ausreichend Recherchezeit. Anhand dieser Unternehmen wird exemplarisch der betriebliche Leistungsprozess, die Produktions- und Kostentheorie beigebracht. Mit diesen Informationen sind sie befähigt nach einer direkten Instruktion des Dozenten über die Produktionsprogrammplanung, diese für das jeweilige Unternehmen durchzuführen. Es wird jeweils eine Marketingstrategie ausgearbeitet. Auch hier zieht sich der Dozent immer mehr aus der Bearbeitung zurück und überlässt den Studierenden mehr Steuerung. Im Modul "Investment" (Z2M2) gilt das Projekt: "Gestalte ein Messe-Tag" zu bearbeiten. Während des Messe-Tages, werden anschaulich ihre Rechercheergebnisse, Informationen und Tipps für Unternehmen vorgestellt. Werbestrategien werden vorerst thematisch behandelt und in Expertengruppen vorgestellt und verglichen. Anschließend sind die Teilnehmer in der Lage selbstständig Einladungen für den Messe-Tag an Unternehmen, Kommilitonen und allgemein Interessierten zu senden. Ziel der Messe ist es, die Studierenden in ihrer Organisation und Moderation zu fördern und den Wissenstransfer in die Praxis umzusetzen. Zudem eignen sich die Studierenden dadurch die Durchführung einer strukturierten Planung an. Im Modul "Successful corporate Strategy" (Z2M3) werden die Studierenden ein Living-Case eines realen Unternehmens durchführen. Sie erstellen in Gruppenarbeit in der Fallstudie einen Businessplan für das ausgewählte Unternehmen. Die Ergebnisse werden vor dem Geschäftsführer und dem gesamten Kurs am Ende des Moduls präsentiert. Der Dozent gibt zu Beginn Input, was impliziert, dass er den Studierenden Stück für Stück die Planung der Living-Case überlässt, da sie sich auch nach und nach mehr Wissen angeeignet haben.

Beide Zertifikate sind durch die didaktischen Konzepte sehr praxisorientiert aufgebaut. Außerdem sorgt das Pflichtzertifikat "Projekt" zusätzlich für eine Affinität zwischen Theorie und praktischer Tätigkeit und sichert somit ein außergewöhnliches Engagement und eine hohe Leistungsbereitschaft der Studierenden. PWW legt großen Wert darauf, dass die Studierenden vor allem durch das 13-wöchige Projekt einen tieferen Einblick in die Aufgabenfelder eines Unternehmens bekommen. Dadurch können die Studierenden nicht nur ihr Interesse in diesem Bereich anschließend besser einschätzen, sondern können auch Erfahrungen praktisch sammeln.

Zudem werden überfachliche Kompetenzen durch Gruppenarbeiten, Gruppen-Puzzles, Expertenrunden, Abschlusskonferenzen und Präsentationen ausgebildet. Die Teamarbeit der PWW-Studierenden fördert und ermöglicht eine respektvolle Kommunikation miteinander und das Formulieren von eigenen Wünschen, Zielen und Interessen. Wer die Kompetenz der Teamfähigkeit erworben hat wird die Methoden der Konfliktbewältigung und Problemlösestrategien kennenlernen und somit sein Einfühlungsvermögen und zugleich sein Selbstbewusstsein präzisieren. Auf diese Weise wird nicht nur ein Lernen miteinander, sondern auch ein Lernen voneinander ermöglicht.

Durch die unterschiedlichen Abschlüsse verfügen die Studierenden über vielfältige Fachkenntnisse und Grundwissen in den verschiedensten Bereichen. Des Weiteren kommen die Studierenden aus allen Teilen Europas und haben somit einen kulturell und sozial unterschiedlichen Hintergrund. Praktische Fähigkeiten und Fertigkeiten unterschiedlicher Ausprägung sind durch verschiedene Praktika vorhanden. Die unterschiedlichen Vorausetzungen der Studierenden sollen minimiert werden, indem die Studierenden einerseits voneinander lernen und andererseits die Dozierenden die Studierenden auf ein gemeinsames Level bringen, damit alle die nötigen Grundvoraussetzungen erfüllen. Zusätzlich werden Veranstaltungen zur Wiederholung oder Vertiefung angeboten, die freiwillig besucht werden

können. Dies ermöglicht die spezifische Aufarbeitung und zielgerichtete Minimierung vorhandener Wissensdefizite bei einzelnen Studierenden.
Während des gesamten Studiums wird auf persönliche Beratung und intensive Betreuung großen Wert gelegt. Diese Beratung wird durch das Patenschaft-Programm ermöglicht. Dabei ist ein Studierender aus dem dritten Semester für mehrere Studierende aus dem ersten Semester verantwortlich. Die Patenschaft wird über den Zeitraum von zwei Semestern geführt. Der Pate wird für seine Leistung von der Universität vergütet.
Ein Pate des PWWs übernimmt einmal in der Woche in einem für die Studierenden bereitgestellten Seminarraum die Rolle des Ratgebers & Coach. Es wird eine auf die speziellen Fähigkeiten und Bedürfnisse der Studierende zugeschnittene Förderung, Beratung und Begleitung sichergestellt, in der allerdings auch Dozenten die Rolle des Ratgebers & Coachs übernehmen.

10. Modulhandbuch

Dem Anhang ist ein tabellarischer Modulplan sowie ein grafischer Studienverlaufsplan zu entnehmen (S. 139-140). Jeder Master des PWWs ist in 5 Zertifikate, davon 3 freiwählbare und 2 festgesetzte ("Projekt" und "Thesis") aufgeteilt. Die Module finden an unterschiedlichen Ausbildungsorten statt. Jeder Teilnehmer, der einen abgeschlossenen Master absolvieren möchte, muss 90 ECTS-Punkte erwerben, die sich jeweils aus den 5 Zertifikaten zusammensetzen.

Wie im Überblick bereits erwähnt, setzt sich der "Master as science setting Manager in Higher Education" aus den Zertifikaten "Science setting" (Z1), "setting Manager" (Z2) und "Manager in Higher Education" (Z3) zusammen. Das erste Zertifikat "Science setting" wird mit 15 ECTS gewichtet und beinhaltet die Module "Developmental Biology", "Laborytory Work" und "Laboratory Teaching". Die einzelnen Module des Zertifikats sind mit 5 ECTS gewichtet. Das zweite Zertifikat "setting Manager" wird mit 15 ECTS gewichtet und beinhaltet die Module "Production and Sales", "Investment" und "Successful coporate Strategy". Die einzelnen Module des Zertifikats sind mit 5 ECTS gewichtet. Das dritte Zertifikat "Manager in Higher Education" wird mit 15 ECTS gewichtet und beinhaltet die Module "Educational Psychology", "Education Systems" und "Personalized Andragogy". Die einzelnen Module des Zertifikats sind mit 5 ECTS gewichtet. Das vierte Zertifikat "Projekt" wird mit 15 ECTS gewichtet und beinhaltet ausschließlich das Modul "Practical Activity" (15 ECTS-Punkte). Das fünfte Zertifikat "Thesis" wird mit 30 ECTS gewichtet und beinhaltet die Module "Kolloquium" (3 ECTS-Punkte) und "Thesis" (27 ECTS-Punkte).
Bei der Ausarbeitung dieses Modulhandbuches wird ausschließlich auf die ersten beiden frei wählbaren Zertifikate "Science setting" (Z1) und "setting Manager" (Z2) eingegangen, da diese das didaktische Grundkonzept des Mastersystems eindrücklich veranschaulichen. Der Fokus liegt hierbei auf dem didaktischen Grundkonzept

des PWWs und nicht speziell auf den beiden Zertifikaten allgemein.

Zertifikat: Science setting (Z1)

Z1M1: Developmental Biology
(5 ECTS)
Workload: 150h
Präsenzzeit: 30h
Selbststudium: 120h

Ausbildungsort
Die Veranstaltung findet in den Räumlichkeiten der Universität statt.

Inhalte/ Theorien

- Entwicklungsgenetische Prozesse
- Ontogenese
- Embryologie
- Forschungsmethoden und -durchführung
- Hygieneprinzipien
- Concept-Maps
- Protkolle

Ziele
Fertigkeiten
Studierende verstehen das Prinzip und den Aufbau der Ontogenese und der Embryologie. Sie sind im Stande Versuchstiere, wie Mäuse und Insekten, fachgerecht zu sezieren und zu konservieren. Sie sind fähig Versuchspflanzen, wie Affodil, Basilikum, Eisenhut oder Gemswurst zu sezieren und anschließend Aussagen über ihre Zellstrukur zu treffen. Die Beschaffenheit giftiger Stoffe wie Cadmium, Furan, Lomustin und Nitrofen können sie nennen und mit ihnen fachgerecht umgehen. Sie können Experimente durchführen, Protokolle anfertigen und nachvollziehen, sowie Concept-Maps anfertigen und erklären.

Kompetenzen
Die Studierenden erlangen die Kompetenz Feedback zu geben und Kritik konstruktiv umzusetzen. Sie können biologische Strukturen erkennen, bewerten und reflektieren und sind dazu im Stande selbstständig zu experimentieren und die vorgegeben Normen einzuhalten.

Werte und Haltungen
Die Studierenden halten Hygiene bei der Arbeit mit giftigen Substanzen für äußerst wichtig und passen ihre Arbeitsweise entsprechend an.

Didaktisches Konzept
Zu Beginn der Veranstaltung zeigt der Dozent den Studierenden wie die bereits aufgeführten Versuchstiere seziert und konserviert werden. Schritt für Schritt sollen die Studierenden dies nachahmen. Bei jedem Schritt zieht sich der Dozent aus der Erarbeitung mehr zurück, bis die Studierenden dazu im Stande sind diesen Ablauf selbst durchzuführen. Parallel werden inhaltliche und formale Kriterien für Arten von Protokollen festgelegt, die eine Orientierungshilfe darstellen sollen. Dann werden die Studierenden in Kleingruppen aufgeteilt. In diesen sollen sie die entwicklungsbiologischen Experimente, welche ihnen der Dozent vorgeführt hat eigenständig durchführen und protokollieren. Hier werden die Kompetenzen des Protokollschreibens erlernt und auf wissenschaftlicher Basis erweitert. Außerdem versucht man die Teamfähigkeit und die Kritikfähigkeit in den Kleingruppen zu verbessern. Abschließend werden die Protokolle diskutiert und ergänzt. So können gegebenfalls noch Schwächen des Protokolls geändert und verbessert werden. In diesem Modul werden die Sprachkenntnisse im Englischen

verbessert indem die gesamte Veranstaltung in dieser Sprache stattfindet. Die Sprache soll dadurch routiniert werden; dies kann nur geschehen, wenn sie auch angewendet wird. Die Studierenden bekommen die Inhalte auf Englisch präsentiert und müssen Fragen auch in dieser Sprache beantworten. So soll der Umgang mit Sprachen gefördert und trainiert werden. Falls hier Nachholbedarf besteht, können Sprachkurse parallel zur Veranstaltung an der Universität belegt werden.
In der mündlichen Prüfung müssen die Studierenden eine Concept-Map erstellen. Diese stellt einen Visualisierungsprozess dar, der das Konzept des Sachverhalts in einer Graphik externalisiert und damit sichtbar macht.

Leistungsnachweis

Studierende zeichnen zur gesamten Entwicklungsbiologie eine grobe Concept-Map und zu einem Spezialthema eine feinere Concept-Map (Zeit: 20 Minuten) und erklären ihre Strukturierung des Themas mündlich. Danach werden Fragen gestellt.

Heterogenitätskonzept

Durch die unterschiedlichen Abschlüsse verfügen die Studierenden über unterschiedliches Fachwissen. Das wird genutzt, indem die Kleingruppen sich über das differenzierte Fachwissen austauschen und bei der Umsetzung der Experimente voneinander lernen um gemeinsame Ziele erarbeiten können. Die unterschiedlichen Stärken und Schwächen im Team werden durch Rollenverteilung in den Teams genutzt. Außerdem werden Sprachkurse für Studierende mit niedrigerem Englisch-Niveau angeboten. Das Patenschaft-Programm bietet zusätzliche Beratung für die Studierende.

Z1M2: Laboratory Work
(5 ECTS)
Workload: 150h
Präsenzzeit: 90h
Selbststudium: 60h

Ausbildungsort

Die Veranstaltung findet In einem Labor und in den Räumlichkeiten der Universität statt.

Inhalte/ Theorien

- Abläufe und Gefahrensituationen im Labor
- Laborinstrumente (Mikroskop, Schneidwerkzeug, Pinzette, Pipette, Zange, Klemme)
- Qualitätsmanagement im Labor
- Lernplattform - Virtuelles Labor

Ziele

Fertigkeiten

Die Studierenden sind im Stande Laborgeräte zu bestimmen und diese fachgerecht einzusetzen. Sie sind in der Lage chemische Stoffe zu benennen und diese richtig zu verwenden.

Kompetenzen

Die Studierenden können Abläufe im Labor umsetzen; es sind ihnen mögliche Gefahrenquellen bekannt und sie können diesen entgegenwirken. Bei einer direkten Gefahrensituation sind sie im Stande die notwendigen Sicherheitsmaßnahmen einzuleiten und zu koordinieren. Sie sind in der Lage selbstständig zu experimentieren und die vorgegeben Normen einzuhalten. Sie können Situationen im Labor beschreiben, erklären und reflektieren. Zudem sind sie dazu befähigt die untersuchten Utensilien auf Qualität zu überprüfen.

Werte und Haltungen
Die Studierenden halten bei der Arbeit den respektvollen Umgang mit Stoffen und Materialien für wichtig und halten es für äußerst notwendig Gefahrensituationen zu vermeiden. Sie passen ihre Arbeitsweise dementsprechend an.

Didaktisches Konzept
Anfangs werden die Studierenden mit den Abläufen und Gefahrensituationen des Labors vertraut gemacht. Dies geschieht durch den Dozenten. Dieser zeigt wie die Abläufe durchzuführen sind und lässt die Studierende anschließend selbst die Abläufe unter Anleitung durchführen. Bei jeder Übung wird die Anleitung minimiert, bis die Studierenden in der Lage sind die Abläufe selbständig durchzuführen. So lernen die Studierenden eigenverantwortlich die Arbeitsweisen und Richtlinien eines Labors kennen. Der Umgang mit Laborinstrumenten, Stoffen und Materialien wird durch selbständige Erfahrungen geschult. Durch die wöchentlichen Wiederholungen der Experimente wird ein routinierter und sicherer Umgang im Labor trainiert und gewährleistet. Im Anschluss an jede Sitzung wird eine Concept-Map zum thematischen Schwerpunkt der Laborarbeit von jedem Einzelnen verfasst. Studierende erklären sich dabei gegenseitig ihre erstellten Concept-Maps und fördern somit ihre Kommunikation. Zudem schalten die Dozierenden zu bestimmten Zeiten eine Lernplattform frei, in der Übungen in einem virtuellen Labor nachgestellt werden können. Der Vorteil dabei ist, dass die Studierenden nach jeder Übung eine Rückmeldung einholen können, in der Hilfestellungen zur richtigen Lösung zu finden sind. Um in Gefahrensituationen richtig zu handeln, werden diese in Übungssituationen erprobt und durch einen fünfmaligen Alarm mit entsprechender Reaktion der Studierenden, routiniert. Dabei ist der Zeitpunkt, an dem der Alarm ausgelöst wird, selbstverständlich nicht bekannt.

Leistungsnachweis
Studierende stellen zur Laborarbeit einen groben und zu einem speziellen Versuch einen exakten Verlauf in einem virtuellen Labor dar und erklären ihre Simulation mündlich. Danach werden Fragen gestellt.

Heterogenitätskonzept
Heterogenität ist durch die unterschiedlichen Vorerfahrungen und Fachkenntnisse nicht auszuschließen. Jedoch kann sich dies positiv in den Kleingruppen und der Partnerarbeit auswirken. Die Einführung durch den Dozierenden stellt sicher, dass alle Teilnehmer des Seminars die grundlegenden Kenntnisse erhalten. Die einzelnen Paten der Studierende sind befugt mit den Studierenden bei offenen Fragen ebenfalls in das Labor zu gehen und alles mit ihnen wiederholt durchzugehen.

Z1M3: Laboratory Teaching

(5 ECTS)
Workload: 150h
Präsenzzeit: 60h
Selbststudium: 90h

Ausbildungsort
Die Veranstaltung selbst findet in

den Räumlichkeiten (Labor) der Universität statt, die einzelnen Unterrichtsstunden finden in umliegenden Schulen statt.

Inhalte/ Theorien

- Lernkonzepte und Lernmaterialien des Labors
- Anwendungsbezogene Labormethoden
- Methoden der Unterrichtsgestaltung
- Lehr- und Lernprozesse
- Learning by Teaching

Ziele

Fertigkeiten

Die Studierenden können Lernkonzepte und Lernmaterialien, die im Labor benötigt werden, anwenden. Sie besitzen Lehrerfahrung und kennen anwendungsbezogene Labormethoden, um selbstständig Unterrichtssequenzen zu planen und Stundengestaltungen durchführen und abschließend bewerten zu können. Sie sind in der Lage Gruppen in einem Labor einzuweisen und zu unterrichten.

Kompetenzen

Die Studierenden können Entwicklungen von Lernkonzepten und Lernmaterialien beurteilen und bewerten. Sie sind befähigt Lehr- und Lernprozesse einzuordnen, anzuwenden und zu reflektieren.

Werte und Haltungen

Die Studierenden halten bei der Arbeit den respektvollen Umgang mit Stoffen und Materialien für wichtig und halten es für richtig Gefahrensituationen zu vermeiden. Sie passen ihre Arbeitsweise dementsprechend an. Außerdem respektieren sie ihre Schüler und behandeln diese angemessen.

Didaktisches Konzept

Zuerst müssen die Studierenden eine Unterrichtsstunde für die Laboreinweisung konzipieren und diese mit den Kursteilnehmern durchführen - Learning by Teaching. In der ersten Übungsphase können die Studierenden verschiedene methodische und didaktische Konzepte ausprobieren und hinsichtlich ihrer Lernergebnisse einordnen und bewerten. Diese Erfahrungen sind sehr wichtig, da das Konzept weit von der gestalteten Stunde zu Beginn abweichen kann. Zeitliche Sequenzen und methodische Umsetzung sind anfänglich schwer einzuschätzen. Deshalb werden ausreichend Übungsstunden angeboten. Zu Beginn gibt der Dozent kleinschrittige Instruktionen zur Stundengestaltung, die im Laufe der Zeit reduziert werden und dadurch mehr Freiraum einräumen. Dadurch wird das eigenverantwortliche Lernen gefördert. Nach der Stundengestaltung erfolgt eine Reflexion über die Stunde mit ihren Stärken und Schwächen. Diese Rückmeldungen sollen den Studierenden helfen ihre weiteren Stundengestaltungen zu verbessern. In der Reflexion werden methodische und didaktische Konzepte diskutiert und hinsichtlich ihrer Zielsetzung überprüft.

Nachdem die Übungsphasen innerhalb des Seminars erfolgt sind, kommt nun die praktische Umsetzung mit einer Personengruppe. Hier sollen die Studierenden eine ihrer weiteren Übungsstunden mit einer Personengruppe realisieren. Diese Stunde findet in den Räumlichkeiten eines Labors statt. Hier muss jeder Studierende zeigen, dass er eine Personengruppe im Labor anleiten kann. Die Resultate der Lernenden zeigen wie sinnvoll und lerneffektiv die didaktische und methodische Umsetzung ist. Des Weiteren sehen die Prüfer, ob die Studierenden in der Lage sind, die Kritik aufzunehmen und sie produktiv umzusetzen, damit eine gelungene Stundengestaltung und gute Lernleistungen hervortreten. Mit dem Patenschaft-Programm wird die Feinarbeit eingeleitet. Teilnehmern mit offenen Fragen wird hier die Möglichkeit gewährt diese zu stellen und mit ihrem Paten im Labor weitere Übungssequenzen durchzusprechen.

Leistungsnachweis
Der Leistungsnachweis setzt sich in diesem Modul aus einer Durchführung einer Unterrichtsstunde und dem zuvor schriftlich verfassten Unterrichtsverlauf zusammen. Abschließend muss noch eine schriftliche Reflexion über die Stundengestaltung abgeben werden. Die Prüfung wird durch den Dozenten und eine Lehrkraft abgenommen.

Heterogenitätskonzept
Heterogenität ist durch die unterschiedlichen Leistungsniveaus unter den Studierenden nicht auszuschließen; dies kann sich jedoch positiv auswirken. Leistungsstarke Studenten können sich untereinander Feinarbeiten beibringen. Die Einführung durch den Dozierenden stellt sicher, dass alle Teilnehmer des Seminars die grundlegenden Kenntnisse erhalten. Leistungsschwächere Studierende sollten dazu angeregt werden sich von den leistungsstärkeren Studierenden über die Grundlagen hinaus weitere Fertigkeiten anzusehen und im Anschluss zu verinnerlichen. Das Patenschaft-Programm bietet zusätzliche Beratung für die Studierenden, sowohl für die Leistungsstarken in der Feinarbeit, als auch für die Leistungsschwachen beim Festigen der Grundlagen.

Zertifikat: setting Manager (Z2)

Z2M1: Production and Sales

(5 ECTS)
Workload: 150h
Präsenzzeit: 30h
Selbststudium: 120h

Ausbildungsort
Die Veranstaltungen finden in den Räumlichkeiten der Universität statt.

Inhalte/Theorien
- Marktorientierte Produktions- und Absatzplanung
- Produktions- und Kostentheorie des Absatzmanagements und der Netzwerkplanung
- Betriebliche Leistungsprozesse
- Soziale Marktwirtschaft
- Präsentations- und Moderationstechniken

Ziele
Fertigkeiten
Sie können marktorientierte Produktions- und Absatzplanung in die Rahmenbedingungen der Sozialen Marktwirtschaft einordnen. Die Teilnehmer sind in der Lage die Grundzüge der Produktions- und Kostentheorie zu bestimmen, sowie die Produktionsprogrammplanung durchzuführen. Sie kennen verschiedene Konzeptionsebenen des Marketings mit Marketingzielen und

-strategien sowie die Elemente des Marketing-Mix.

Kompetenzen
Die Studierenden können aus dem Absatzprogramm das Produktionsprogramm und im engeren Sinne das Dienstleistungsprogramm ableiten und anwenden. Sie sind außerdem im Stande Präsentations- und Moderationsmethoden anzuwenden und gegebenenfalls anzupassen.

Werte und Haltungen
Die Studierenden pflegen einen respektvollen Umgang mit den Mitarbeitern des Unternehmens. Sie halten es für bedeutsam, dass sie im Unternehmen professionell und tatkräftig auftreten. Sie integrieren sich in die bestehenden Arbeitsweisen und Themenfelder. Sie behandeln Daten und Firmengeheimnisse vertrauensvoll.

Didaktisches Konzept
Jedes Semester werden vom Dozenten zwei Unternehmen, die Produkte in derselben Branche vermarkten, ausgewählt. Diesmal sind es "Nike" und "Adidas". Zu Beginn des Moduls wird der Kurs in zwei Gruppen eingeteilt. Eine Gruppe bearbeitet die inhaltlichen Schwerpunkte anhand von "Nike", die andere Gruppe mit den Gegebenheiten von "Adidas". Die Studierenden erhalten vorerst ausreichend Recherchezeit. Anhand dieser Unternehmen wird ihnen exemplarisch der betriebliche Leistungsprozess sowie die Produktions- und Kostentheorie beigebracht. Mit diesen Informationen sind sie befähigt nach einer direkten Instruktion des Dozenten über die Produktionsprogrammplanung, eine solche für das jeweilige Unternehmen durchzuführen. Es wird jeweils eine Marketingstrategie ausgearbeitet.
Außerdem bekommen die Teilnehmer Techniken im Bereich der Präsentation und der Moderation vermittelt. Die Studierenden arbeiten für das ihrige Unternehmen selbstständig eine Marketingstrategie aus. Die Herausforderung ist, dass die Studierenden, nicht nur die thematischen Aspekte berücksichtigen müssen, sondern ebenfalls verschiedene Präsentations- und Moderationsformen ausarbeiten sollen. Der Schwerpunkt liegt also sowohl in der Ergebnisvorstellung, als auch in der Umsetzung der richtigen Präsentations- oder Moderationstechnik. Präsentiert wird vor dem Dozenten und den anderen Kursteilnehmern; die Präsentierenden sollen diese zu einer aktiven Teilhabe und einer anregenden Diskussion bewegen.
Dieses Modul ermöglicht den Studierenden eine Woche in die ausgewählten Unternehmen zu gehen. In diesen Unternehmen zeigen die Studierenden welche Fertigkeiten und Kompetenzen sie erworben haben. Bestenfalls besteht die Möglichkeit die selbstständig erarbeitete Marketingstrategie vorzustellen. Die Studierenden können so einen Einblick in die Arbeitswelt erhalten und erste Erfahrungen in dieser Branche sammeln.

Leistungsnachweis
In diesem Modul müssen die Studierenden in Kleingruppen eine Präsentation ausarbeiten und durchführen. Sie verfassen einen Erfahrungsbericht über die Schnupper-Woche im Unternehmen ihrer Wahl.

Heterogenitätskonzept

Heterogenität ist durch die unterschiedlichen Vorerfahrungen und Fachkenntnisse nicht auszuschließen. Jedoch kann sich dies positiv in der Gruppenarbeit auswirken, da sie sich gegenseitig über ihre Erfahrungen und Kenntnissen austauschen. Außerdem ist es bei der Größe der Gruppe von Nöten klare Aufgabenverteilungen zu treffen. Diese sollten dementsprechend nach Fachkenntnissen und Vorerfahrungen getroffen werden. Die Einführung durch den Dozierenden stellt sicher, dass alle Teilnehmer des Seminars die grundlegenden Kenntnisse erhalten. Die einzelnen Paten der Studierende sind befugt den Studierenden bei Problemen Unterstützung zu bieten.

Z2M2: Investment

(5 ECTS)
Workload: 150h
Präsenzzeit: 30h
Selbststudium: 120h

Ausbildungsort

Die Veranstaltungen und die Messe finden in den Räumlichkeiten der Universität statt.

Inhalte/Theorien

- Finanzierung und Investition
- Finanzwirtschaftliche Entscheidungs- und Realisierungsprozesse
- Eventplanung und -durchführung
- Werbung

Ziele

Fertigkeiten

Die Teilnehmer können Zusammenhänge und Unterschiede der verschiedenen Finanzierungsformen erkennen. Die Studierenden können finanzpolitische Problemfelder analysieren und professionell darauf reagieren.

Kompetenzen

Die Studierenden sind dazu befähigt zielgerichtete Entscheidungen zu treffen. Außerdem können sie einen Messetag strukturiert planen, organisieren und durchführen. Sie sind in der Lage Marketingstrategien anzuwenden und Unternehmen, hinsichtlich ihrer Schwachstellen bei der Finanzierung und Investition, beraten zu können.

Werte und Haltungen

Die Studierenden halten bei der Gestaltung des Messe-Tages den respektvollen Umgang mit den eingeladenen Gästen, Kommilitonen und Dozierenden für wichtig und halten es für richtig professionell aufzutreten. Sie passen ihre Arbeitsweise dementsprechend an. Außerdem gehen sie mit den Arbeitsmaterialien und Ausstellungsstücken sorgsam um.

Didaktisches Konzept

Um eine Arbeitsgrundlage zu schaffen werden zuerst Bergriffe und Methoden der Finanzierung eingeführt. Unternehmen mit Problemfeldern in der Investition und Finanzierung werden als Beispiele aufgeführt. Anhand dieser soll in Gruppenarbeit ein Reihe von Concept-Maps erstellt werden, welche die Problemfelder in der Unternehmensführung und die Möglichkeiten diese zu beseitigen, darstellen.

Als Abschluss dieses Moduls wird von den Studierenden ein Messe-Tag geplant, an welchem sie anschaulich ihre Rechercheergebnisse, Informationen und Tipps für Unternehmen vorstellen. Werbestrategien werden vorerst thematisch behandelt und in Expertengruppen vorgestellt und verglichen. Anschließend sind die Teilnehmer in der Lage selbstständig Einladungen für den Messe-Tag an Unternehmen, Kommilitonen und allgemein Interessierte zu senden. Ziel der Messe ist es, die Studierenden in Organisation und Moderation zu schulen und den Wissenstransfer in die Praxis umzusetzen. Zudem eignen sich die Studierenden dadurch die Durchführung einer strukturierten Planung an.

Leistungsnachweis

Der Leistungsnachweis ist in diesem Modul die Fertigstellung der Messe. Der Dozent bewertet die einzelnen Stände und die Informationen, welche dort von den Studierenden präsentiert werden.

Heterogenitätskonzept

Das Vorwissen und die unterschiedlichen Erfahrungen müssen in der Zusammensetzung der Gruppenzusammenstellung berücksichtigt werden. Es kann sehr von Vorteil sein, wenn alle Teilnehmer unterschiedliche Vorerfahrungen einbringen, da die Gruppenmitglieder durch Erfahrungen und Vorwissen anderer Teilnehmer profitieren und der gegenseitige Austausch zu einem größeren Wissensspektrum der gesamten Gruppe führt. Die Dozierenden stehen als Berater zur Verfügung, die Paten unterstützen die Studierenden ebenfalls.

Z2M3: Successful corporate Strategy
(5 ECTS)
Workload: 150h
Präsenzzeit: 30h
Selbststudium: 120h

Ausbildungsort

Die Veranstaltungen finden in den Räumlichkeiten (Hörsaal) der Universität und in Unternehmen statt.

Inhalte/Theorien

- Operative Strategien
- Führungsstrategien und -methoden
- Businessplan

Ziel

Fertigkeiten

Die Studierenden können operative Strategien im Bereich der erfolgreichen Unternehmensführung umsetzen. Außerdem können sie unterschiedliche Führungsstrategien und -methoden identifizieren. Die Studierenden sind in der Lage sich in die einzelnen Rollen des Rollenspiels hineinzuversetzen.

Kompetenzen

Die Studierenden sind in der Lage, ganzheitlich, Resultat-orientiert und konzeptionell zu denken. Außerdem sind sie im Stande an einer Fallstudie teilzunehmen und diese anhand eines Unternehmens umzusetzen.

Werte und Haltungen

Die Studierenden pflegen einen respektvollen Umgang mit den Mitarbeitern des Unternehmens. Sie halten es für bedeutsam, dass sie im Unternehmen professionell und tatkräftig auftreten. Sie integrieren sich in die bestehenden Arbeitsweisen und Themenfelder, und behandeln Daten und Firmengeheimnisse vertrauensvoll.

Didaktisches Konzept

In diesem Modul werden grundlegende, operative Strategien thematisiert und erklärt, um anschließend

konzeptionelles Denken aufbauen und erweitern zu können. Anhand von gezielten Aufgabestellungen durch die Dozierenden soll strategischer Weitblick, kombiniert mit konzeptionellem Denken, gefördert werden. Dies wird durch komplexere und sukzessiv schwierigere Aufgaben erzielt, welche die Studierenden bearbeiten müssen.
Des Weiteren werden Führungsstrategien- und Methoden mit grundlegenden Begriffen eingeführt und anhand von Rollenspielen realisiert. Die Dozenten teilen jedem Teilnehmer in verschieden Gruppen eine bestimmte Rolle zu. Hier müssen die Studierenden ihr erworbenes Fachwissen anwenden und sich zusätzlich in ihre Rolle hineinversetzen. Die Teilnehmer dürfen sich über ihre zugeteilte Rolle nicht austauschen, da der Austausch ausschließlich im Rollenspiel erfolgen soll. Abschließend müssen die Studierenden an einer Living-Case Studie einen Businessplan für ein Unternehmen erstellen. Hier arbeiten sie in Kleingruppen an einer Fallstudie für ein Unternehmen. Ihre erzielten Ergebnisse stellen die Studierenden dem Geschäftsführer des jeweiligen Unternehmens in einer Konferenz an der Universität vor.
Ziel der Fallstudie ist, dass die Studierenden ihr fachliches Wissen in der praktischen Ausübung auch anwenden und realisieren können.

Leistungsnachweis

Der Leistungsnachweis in diesem Modul ist die Teilnahme an der Fallstudie. Die Dozenten und Geschäftsführer bewerten die einzelnen Präsentationen der Fallstudien auf inhaltlicher und visueller Ebene.

Heterogenitätskonzept

Die Teilnehmer stellen durch ihre unterschiedliche Expertise und Erfahrung eine heterogene Gruppe dar. Dies kann in der Gruppenphase von Vorteil sein, da unterschiedliche Sichtweisen und Erfahrungen in die Bearbeitung einfließen und diese somit aussagestärker und vielseitiger ist.

11. Ausschreibung

Team

Wir - als das Bildungsinstitut NMF - optimieren einerseits bestehende Bildungssysteme und arbeiten andererseits neue Bildungssysteme aus. Wir sind auf den Bereich Curriculumentwicklung spezialisiert. Unser Team besteht aus Bildungswissenschaftlern, die noch weitere Kompetenzen in den Bereichen Lehre, Ausbildungsstrategien, Wirtschaft, Finanzmanagement, IT und Teamtraining besitzen.

Profil

Universitäten müssen immer neuen wirtschaftlichen und gesellschaftlichen Anforderungen gerecht werden. Durch die zunehmende Globalisierung müssen immer mehr Arbeitnehmer flexibel auf den derzeitigen Arbeitsmarkt reagieren können. Das PWW knüpft genau an diesem problematischen Punkt an: Flexibilität auf dem Arbeitsmarkt!
Da es verschiedene Zertifikate und Module gibt, können ganz verschiedene Profile entstehen. Um einen Überblick zu geben, listen wir einige Beispiele auf. Der Science setting Manager in Higher Education kann in Schulen oder Unternehmen Lehrinhalte vermitteln.

Er besitzt ein spezifisches Fachwissen und kann wissenschaftliches Wissen in praktischen Versuchen durchführen und diese anleiten. Dadurch können Lernenden das Arbeiten im Labor und die dazugehörigen Werte und Haltungen bereits vermittelt werden. Er kann in Unternehmen neue Mitarbeiter und Auszubildende einweisen, kann Verantwortung für sie übernehmen und ist besonders gut geeignet für den kommunikativen Austausch mit den Schulen, um Inhalte und Konzepte abzugleichen. Der Science setting Manager in Research kann in Unternehmen, die in der Medizinischen Forschung tätig sind, neue Hypothesen ausarbeiten oder Fehler bei Produkten beheben. Der Social setting Manager in Administration kann Einrichtungen wie Jugendheime oder Kindergärten leiten. Der Administration setting Manager in Research kann Abteilungen in Forschungsunternehmen leiten. Der Social settting Manger in Science setting kann in Unternehmen, die ein wissenschaftliches Tätigkeitsfeld haben, für Personal und Team zuständig sein. Der Administration setting Manager in Higher Education kann in Schulen administrative Aufgaben übernehmen oder in staatlichen Einrichtungen arbeiten, die für Kultur und Bildung zuständig sind. Der Research Manager in Higher Education kann an Schulen für das Qualitätsmanagement und die Evaluierung von Prozessen und deren Zielen zuständig sein. Die Profilmöglichkeiten durch verschiedene Kombinationen von Zertifikaten sind in nachfolgenden Grafiken verdeutlicht.

Ablauf

Ein Student des PWW Masters sucht sich nach seinem Bachelorabschluss drei frei wählbare Zertifikate in den Bereichen Personal Skills, Wirtschaft und Wissenschaft aus. Jedes Zertifikat beinhaltet drei Module. Diese drei Module sind inhaltlich so aufeinander abgestimmt, dass ein vernetztes Wissen über die Bezeichnung des einzelnen Zertifikates gewährleistet wird. Dadurch erwirbt ein Absolvent des PWWs genau die Kompetenzen und Fertigkeiten, die er für seine persönliche berufliche Zukunft benötigt. Nach zwei Jahren kann der Absolvent in diesem Bereich tätig werden oder weitere Zertifikate als Erweiterung seiner Fähigkeiten hinzunehmen. Der PWW ermöglicht durch die Zertifikate sowohl eine Neu-, als auch eine Umorientierung.

Didaktisches Grundkonzept

Das didaktische Grundkonzept des PWWs wird anhand der Zertifikate "Science setting" (Z1) und "Setting Manager" (Z2) beschrieben. Im PWW werden berufsfeldspezifische Prozesse abgebildet. Auf der Basis inhaltlich-theoretischer, empirischer und methodischer Kenntnisse werden die Studierenden in der Durchführung der Prozesse systematisch angeleitet und während der Prozesse begleitet. Lernen wird im PWW als Prozess verstanden, der zunehmend Planung, Steuerung und Kontrolle an die Studierenden übergibt (Cognitive-Apprenticeship-Ansatz). PWW-Studierende lernen dadurch praxisorientiert, selbstgesteuert und eigenverantwortlich. Sie übernehmen selbst Verantwortung für den eigenen

Lernprozess. Den Studierenden werden im Laufe des Studium kognitive und metakognitive Lernstrategien vermittelt, welche ihnen eine große Hilfe beim selbstgesteuerten und eigenverantwortlichen Lernen sein werden. PWW etabliert Lernarrangements während des Studiums, die dann Modellcharakter für Lernarrangements im späteren Berufsfeld haben. Die Studierenden sollen in den einzelnen Modulen beispielhaft praktische Erfahrungen sammeln, um so ihr Wissen anwenden zu können. Dies erlaubt später einen einfacheren Berufseinstieg. PWW erachtet es als sinnvoll individuelle und innovative Leistungsnachweise durchzuführen.

Im Zertifikat "Science setting" des Moduls "Developmental Biology" (Z1M1) wird genau dieser Ansatz umgesetzt. Der Dozent seziert und konserviert die Versuchstiere, die Studierenden sollen dies Schritt für Schritt nachahmen. Bei jedem Schritt zieht sich der Dozent aus der Erarbeitung mehr zurück, bis die Studierenden im Stande sind diesen Ablauf selbst durchzuführen. Die kognitiven und metakognitiven Lernstrategien, die Hilfestellung beim selbstgesteuerten Lernen bieten, sind in diesem Modul das Protokoll und das Concept-Map.

Im Modul "Laboratory Work" (Z1M2) wird der Cognitive-Apprenticeship-Ansatz insofern umgesetzt, dass die Studierenden mit den Abläufen und Gefahrensituationen des Labors vertraut gemacht werden. Dies geschieht durch den Dozenten. Dieser zeigt wie die Abläufe durchzuführen sind und lässt die Studierenden anschließend selbst diese Abläufe unter Anleitung durchführen. Bei jeder Übung wird die Anleitung minimiert, bis die Studierenden in der Lage sind die Abläufe selbständig durchzuführen. So lernen die Studierenden eigenverantwortlich die Arbeitsweisen und Richtlinien eines Labors kennen. Als weiteres didaktisches Konzept dieses Moduls wird das Training umgesetzt. Es findet in Form eines virtuellen Lernlabors statt. Dozierende schalten zu bestimmten Zeiten eine Lernplattform frei, in der Übungen in einem virtuellen Labor nachgestellt werden können. Der Vorteil dabei ist, dass sich die Studierenden nach jeder Übung eine Rückmeldung sowie Hilfestellungen zur richtigen Lösung einholen können. Um in Gefahrensituationen richtig zu handeln, werden diese in Übungssituationen erprobt. Im Modul "Laboratory Teaching" (Z1M3) wird das didaktische Konzept "Learning by Teaching" wie folgt angewandt: Zuerst müssen die Studierenden eine Unterrichtsstunde für die Laboreinweisung konzipieren und diese mit den Kursteilnehmern durchführen - Learning by Teaching. Ausgehend von einer anschließenden Reflexion werden die nachfolgenden Unterrichtsgestaltungen konzipiert und optimiert. Auch bei dieser Veranstaltung wird das Cognitive-Apprenticeship umgesetzt, denn der Dozent gibt im Laufe der Unterrichtsplanungen immer weniger Instruktionen und übergibt den Studierenden somit immer mehr Kontrolle, Planung und Steuerung.

Der Fokus des Zertifikats "setting Manager" (Z2) liegt nicht nur auf dem Cognitive-Apprenticeship-Ansatz, sondern auch auf der Projektarbeit. Im

Modul "Production and Sales" (Z2M1) werden vom Dozenten zwei Unternehmen, die Produkte in der selben Branche vermarkten, ausgewählt. Die Studierenden werden in zwei Gruppen eingeteilt und bekommen ausreichend Recherchezeit. Anhand dieser Unternehmen wird ihnen exemplarisch der betriebliche Leistungsprozess, die Produktions- und Kostentheorie nähergebracht. Mit diesen Informationen sind sie befähigt nach einer direkten Instruktion des Dozenten über die Produktionsprogrammplanung, diese für das jeweilige Unternehmen durchzuführen. Es wird jeweils eine Marketingstrategie ausgearbeitet. Auch hier zieht sich der Dozent immer mehr aus der Bearbeitung zurück und überlässt den Studierenden mehr Steuerung und Kontrolle. Im Modul "Investment" (Z2M2) gilt das Projekt: "Gestalte ein Messe-Tag" zu bearbeiten. Während des Messe-Tages werden anschaulich ihre Rechercheergebnisse, Informationen und Tipps für Unternehmen vorgestellt. Werbestrategien werden vorerst thematisch behandelt und in Expertengruppen vorgestellt und verglichen. Anschließend sind die Teilnehmer in der Lage selbstständig Einladungen für den Messe-Tag an Unternehmen, Kommilitonen und allgemein Interessierte zu senden. Ziel der Messe ist es, die Studierendem in ihrer Organisation und Moderation zu fördern und den Wissenstransfer in die Praxis umzusetzen. Zudem eignen sich die Studierenden dadurch die Durchführung einer strukturierten Planung an. Im Modul "Successful corporate Strategy" (Z2M3) werden die Studierenden ein Living-Case eines realen Unternehmens durchführen. Sie erstellen in Gruppenarbeit in der Fallstudie einen Businessplan für das ausgewählte Unternehmen. Die Ergebnisse werden vor dem Geschäftsführer und dem gesamten Kurs am Ende des Moduls präsentiert. Der Dozent gibt zu Beginn Input, was impliziert, dass er den Studierenden nach und nach die Planung des Living-Case überlässt, da sie sich auch nach und nach mehr Wissen angeeignet haben.

Beide Zertifikate sind durch die didaktischen Konzepte sehr praxisorientiert aufgebaut. Außerdem sorgt das Pflichtzertifikat "Projekt" zusätzlich für eine Affinität zwischen Theorie und praktischer Tätigkeit und sichert somit ein außergewöhnliches Engagement und eine hohe Leistungsbereitschaft der Studierenden. PWW legt großen Wert darauf, dass die Studierenden vor allem durch das 13-wöchige Projekt einen tieferen Einblick in die Aufgabenfelder eines Unternehmens bekommen. Dadurch können sie nicht nur ihr Interesse in diesem Bereich anschließend besser einschätzen, sondern können auch Erfahrungen praktisch sammeln. Auch überfachliche Kompetenzen werden ausgebildet indem Gruppenarbeiten, Gruppen-Puzzles, Expertenrunden, Abschlusskonferenzen und Präsentationen eingesetzt werden. Die Teamarbeit der PWW-Studierenden fördert und ermöglicht eine respektvolle Kommunikation miteinander und das Formulieren von eigenen Wünschen, Zielen und Interessen. Wer die Kompetenz der Teamfähigkeit erworben hat, wird die Methoden der Konfliktbewältigung und Problemlösestrategien schnell verinnerlichen und kann somit sein Einfühlungsvermögen und zugleich sein Selbstbewusstsein präzisieren. Auf diese Weise wird nicht nur ein Lernen miteinander, sondern auch ein Lernen voneinander ermöglicht.

Durch die unterschiedlichen Abschlüsse verfügen die Studierenden über vielfältige Fachkenntnisse und Grundwissen in den verschiedensten Bereichen. Des Weiteren kommen die Studierenden aus allen Teilen Europas und haben somit einen kulturell und sozial unterschiedlichen Hintergrund. Durch differenzierte Praktika sind praktische Fähigkeiten und Fertigkeiten unterschiedlicher Ausprägung vorhanden. Die unterschiedlichen Vorrausetzungen der Studierenden sollen dadurch minimiert werden, dass die Studierenden einerseits voneinander lernen und andererseits die Dozierenden sie auf ein gemeinsames Level bringen, damit alle die nötigen Grundvoraussetzungen erfüllen. Zusätzlich werden Veranstaltungen zur Wiederholung oder Vertiefung angeboten, die freiwillig besucht werden können. Dies ermöglicht die spezifische Aufarbeitung und zielgerichtete Minimierung vorhandener Wissensdefizite bei einzelnen Studierenden.

Während des gesamten Studiums wird auf persönliche Beratung und intensive Betreuung großen Wert gelegt. Diese Beratung wird durch das Patenschaft-Programm ermöglicht. Dabei ist ein Studierender aus dem dritten Semester für mehrere Studierende aus dem ersten Semester verantwortlich. Die Patenschaft wird über den Zeitraum von zwei Semestern geführt und von der Universität vergütet.

Ein Pate des PWWs übernimmt einmal in der Woche in einem für die Studierenden bereitgestellten Seminarraum die Rolle des Ratgebers & Coachs, welche auch von Dozenten teilweise übernommen wird. Es wird somit eine auf die speziellen Fähigkeiten und Bedürfnisse der Studierende zugeschnittene Förderung, Beratung und Begleitung sichergestellt.

12. Zielpublikum und Aufnahmebedingungen

Das PWW richtete sich an Studierende und berufstätige Personen, die einen Bachelorabschluss haben und eine Neu- oder Umorientierung vornehmen möchten. Durch die individuelle Zertifikatwahl können Sie sich in den Bereichen Personal Skills, Wirtschaft oder Wissenschaft weiterbilden und sich neuen beruflichen Herausforderungen stellen. Sie können beispielsweise in der Forschung tätig sein oder als Lehrkraft unterrichten.

Für die Einschreibung muss ein abgeschlossener Bachelorstudiengang vorgelegt werden und eine fristgerechte Einschreibung erfolgen. Außerdem muss die Informationsveranstaltung zu Beginn des Semesters besucht werden, in der grundlegende formale und inhaltliche Themenfelder besprochen werden.

Die Belegung des PWWs erfolgt sowohl im Sommersemester als auch im Wintersemester; maximal 100 Studierende werden dabei pro Semester in jedem Bereich zugelassen.

13. Kosten

In den folgenden zwei Tabellen sind einmalige Kosten aufgelistet. In der ersten Tabelle sind die Kosten des aktuellen Konzeptes und die Kosten bis zur fertigen Ausarbeitung. Falls weitere Module oder Zertifikate erwünscht sind können diese Kosten der unteren Tabelle entnommen werden.

KOSTEN PRODUKT		
Produkt	**Aufwand**	***Kosten***
Aktuelles Konzept (3 Zertifikate; 9 Module)	900€ x 7 Tage	***6.300 €***
Komplette Ausarbeitung nach aktuellen Konzept (7 Zertifikate; 21 Module)	900€ x 17 Tage	***15.300 €***

KOSTEN WEITERER MODULE ODER ZERTIFIKATE					
Weitere Module	**Kosten**	***Zuzüglich: Ausarbeitung nach aktuellen Konzept 15.300 €***	**Weitere Zertifikate (inkl. Module)**	**Kosten**	***Zuzüglich: Ausarbeitung nach aktuellen Konzept 15.300 €***
1	900 €	***16.200 €***	1	3.000 €	***18.300 €***
2	1.800 €	***17.100 €***			
3	2.700 €	***18.000 €***	2	6.000 €	***21.300 €***
4	3.600 €	***18.900 €***			
5	4.500 €	***19.800 €***	3	9.000 €	***24.300 €***
6	5.400 €	***20.700 €***			
7	6.300 €	***21.600 €***	4	12.000 €	***27.300 €***
8	7.200 €	***22.500 €***			
9	8.100 €	***23.400 €***	5	15.000 €	***30.300 €***
10	9.000 €	***24.300 €***			

Folgenden zwei Tabellen ist zu entnehmen welche laufenden Kosten pro Student für die Universität entstehen. In der oberen Tabelle ist der dritten Zeile zu entnehmen dass für eine Kontaktstunde die Universität einem Dozenten 220€ zahlen muss. Die 220€ geteilt durch 20 Studierende in einem Seminar macht 11,00€ pro Teilnehmer. In der darunterliegenden Zeile wird über die Kontaktzeit die Kosten für ein Modul und darunter für ein Semester (3 Module/ 1 Zertifikat) errechnet. In der unteren Tabelle sind die Kosten eines kompletten Masterstudiums pro Studierenden dargestellt.

KOSTEN FÜR MODULE UND ZERTIFIKATE					
Zertifikate	**Module**	**ECTS- Punkte**	**Kontaktzeit in h**	**Kosten pro Kontaktzeit**	***Kosten pro Teilnehmer***
			1	220 €	11 €
	1	5	150	33.000 €	***1.650 €***
1	3	15	450	99.000 €	***4.950 €***

KOSTEN EINES KOMPLETTEN MASTERSTUDIUMS				
Zertifikate	**Module**	**ECTS- Punkte**	**Kontaktzeit in h**	**Kosten pro Teilnehmer**
3	9	45	1350	14.850 €
Thesis	Kolloquium	3	90	990 €
Ein Komplettes Masterstudium			***1440***	***15.840 €***

14. Anhang

Überblick

Die unten stehende Grafik zeigt auf, wie die ECTS-Aufteilung in jedem Master aussieht. Es fällt nicht nur auf, dass der Master größtenteils aus frei wählbaren Teilen besteht, sondern auch, dass alle Zertifikate, mit Ausnahme von der "Thesis", gleich gewichtet sind. Sie haben einen Arbeitsaufwand von 15 ECTS-Punkten, welche sich aus jeweils maximal 3 Modulen zusammensetzen. 90 ECTS-Punkte sind in diesem zweijährigen Master zu erwerben.

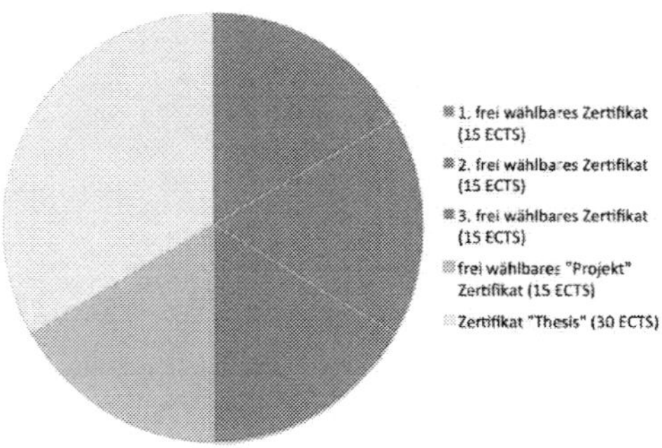

Profil

Die Profilmöglichkeiten durch verschiedene Kombinationen von Zertifikaten sind in folgenden Grafiken verdeutlicht.

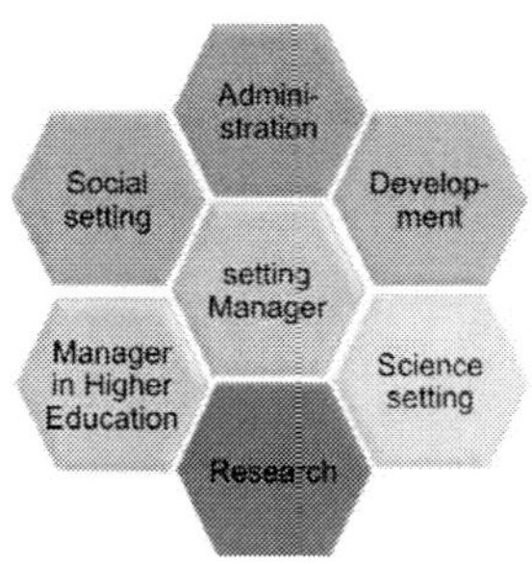

Master as Science setting Manager in Higher Education

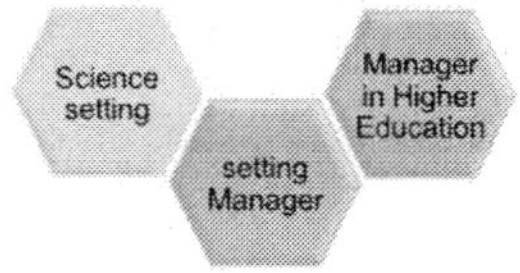

Master as Science setting Manager in Research

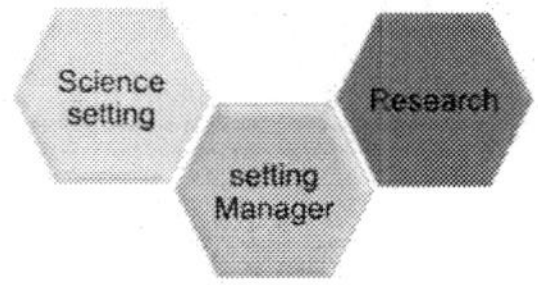

Master as Social setting Manager in Administration

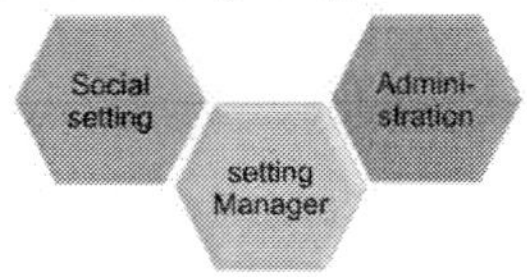

Master as Administration setting Manager in Research

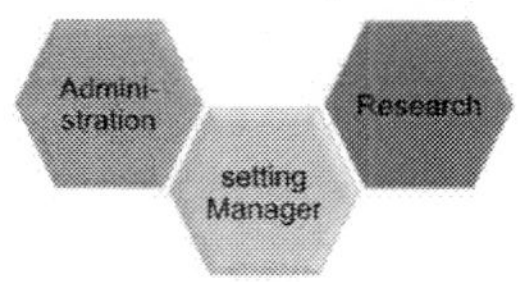

Social settting Manager in Science setting

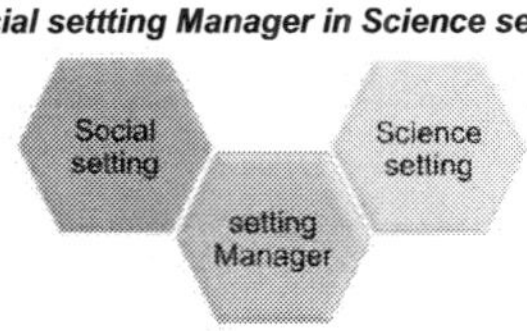

Master as Administration setting Manager in Higher Education

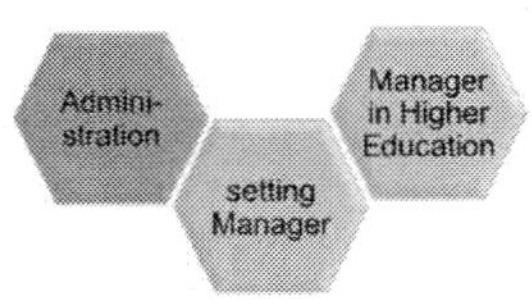

Master as Research Manager in Higher Education

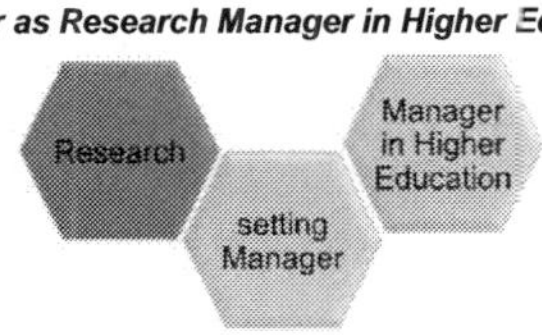

Modulplan

Zertifikat: Science setting (Z1)						
Modul	Veranstaltungstitel	Veranstaltungsort	PL/SL	ECTS	Präsenzzeit	Selbststudium
Z1M1	Developmental Biology	In den Räumlichkeiten der Universität	PL	5	30h	120h
Z1M2	Laboratory Work	Labor und in den Räumlichkeiten der Universität	PL	5	90h	60h
Z1M3	Laboratory Teaching	Schule und in den Räumlichkeiten der Universität	PL	5	60h	90h

Zertifikat: setting Manager (Z2)						
Modul	Veranstaltungstitel	Veranstaltungsort	PL/SL	ECTS	Präsenzzeit	Selbststudium
Z2M1	Producation and Sales	In den Räumlichkeiten der Universität	PL	5	30h	120h
Z2M2	Investment	In den Räumlichkeiten der Universität	PL	5	30h	120h
Z2M3	Successful coporate Strategy	In den Räumlichkeiten der Universität	PL	5	30h	120h

Zertifikat: Manager in Higher Education (Z3)						
Modul	Veranstaltungstitel	Veranstaltungsort	PL/SL	ECTS	Präsenzzeit	Selbststudium
Z3M1	Educational Psychology	In den Räumlichkeiten der Universität	PL	5	30h	120h
Z3M2	Education Systems	Labor und in den Räumlichkeiten der Universität	PL	5	90h	60h
Z3M3	Personalized Andragogy	In den Räumlichkeiten der Universität	PL	5	60h	90h

Zertifikat: Projekt (Z4)						
Modul	Veranstaltungstitel	Veranstaltungsort	PL/SL	ECTS	Präsenzzeit	Selbststudium
Z4M1	Practical Activity	Im Unternehmen der Wahl	PL	15	300h (im Unter-nehmen)	150h

Zertifikat: Thesis (Z5)						
Modul	**Veranstaltungstitel**	**Veranstaltungsort**	**PL/SL**	**ECTS**	**Präsenzzeit**	**Selbststudium**
Z5M1	Kolloquium	In den Räumlichkeiten der Universität	SL	3	30h	60h
Z5M2	Thesis	In den Räumlichkeiten der Universität	PL	27	0h	810h

Legende	
ECTS	= European Credit Transfer System. Anzahl der in der Lehrveranstaltung zu erwerbenden ECTS-Punkte
PL	= Prüfungsleistung. In dieser Lehrveranstaltung ist eine studienbegleitende Prüfung abzulegen
SL	= Studienleistung. In dieser Lehrveranstaltung ist keine studienbegleitende Prüfung abzulegen
Präsenzzeit	= Anwesenheitszeit an der Universität in Vorlesungen, Seminaren, Labor oder Übungen
Selbststudium	= Zeit, die man sich selbstständig einteilen kann. Dies kann beispielsweise zu Hause oder in der Bibliothek, mit Kommilitonen oder in Einzelarbeit stattfinden.

Studienverlaufsplan

Am Beispiel Master as Science setting Manager in Higher Education

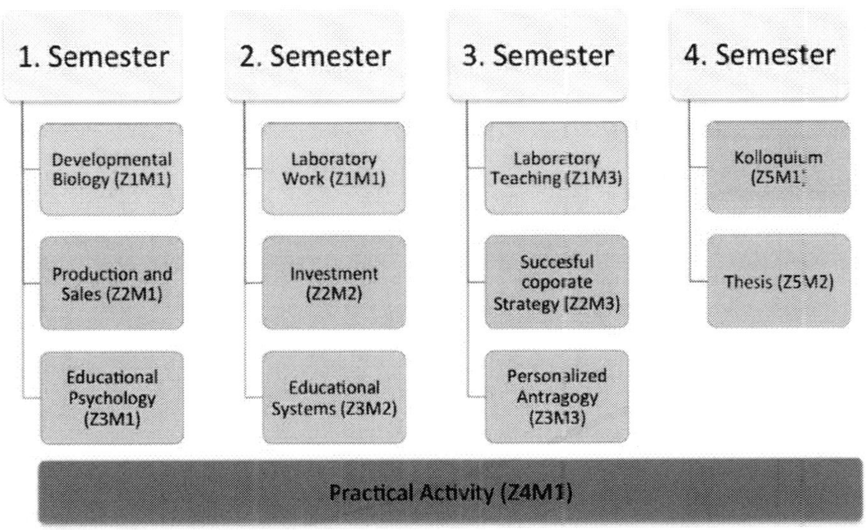

Erklärung zum Studienverlaufsplan

Der Studienverlaufsplan des Master as Science setting Manager in Higher Education (Dauer: 2 Jahre bzw. 4 Semester) zeigt, dass jeweils das erste Modul der drei frei wählbaren Zertifikate im ersten Fachsemester vorgesehen ist. Sinn dahinter ist, dass in allen Zertifikaten zunächst Grundlagen geschaffen werden, damit im Verlauf des Studiums darauf aufgebaut werden kann. Analog dazu lässt sich erkennen, dass das zweite Modul der jeweiligen Zertifikate im zweiten Semester, und das dritte Modul im dritten Semester, stattfindet. Das Zertifikat "Projekt" kann während des gesamten Studiums absolviert werden und hat eine Länge von 13 Wochen. Im vierten Semester ist das Zertifikat "Thesis" vorgesehen. Die unten stehende Grafik verdeutlicht farblich welche einzelnen Module, die aus dem Studienverlaufsplan zu entnehmen sind, zu welchem Zertifikat gehören.

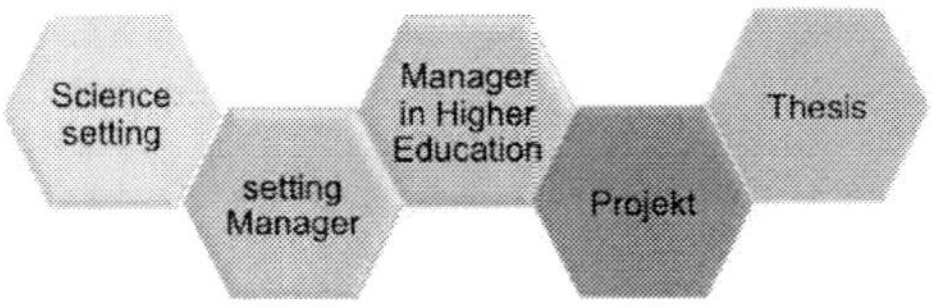

Öffentliche Bildung

1.
Sprach- und Integrationskurs für Flüchtlinge „SPRING“

von Denise Hildebrandt, Melanie Koch, Mona Mattern,
Eliabeth Reinle und Jasmin Wylegalla

Gliederung

Sprach- und Integrationskurs für Flüchtlinge „SPRING“

1. Abstrakt

Dieses Curriculum richtet sich an alle Flüchtlinge in Deutschland, die bereits den FlüAG-Kurs erfolgreich absolviert haben und daran interessiert sind, an einem Sprach- und Integrationskurs teilzunehmen, der sich nicht ausschließlich auf das Erlernen der deutschen Sprache spezialisiert hat. Dieser Sprach- und Integrationskurs bietet neben dem Erlernen der deutschen Sprache einen direkten Praxisbezug zu alltäglichen Situationen in Deutschland und erleichtert somit die Integration der Teilnehmer. Er besteht aus insgesamt acht unterschiedlichen Kursen, die thematisch gegliedert sind, jedoch nicht zwingend aufeinander aufbauen. Im Gegensatz zu anderen Sprach- und Integrationskursen setzen wir den Schwerpunkt unter anderem auf einen hohen Praxisanteil, der passend zu jedem Kurs einen Bezug zum Alltag herstellt. Des Weiteren arbeiten wir mit didaktischen Konzepten, wie der sogenannten Flemo-Box und dem Prinzip der Immersion und Transferdidaktik. Die Dauer des Kurses beläuft sich auf insgesamt 22 Wochen. Ziel des Kurses ist es, den Flüchtlingen einen leichteren Einstieg in den deutschen Alltag zu ermöglichen, um eine hohe Integrationsrate zu erzielen.

2. Auftrag

Aufgrund der hohen Anzahl der Asylbewerber wurden wir, das „KOMPASS-Team“ vom Bildungsministerium beauftragt, einen auf dem FlüAG-Kurs aufbauenden Sprach- und Integrationskurs zu entwickeln. Dieses Curriculum ermöglicht den Erwerb der deutschen Sprache mit dem Ziel, den Alltag selbständig bewältigen zu können, sowie am kulturellen und gesellschaftlichen Leben teilzuhaben.

3. Team

Unser Team besteht aus fünf qualifizierten Bildungsmanagerinnen, die durch langjährige praktische Erfahrungen im Bereich der Curriculaentwicklung und der Lehr-Lernforschung umfassendes Wissen im Bildungsbereich vorweisen können.

Durch unsere individuellen Vorerfahrungen bringen wir des Weiteren betriebswirtschaftliche Kompetenzen, sowie Erfahrungen im Bankwesen mit. Unsere Berufserfahrungen im sozialen Bereich haben unsere Überlegungen zur Konzipierung des Curriculums ergänzt.

4. Vorstudie

Im Vorfeld unserer Curriculumentwicklung haben wir umfassende Recherchen durchgeführt. Im Zuge dieser haben wir Deutschlehrer und

Mitarbeiter von Sprachschulen befragt, durch die wir Auskunft über eine sinnvolle Strukturierung eines Sprachunterrichtes für Anfänger erhalten haben und die uns weiterführende Informationen zu Lehrmaterialien und Literaturen zur Verfügung gestellt haben. Ein Leiter einer Volkshochschule informierte uns über die derzeitigen Deutsch- und Integrationskurse, die von der Volkshochschule angeboten werden. Im Gespräch mit dem Volkshochschulleiter haben wir erfahren, dass es wichtig ist, den bisherigen Wissensstand der Teilnehmer zu erfassen, um mit diesem zu arbeiten. Weiterhin ist es relevant, den Teilnehmern genügend Zeit und Raum zu geben, das neue Vokabular zu erlernen und interaktiv anzuwenden. Auf diesen Informationen aufbauend, haben wir diesen Sprach- und Integrationskurs interaktiv gestaltet und neben einem einführenden Erfahrungsaustausch, welcher die Beteiligung aller Teilnehmer ermöglicht, auch einen praktischen Teil als Kernelement konzipiert. Zudem ermöglichten uns die Informationen des Volkshochschulleiters eine thematische Gestaltung und Gliederung der Kurse, angepasst an die Bedürfnisse der Flüchtlinge. Weiterhin haben wir uns Erfahrungsberichte von Sozialarbeitern, welche in der Flüchtlingshilfe aktiv sind eingeholt, um wichtige Aspekte hinsichtlich kultureller, sozialer, psychologischer und individueller Gegebenheiten und Unterschiede bei der Integration zu berücksichtigen. Abschließend haben wir Migranten befragt, die bereits seit über einem Jahr integriert sind und an einem Deutschkurs teilgenommen haben. Durch Gespräche mit ihnen haben wir Einblicke in für sie schwierige Lebensbereiche erhalten. Aufgrund der geschilderten Probleme haben wir diese Situationen, wie Ämterbürokratie und Mobilität, in unser Curriculum aufgenommen. Zur Ausgestaltung der didaktischen Konzepte erfolgte eine umfassende Literaturrecherche unsererseits.

Vorläufige Idee

Dieses Curriculum befasst sich mit einem alltagstauglichen und lebensnahen Spracherwerb, der eine Integration ermöglicht. Dazu werden innerhalb des Kurses sowohl schulische, als auch praktische Strukturen fortlaufend miteinander verknüpft. Zu verschiedenen Lebensbereichen werden jeweils grundlegende Sprachkenntnisse interaktiv vermittelt und erarbeitet. Um das gelernte Wissen anzuwenden und das gesellschaftliche Leben kennenzulernen, erfolgen Exkursionen in die jeweiligen Bereiche vor Ort. Im sicheren Umfeld der geschlossenen Gruppe lernen die Teilnehmer die Alltagssituationen zu bewältigen, sich in ihrem näheren Umfeld zu bewegen und zu orientieren.

Interessierte und Beteiligte

Dieser Sprach- und Integrationskurs wurde für Flüchtlinge entwickelt, welche den FlüAG-Kurs bereits erfolgreich absolviert haben. Unser Curriculum richtet sich an Teilnehmer im Alter zwischen 16 und 55 Jahren. Über unsere Recherchen haben wir erfahren, dass in diesem Alter das höchste Interesse unter Flüchtlingen an Sprach- und Integrationskursen besteht. Im Hinblick auf die Erwerbstätigkeit ist dies die wichtigste Zielgruppe. Besonders die jungen Flüchtlinge, die nach Deutschland kommen, erhoffen sich hier eine bessere finanzielle Zukunft bzw. bessere Perspektiven als in ihren Heimatländern. Die praktischen Exkursionen werden von Hilfskräften begleitet, welche später genauer erläutert werden. Außerdem wird der Kurs durch externe Helfer- wie dem deutschen Roten Kreuz, die eine Einweisung in die Bewältigung von Notfallsituationen übernehmen -unterstützt. Ansprechpartner von örtlichen Einrichtungen wie Vereine, Ärzte, Behörden oder Berufsinformationszentren übernehmen eine unterstützende Funktion. Je nach Umfang der Exkursion können zusätzlich ehrenamtliche Helfer involviert werden.

Organisation des Kurses

Die Kurseinheiten können sowohl vormittags, als auch nachmittags angeboten werden, da die teilnehmenden Flüchtlinge zeitlich flexibel sind und in der Regel noch keiner Arbeit nachgehen. Der Kurs findet vier Mal in der Woche von Montag bis Donnerstag statt, täglich sind drei Stunden Unterricht angesetzt. Je nach Angeboten und Anwendungen können einzelne Termine auch am Wochenende stattfinden.

Da wir davon ausgegangen sind, dass auch Eltern von Kleinkindern an diesem Kurs teilnehmen, ist zu klären, wie die Betreuung während der Unterrichtszeit geregelt wird. Eine Möglichkeit wäre, die Kinder in der Zeit des Unterrichts von dem jeweils anderen Elternteil betreuen zu lassen oder eine Spielgruppe für diese Zeit einzurichten. Gegebenenfalls gibt es die Möglichkeit die Kinder in einem Kindergarten vor Ort für die Zeit des Kurses betreuen zu lassen. Eltern die Kinder unter zwei Jahren haben, können das Kind in den Unterricht mitbringen, falls weder Elternteil noch nahe Verwandte die Möglichkeit haben, die Betreuung zu übernehmen.

Als Unterrichtsraum wäre eine Örtlichkeit nahe der Unterkunft der Teilnehmenden von Vorteil, um lange Fahrt- oder Fußwege zu vermeiden. Geeignete Räume können bei der Volkshochschule, den Gemeinden oder den Pfarrgemeinden angefragt werden. Wir gehen bei unserem Curriculum von einer Gruppengröße von maximal 20 Personen aus. Wir wählen diese Gruppengröße, damit eine individuelle Betreuung der einzelnen Teilnehmer gewährleistet wird. Geleitet wird der Sprach- und Integrationskurs von ausgebildeten (pensionierten) Lehrkräften. Dabei können freiwillige Helfer die Lehrperson unterstützen. Die einmalige Anschaffung eines Lehrbuchs wird von den Teilnehmenden selbst bezahlt. Dabei sollten die Kosten den Rahmen von 20€ nicht überschreiten.

Erfahrungen und Kenntnisse der Teilnehmer

Die Teilnehmer dieses Kurses sind aufgrund des FlüAG-Kurs bereits in der Lage, die deutsche Sprache zu lesen und zu schreiben. Dies ist Voraussetzung, um an diesem Sprach- und Integrationskurs teilnehmen zu können, damit in diesem Kurs darauf aufbauend die Inhalte sinnvoll und angemessen vermittelt werden können. Zudem sind geringe Englischkenntnisse von Vorteil, um eine gemeinsame Kommunikationsbasis zu schaffen.

5. Heterogenitätskonzept

Zielgruppe dieses Sprach- Integrationskurses sind Menschen aus verschiedensten Ländern und Kulturen mit unterschiedlichen Religionen und Sprachen. Sie bringen unterschiedliche Vorkenntnisse, Bildungsstände und Englischkenntnisse mit und haben ein unterschiedliches Alter. Dabei ist darauf zu achten, dass jeder Teilnehmer eine individuelle Lernbiographie mit unterschiedlichem Wissensstand mitbringt. Ihr psychischer Zustand kann durch die erlebten Situationen im Herkunftsland oder während der Flucht in unterschiedlicher Verfassung sein. Die Teilnehmenden können unter Depressionen oder psychischen Traumata leiden. Diese psychischen Leiden können das Lernen und die Integration der Betroffenen beeinträchtigen oder sogar unmöglich machen. Daher muss auf die psychische Belastung besondere Rücksicht genommen werden. Bemerken Lehrkräfte, Hilfskräfte oder freiwillige Helfer psychische Leiden bei einem Teilnehmenden, sollte eine psychologische Betreuung hinzugezogen werden.

Die Heterogenität zwischen den Kulturen, Teilnehmenden und deren Lebensgeschichte ist fester Bestandteil unseres Kurskonzeptes. Es gilt nicht nur die Unterschiede zwischen den Teilnehmenden, ihren Herkunftsländern und Deutschland deutlich zu machen, sondern den Teilnehmenden Raum zu geben sich zu erklären und Erlebtes aufzuarbeiten.

Der Heterogenität aller Teilnehmenden bezüglich Kultur, Sprache, Bildungsstand und Lebensgeschichte werden wir durch die Selbstberichte der Teilnehmer zu Beginn jedes Kurses gerecht. Durch diese Selbstberichte erfahren die Lehrperson, die freiwilligen Helfer, die Hilfskräfte und die Teilnehmenden gegenseitig von jedem Teilnehmer, welches Vorwissen und welche Lebensgeschichte er mitbringt. Des Weiteren wird die Situation im Heimatsland der Teilnehmenden beleuchtet. So kann die Lehrkraft das Lernangebot spezifischer auf die Kursgruppe, sowie auf den Einzelnen abstimmen. Außerdem kann die Lehrkraft durch die Selbstberichte die Schwierigkeiten mit Themeneinheiten oder dem Lernen besser verstehen und einschätzen und dadurch gezielter Hilfestellungen geben. Die Hilfskräfte, die ebenfalls diesen Kurs absolviert haben oder noch dabei sind, sowie die freiwilligen Helfer können neben der Lehrkraft den Teilnehmenden jederzeit bei Aufgaben oder Anwendungen helfen und Fragen beantworten.

6. Produkt

Das vorliegende Curriculum enthält verschiedene Komponenten, um Ihnen einen klaren Überblick über den Ablauf, die Inhalte und die Kosten zu verschaffen. Im Rahmen eines ausführlichen Kursplans werden Ablauf und Inhalte des Curriculum dargestellt. Dieser wird in schriftlicher, graphischer und tabellarischer Form veranschaulicht. Das Kurshandbuch beinhaltet eine detaillierte Beschreibung der einzelnen Kurse, deren zeitlichen Aufwand, deren Ziele, das didaktische Vorgehen, sowie den

Umgang mit der Heterogenität der Teilnehmer. Die Ausschreibung umfasst eine präzise Kostenübersicht unterteilt in Gesamt- und Durchführungskosten.

7. Definitionen

Teilhabe[1]

„Der Begriff Teilhabe (Partizipation) wird in der Sozialarbeit/Sozialpädagogik mit sehr verschiedenen Inhalten verwendet. Gemeinsam ist allen Begriffsverständnissen, dass sie etwas mit Beteiligung, Mitwirkung und Mitbestimmung zu tun haben."

Eines unserer vorrangigen Ziele in unserem Curriculum ist die Ermöglichung von Teilhabe an der Gesellschaft, sowie an der zugehörigen Kultur. Dadurch entsteht eine aktive Beteiligung und Mitgestaltung des Lebensumfeldes in Deutschland.

Kultur[2]

„Die Kultur kann in ihrem weitesten Sinne als die Gesamtheit der einzigartigen geistigen, materiellen, intellektuellen und emotionalen Aspekte angesehen werden, die eine Gesellschaft oder eine soziale Gruppe kennzeichnen. Dies schließt nicht nur Kunst und Literatur ein, sondern auch Lebensformen, die Grundrechte des Menschen, Wertsysteme, Traditionen und Glaubensrichtungen."

In unserem Curriculum achten wir darauf, dass die eigene Kultur der einzelnen Teilnehmer bewahrt wird, sie aber dennoch einen Einblick in die Kultur der westlichen Welt erhalten und diese verstehen und respektieren.

Heterogenitätskonzept[3]

„Der Begriff „heterogen" kommt ursprünglich aus dem Altgriechischen und bezeichnet Beziehungen zwischen Verschiedenen, die einander nicht untergeordnet werden. Heterogene Gruppen sind also Gruppen, in denen sowohl die Verschiedenheit als auch die Gleichberechtigung der Mitglieder anerkannt werden. In solchen Gruppen soll jeder ohne Angst verschieden sein können, zum Beispiel hinsichtlich Lebensweise, Leistungsfähigkeit, Religion, Kultur oder Alter. Dieses Ziel entspricht den grundlegenden Prinzipien von Menschenrechten und Demokratie, die auch für das Bildungswesen maßgeblich sind."

Wir definieren in unserem Curriculum Heterogenität als Unterschiedlichkeit der Teilnehmer.

FlüAG-Kurs[4]

Die Abkürzung FlüAG steht für das Flüchtlingsaufnahmegesetz. Die FlüAG-Kurse sind Deutschkurse die vom Landratsamt finanziert werden. Sie waren früher an die Asylbewerber gerichtet, die eine Aufenthaltsgestattung mit guter Bleibeperspektive hatten. Mittlerweile richtet sich der FlüAG-Kurs an alle Asylbewerber mit Aufenthaltsgestattung. Der Kurs umfasst lediglich 90 Stunden Deutschsprachkurs und benötigt keine Vorkenntnisse in der deutschen Sprache. Am Ende des

1 *http://www.sign-lang.uni-hamburg.de/projekte/slex/seitendvd/konzepte/l54/l5467.htm, letzter Zugriff am 14.12.2015*

2 *http://www.bak.admin.ch/themen/04117/?lang=de, letzter Zugriff am 14.12.2015*

3 *http://www.bpb.de/gesellschaft/kultur/zukunft-bildung/145242/heterogenitaet?p=all, letzter Zugriff am 14.12.2015*

4 *https://www.bamf.de/SharedDocs/Anlagen/DE/Publikationen/EMN/Nationale-Studien-WorkingPaper/emn-wp55-organisation-und-aufnahme-asylbewerber.pdf?__blob=publicationFile, letzter Zugriff am 14.12.2015*

Kurses haben die Teilnehmer das Niveau A1 noch nicht erreicht, sie haben jedoch schon die wichtigsten Wörter und Grammatikstrukturen erlernt.

Pro FlüAG-Kurs werden vom Landratsamt 15 Personen ausgewählt. Jede Person hat jeweils nur auf einen FlüAG-Kurs Anspruch.

In unserem Sprach- und Integrationskurs arbeiten wir mit Teilnehmern die bereits den FlüAG-Kurs besucht haben und somit schon die grundlegendsten Wörter und Grammatikstrukturen erlernt haben.

Flemo-Box[5]

Die Abkürzung Flemo steht für „Flexibles Modellieren". Durch Flemo wird in der Gruppe gemeinsam ein Thema mithilfe der Flemo-Box visualisiert, das aktive und vernetzte

Wissen gefördert und selbstgesteuerte Aktivität hervorgebracht. Flemo kann in vielen Bereichen Verwendung finden: Es kann sowohl in schulischen als auch in betrieblichen Kontexten eingesetzt werden. Flemo dient dazu abstrakte Theorien darzustellen, Arbeitsabläufe zu instruieren, schwierige Ausbildungssituationen zu verbessern, Fremdsprachen zu erlernen, Konflikte zu lösen, Kommunikation zu trainieren und Probleme der Kommunikation erkennen zu können, Grafiken und schriftliche Instruktionen zu verstehen, Projekte im Unternehmen zu planen, die Qualität der Produkte zu sichern und das Wissen der Mitarbeiter zu managen.

Die Flemo-Box benutzen wir um Alltagssituation- sowohl von den Teilnehmenden als auch von der Lehrperson- darzustellen, damit jeder seine Erfahrungen ausdrücken kann und den Inhalt des neuen Themas schneller begreift.

Werte[6]**, Haltungen**[7] **und Normen**[8]

Zur Definition von Werten berufen wir uns auf die Formulierung nach Clyde Kluckhohn: „Werte stellen Aspekte einer sozial geteilten Konstruktion von Wirklichkeit dar, die - sprachlich vermittelt oder gar erst konstituiert – als Begründungen, Rechtfertigungen oder Bewertungsgrundlagen von Ereignissen und Handlungen innerhalb einer Gruppe, Gesellschaft oder Kultur verwendet werden. Sie beziehen sich auf mehr oder weniger verbindlich Wünschens- und Erstrebenswertes. Das, was der einzelne wünscht oder anstrebt, muss er im Zweifelsfall gegenüber anderen unter Rekurs auf Werte rechtfertigen können."

Haltungen werden nach Duden als „innere Grundeinstellung, die jemandes Denken und Handeln prägt", definiert. Normen werden als „allgemein anerkannte, als verbindlich geltende Regel für das Zusammenleben der Menschen", definiert.

Unser Curriculum vermittelt den Teilnehmern die Werte unserer westlichen Kultur. Insbesondere die demokratischen Werte der Meinungsfreiheit, Gleichberechtigung und der individuellen Persönlichkeitsentfaltung. Aber auch Werte die einen angenehmen zwischenmenschlichen Umgang ermöglichen wie

5 *Flemo im Betrieb und in der Erwachsenenbildung, Schweizerische Tagung für Bildungsfachleute – Zürich 2014, Prof. Dr. Manfred Künzel, letzter Zugriff am 11.12.2015*
Lernen heisst ein eigenes Bild erschaffen, Andreas Grassi und Manfred Künzel, letzter Zugriff am 11.12.2015

6 *https://portal.hogrefe.com/dorsch/werte/, letzter Zugriff am 13.12.2015*

7 *http://www.duden.de/suchen/dudenonline/haltung letzter Zugriff am 13.12.2015*

8 *http://www.duden.de/rechtschreibung/Norm, letzter Zugriff am 13.12.2015*

beispielsweise Freundlichkeit, Toleranz und Hilfsbereitschaft.

Kompetenzen[9]

In unserem Curriculum beziehen wir uns auf die Definition des Bildungsservers, der Kompetenz wie folgt beschreibt: „Kompetenz lässt sich als eine Fähigkeit definieren, ein komplexes Bedürfnis zu befriedigen oder eine komplexe Tätigkeit auszuführen beziehungsweise eine komplexe Aufgabe zu bewältigen. Kompetenzen können in unterschiedlichen Anforderungssituationen konstruiert und aktiviert werden, indem das Individuum seine Ressourcenausstattung kombiniert und mobilisiert. So definiert, handelt es sich bei dem Kompetenzbegriff um ein holistisches Konstrukt. Eine Kompetenz ist dabei mehr als die Summe der aktivierten Ressourcen. Ressourcen sind: Temperament, Begabungen, kulturspezifische Erfahrungen, Interessen, Motive, implizites und explizites Wissen, Fakten- bzw. lexikalisches Wissen, Fertigkeiten, Erfahrung in ähnlichen Situationen, physische Ressourcen (z. B. Kraft, Schnelligkeit, Geschicklichkeit), soziale Ressourcen, Zugänge zu Wissen und Erfahrung". Die Teilnehmer erwerben in unserem Curriculum grundlegende Sprachkompetenzen, die sie zur selbständigen Alltagsbewältigung befähigen. Sie kennen die Vokabeln, Satzstrukturen und die Anwendungsmöglichkeiten ihres Wissens sowie die Kompetenz zur eigenständigen Weiterbildung.

Immersion[10]

Stellt nach Definition des Stangl-Lexikons ein didaktisches Konzept für den Spracherwerb dar, das dem Lernenden ein Eintauchen in die Wissensinhalte ermöglicht. Dies erfolgt über den Gebrauch der zu lernenden Sprache und den Einsatz von Gestik, Mimik, Symbolen und Abbildungen, sodass keine Übersetzung notwendig ist. Dies erfolgt in unserem Curriculum klassischerweise durch den Gebrauch der deutschen Sprache für Instruktionen, Erklärungen und Rückmeldungen, sowie durch das didaktische Mittel der Flemo-Box. Zudem sind die Kurse derart gestaltet, dass die Teilnehmer von Beginn an selbst deutsches Vokabular anwenden können.

Transferdidaktik[11]

Als Begriffsdefinition ziehen wir die Formulierung von Franz-Joseph Meissner heran: „Die sprachlichen Einheiten der zuerst gelernten Sprache können auf ihre Eignung als Transferbasen hin geprüft werden und überall dort, wo sich die Möglichkeit dazu bietet, zur Erleichterung und Beförderung des Erlernens der nachfolgenden Sprache herangezogen werden." In unserem Curriculum bedeutet dies, dass mit den Worten angefangen wird, welche den Teilnehmern bekannt sind, sodass darauf aufbauend neues Vokabular vermittelt werden kann. Dabei soll mit Wortstämmen und ähnlich klingenden Worten gearbeitet werden.

---

9 http://wiki.bildungsserver.de/index.php/Hauptseite, letzter Zugriff am 13.12.2015

10 http://lexikon.stangl.eu/1939/immersion/, letzter Zugriff am 13.12.2015

11 Meissner, F.-J. (2005). „Neokommunikativer" Fremdsprachenunterricht. Gunter Narr Verlag. (Meissner, 2005), letzter Zugriff am 13.12.2015

8. Schlusskompetenzen

Nach erfolgreicher Teilnahme an dem Sprach- und Integrationskurs sind die Teilnehmer dazu befähigt, leichte Einstiegskonversationen zu verschiedenen Themen zu führen. Sie können ihre persönlichen Bedürfnisse, Probleme und Anliegen artikulieren und sich bei anderen danach erkundigen. Dazu gehört weiterhin, dass sie in der Lage sind, selbstständig bestimmte Alltagssituationen meistern zu können, beispielsweise einen Arzt aufzusuchen. Außerdem können die Teilnehmer nach Abschluss des Sprach- und Integrationskurses Fragen stellen und auf Menschen eingehen. Um diese Herausforderungen erfolgreich meistern zu können, müssen die Teilnehmer kulturelle Werte und Normen verstehen können. Deshalb sind die Aneignung und das damit verbundene Verständnis der Werte und Normen der westlichen Welt entscheidende Schlusskompetenzen.

Durch die Teilnahme an dem Sprach- und Integrationskurs haben die Flüchtlinge einen ersten Einblick erhalten, mit welchen anspruchsvollen und komplizierten Situationen und Problemen sie in Zukunft konfrontiert werden könnten. Der Erwerb der deutschen Sprache bildet das Fundament dafür, diese Situationen erfolgreich zu meistern und somit eine gelungene Integration der Flüchtlinge zu gewährleisten. Nur dadurch kann weitere Integration stattfinden.

Durch die Themen, die in den einzelnen Kursen behandelt werden, sind die Flüchtlinge sicherer im Umgang mit der deutschen Sprache. Sie können sich selbstständig auf Arbeitssuche begeben, sie wissen wo und wie sie Stellenanzeigen finden, sie können einen Lebenslauf verfassen und sich somit auf eine Stellenausschreibung bewerben. Die Teilnehmer sind in der Lage, verschiedene Ämter aufzusuchen und sich dort nach dem Stand ihrer Antragsstellung zu erkundigen.

Aufbauend auf dem Sprach- und Integrationskurs können sich die Teilnehmer sprachlich weiterentwickeln, wodurch eine stetige Verbesserung in der Verwendung der deutschen Sprache festzustellen ist.

9. Kursplan

Grafischer Kursplan

Der Grafik befindet sich im Anhang auf Seite 167.

In dem Sprach- und Integrationskurs nimmt jeder Teilnehmer nacheinander an den acht aufgeführten Kursen teil. Alle Kurse sind strukturell gleich aufgebaut, unterscheiden sich aber durch ihre thematischen Inhalte.

Die Kurse haben eine Dauer von zwei bis vier Wochen. Diese Differenz kommt zustande, da wir davon ausgegangen sind, dass manche Kurse aufgrund ihrer Inhalte einen größeren zeitlichen Rahmen benötigen als andere. Die vorgegebene Reihenfolge der Kurse erachten wir als Expertenteam für empfehlenswert, allerdings kann diese individuell durch die jeweilige Lehrkraft verändert werden.

Die Teilnahme an allen acht Kursen arbeitet auf übergeordnete Ziele hin, was in der Grafik durch die Ausrichtung der Pfeile in Richtung des Kreises in der Mitte dargestellt wird. Durch die Teilnahme an dem Sprach- und Integrationskurs sollen die Teilnehmer sprachliche Kompetenzen erwerben, Alltagssituationen bewältigen können und die westliche Kultur, sowie deren Werte und Normen verstehen.

Tabellarischer Kursplan

Die Tabelle befindet sich im Anhang auf Seite 168-169.

Kurs 1: Familie und Verwandte

Der erste Kurs dient der Einführung und beinhaltet Organisatorisches und Generelles zum Ablauf, wie beispielsweise ein Regelwerk für die Kommunikation und das Verhalten untereinander.
Zu Beginn des Kurses stellen sich die Teilnehmer untereinander vor. Sie nennen nach Möglichkeit auf Deutsch ihren Namen, ihr Alter, ihr Herkunftsland und wie lange sie schon in Deutschland leben. Mithilfe der bereitgestellten Flemo-Box werden die Teilnehmer dazu aufgefordert, ihre Familienverhältnisse und ihr früheres Leben darzustellen. Im weiteren Verlauf der Vorstellung sprechen die Teilnehmer das vorgestellte Vokabular nach. Dieses übernehmen die Teilnehmer in ihr Vokabelheft. Die Lehrperson entscheidet individuell, welche Vokabeln zum Darstellen der Familie benötigt werden. Anschließend vermittelt die Lehrperson weiterführendes Vokabular, um folgende Familienstrukturen und Rollenverteilungen innerhalb der Familie in Deutschland vorzustellen: Klassische Familie, Patchwork-Familie, Homosexuelle Familie und Alleinerziehende Elternteile. Im Anschluss füllen die Teilnehmer die themenspezifischen Lernblätter aus und bearbeiten korrespondierende Aufgaben in dem dazugehörigen Lehrbuch.

Ziele

Die Ziele des ersten Kurses beinhalten das Kennenlernen der Teilnehmer untereinander, wodurch eine vertraute Atmosphäre geschaffen wird. Des Weiteren kennen die Teilnehmer die verschiedenen Familienstrukturen in Deutschland und das dazugehörige Vokabular.
Innerhalb des Kurses soll vor allem der Wert Gleichberechtigung vermittelt werden. Die Vermittlung schafft die Lehrkraft, indem sie die Emanzipation der deutschen Frau anspricht und über die klassische Rollenverteilung aufklärt.

Leistungsfeststellung

Der Abschluss des Kurses bildet die Wiederholung der behandelten Inhalte. Sätze und Vokabeln zur Vorstellung der eigenen Person, Geschichte und Familie werden ohne das Verwenden der Unterlagen in Rollenspielen oder beim Bearbeiten von Arbeitsblättern in Gruppen- oder Einzelarbeit angewendet. Bei dieser Anwendung des Gelernten geht es vor allem darum, dass die Teilnehmenden für sich feststellen können, was sie bereits gut können und an welchen Stellen sie nacharbeiten müssen. Für die Teilnehmenden, die Nachholbedarf bei sich feststellen, stellt die Lehrkraft Arbeitsblätter oder Quellen zur Verfügung. Die Inhalte, die Schwierigkeiten bereiten, gerade wenn es einen Großteil einer Gruppe betrifft, können in der Kursgruppe gemeinsam nachgearbeitet werden. Es werden zudem

Reflexionsbögen ausgegeben, bei dem die Teilnehmenden für sich selbst bewerten sollen, wie sicher sie sich bei bestimmten Themen, Sätzen oder Gesprächssituationen sind. Dies dient den Teilnehmenden ebenfalls zur Einschätzung des Gelernten und zur Feststellung der Inhalte, die nachgearbeitet werden müssen.

Zeitlicher und räumlicher Rahmen

Der zeitliche Umfang des ersten Kurses ist mit zwei Wochen angesetzt. Pro Woche haben die Teilnehmer ca. 12 Stunden Unterricht.

Der Kurs findet innerhalb der Seminarräume statt.

Heterogenitätskonzept

Innerhalb des Kurses muss auf jedes Individuum einzeln eingegangen werden, da eine große Diversität bezüglich Familie und Rollenverteilungen in den jeweiligen Ländern und Kulturen besteht. Die Sensibilität dieser Thematik muss vom Kursleiter beachtet werden. Keiner sollte sich dazu gedrängt fühlen, sich über etwas zu äußern, zu dem er oder sie sich noch nicht bereit fühlt.

Teilnehmer

An dem ersten Kurs sind die Teilnehmer und die Lehrkraft beteiligt.

Kurs 2: Arztbesuch und Notfallsituation

Der zweite Kurs handelt von dem richtigen Verhalten und Handeln in Krankheitsfällen.

Als Einstieg in den Kurs und zur Vermittlung des grundlegenden Vokabulars benennt die Lehrperson die Körperteile. Anschließend benennt jeder Teilnehmer an sich selbst die Körperteile und zeigt diese dabei auf. Zur Ergebnissicherung werden danach die gelernten Vokabeln in das Vokabelheft übertragen.

Danach werden den Teilnehmern zunächst leichte Erkrankungen wie Fieber, Grippe oder Ausschläge mit ihren deutschen Bezeichnungen vorgestellt. Zur einfacheren Erklärung bekommen die Teilnehmer Lernblätter mit Bildern, welche die jeweiligen Krankheiten aussagekräftig symbolisieren. Anschließend werden schlimmere Verletzungen erklärt, bei welchen ein Notarzt aufgesucht werden muss. Danach werden die Teilnehmer jeweils eine Krankheit oder Verletzung benennen und sie mit einer Gestik vortragen. (Beispiel: Rückenschmerzen= gebeugte Haltung, Hand auf dem Rücken)

Anschließend wird eine Notrufsituation nachgespielt. Den Teilnehmern werden die Notrufnummer und die wichtigsten Sätze für einen Notruf erklärt. Nun üben die Teilnehmer gemeinsam solch einen Notruf. Sie müssen sich einen Notfall ausdenken und dieses Telefonat jeweils mit der Lehrperson, einem Freiwilligen oder einer Hilfskraft durchspielen.

Nachdem die Teilnehmer nun das wichtigste Vokabular kennen erhöht sich der Praxisbezug. Die Teilnehmer stellen zunächst mit der Flemo-box dar, wie sie in ihrer Heimat mit Krankheiten umgegangen sind und wie die medizinischen Institutionen aufgebaut sind. Nun stellt die Lehrperson die medizinischen Einrichtungen und das Vorgehen bei Arztbesuchen in Deutschland dar.

Der Kurs teilt sich in kleine Gruppen auf, die jeweils von einem Freiwilligen, einer Hilfskraft oder der Lehrperson begleitet werden. In den Kleingruppen besuchen die Teilnehmer jeweils eine Apotheke, einen Hausarzt und ein Krankenhaus um diese Institutionen auch von innen kennenzulernen. Anschließend bekommen die Teilnehmer im Rahmen des Kurses Besuch vom "Deutschen Roten Kreuz" (DRK). Das DRK gibt den Teilnehmern einen Erste-Hilfe- Kurs, indem auch die Pflicht zur Hilfeleistung angesprochen wird. Auch die übrigen Fragen zu dem Thema werden hier professionell beantwortet.

Ziele

Die Ziele des Kurses sind in einer Notfallsituation Hilfe zu holen und Hilfe leisten zu können. Des Weiteren die wichtigsten medizinischen Einrichtungen zu kennen und eigene Körperteile und Erkrankungen zu benennen.

Auch die Werte der Hilfeleistung und Hilfsbereitschaft werden in diesem Kurs vermittelt.

Leistungsfeststellung

In der Wiederholung am Ende des zweiten Kurses, werden zunächst die vergangenen vier Wochen gemeinsam besprochen. Dabei wird bereits deutlich werden, in welchen Bereichen die Teilnehmenden Schwierigkeiten hatten. Anschießend werden Arbeitsblätter verteilt, welche die Teilnehmer ohne die Hinzunahme von anderen Unterlagen bearbeiten. Die Arbeitsblätter können sowohl in Form von Einzelarbeit als auch in Gruppenarbeit bearbeitet werden. Die Arbeitsblätter beinhalten folgende Themen: Das besprochene Vokabular, das Handeln in einer Notfallsituation, die medizinischen Einrichtungen und das Vorgehen bei verschiedenen Arztbesuchen. Für eine aktive Leistungsfeststellung kann nochmals in Rollenspielen, eine Notrufsituation und eine Erste-Hilfe-Situation nachgespielt werden. Dabei erkennen die Teilnehmer in welchen Bereichen sie noch Probleme haben. Die Lehrperson erkennt durch die bearbeiteten Arbeitsblätter in welchen Bereichen die Teilnehmer noch Probleme haben und kann dementsprechend den Teilnehmern weiterführende Literaturen zur freiwilligen Bearbeitung zur Verfügung stellen.

Abschließend erhalten die Teilnehmer Reflexionsbögen, um einzuschätzen, wie sicher sie sich in den neuen Situationen fühlen und wie hoch ihr Wissenstand zu den Inhalten des zweiten Kurses ist.

Zeitlicher und räumlicher Rahmen

Der zeitliche Rahmen des zweiten Kurses ist mit vier Wochen angesetzt. Pro Woche haben die Teilnehmer 12 Stunden Unterricht.

Der Kurs findet innerhalb der Seminarräume statt, aber auch Exkursionen sind vorgesehen.

Heterogenitätskonzept

Die Teilnehmer werden aus verschiedenen Ländern kommen, in welchen unterschiedliche medizinische Versorgungen existieren. Dadurch werden die Teilnehmer unterschiedliches Wissen zu diesem Kurs haben. Wie auch in den anderen Kursen werden die Teilnehmer individuell betreut.

Teilnehmer

An dem zweiten Kurs sind die Teilnehmer, die Freiwilligen, die Hilfskräfte, die Lehrperson, das Deutsche Rote Kreuz, Apotheken, Krankenhäuser und Arztpraxen beteiligt.

Kurs 3: Einkaufen und Mülltrennung

Das dritte Modul behandelt das Einkaufen und die Mülltrennung in Deutschland. Die Teilnehmenden lernen in diesem Kurs, wie sie selbständig Einkäufe tätigen, Lebensmittel benennen und deren Standort in einem Einkaufsladen erfragen können. Außerdem lernen die Teilnehmenden den Müll nach den in Deutschland vorherrschenden Regeln zu sortieren.

Zu Beginn der Kurseinheit fragt die Lehrkraft die Teilnehmenden nach ihren bisherigen Erfahrungen beim Einkaufen in Deutschland und ob es Unterschiede zum Einkaufen in ihrem Herkunftsland gibt. Anschließend können die Teilnehmenden Lebensmittel, die sie schon auf Deutsch benennen können, nennen. Dieser anfängliche Block erfolgt mit der Flemo-Box, die es den Teilnehmern erleichtert ihre Erfahrungen zu erklären. Die Lehrkraft ergänzt die Erzählungen der Kursteilnehmer mit den benötigten Vokabeln für das Erzählen von Erfahrungen, Lebensmitteln und Kleidungsstücken. Die ergänzten Vokabeln sollen von den Teilnehmern nachgesprochen und anschließend in ihrem Vokabelheft festgehalten werden.

Im nächsten Schritt sollen sich die Teilnehmer in Gruppen von 5-7 Personen ein Rezept zum Kochen aussuchen. Dieses kann auf der Landessprache oder in Englisch vorliegen und sollte mit den Kochkenntnissen der Teilnehmenden umsetzbar sein. Anschließend erstellen die Gruppen für dieses Gericht eine Einkaufsliste mit den deutschen Begriffen und Mengenangaben. Hier ergänzt die Lehrkraft ebenfalls Vokabeln die noch nicht bekannt sind.

Nachdem die Einkaufslisten aufgeschrieben sind, stellt jede Gruppe ihr Rezept, sowie die dazu benötigten Zutaten vor. So können alle Teilnehmer die Vokabeln der anderen Rezepte in ihr Vokabelheft ergänzen.

Bei dieser Aufgabe muss die in den jeweiligen Ländern vorherrschende Rollenverteilung beim Kochen und eventuell auch beim Einkaufen beachtet und aufgegriffen werden. Es soll deutlich werden, dass es eine typische Rollenverteilung in Deutschland nicht gibt. Die Gleichberechtigung von Mann und Frau, auch in den Bereichen Haushalt und Kochen, soll die Lehrkraft verdeutlichen. Dies kann mit Unterstützung der Flemo-Box geschehen.

Im Anschluss werden im Rollenspiel oder mithilfe der Flemo-Box verschiedene Szenarien beim Einkaufen durchgegangen. So sollen die Teilnehmer fragen können, wo sie etwas finden, wie viel etwas kostet oder um Hilfe bitten können. Danach werden Arbeitsblätter zur Thematik bearbeitet. Diese Einheit findet mit den Teilnehmern, Freiwilligen, der Lehrkraft und gegebenenfalls Hilfslehrern im Seminarraum statt.

Die nächste Einheit zu diesem Thema findet in einem Einkaufslanden statt. Zusammen mit den Gruppenmitgliedern und einem Freiwilligen oder einer Hilfskraft sollen die auf der Einkaufsliste notierten Lebensmittel gekauft und dabei die gelernten Fragen

gestellt werden.
Anschließend treffen sich die Gruppen wieder im Seminarraum. Hier werden die erlebten Erfahrungen reflektiert und die gekauften Lebensmittel noch einmal thematisiert. Neben dem benennen der Lebensmittel soll auch die Verpackung der Lebensmittel nun benannt werden. Hierfür führt die Lehrkraft die benötigten Vokabeln ein. Die Teilnehmenden notieren sich die neuen Vokabeln in ihr Vokabelheft.
Die Verpackungen werden behandelt um anschließend die Mülltrennung und den Umweltschutz in Deutschland zu thematisieren.
Bevor die Lehrkraft jedoch die Mülltrennung erklärt, soll die Gruppe erzählen was sie schon zur Mülltrennung in Deutschland weiß. Anschließend werden die verschiedenen Müllbehälter vorgestellt. Hierfür soll die Lehrkraft Müllbehälter oder Bilder dieser Behälter vorbereitet haben. Die Aufgabe der Teilnehmer ist es nun die Verpackungen ihrer Lebensmittel den Müllbehältern zuzuordnen. Anschließend wird das Ergebnis des Zuordnens gemeinsam besprochen. Zur Verfestigung der Begriffe und der Mülltrennung werden anschließend Aufgaben oder Arbeitsblätter zu dieser Thematik bearbeitet.
Die letzte Einheit dieses Themas bildet das gemeinsame kochen der ausgesuchten Rezepte. Hierfür trifft sich die Kursgruppe in einer Seminarküche der Volkshochschule oder in einer Schule die über eine solche Seminarküche verfügt. Anwesend sind neben der Lehrkraft auch Freiwillige oder Hilfskräfte um die Teilnehmenden zu unterstützen. Beim Kochen soll darauf geachtet werden, die Lebensmittel mit den deutschen Begriffen zu nennen, sowie den anfallenden Müll richtig zu sortieren. Das anschließende gemeinsame Essen soll das Gemeinschaftsgefühl der Kursgruppe stärken, einen vertrauten Umgang miteinander ermöglichen und so das gemeinsame Lernen fördern.

Ziele

Ziel dieses Kurses ist, dass die Teilnehmenden selbständig einkaufen und dabei die Lebensmittel und deren Verpackung benennen, sowie Erfragen können, wo die Lebensmittel in einem Einkaufslanden zu finden sind. Ein weiteres Ziel ist das Erlernen der Mülltrennung in Deutschland.

Leistungsfeststellung

Am Ende des Kurses findet eine Wiederholung der Inhalte statt. Die behandelten Situationen, wie zum Beispiel das Fragen wo sich ein Lebensmittel im Einkaufsladen finden lässt, werden nachempfunden. Es können in Gruppenarbeit Arbeitsblätter ohne die Zuhilfenahme der Unterlagen bearbeitet werden, sodass die Teilnehmer für sich feststellen können, was ihnen schwer fällt bzw. was sie bereits gut beherrschen. Stellen ein oder mehrere Teilnehmer fest, dass sie Inhalte nicht gut anwenden können oder sich sehr unsicher sind, können die Lehrkraft, die freiwilligen Helfer oder die Hilfskräfte die Inhalte mit ihnen nacharbeiten, zum Beispiel durch realitätsnahe Rollenspiele. Je nach Zeitaufwand, wäre eine zusätzliche Anwendung außerhalb des Raums möglich. Die Lehrkraft stellt zusätzlich Arbeitsblätter oder Quellen zur Verfügung mit denen die Teilnehmer bei

Bedarf Zuhause die Inhalte nacharbeiten können. Zum Abschluss des Kurses wird ein Reflexionsbogen ausgegeben mithilfe dessen die Teilnehmer für sich selbst bewerten sollen, wie sicher sie sich bei Inhalten und bestimmten Situationen sind.

Der zeitliche und räumliche Rahmen

Der zeitliche Umfang dieses Kursmoduls wird auf zwei Wochen, also 24 Unterrichtsstunden festgelegt.
Neben dem Seminarraum finden Einheiten im Einkaufsladen und in einer Seminarküche statt.

Heterogenitätskonzept

Auch wenn die Rollenverteilung thematisiert wird, kann nicht davon ausgegangen werden, dass immer alle Teilnehmenden bereit sind zu kochen, falls dies in ihrem Herkunftsland nicht üblich für das jeweilige Geschlecht ist. Hier sollte zwar versucht werden die Person von der gemeinsamen Aktion, die auch zum Gemeinschaftsgefühl der Gruppe beitragen soll, zu überzeugen jedoch muss es auch akzeptieren werden, wenn die Person dies ablehnt.

Teilnehmer

An diesem Kurs wirken die Lehrperson, die Kursteilnehmer, die freiwilligen Helfer und die Hilfskräfte mit.

Kurs 4: Mobilität und Verkehr

Im vierten Kurs geht es primär um das Erlernen der Verkehrsregeln. Zusätzlich lernen die Teilnehmer auch wie sie mit öffentlichen Verkehrsmitteln mobil sind.
Zuerst werden die Teilnehmer mithilfe der Flemo-box aufzeigen, welche Verkehrsregeln in ihren Heimatländern gelten. Anschließend wird die Lehrperson die Verkehrsregeln in Deutschland darstellen.
Als nächstes teilt sich der Kurs in Kleingruppen auf. Jede Kleingruppe wird entweder von der Lehrperson, einem Freiwilligen oder einer Hilfskraft begleitet. Die Kleingruppen fahren mit Fahrrädern durch die Stadt und lernen dabei die Verkehrsregeln kennen. Gleichzeitig benennt der Leiter der Gruppe Gegenstände rund um das Thema Verkehr. Beispiele hierzu wären: Ampel, Auto, Straße, Sackgasse oder Bus.
In der nächsten Sitzung sprechen die Teilnehmer über die neuen Vokabeln die sie kennengelernt haben, fassen sie zusammen und schreiben sie in ihre Vokabelhefte.
Anschließend wird die Lehrperson gemeinsam mit den Teilnehmern das Lesen eines Stadtplans üben. In der nächsten Praxiseinheit werden sich die Kleingruppen jeweils ein Ziel auf dem Stadtplan auswählen und mithilfe des Stadtplans den Weg dorthin suchen. Auch das Lesen von Bus- und Zugplänen wird gemeinsam geübt, ebenso das Zahlen von Fahrkarten an den Fahrscheinautomaten.
Zudem wird nun ein Rollenspiel gespielt. Dabei erlernen die Teilnehmer die wichtigsten Sätze um nach dem richtigen Weg zu fragen und gleichzeitig auch den richtigen Weg erklären zu können.

Ziele

Die Ziele des vierten Kurses sind: Stadtpläne und Fahrpläne für die öffentlichen Verkehrsmittel lesen zu können, die Verkehrsregeln zu kennen, sich nach dem Weg zu erkundigen oder ihn selber erklären zu können. In dem Kurs wird der Wert der Rücksichtnahme vermittelt. Außerdem lernen die Teilnehmer sich an die Verkehrsregeln zu halten.

Leistungsfeststellung

Am Ende des vierten Kurses reflektieren die Teilnehmer gemeinsam mit der Lehrperson die neu erlernten Inhalte und ihre Erfahrungen außerhalb des Seminarraums.

Die anschließenden Arbeitsblätter werden Verkehrsregeln, Vokabeln zum Thema Mobilität und Verkehr und das Lesen eines Stadtplans abfragen sowie Lückentexte zum Thema Wegbeschreibungen beinhalten. Die Arbeitsblätter können als Einzelarbeit oder als Gruppenarbeit bearbeitet werden.

Ein Rollenspiel zur aktiven Leistungsfeststellung wird ebenfalls verwendet, dabei erklären die Teilnehmer sich gegenseitig Verkehrsregeln, den Stadtplan und Wegbeschreibungen. Die Lehrperson erkennt durch die bearbeitenden Arbeitsblätter in welchen Bereichen die Teilnehmer noch Probleme haben und kann dementsprechend den Teilnehmern weiterführende Literaturen zur freiwilligen Bearbeitung zur Verfügung stellen.

Bei dem abschließenden Reflexionsbogen schätzen die Teilnehmer selbst ein, wie sicher sie sich in den neuen Situationen fühlen und wie hoch ihr Wissenstand zu den Inhalten des vierten Kurses ist.

Zeitlicher und räumlicher Rahmen

Der zeitliche Umfang des vierten Kurses ist auf drei Wochen angesetzt. Pro Woche haben die Teilnehmer 12 Stunden Unterricht.

Der Kurs hat sowohl Unterrichtsstunden im Seminar, als auch außerhalb der Seminarräume.

Heterogenitätskonzept

Je nach Herkunftsland haben die Teilnehmer entweder ein vergleichbares Verkehrskonzept mit ähnlichen Verkehrsregeln oder sie haben nahezu keine Verkehrsregeln in ihrer Heimat. Einige Teilnehmer werden sich auch erst an das neue Verkehrskonzept in Deutschland gewöhnen müssen.

Teilnehmer

An dem vierten Kurs sind die Lehrperson, die Teilnehmer, die Freiwilligen und die Hilfskräfte beteiligt.

Kurs 5: Ämterbürokratie

Der fünfte Kurs dient dem Kennenlernen der örtlichen Institutionen des öffentlichen Lebens und vermittelt die jeweiligen Umgangsformen mit den verschiedenen Institutionen.

Zu Beginn des Kurses werden den Teilnehmern durch die Lehrkraft die benötigten Vokabeln bereitgestellt. Anschließend werden die Teilnehmer dazu aufgefordert, die ihnen aus ihrem Herkunftsland bereits bekannten Institutionen zu beschreiben. Außerdem sollen sie ihre bisherigen Erfahrungen mit der deutschen Bürokratie schildern. Das bereitgestellte Vokabular enthält beispielsweise Ausdrucksweisen, mithilfe derer sich die Teilnehmer nach dem Stand ihres Antrages oder ihrer Aufenthaltsgenehmigung erkundigen können. Durch die einzelnen Kurseinheiten werden jeweils zur Thematik des Kurses passende Werte vermittelt. Nicht immer werden die Flüchtlinge in Zukunft ein Amt zufrieden und erfolgreich verlassen, deshalb ist Durchhaltevermögen ein sehr wichtiger Wert, der im Kurs vermittelt wird. Die Wichtigkeit von pünktlichem Erscheinen wird ebenfalls betont, da nur so ein geregelter Ablauf in den Institutionen gewährleistet werden kann. Um beispielsweise einen Besuch beim Bürgeramt nachempfinden zu können, werden mit Unterstützung der Hilfskräfte Telefongespräche simuliert, um den Teilnehmern einen ersten Einblick in den Ablauf eines Besuchs auf dem Bürgeramt ermöglichen zu können. Die Vermittlung von Rechten und Pflichten des Grundgesetzes stellt ebenfalls einen Inhalt des Kurses dar. Dies dient dazu, den Teilnehmern zu verdeutlichen, dass in Deutschland Gleichberechtigung herrscht.

Die neu erlernten Wörter werden anschließend von den Teilnehmern in ihr Vokabelheft übernommen.

Der Kursleiter sollte außerdem weitere Materialien zur Verfügung stellen. Hierfür könnten beispielsweise Blanko-Formulare gemeinsam ausgefüllt werden, damit die Teilnehmer ihren Namen etc. selbstständig auf Formulare schreiben können.

Um den wichtigen Praxisbezug im Kurs herzustellen, bietet es sich an, die wichtigsten Ämter und Institutionen vor Ort gemeinsam mit den Teilnehmern mit öffentlichen Verkehrsmitteln aufzusuchen. Dadurch kennen die Teilnehmer nicht nur die Standorte der jeweiligen Ämter, sondern erhalten auch einen ersten Einblick in die jeweiligen Institutionen und vor welche Herausforderungen sie bei einem ersten Besuch alleine gestellt werden könnten.

Ziele

Das vorrangige Ziel des fünften Kurses besteht für die Teilnehmer darin, nach dem Besuch des Kurses in der Lage zu sein, ihre persönlichen Anliegen bei den unterschiedlichen Ämtern klären zu können. Dazu gehört, dass sie die nötigen Vokabeln kennen, um sich nach dem Stand der Antragsbearbeitung erkundigen zu können. Außerdem kennen sie nach dem Kurs ihre Rechte und Pflichten und machen von diesen Gebrauch bzw. erfüllen diese. Des Weiteren sind sie in der Lage, Formalitäten ordnungsgemäß zu erledigen.

Leistungsfeststellung

Am Ende des Kurses findet eine kurze Wiederholung der Inhalte statt. Die Lehrkraft kann hierfür den Teilnehmern erneut Blanko-Formulare aushändigen, die diese selbstständig und ohne Zuhilfenahme von Hilfsmitteln ausfüllen. Weitere Arbeitsblätter, die den Kompetenzstand der Teilnehmer feststellen sollen, können entweder in Einzel- oder Gruppenarbeit erledigt werden. Des Weiteren kann die Lehrperson zu einer Art „Brainstorming“ in der Kleingruppe anregen, bei dem genannt werden soll, was es vor und während dem Besuch eines Amtes zu beachten gibt. Haben einzelne Teilnehmer Schwierigkeiten bei der Artikulation, nehmen die Lehrkraft und die Hilfskräfte unterstützende Funktionen ein. Ein Rollenspiel, bei dem ein Besuch einer Institution simuliert werden soll, stellt ebenfalls eine geeignete Möglichkeit dar, um festzustellen, wie sicher die Teilnehmer die erlernten Vokabeln

und Inhalte einsetzen können.
Am Ende des Kurses wird den Teilnehmern ein Reflexionsbogen ausgehändigt. Durch diesen können die Teilnehmer feststellen, bei welchen Inhalten sie sich sicher fühlen und in welchen Punkten Nachholbedarf besteht. Um die individuellen Lücken der Teilnehmer zu schließen, kann die Lehrkraft weitere Übungsblätter zur Verfügung stellen.

Zeitlicher und räumlicher Rahmen
Der zeitliche Umfang des fünften Kurses ist mit drei Wochen angesetzt. Pro Woche haben die Teilnehmer 12 Stunden Unterricht.
Der Kurs findet vor allem im Seminarraum statt und beinhaltet den gemeinsamen Besuch unterschiedlicher Ämter.

Heterogenitätskonzept
Jeder Teilnehmer wird von der Lehrkraft und den Hilfskräften individuell unterstützt. Die Teilnehmer kommen aus sehr unterschiedlichen Ländern, womöglich auch aus unterschiedlichen Kulturkreisen, weshalb sie beispielsweise verschiedene Ansichten bezüglich ihrer Rechte und Pflichten haben. Die unterschiedlichen Erfahrungen der Teilnehmer müssen bei der Planung des Kurses miteinbezogen werden.

Teilnehmer
An dem fünften Kurs sind die Teilnehmer, die Lehrkraft und die Hilfskräfte beteiligt, die sich während des Kurses vor allem im Seminarraum aufhalten bzw. gemeinsam unterschiedliche Ämter besuchen.

Kurs 6: Arbeit

Der sechste Kurs behandelt die Arbeitssuche. Den Teilnehmern soll gezeigt werden, wie sie sich auf Arbeitsstellen erfolgreich bewerben und wie sie selbstständig an Informationen rund um den Arbeitsmarkt kommen.
Zu Beginn des Kurses tauschen sich die Teilnehmer über ihre bisherigen Erfahrungen in der Arbeitswelt aus. Es kann eine Gesprächsrunde zu den einzelnen möglichen Berufen geben, die vom Lehrer weiter erläutert und erklärt werden. Für die noch unbekannten Worte können Zeichnungen, die Flemo-Box oder auch Erklärungen bzw. Umschreibungen der Worte mit bereits gelerntem Vokabular erfolgen. Es soll eine Übersicht über den Arbeitsmarkt in Deutschland, sowie darüber gegeben werden, wie die Teilnehmer ein aktives und produktives Mitglied der deutschen Gesellschaft werden. Hilfreich für die Umsetzung der Ziele ist es gemeinsam einen Lebenslauf, angepasst an jeden Teilnehmer zu entwerfen, der bei späteren Bewerbungen als Vorlage dient. Innerhalb dieses Kurses wird das Arbeitsamt besucht und nach Möglichkeit ein Beratungsgespräch für die Teilnehmer stattfinden. Es ist möglich, einen Vertreter des Arbeitsamtes in den Kurs einzuladen, um dort aufkommende Fragen zu klären. Der Besuch eines Berufsinformationszentrums (BIZ) in der Umgebung ist vorgesehen, um jenen, die noch keine konkreten Vorstellungen für ihre berufliche Zukunft haben, ihre Chancen und Möglichkeiten aufzuzeigen. Um die Arbeitswelt in Deutschland den Teilnehmern näher zu bringen, wird innerhalb dieses

Kurses ein Betrieb, beispielsweise ein handwerklicher, aufgesucht. Hierdurch erhalten die Teilnehmer einen direkten Einblick ins Berufsleben und können offengebliebene Fragen zur Arbeits- und Berufswelt stellen. Begleitend und unterstützend wirken zusätzlich zum Lehrer die Freiwilligen mit. Innerhalb des Unterrichts wird ein fiktives Vorstellungsgespräch durchgeführt. Es soll ein realistisches Gefühl vermittelt werden, sodass die Teilnehmer sich sicher im Umgang mit einem realen Vorstellungsgespräch fühlen. Dabei sollten Punkte, wie die Vorstellung der eigenen Person, warum man sich auf diese Stelle bewirbt, sowie eigeninitiative Fragen zu stellen behandelt werden. Der Schluss des Kurses bildet eine abschließende Fragerunde, in welcher das bereits erlernte Wissen über den Kurs zusammengefasst dargestellt wird. Die Teilnehmer sollen ein sicheres Gefühl im Umgang mit der Arbeit haben und jederzeit auf Rückfragen eine Antwort bekommen.

Ziele

Ziel dieses Kurses ist es einen Lebenslauf selbst erstellen zu können, sowie erste Einblicke in die Abläufe der deutschen Betriebe zu bekommen. Die Teilnehmer sollen selbstständig eine Arbeitssuche beginnen und die hierfür hilfreichen Ämter in der Umgebung kennen, sowie sich mit dem Thema der Arbeitssuche auseinandersetzten. Ihnen sollte der Ablauf eines Vorstellungsgespräches klar sein, sodass sie dieses Wissen nutzen und anwenden können.

Innerhalb dieses Kurses sollten Werte vermittelt werden, die für den späteren Berufseinstieg wichtig sind. Dazu zählen unter anderem Pünktlichkeit, der respektvolle Umgang mit beruflich Höhergestellten, Freundlichkeit sowie Gleichberechtigung und Gleichstellung.

Leistungsfeststellung

Am Ende diese Kurses wird der Leistungsstand der Teilnehmer festgestellt, sowie deren Wissen über den Kurs. Dies erfolgt durch eine abschließende Diskussionsrunde, innerhalb derer sich die Teilnehmer mit ihrem neuen Vokabular und Wissen über das Thema austauschen und offengebliebene Fragen geklärt werden. Hierbei können die Teilnehmer aufeinander Bezug nehmen und sich gegenseitig helfen.

Des Weiteren erfolgt die Bearbeitung von Reflexionsbögen. Ziel dieses Bogens ist die Leistung der Teilnehmer festzustellen und diese festzuhalten, um die individuelle Entwicklung der Leistung jedes Teilnehmers nachzuvollziehen. Dementsprechend kann die Lehrperson bei festzustellenden Rückständen eines Teilnehmers direkt darauf eingehen und bei Bedarf zusätzliche Materialien zur Übung mitgeben, um einen sicheren Umgang mit dem Thema zu gewährleisten.

Der zeitliche und räumliche Rahmen

Die Orte für die Zielumsetzung sind zum einen der Seminarraum, indem der Unterricht stattfindet, zum anderen das Arbeitsamt und die Betriebe, die sich bereiterklärt haben die Teilnehmer durch einen Besuch dieser zu unterstützen.

Der zeitliche Umfang dieses Kurses beschränkt sich auf drei Wochen.

Heterogenitätskonzept

Die Teilnehmer des Kurses kommen

aus verschiedenen Ländern und aus unterschiedlichen Arbeiterklassen. Daher ist es wichtig, diesbezüglich auf die einzelnen Teilnehmer einzugehen. Auf die Unterschiede der Arbeitswelten von Deutschland und dem Herkunftsland der Teilnehmer sollte spezifisch eingegangen werden, um den Teilnehmern ein besseres Verständnis der deutschen Arbeitswelt zu vermitteln.

Die Teilnehmer
Eingeplant für diesen Kurs sind der/die Lehrer/in, sowie die Teilnehmer, die Freiwilligen, sowie die Angestellte des Berufsinformationszentrums (BIZ) und die Angestellten des Betriebes.

Kurs 7: Freizeitaktivitäten und Hobbys

Im siebten Kurs werden den Teilnehmern eine Vielzahl von Freizeitmöglichkeiten vorgestellt.

Zu Beginn des siebten Kurses werden die Teilnehmer nach ihren Hobbys und Interessen befragt. Anschließend stellt die Lehrperson die Aktivitäten und Vereine, die es in der Stadt gibt vor. Dabei geht er nicht nur auf die vorher angesprochenen Interessensrichtungen der Teilnehmer ein, sondern stellt flächendeckend jegliche Freizeitmöglichkeiten vor, um den Teilnehmern die Vielfalt darzustellen. Dabei sollten Freizeitaktivitäten für Familien, Jugendliche, Kinder, Frauen und Männer vorgestellt werden.

Anschließend besucht der Kurs in Kleingruppen aufgeteilt mit einem Freiwilligen, einer Hilfskraft oder der Lehrperson verschiedene Vereine um sich wahlweise bei einem Verein anmelden zu können.

Die Vereine können nach Wahl auch selbst den Kurs besuchen kommen um sich vorzustellen.

Ziele
Freizeit beschäftigungen kennenlernen und die Möglichkeit zur individuellen Entfaltung stärken. Die Werte die vermittelt werden sind Fairness und Gleichberechtigung.

Leistungsfeststellung
In diesem Kurs kann nur schwer eine Leistungsfeststellung erfolgen, da der Schwerpunkt des Kurses auf der Integration liegt und nicht auf dem Erlernen des Vokabulars oder der Kultur.

Zur Wiederholung besprechen die Teilnehmer gemeinsam mit der Lehrperson, welche Freizeitaktivitäten, Hobbys und Vereine sie in den letzten Wochen kennengelernt haben. Welche Aktivität ihnen am meisten zugesagt haben und ob sich einige Teilnehmer aufgrund des Kurses bei Vereinen angemeldet haben.

Zeitlicher und räumlicher Rahmen
Der zeitliche Umfang des Kurses ist auf drei Wochen angelegt. Pro Woche haben die Teilnehmer 12 Stunden Unterricht.

Der Kurs findet in den Seminarräumen und bei den Vereinen statt.

Heterogenitätskonzept
Einige der Teilnehmer werden zuvor schon Mitglieder in Vereinen gewesen sein, andere nicht. So wissen einige vielleicht recht schnell ob sie in einen Verein eintreten möchten oder nicht, andere benötigen eine längere Entscheidungszeit oder eine größere Auswahl der Angebote.

Teilnehmer

An dem siebten Kurs sind die Lehrperson, die Teilnehmer, die Freiwilligen, die Hilfskräfte und die einzelnen Vereine der Stadt beteiligt.

Kurs 8: Mediennutzung

Im abschließenden Modul wird die Nutzung von Medien behandelt. Im bekannten Ablauf schildern die Teilnehmer ihre Erfahrungen mit den Medien, berichten über deren Rolle in ihrem Heimatland und ihre persönliche Mediennutzung unter Zuhilfenahme der Flemo-Box. Dies dient dem Austausch der Teilnehmer untereinander, der Vorwissensaktivierung und der Erfassung des Wissensstandes, sodass der Kursleiter gezielt das weiterführende Vokabular vermitteln kann. Zur Festigung und Übung der themenspezifischen Vokabeln bearbeiten die Teilnehmer die Übungsblätter. Dieses Modul kann die Vorstellung der Medien Zeitungen, Internet, Wörterbücher oder Radio und Fernsehen beinhalten. Im Besonderen sind die Teilnehmer auf das Lesen von Zeitungen und das Finden von Stellenanzeigen und Freizeitangeboten vorzubereiten. Ein weiteres Augenmerk wird auf die weiterführende selbständige Nutzung von Wörterbüchern gelegt, sodass die Teilnehmer ihr Vokabular im Anschluss des Sprach- und Integrationskurses individuell und selbständig ausbauen können. Weiterhin werden die Teilnehmer grundlegend für den Gebrauch der elektronischen Medien vorbereitet. Im Internet werden ihnen beispielsweise Online-Wörterbücher, Übersetzungstools, Lehrvideos und Dokumentationen mit Untertitel gezeigt, um ihre eigenständige Weiterbildung zu ermöglichen. Sie lernen, wie nach Kontaktdaten von Behörden, Vereinen, Ärzten oder Ähnlichem gesucht werden kann, oder wo sie Veranstaltungsinformationen finden. Der praktische Teil besteht in einer Vorstellung der verschiedenen Medien durch den Kursleiter, indem mehrere Zeitungen (mit Stellen- und Freizeitangeboten oder Nachrichten), verschiedene Zeitschriften (betreffend Sport, TV, Politik, Kultur, etc.), Bücher und Wörterbücher (mit Übersetzungen in unterschiedlichen Sprachen), PC und weitere Medien in den Unterricht mitgebracht und zusammen erkundet werden.

Im Rahmen dieses Moduls werden die Werte der Meinungs- und Pressefreiheit vermittelt, indem die Lehrperson verdeutlicht, wie unterschiedliche Meinungen über die Medien kundgetan werden können und dass jeder das Recht dazu hat, seine Meinung – frei von Bedenken - zu äußern. In diesem Kontext übermittelt der Kursleiter die Toleranz gegenüber anderen Meinungen und die Akzeptanz von Meinungsverschiedenheit.

Ziele

Ziel dieses Moduls ist die Befähigung zur eigenständigen Nutzung von Medien zur Informationsbeschaffung mit Fokus auf Weiterbildung, Orientierung im Lebensumfeld, sowie die Gestaltung des Alltags nach eigenen Wünschen, Bedürfnissen und Interessen. Um die Erreichung dieses Ziel zu gewährleisten, können die Teilnehmer an einem PC gemeinsam nach Übersetzungen von Worten und Sätzen, nach Orten oder öffentlichen

Einrichtungen recherchieren.

Leistungsfeststellung

Die Teilnehmer sind im Anschluss in der Lage Informationen, die sie für ihre Lebensgestaltung benötigen, zu finden. Um zu gewährleisten, dass sie diese Kompetenz erworben haben, können gegen Ende des Kurses verschiedene Rechercheaufgaben gestellt werden. Beispielsweise wann und wo bestimmte Veranstaltungen stattfinden, die Planung einer Route zwischen zwei Orten (gegebenenfalls mit eingeschlossener Nutzung öffentlicher Verkehrsmittel), die Übersetzung eines Textes, Liedes oder Zitats, oder das Schreiben einer Zusammenfassung, einer kleinen Geschichte oder eines Dialoges. Abschließend füllen die Teilnehmer einen Reflexionsbogen aus. Mit diesem erhalten die Teilnehmer Rückmeldung zu ihrem Kenntnisstand sowie ihren Fortschritten und stellen fest, in welchen Punkten Verbesserungspotenzial besteht, sodass sie sich im Anschluss des Kurses selbstständig anhand konkreter Ansatzpunkte weiterbilden können.

Zeitlicher und räumlicher Rahmen

Der zeitliche Umfang des Kurses beträgt zwei Wochen. Pro Woche haben die Teilnehmer 12 Stunden Unterricht. Der Kurs findet in den Seminarräumen statt.

Heterogenitätskonzept

Aufgrund der unterschiedlichen Erfahrungen der Teilnehmer bezüglich der Mediennutzung, dient der anfängliche Erfahrungsaustausch der Schaffung einer gemeinsamen Wissensbasis. Die unterschiedlichen Interessen an Medien und die individuellen Präferenzen bei der Mediennutzung können im praktischen Teil unter anderem durch die Bildung von Gruppen - nach präferiertem Medium - berücksichtigt werden.

Teilnehmer

Im letzten Kurs nehmen die Teilnehmer, der Kursleiter, sowie ehrenamtlich Helfer und die Hilfskräfte teil.

10. Ausschreibung

Wir stellen uns vor

Wir, das „KOMPASS-Team", sind ein selbstständiges Beratungsteam, bestehend aus fünf Expertinnen, die im Auftrag des Bildungsministeriums einen umfassenden Sprach- und Integrationskurs für Flüchtlinge entwickelt haben. Unsere langjährige Erfahrung in der Lehr-Lernforschung qualifiziert uns zur Ausarbeitung professioneller Curricula. Im Folgenden stellen wir Ihnen unser Konzept vor.

Unser Konzept/Produkt

Wir haben einen Sprach- und Integrationskurs entwickelt, der sich explizit an Flüchtlinge, die den FlüAG-Kurs bereits absolviert haben und ihre Sprachkenntnisse erweitern wollen, richtet. Wir bieten Ihnen einen Sprach- und Integrationskurs mit vielen praktischen Elementen, der zu einer schnellen und erfolgreichen Alltagsbewältigung führt. Das Curriculum behandelt unterschiedliche Alltagssituationen und befähigt somit zu einer hohen Selbstständigkeit der Teilnehmer.

Didaktisches Konzept

Unser Curriculum bietet die

Möglichkeit, die Individualität der Teilnehmer und ihre Interessen bei der konkreten Ausgestaltung der Kurse miteinzubeziehen.

Die Basis unseres Konzeptes bilden Immersion und Transferdidaktik. In den Kursen, in denen es möglich ist, stellen die Teilnehmer die zu besprechenden Alltagssituationen der jeweiligen Herkunftsländer dar. Dies kann beispielsweise mit der Flemo-Box erfolgen. Anschließend stellt die Lehrperson die Situation in Deutschland dar. Dadurch werden den Teilnehmern die Unterschiede bezüglich Werten, Verhaltensweisen und Sachverhalten deutlich.

Der Praxisbezug wird durch Exkursionen und realitätsnahen Simulationen erreicht. Der schulische Teil des Curriculums wird durch die Vermittlung von Vokabeln und dazu passenden Übungsblättern umgesetzt.

Am Ende jedes Kurses findet eine Wiederholung der besprochenen Alltagssituationen und Exkursionen statt. Die Wiederholung kann durch ein Rollenspiel erfolgen, in welchem die gelernten Sätze und Fragen durchgespielt werden. Das Bearbeiten von Aufgaben in Form von Gruppenarbeit mit Arbeitsblättern ohne die Zuhilfenahme der Unterlagen, kann zur Leistungsfeststellung dienen. Ziel dabei ist es, dass die Teilnehmenden für sich selbst reflektieren was sie bereits gut können und in welchen Punkten Nachholbedarf besteht. Bei auftretenden Schwierigkeiten können die Lernrückstände alleine oder in der Kursgruppe nachgearbeitet werden. Hierfür stellt die Lehrkraft weitere Aufgaben und Literaturverweise zur Verfügung. Außerdem werden Reflexionsfragebögen ausgeben. Mithilfe dieser bewerten sich die Teilnehmenden selbst und gleichzeitig erhält die Lehrkraft Rückmeldung über den Lernerfolg der Teilnehmer.

Am Ende des gesamten Kurses haben die Teilnehmer einen Grundwortschatz erlernt, der sie dazu befähigt, alltägliche Konversationen zu führen und sich in verschiedenen Alltagssituationen zu Recht zu finden. Zudem haben sie die deutsche Kultur und deren Werte und Normen kennengelernt und mit ihren bisherigen kulturellen Werten vereinbart.

Zur Motivationsförderung der Teilnehmer haben „schneller Lernende" die Möglichkeit, im Laufe der Zeit, eigene Verantwortungen zu übernehmen und als zusätzliche Hilfskraft die anderen Teilnehmer zu unterstützen. Im weiteren Verlauf des Curriculum werden diese „schneller Lernenden" als Hilfskräfte bezeichnet.

Zu Beginn können die Hilfskräfte für eine kleine Gruppe von zwei bis drei Personen die Verantwortung übernehmen. Anschließend darf die Hilfskraft die Exkursion einer Kleingruppe leiten. Ist die Hilfskraft mit der Gruppe erfolgreich, kann sie für jede erfolgreiche Durchführung eine „Beförderung" erhalten. Nach drei „Beförderungen" hat die Hilfskraft die Möglichkeit sich ein kleines Taschengeld zu verdienen. Wichtig ist, dass sich die „schneller Lernenden" nach ihren Einsätzen mit der Lehrkraft austauschen und reflektieren, an welchen Stellen Probleme oder Schwierigkeiten aufgetreten sind. Daraufhin gibt die Lehrkraft der Hilfskraft Feedback, sodass die Tätigkeiten

und Fortschritte der Hilfskraft überprüft und begleitet werden.
Freiwillige Helfer sind Teil des Kurses, sie unterstützen die Lehrperson in allen Bereichen. Sie übernehmen beispielsweise die Leitung einer Kleingruppe bei Exkursionen und sind Ansprechpartner für die Teilnehmer.
Der Kurs gestaltet sich durch die Lehrperson, die Freiwilligen, die Hilfskräfte, sowie die externen Helfer. Dazu zählen beispielsweise das Deutsche Rote Kreuz (DRK) und Ärzte, deren Arztpraxen von den Kleingruppen besucht werden. Durch die externen Helfer bekommen die Teilnehmer detaillierte Informationen und Einblicke in die Inhalte der jeweiligen Kurse.
Nach Beendigung des gesamten Kurses wird jedem Teilnehmer ein Zertifikat ausgestellt.

11. Zielpublikum

Der Sprach- und Integrationskurs richtet sich an Flüchtlinge, die bereits den FlüAG-Kurs besucht haben und sich in der deutschen Sprache verbessern wollen.

12. Kosten

Im Folgenden werden die Kosten in tabellarischer Form aufgeführt. Die Kosten für das Kurskonzept setzen sich zusammen aus Gemeinkosten und Durchführungskosten.

Gemeinkosten I

	Kostenzusammensetzung	Gesamt
Entwicklungskosten für das Grundkonzept	6 Tage zu je 600,00€	3.600,00€
Spezifikation/Planung in der VHS		800,00€
Qualitätsmanagement/ Evaluation	3 Tage zu je 600,00€	1.800,00€
Summe		6.200,00€
Pro Kurs	6.200,00€/100 Durchführungen	62,00€
Pro Teilnehmer	62,00€/ 20 Teilnehmer	3,10€

Wir gehen davon aus, dass der Kurs 100 Mal durchgeführt wird, daher werden pro Kurs 1% der Gemeinkosten I umgelagert. Zudem gehen wir von 20 Teilnehmern pro Kurs aus. Daraus ergeben sich 62,00€ pro Kurs und pro Person 3,10€ Gemeinkosten I.

Gemeinkosten II

Die Gemeinkosten II beinhalten die Rekrutierung der Lehrkräfte und freiwilligen Helfer, die Organisation der Besuche des Roten Kreuzes, Berater des Arbeitsamtes und der Vereinsvertreter in den Unterrichtseinheiten. Diese Kosten fallen pro Standort der Kursdurchführung neu an. Darum werden die Kosten von 400,00€ auf die Durchführung von zehn Kursen und je 20 Teilnehmer umgelegt.

	Kostenzusammensetzung	Gesamt
pro Durchführung	400,00€/ 10 Durchführungen	40,00€
pro Teilnehmer	40,00€/ 20 Teilnehmer	2,00€

Gemeinkosten I und II

	Kostenzusammensetzung	Gesamt
Pro Durchführung	62,00€ + 40,00€	102,00€
Pro Teilnehmer	3,10€ + 2,00€	5,10€

Durchführungskosten

	Kostenzusammensetzung	Gesamt
Materialkosten pro Kurs		300,00€
Gehalt Lehrperson, Hilfskräfte sowie Fahrtkosten der freiwilligen Helfer	200,00€ * 3 Std. tägl. *88 Unterrichtstage	52.800,00€
Durchführungskosten pro Kurs		53.100,00€
Durchführungskosten pro Teilnehmer	53.100,00€/20 Teilnehmer	2.655,00€

Total

	pro Kurs	pro Teilnehmer
Gemeinkosten insgesamt	102,00€	5,10€
Durchführungskosten	53.100,00€	2.655,00€
Summe	53.202,00€	2.660,10€

13. Anhang

Grafischer Kursplan

Bitte dazu 9. Kursplan, Unterpunkt grafischer Kursplan auf Seite 150/151 lesen.

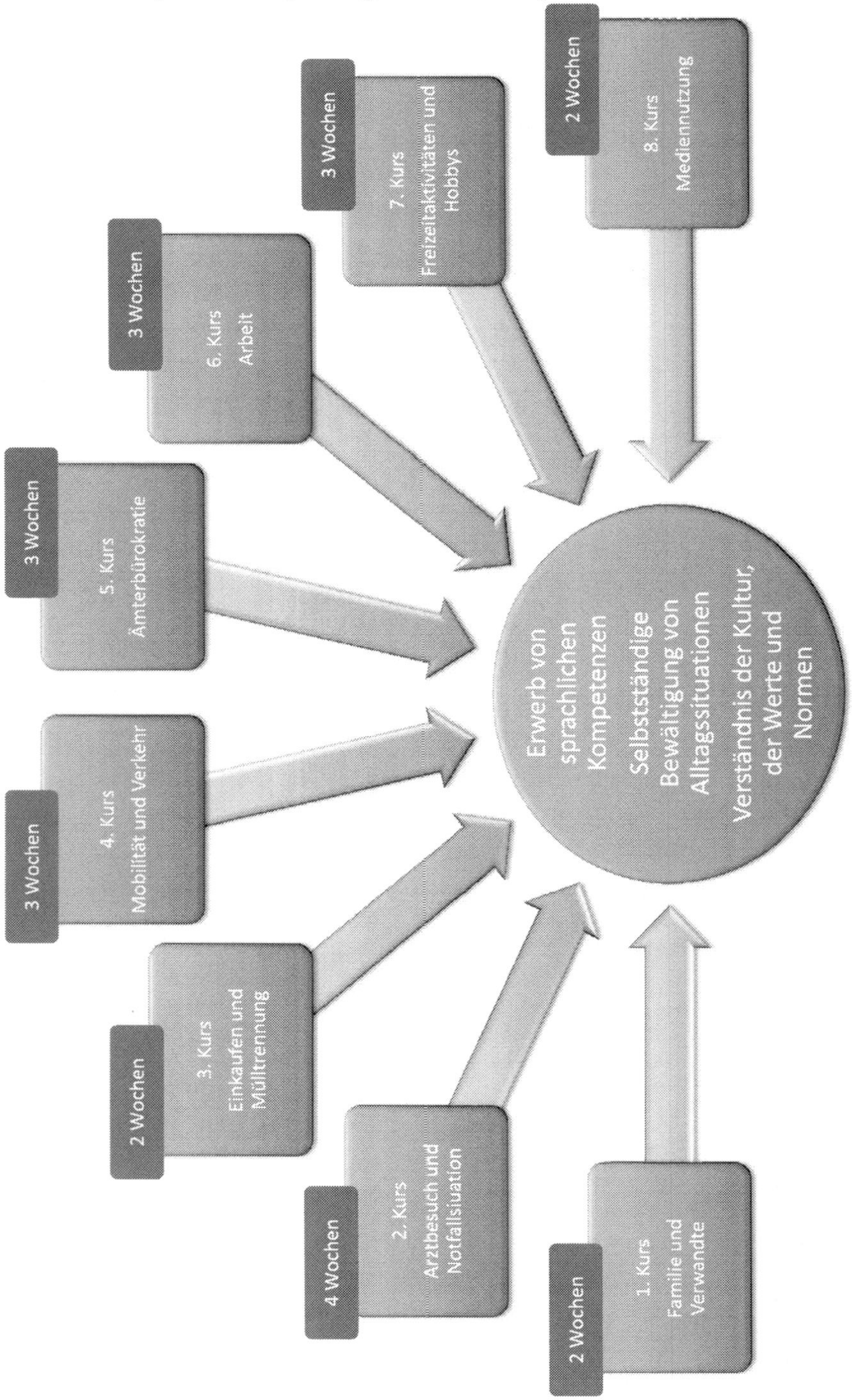

Tabellarischer Kursplan

Kurs 1: Familie und Verwandte – 2 Wochen

Thematik	Ort	Ziele	Werte	Mitwirkende
Familie und Verwandte	Seminarraum	Kennenlernen der Teilnehmer Kennen verschiedener Familienstrukturen	Gleichberechtigung Solidarität Loyalität	Lehrperson Hilfskräfte

Kurs 2: Arztbesuch und Notfallsituation – 4 Wochen

Thematik	Ort		Ziele	Werte	Mitwirkende
	Theorie	Praxis			
Arztbesuch und Notfallsituation	Seminarraum	Apotheke Krankenhaus Hausarzt DRK	In Notfallsituationen richtig handeln	Hilfsbereitschaft	Lehrperson Freiwillige Hilfskräfte Externe Helfer

Kurs 3: Einkaufen und Mülltrennung – 2 Wochen

Thematik	Ort		Ziele	Werte	Mitwirkende
	Theorie	Praxis			
Einkaufen und Mülltrennung	Seminarraum	Küche Einzelhandel	Selbstständiges Einkaufen Produkte kennen	Umweltschutz Mülltrennung	Lehrperson Freiwillige Hilfskräfte

Kurs 4: Mobilität und Verkehr – 3 Wochen

Thematik	Ort		Ziele	Werte	Mitwirkende
	Theorie	Praxis			
Mobilität und Verkehr	Seminarraum	Fahrradtour durch die Stadt	Fahrpläne der Verkehrsmittel lesen Fahrkarten kaufen Stadtplan lesen	Beachtung von Regeln Rücksichtnahme	Lehrperson Freiwillige Hilfskräfte

Kurs 5: Ämterbürokratie – 3 Wochen

Thematik	Ort		Ziele	Werte	Mitwirkende
	Theorie	Praxis			
Ämterbürokratie	Seminarraum	Institutionen vor Ort	Selbstständige Erledigung von Formalitäten Rechte und Pflichten kennen Standorte der Ämter kennen	Durchhaltevermögen Ehrlichkeit Gleichberechtigung Pünktlichkeit	Lehrperson Freiwillige Hilfskräfte Externe Helfer

Kurs 6: Arbeit – 3 Wochen

Thematik	Ort		Ziele	Werte	Mitwirkende
	Theorie	Praxis			
Arbeit	Seminarraum	BIZ Arbeitsamt Betriebe	Bewerbungen schreiben Vorstellungsgespräch führen Einblicke in deutsche Betriebe	Pünktlichkeit Respekt Gleichberechtigung Freundlichkeit	Lehrperson Freiwillige Hilfskräfte

Kurs 7: Freizeitaktivitäten und Hobbies – 3 Wochen

Thematik	Ort		Ziele	Werte	Mitwirkende
	Theorie	Praxis			
Freizeitaktivitäten und Hobbies	Seminarraum	Vereine	Vereine in der Stadt kennenlernen	Gleichberechtigung Fairness	Lehrperson Freiwillige Hilfskräfte Externe Helfer

Kurs 8: Mediennutzung – 2 Wochen

Thematik	Ort	Ziele	Werte	Mitwirkende
Mediennutzung	Seminarraum	Eigenständige Informationsbeschaffung	Redefreiheit Meinungsfreiheit Pressefreiheit	Lehrperson Freiwillige Hilfskräfte

Öffentliche Bildung

2.
Ausbildung zu HonorarmitarbeiterInnen der Freiwilligendienste der Diözese Rottenburg-Stuttgart

von Anna-Lena Frangen und Theresa Blinkle

Gliederung

Ausbildung zu HonorarmitarbeiterInnen der Freiwilligendienste der Diözese Rottenburg-Stuttgart

1. Abstrakt

Die HonorarmitarbeiterInnen der Freiwilligendienste DRS eröffnen den FSJlern während der Bildungstage zahlreiche Möglichkeiten sich weiterzubilden und dabei ihre

Persönlichkeit weiterzuentwickeln. Um diesem Anspruch zu genügen ist es notwendig, dass die Honorarmitarbeiter mit Einsatzbeginn eine Schulung über relevante Themen und Aspekte der Bildungstage erhalten. Durch vom Träger ausgesuchte Coaches und

Referenten werden die angehenden HonorarmitarbeiterInnen inhaltlich, pädagogisch und methodisch ausgebildet. Damit ist es den HonorarmitarbeiterInnen möglich die Bildungstage für die jungen Menschen kreativ und innovativ zu gestalten.

2. Vorstudie

Die Freiwilligendienste Diözese Rottenburg-Stuttgart (im Folgenden abgekürzt: Freiwilligendienste DRS) sind an uns als BildungswissenschaftlerInnen mit der Bitte herangetreten deren Bildungstage zu evaluieren und gegebenenfalls zu überarbeiten und zu verbessern.

Die Freiwilligendienste DRS initiieren und begleiten junge Menschen bei und während eines freiwilligen sozialen Jahres (im Folgenden abgekürzt: FSJ). Hauptziele eines FSJ sind die Persönlichkeitsentwicklung und der Erwerb von sozialen, interkulturellen, politischen, sozialen und religiösen Kompetenzen.[1] In insgesamt 25 Bildungstagen, die von Honorarmitarbeitern der Freiwilligendienste DRS begleitet werden, bekommen die FSJler die Möglichkeit ihren Einsatz zu reflektieren und sich mit für sie darüber hinaus relevanten Themen zu beschäftigen, mit dem Ziel eine umfassende Persönlichkeitsentwicklung der jungen Menschen zu ermöglichen. Im Rahmen unserer Diagnosen und Evaluationen konnten wir zwei Schwerpunkt-Probleme ausmachen:

- In Einzelinterviews haben wir verschiedene Honorarmitarbeiter der DRS befragt, wie sicher sie sich im Leiten der Bildungstage fühlen. Dabei hat sich herausgestellt, dass den meisten Honorarmitarbeitern die Kompetenz fehlt das in der Einsatzstelle von den FSJlern Erlebte adäquat mit diesen aufzuarbeiten, zu reflektieren und fruchtbar für weitere Lern- und Entwicklungsprozesse zu machen. Von Seiten der Honorarmitarbeiter kam der Wunsch auf mit

1 *Siehe Bildungskonzept DRS, anzufordern über Freiwilligendienste DRS / https://freiwilligendienste-rs.de/ueber-uns/leit- bild/ (letzter Zugriff 22.12.15)*

Beginn der Honorartätigkeit bei den Freiwilligendiensten DRS besser in das Bildungskonzept eingeführt zu werden. Zudem wünschen sie sich Anregungen und Ideen, wie sie die Reflektion zugunsten einer progressiven Persönlichkeitsentwicklung nutzen und einsetzen können.
- In den verschiedenen FSJ-Bildungstagen-Kursgruppen wurden Fragebögen verteilt. Mit diesen konnte erhoben werden, wie sehr die Bildungstage den FSJlern in ihrem persönlichen Alltag hilfreich sind. Bei der Auswertung war festzustellen, dass die FSJler an verschiedensten Themen, die im Kurs behandelt wurden sehr interessiert waren. Des Weiteren wurde im Besonderen die gute Atmosphäre gelobt, in der sich die FSJler willkommen und angenommen fühlen. Allerdings fiel bei der Auswertung der Fragebögen aber auch auf, dass die FSJler Beziehung zwischen den bearbeiteten inhaltlichen Themen, sowie der Reflexion über ihre Arbeit in den Einsatzstellen nur wenig auf ihren Alltag und ihre Persönlichkeitsentwicklung beziehen.

Um die Persönlichkeitsentwicklung der FSJler in angemessenem Rahmen unterstützen und begleiten zu können, ist es nötig die Honorarmitarbeiter entsprechend der Bedürfnisse junger Menschen zu sensibilisieren und zu schulen. Die Lösung des beschriebenen Problems kann durch eine Schulung der Honorarmitarbeiter erzielt werden. Ausgehend vom oben skizzierten Zustand haben wir ein Konzept entwickelt, welches die Honorarmitarbeiter durch ein Schulungswochenende befähigt, die FSJler gemäß dem Bildungskonzept in ihrer Persönlichkeitsentwicklung zu unterstützen.

3. Team

Die Entwickler des Curriculums sind in Bildungswissenschaften und Bildungsmanagement mit Studienschwerpunkt Curriculumsentwicklung und Entwicklung von Lernumgebungen ausgebildet und haben selbst ein FSJ im In- und Ausland mit verschiedenen Trägern erlebt. Ein Teammitglied ist Honorarmitarbeiterin bei den Freiwilligendiensten und hat selbst entsprechende Ausbildungen erhalten. Beide Teammitglieder verfügen über fundierte Kenntnisse und jahrelange Erfahrung im Bereich Präsentation, Moderation, Kommunikation und Führung. In Konzept- und Lösungsraum fließen auch Erfahrungen in der kirchlichen und städtischen Jugendarbeit ein.

4. Produkt

Sie, als Träger der Freiwilligendienste, erhalten mit diesem Curriculum das Profil eines Honorarmitarbeiters. Darauf aufbauend einen Modulplan in Textform beschrieben und grafisch dargestellt. Dazugehörig ein Modulhandbuch, in welchem die Module inhaltlich beschrieben sind, sowie festgehalten wird, welchen Nutzen und welche Funktion die einzelnen Ausbildungsteile haben. Zusätzlich

bekommen Sie ein didaktisches Rahmenkonzept, mit Hilfe dessen Sie eine erste Vision entwickeln können, wie Ihre Schulung in Zukunft aussieht. Des Weiteren finden Sie in diesem Curriculum eine genaue Ausschreibung mit detaillierter Kostenaufstellung. Die Kosten werden
Ihnen sowohl als Gesamtkosten, wie auch in die Kosten der einzelnen Module, aufgeschlüsselt.

5. Konzepte und Definitionen

Modul:
Ein Modul beschreibt eine thematisch und inhaltlich passende Lerneinheit. Diese kann aus einem Lernelement oder aus mehreren Lernelementen bestehen, die wiederum in sich inhaltlich und thematisch stimmig sind. Ein Modul ist jeweils zeitlich begrenzt.[2] Ziel eines Moduls sind der Erwerb von Kompetenzen, Skills und thematischen Inhalten, sowie eine gefestigte Vorstellung von dazugehörigen Werten und Haltungen.

Kompetenzen:
Wir beziehen uns bei der Definition auf Westera (2001). Von ihm wird Kompetenz als „… the ability to produce successful behaviors in non-standardized situations …“[3] definiert. Nach unserer Definition sind Kompetenzen also erlernte und eingeübte Verhaltensweisen, die von Menschen genutzt werden, um auf verschiedene Situationen angemessen zu reagieren.
Skills: Unter Skills verstehen wir Kompetenzen, die so eingeübt sind, dass die Bewältigung der Aufgabe automatisiert ablaufen kann.

Werte- und Haltungsvorstellungen:
Darunter verstehen wir, dass ein Honorarmitarbeiter durch die Schulung Standpunkte zu verschiedenen Themen bezieht und sich diese in seiner Persönlichkeit authentisch widerspiegeln.

Zeiteinheit:
Eine sogenannte Einheit
umfasst ca. 3 Stunden.

6. Profil

Als Honorarmitarbeiter der DRS ermöglichen Sie jungen Menschen im Rahmen der Bildungstage ihre Persönlichkeitsentwicklung zu erleben und wirken an dieser aktiv mit. Aufgrund Ihrer vielfältigen methodischen und didaktischen Kompetenzen sind Sie ein geeigneter Begleiter für die FSJler, um diese durch das Führen eines Entwicklungsportfolios in ihrer progressiven Persönlichkeitsentwicklung zu bestärken und zu unterstützen.
Sie vereinen Ihre Kreativität mit Ihrem didaktischen Fachwissen und Ihrer fundierten Kenntnis des Bildungskonzeptes. So gestalten Sie gewinnbringende Einheiten der Bildungstage zu Themen, die für die FSJler relevant sind und von diesen gewünscht werden. Dabei greifen Sie auf einen großen Methodenschatz zurück, den Sie lernförderlich einsetzen. Zusätzlich bringen Sie auch Ihre persönlichen Interessen, Werte und Haltungen ak-

2 *http://www.isc.uni- muenchen.de/allgemein_faq/moduldefinition/inde x.html (letzter Zugriff: 16.12.15)*
3 *http://www.diss.fu- berlin.de/diss/servlets/MCRFileNodeServlet/FUDISS_derivate_000000002654/03_004_Wittke.pdf?ho sts= (letzter Zugriff: 16.12.15)*

tiv in das Kursgeschehen mit ein. Sie schaffen einen Konsens zwischen dem Bedürfnis der Freiwilligendienste DRS die Bildungsziele umgesetzt zu wissen, den Interessen der FSJler, sowie dem Auftrag die jeweiligen Einsätze in verschiedenen Einsatzstellen zu reflektieren.

7. Didaktisches Gesamtkonzept

Unser Gesamtkonzept richtet sich an alle neuen Honorarmitarbeiter der Freiwilligendienste DRS. Diese erhalten mit Beginn der Honorartätigkeit über die Dauer eines Wochenendes in einem geeigneten Seminarhaus eine Schulung, welche sie auf ihren Einsatz vorbereitet.

Die Schulung setzt sich aus inhaltlich- fachlichen, individuellen und didaktisch- pädagogischen Modulen zusammen. Diese zielen auf den Erwerb der nötigen Fähigkeiten ab um eine erfolgreiche Kurswoche zu gestalten.

Der angehende Honorarmitarbeiter beschäftigt sich an diesem Wochenende mit den inhaltlich-fachlichen Aspekten einer Kurswoche wie beispielsweise den Bildungszielen, der Gestaltung von Kurseinheiten, verschiedenen Methoden, etc. Dieser Lernprozess besteht sowohl aus dem selbstständigen Erarbeiten von Inhalten, um die metakognitiven und reflexiven Fähigkeiten der Honorarmitarbeiter zu fördern. Als auch im Besonderen der Möglichkeit des Austausches mit anderen neuen Honorarmitarbeitern (kollaboratives Lernen[4]), welcher die sozialen Fähigkeiten schult und den Honorarmitarbeitern neue Perspektiven eröffnet, welche sie in ihre bereits bestehenden kognitiven Konzepte integrieren können.

Des Weiteren werden während der Schulung didaktisch-pädagogische Aspekte bearbeitet, auf welche die Honorarmitarbeiter im Kursgeschehen voraussichtlich treffen werden. Insbesondere die Themen Gruppendynamik, Leitung, Kommunikation, etc. sind dabei von Bedeutung. Der Lernprozess der Honorarmitarbeiter erfolgt in diesem Modul durch sogenannte Case Studies. Die Honorarmitarbeiter erfahren „in action“ wie bestimmte Kurssituationen aussehen und lernen auf diese angemessen zu reagieren. „On action“ bewerten sie anschließend gemeinsam, wie mögliche Reaktionen und Maßnahmen aussehen könnten. Dabei werden sie zunächst noch von der Kursleitung durch gezielte Nachfragen, neue Ideen, etc. unterstützt. Die Kursleitung nimmt ihre Unterstützung mit jedem weiteren Beispiel dann immer mehr zurück, sodass die angehenden Honorarmitarbeiter am Ende der Einheit gelernt haben, Kurssituationen selbstständig angemessen und kreativ zu lösen (scaffolding und fading out[5]).

Auch der individuelle Lernprozess des Honorarmitarbeiters bekommt an diesem Wochenende Raum und Platz. Dabei geht es darum, dem Honorarmitarbeiter Möglichkeiten der

4 *Konrad, K. (2014). Kooperatives Lernen. In Lernen lernen-allein und mit anderen (S. 79-87). Springer Fachmedien Wiesbaden.*

5 *Woolfolk, Anita. „Pädagogische Psychologie. 12.“ (S.61). Aufl./bearb. u. übers. von Ute Schönpflug. München [ua]: Pearson Studium (2014).*

Reflexion und des Kompetenztransfers zu eröffnen, welche er sowohl im Kursgeschehen als auch in seinem privaten Umfeld einsetzen kann. Als Mittel hierfür wird den Honorarmitarbeitern das Portfolio an die Hand gegeben. Zunächst muss die Portfolioarbeit theoretisch und didaktisch- pädagogisch erklärt werden, sodass die Honorarmitarbeiter lernen, wozu ein solches Portfolio dient. Anschließend bekommen die Honorarmitarbeiter selbst die Möglichkeit ihren eigenen Lernerfolg in einem Portfolio festzuhalten. Ihnen wird dazu ein Portfolio-Beispiel bereitgestellt, an dem sie eine erste Orientierung finden (Lernen aus Beispielen). Ihnen wird aufgrund ihrer bereits hohen Kompetenz im eigenständigen Lernen aber zugetraut ihr eigenes Portfolio individuell so zu gestalten, dass sie einen maximalen Lern- und Entwicklungserfolg für sich erzielen können.

Die Besonderheit dieses Moduls ist es, dass die Portfolioarbeit nicht auf die Einführungsschulung beschränkt ist. Der Lernprozess findet über das Kursjahr fortlaufend statt. Der Kurs wird ohnehin in Teamsupervisionen laufend reflektiert. Der einzelne Honorarmitarbeiter hat mit dem Portfolio nun aber noch die zusätzliche Möglichkeit seine eigenen Reflektionen und erworbenen Kompetenzen in seinem Portfolio festzuhalten und zu dokumentieren.

Mit der Schulung geht es ausdrücklich nicht darum das erworbene Wissen durch eine Leistungsüberprüfung festzustellen. Ziel des Kurses ist es die neuen Honorarmitarbeiter für die Kurswochen zu sensibilisieren, sowie ihnen die Fähigkeit zu vermitteln im Team gemeinsam Entscheidungen zu treffen, welche unter anderem dadurch zustande kommen, was die einzelnen Honorarmitarbeiter individuell mit(ein)bringen.

8. Modulplan

Die Ausbildung zu Honorarmitarbeitern bei den Freiwilligendiensten DRS ist in vier Module aufgeteilt. Alle Module finden zentral in einem geeigneten Seminarhaus an einem Wochenende statt. Jeder Teilnehmer muss alle Module absolvieren, die Reihenfolge ist dabei nicht entscheidend.

Modul 1 beschäftigt sich mit der Portfolioarbeit der FSJler und der Portfolioarbeit, welche von den Honorarmitarbeitern persönlich betrieben wird. Für dieses Modul ist ein Zeitslot von einer Einheit, sprich ca. 3 Stunden vorgesehen.

In Modul 2 beschäftigen sich die Honorarmitarbeiter mit verschiedenen Kurssituationen während einer Einheit.

Das dritte Modul befasst sich mit der konkreten Planung und Umsetzung der Bildungstage. Hierfür ist wiederum eine Einheit vorgesehen. Die Ausnahme wird in diesem Modul vom Erste-Hilfe-Kurs gebildet, welcher einen Tag lang extern bei einem geeigneten Anbieter abzuleisten ist.

Im Modul 4 lernen die angehenden Honorarmitarbeiter schließlich viele Methoden kennen und tauschen sich gezielt miteinander aus. Dafür ist eine

Einheit vorgesehen, es bietet sich aber an, diese Einheit auch auf mehrere kürzere Zeitslots am Wochenende zu verteilen.
Eine Grafik und eine Tabelle des Modulplans finden Sie im Anhang auf Seite 184 und 185.

9. Modulhandbuch

Modul 1: Portfolioarbeit im Kursgeschehen und individuell

Die Honorarmitarbeiter erfahren was ein Portfolio ist und welchen Einfluss es auf die progressive Persönlichkeitsentwicklung hat. Das Portfolio soll für die FSJler und die Honorarmitarbeiter genutzt werden. Dabei fungiert das Portfolio auch als Reflexionsinstrument. Mit Hilfe der Portfolioarbeit werden metakognitive und reflexive Fähigkeiten gefördert. Das Modul spaltet sich dabei in zwei inhaltlich und methodische Teile.

Teil 1: Persönliche Arbeit mit einem Entwicklungsportfolio
Zeit: eine halbe Einheit
Die Honorarmitarbeiter werden in diesem Modul befähigt mit einem Entwicklungsportfolio zu arbeiten. Sie lernen welche Aspekte bezüglich der Portfolioarbeit relevant sind, um dieses zur Selbstreflexion und Persönlichkeitsentwicklung zu nutzen.

Ziele:
Kompetenzen:
Die Honorarmitarbeiter verstehen wie mit einem Portfolio als Reflexionsinstrument gearbeitet werden kann und machen sich das Gelernte zunutze um ihre Arbeitsweise zu reflektieren und zu bewerten. Dabei beachten sie die gelernte Vorgehensweise mit einem Portfolio zu arbeiten.

Skills:
Die Honorarmitarbeiter nutzen gezielt die Möglichkeiten, die ein Entwicklungsportfolio für die Selbstreflexion und die Persönlichkeitsentwicklung bietet. Sie blicken nach jedem größeren Abschnitt zurück auf das Erarbeitete oder Geleistete und lassen Erlerntes und Erlebtes noch einmal bewusst auf sich wirken. Sie ordnen die Erfahrungen ein um sie differenziert und kritisch zu betrachten und gewinnen somit ein tieferes Verständnis.

Werte und Haltungen:
Bei der persönlichen Portfolioarbeit achten die Honorarmitarbeiter auf wert- und vor allem selbstschätzende Ausdrucksweise und einen angemessenen Umfang der Kritik. Sie kennen und schätzen ihre Stärken und Schwächen.

Inhalte:
Die Honorarmitarbeiter beschäftigen sich unter anderem mit ihrer Biografie um ihre Entwicklung und ihre Herkunft einordnen und schätzen zu können. Dabei stärkt die Biografiearbeit die Festigung der eigenen Identität.

Heterogenitätsprinzip:
Da die Honorarmitarbeiter aus unterschiedlichen Arbeits- und Ausbildungsbereichen stammen, ist Vorwissen zur Portfolioarbeit nicht gegeben. Um der Heterogenität zu begegnen, werden die Honorarmitarbeiter von Grund auf in die Portfolioarbeit durch einen qualifizierten Coach eingewiesen. So ist sichergestellt dass am Ende

der Einheit das gleiche Wissenslevel vorliegt.

Vorschlag didaktisches Vorgehen:
Um das Portfolio angemessen anwenden zu können ist es wichtig dessen Einzelbestandteile und Wirkungsweisen zu kennen. Daher wird den Honorarmitarbeitern zunächst die Portfolioarbeit an einem Beispiel vorgestellt und die einzelnen Elemente näher erläutert um anschließend selbst anhand einer Beispielbiografie ein kurzes Portfolio zu entwerfen. So lernen die Honorarmitarbeiter anhand des beispielbasierten Lernens den richtigen Umgang mit einem Portfolio.

Teil 2 :Anleitung wie in der FSJ - Arb eit mit einem Portfolio gearbeitet werden kann
Zeit: eine halbe Einheit
Die Honorarmitarbeiter werden in diesem Modul befähigt den FSJlern den Umgang und die Arbeit mit einem Entwicklungsportfolio näherzubringen. Sie lernen welche Aspekte für die FSJler bezüglich der Portfolioarbeit relevant sind und vermitteln den FSJlern die nötigen Fertigkeiten.

Ziele:
Kompetenzen:
Die Honorarmitarbeiter sind in der Lage den FSJlern zu vermitteln wie mit einem Portfolio als Reflexionsinstrument gearbeitet werden kann. Darüber hinaus können sie den FSJlern den Einfluss und den Nutzen eines Portfolios zur progressiven Persönlichkeitsentwicklung
nahebringen.

Skills:
Die Honorarmitarbeiter entwickeln gemeinsam mit den FSJlern ein Portfolio und regen sie zu kritischem Denken und zur Reflexion der eigenen Haltung und Handlung an. Dabei sind sie sich ihrer Beobachterrolle stets bewusst und bewerten keine mündlichen oder schriftlichen Aussagen der FSJler.

Werte und Haltungen:
Die Honorarmitarbeiter stehen den FSJlern als Begleiter und Berater zur Seite. Sie behandeln alle FSJler gleich wertschätzend und kritisieren oder verurteilen keine Aussagen. Dabei unterstützen sie die FSJler nach bestem Wissen und Gewissen in ihrer Persönlichkeitsentwicklung.

Heterogenitätsprinzip:
Die FSJler stammen aus verschiedenen schulischen und nicht-schulischen Ausbildungsverhältnissen. Es ist daher davon auszugehen, dass einige bereits über Erfahrung in der (Lern-)Portfolioarbeit verfügen, andere jedoch nicht. Um allen den gleichen Wissensstand zu ermöglichen, schaffen die Honorarmitarbeiter ein gutes Arbeitsklima und vermitteln den FSJlern welche Aspekte eines Portfolios für junge Menschen während dem FSJ besonders relevant und förderlich sind. Anschließend erarbeiten die FSJler unter der Anleitung der Honorarmitarbeiter einen Fragenkatalog für ein mögliches Entwicklungsportfolio, welcher hilft, reflexiv und wertschätzend zu arbeiten.

Modul 2: Kurssituationen wahrnehmen, analysieren und gestalten

Zeit: eine Einheit - 3 Stunden
Die Honorarmitarbeiter werden in diesem Modul befähigt das aktive Kursgeschehen und dessen

Dynamik wahrzunehmen, zu analysieren, anzupassen und mitzugestalten. Sie lernen mit situativen Vorkommnissen angemessen umzugehen. Ziel dieses Modulteiles ist es, dass die Honorarmitarbeiter auf sich ihnen eröffnende Situationen angemessen reagieren können.

Ziele:

Kompetenzen:

Die Honorarmitarbeiter erfassen was die Kursteilnehmer während der Bildungswoche von ihrem Einsatz erzählen und verstehen wie es den FSJlern mit dem Erzählten geht. Darauf aufbauend geben sie den FSJlern konstruktive Rückmeldungen und unterstützen die FSJler in ihrer Arbeit in den Einsatzstellen und in ihrer Persönlichkeitsentwicklung mit Hilfe konstruktiver Kommunikation. Die Honorarmitarbeiter entwickeln eine Sensibilität für die Wünsche, Anliegen und Bedürfnisse der Kursteilnehmer. An den FSJlern und der aktuellen Gruppensituation orientiert nehmen die Honorarmitarbeiter ihre Aufgabe als Leitung wahr. Dazu erkennen sie die Dynamik der Kursgruppe, können diese einordnen, steuern und beeinflussen und so auch auf schwierige Gruppensituationen angemessen reagieren.

Skills:

Die Honorarmitarbeiter gehen den FSJlern in den Kurswochen als Vorbild im Umgang miteinander voran. Sie wertschätzen jeden einzelnen Teilnehmer und lassen ihn dies durch aktives Zuhören und ehrliches Feedback spüren.

Werte und Haltungen:

In den Kurswochen erwartet die Honorarmitarbeiter eine wechselnde und oft intensive Gruppendynamik. Sie nehmen diese als wertvoll wahr und begleiten die Kursgruppe und jeden einzelnen FSJler während der Bildungstage durch die verschiedenen sich eröffnenden Situationen. Dabei stehen in jedem Fall die Wünsche und Bedürfnisse der FSJler an erster Stelle. Die Rolle der Honorarmitarbeiter ist dabei nicht die einer klassischen Leitung, sondern definiert sich als die eines Wegbegleiters. Die Honorarmitarbeiter begegnen den FSJlern gemäß dem christlichen Menschenbild und schätzen jeden und regen ihn dazu an sich entsprechend der individuellen Persönlichkeit weiterzuentwickeln.

Inhalte:

Die Honorarmitarbeiter beschäftigen sich mit verschiedenen Kommunikationsmodellen, Gruppenprozessen, Gruppendynamik und diversen Konfliktlösestrategien. Auch verschiedene Leitungsstile sind in diesem Modul thematisch verankert. Diese werden mit dem Konzept des situativen Lernens verknüpft.

Heterogenitätsprinzip:

Die angehenden Honorarmitarbeiter kommen aus vielen verschiedenen Berufsfeldern. Ein Großteil aller Honorarmitarbeiter sind aus dem sozialen Sektor angeworben. Es gibt aber auch viele Mitarbeiter, welche aus technischen oder wirtschaftlichen Berufsfeldern stammen. Dementsprechend divergiert ihr Vorwissen darüber, wie mit Gruppen gearbeitet wird, etc.

Der Heterogenität wird damit begegnet, dass nicht nach Können und Nicht-Können selektiert wird sondern dass die angehenden Honorarmitarbeiter, die bereits über Vorwissen und Vor-Kenntnisse zu Gruppensituationen bei jungen Erwachsenen verfügen, zu Experten gemacht werden, welche die Novizen mit ihrer Erfahrung bereichern und unterstützen können. Diese Einteilung muss von der durchführenden Schulungsleitung gemacht werden.

Vorschlag didaktisches Konzept:

Zu Beginn dieser Einheit werden verschiedene Situationen aus dem Kursgeschehen inszeniert. Die Teilnehmer reagieren dann "in action" (d.h. unmittelbar und intuitiv) auf die sich ihnen darstellende Situation. Vom Kursleiter wird währenddessen beobachtet welche Teilnehmer bereits die notwendigen Skills haben, die Situation zu lösen. Diese Teilnehmer beobachten von nun an und nehmen eine Meta-Perspektive ein.

Alle anderen Teilnehmer üben mit anderen Situationen weiter. Sie analysieren "on action" (d.h. außerhalb der Situation)einzelne im Kursgeschehen auftretende Situationen. Nach der Analyse entwickeln sie Pläne und Lösungsvorschläge. In weiteren Situationen trainieren sie letztlich, die aktive Umsetzung.

Modul3: Bildungstageplanen

Die Honorarmitarbeiter sind in der Lage den Rahmen der Bildungstage didaktisch und an den Bildungszielen orientiert zu gestalten.

Modul 1: Zeitmanagement: Aufgaben einschätzen können

Zeit :eine halbe Einheit

Die Honorarmitarbeiter werden in diesem Modul befähigt, fundierte Entscheidungen über den zeitlichen Aufwand einer Einheit innerhalb der Bildungstage zu treffen.

Ziele:

Kompetenzen:

Die Honorarmitarbeiter kennen den zeitlichen Aufwand der Bearbeitung einzelner Aufgaben und können aufgrund fundierter Kenntnisse des Zeitmanagements einen durchführbaren Zeitplan für die Bildungstage erstellen

Skills:

Die Honorarmitarbeiter planen selbstständig Einheiten und ganze Seminare im Rahmen der Bildungstage. Sie wissen um die Bearbeitungsdauer einzelner Aufgaben und treffen kompetente Entscheidungen bezüglich der Zeitplanung.

Werte und Haltungen:

Die Honorarmitarbeiter sorgen bewusst für einen einhaltbaren zeitlichen Rahmen, der weder die FSJler noch die Mitarbeiter unter Druck setzt und sorgen so für ein gutes Arbeitsklima.

Inhalte:

Die Honorarmitarbeiter werden im Zeitmanagement geschult und trainiert. Dabei werden ihnen diverse Planungsstrategien vermittelt.

Heterogenitätsprinzip:

Die Honorarmitarbeiter arbeiten zum Teil seit Jahren erfolgreich mit (Jugend-) Gruppen und haben Erfahrung in der zeitlichen Ablaufplanung, teilweise sind sie jedoch unerfahren. Um das Vorwissen der erfahrenen Honorarmitarbeiter zu nutzen, können die Einzelnen ihre Erfahrungen in die Gruppe miteinbringen. Ein fundiertes Training sorgt für gleiches Wissens-Niveau unter den Honorarmitarbeitern.

Vorschlag didaktisches Konzept:
Den Honorarmitarbeitern werden durch einen Coach die verschiedenen Aspekte des Zeitmanagements präsentiert. Als Übung werden den Honorarmitarbeitern Beispiele mehrerer Zeitpläne gezeigt, welche gemeinsam analysiert und bewertet werden.
Anschließend entwirft jeder Honorarmitarbeiter einen exemplarischen Zeitplan für eine Woche im Rahmen der Bildungstage und spricht diesen gemeinsam mit dem Coach durch, um noch weitere Hinweise Verbesserungsvorschläge zu erhalten.

Modul 2: Erste-Hilfe-Kurs
Zeit: 1 Tag
Die Honorarmitarbeiter erhalten ein Training zu lebensrettenden Maßnahmen im Rahmen eines Kurses vom DRK. Anmerkung: Der Erste-Hilfe-Kurs wird in Eigenverantwortung bei einer geeigneten Einrichtung abgelegt, die erfolgreiche Teilnahme muss mit einem Zertifikat belegt werden.

Ziele:
Kompetenzen:
Die Honorarmitarbeiter sind befähigt lebensrettende Maßnahmen zu benennen und durchzuführen. Des Weiteren sind sie in der Lage, Gefahrensituationen zu erkennen und die folgenden nötigen Handlungen zu planen und durchzuführen.

Skills:
Die Honorarmitarbeiter analysieren eine Gefahrensituation korrekt und führen der Situation entsprechende (lebensrettende) Maßnahmen durch. Sie reagieren überlegt und angemessen, ohne Panik oder Unruhe zu verbreiten.

Heterogenitätskonzept:
Da einige Honorarmitarbeiter bereits einen Führerschein machen oder besitzen, oder anderweitig bereits einen Erste-Hilfe-Kurs abgelegt haben werden, werde diese von diesem Modul befreit. Es steht den Honorarmitarbeitern jedoch frei, den Erste-Hilfe-Kurs auf Kosten der Einrichtung zur Auffrischung erneut zu machen.

Modul 3: Bildungskonzept
Zeit: eine halbe Einheit
Die Honorarmitarbeiter werden in diesem Modul befähigt, die Seminare entsprechend dem Bildungskonzept des Trägers zu gestalten

Ziele:
Kompetenzen:
Die Honorarmitarbeiter können das Bildungskonzept des Trägers benennen und erfolgreich vermitteln. Dabei sind sie in der Lage, Aufgaben dem Bildungskonzept entsprechend zu gestalten und die FSJler anhand des Konzepts auszubilden und zu fördern.

Skills:
Die Honorarmitarbeiter gestalten selbstständig und sicher die Bildungstage im Rahmen des vorgegebenen Bildungskonzeptes und vermitteln den FSJlern die entsprechenden Werte und Haltungen des Trägers.

Werte und Haltungen:
Die Honorarmitarbeiter sind sich ihrer Verantwortung bewusst, den FSJlern ein weltoffenes und menschennahes Konzept zu vermitteln und alle Charakter und Eigenschaften der FSJler anzunehmen und zu integrieren.

Inhalte:
Den Honorarmitarbeitern wird das Bildungskonzept des Trägers vermittelt.

Heterogenitätsprinzip:
Einige Honorarmitarbeiter arbeiten teilweise seit geraumer Zeit bereits mit FSJ- Gruppen zusammen und sind bereits mit dem Bildungskonzept vertraut. Um dieser Ungleichheit des Wissensstandes zu begegnen werden je ein Experte und ein Novize einander zugeteilt um gemeinsam das Bildungskonzept zu entdecken.

Vorschlag didaktisches Konzept:
Die Honorarmitarbeiter erarbeiten in Kleinteams von zwei Personen (bestehend aus Experte und Novize) eine Grafik eines Hauses, welches auf Säulen steht. Dabei repräsentiert das Haus die Gemeinschaft der Menschen und die Säulen die das Haus tragen die einzelnen Aspekte des Bildungskonzeptes. Danach präsentieren alle Teams ihre Grafiken und erläutern ihre Gedanken zu den jeweiligen Aspekten und bewerten die persönliche Relevanz.

Modul 4: Methodenkoffer - Methoden kennen, auswählen und anwenden

Zeit :eine halbe Einheit - 1,5 Stunden
Die Honorarmitarbeiter lernen in diesem Modul verschiedene Methoden, Übungen, Spiele, etc. kennen, welche sie im aktiven Kursgeschehen thematisch und situationsbedingt passend auswählen und durchführen können. Dabei soll sich an den Bildungszielen der Freiwilligendienste DRS orientiert werden. In diesem Modul soll auch für den Methoden-Austausch der Honorarmitarbeiter Raum gegeben werden.

Ziele:
Kompetenzen:
In diesem Modul lernen die Honorarmitarbeiter bekannte und neue Methoden und Übungen kennen und können diese anleiten und durchführen. Sie wägen verschiedene Übungen nach Sinn und Zweck gegeneinander ab und wählen die passende Übung zur aktuellen Situation/Thematik/Dynamik/etc. aus. Ziel ist es stimmige thematisch-inhaltliche Einheiten zu den Bildungszielen zu konzipieren und durchzuführen, die an den Bedürfnissen der FSJler orientiert sind.

Skills:
Die Honorarmitarbeiter kennen verschiedene Methoden/Übungen/Spiele/etc., leiten diese souverän an und begleiten die FSJler während der Übungen.

Werte und Haltungen:
Bei der Anleitung und Durchführung verschiedenster Methoden im Kurs legen Sie großen Wert auf Fairness und ein gesundes Miteinander der Kursgruppe. Es ist Ihnen wichtig niemanden zu vergessen und die FSJler auch immer wieder entsprechend ihrer individuellen Persönlichkeit herauszufordern.

Inhalte:
In dieser Einheit werden viele verschiedene Methoden kennengelernt,

welche jeder Honorarmitarbeiter individuell in seinen „Methodenkoffer“ einpackt. Des Weiteren gibt es viel Raum für gegenseitigen Erfahrungsaustausch bezüglich Methoden, interessanten Thematiken, etc. Dazu braucht es Kenntnis der Bildungsziele DRS.[6]

Heterogenitätsprinzip:
Die Teilnehmenden arbeiten teils erst seit kurzem, teils seit vielen Jahren methodisch und inhaltlich mit verschiedenen Gruppen. Diesen enormen Erfahrungsschatz gilt es in dieser Einheit im Besonderen zu nutzen. Die unterschiedlichen Ideen und Vorstellung gelungener Einheiten gilt es zu sammeln und gemeinsam auszuprobieren, zu erweitern, …

Vorschlag didaktischer Ablauf:
Den Teilnehmenden werden verschiedene Einheiten zur Wahl gestellt die (aktuell) in FSJ-Kursen eine Rolle spielen und sich aus den Bildungszielen ableiten. Sie sollen sich dann nach Interesse in Kleingruppen zusammenfinden und gemeinsam überlegen, ob sie passende Übungen/Methoden kennen. Ergänzt werden kann diese Sammlung durch den Kursleiter. Die Teilnehmer sollen sich dann gemeinsam für eine Methode/Übung entscheiden, die sie gerne gemeinsam ausprobieren möchten. Dabei sollen sie sich gegenseitig im Anleiten der Übung beobachten und im Anschluss besprechen, wie sie die Methode/Übung empfunden haben.

Leistungsfeststellung:

6 *https://freiwilligendienste- rs.de/fileadmin/user_upload/Einsatzstellen/Login/ Homas/Basics_Kursarbeit/Gesetz_und_Konzept/20 14-Bildungskonzept_Wernau.pdf*

Das Leistungsziel ist erreicht, wenn die angehenden Honorarmitarbeiter die Schulung besucht haben und alle Module abgeschlossen haben. Nach dieser Schulung dürfen die angehenden Honorarmitarbeiter ihre Tätigkeit während der Bildungstage aufnehmen. Ziel ist es nicht, das erworbene Wissen durch klassische Tests, Klausuren, etc. abzuprüfen, sondern vielmehr die neuen Honorarmitarbeiter für die Kurswochen zu sensibilisieren, sowie ihnen die Fähigkeit zu vermitteln im Team gemeinsam Entscheidungen zu treffen, welche unter anderem dadurch zustande kommen, was die einzelnen Honorarmitarbeiter individuell mit(ein)bringen.

10. Ausschreibung

Anbieter
Wir sind ein zweiköpfiges Expertenteam im Schwerpunktbereich der Curriculumsentwicklung, bestehend aus Bildungswissenschaftlerinnen. Wir sind darüber hinaus auch selbst in der Arbeit mit FSJlern qualifiziert, sodass uns die Strukturen eines Freiwilligendienstes bekannt sind.

Profil
Sie sind als Honorarmitarbeiter der Freiwilligendienste DRS tätig. Sie gestalten die Bildungstage im Rahmen eines Freiwilligendienstes für junge Menschen kreativ und innovativ mit. Besonders die Persönlichkeitsentwicklung der FSJler wird von Ihnen durch Reflexionsgespräche und das Führen eines Portfolios unterstützt.

Ablauf und didaktisches Konzept
Mit diesem Konzept werden Sie

befähigt ihren Aufgaben als Honorarmitarbeiter gerecht zu werden. Durch die Schulung erhalten Sie die Möglichkeit sich sowohl inhaltlich-fachlich und didaktisch- pädagogisch zu spezialisieren und weiterzubilden, wie auch sich individuell zu entwickeln.
Um dieses Ziel zu erreichen treffen Sie sich gemeinsam mit anderen neuen Honorarmitarbeitern an einem Wochenende. An diesem lernen Sie durch geeignete Referenten und Coaches die Basics für die erfolgreiche Gestaltung der Bildungstage. Die Basics setzen sich aus vier Modulen zusammen:
Modul 1: Portfolioarbeit im Kursgeschehen und individuell: In diesem Modul lernen und erfahren Sie was es bedeutet ein Portfolio zu führen. Sie bekommen konkrete Anleitungsideen wie ein solches Portfolio aussieht und wie es eingesetzt und genutzt wird.
Modul 2: Kurssituationen wahrnehmen, analysieren und gestalten: In diesem Modul lernen Sie verschiedene Kurssituationen kennen. Sie erarbeiten sich gemeinsam die Strukturen verschiedenster Situationen und Lösungen und Handlungsoptionen.
Modul 3: Bildungstage planen: In diesem Modul lernen sie die Rahmenbedingungen einer Kurswoche kennen.
Modul 4: Methodenkoffer – Methoden kennen, auswählen und anwenden: In diesem Modul beschäftigen Sie sich mit verschiedenen neuen und alten Methoden. Sie erfahren wo diese eingesetzt werden können und was es bei der Umsetzung dieser zu beachten gilt. Die vermittelte Theorie wird während der gesamten Schulung durch relevante Praxisbeispiele untermauert. Des Weiteren spielt der Raum für Austausch und Ausprobieren eine große Rolle. Somit lernen Sie mit und voneinander.

11. Zielpublikum

Die Ausbildung zu Honorarmitarbeitern richtet sich an alle angehenden Honorarmitarbeiter der Freiwilligendienste DRS. Nach erfolgreichem Bewerbungsgespräch bei den Freiwilligendiensten DRS sind Sie verpflichtet den Einführungskurs zu besuchen, um ihre Honorartätigkeit antreten zu können.

12. Kostenaufstellung

Wir bieten Ihnen ein umfassendes Konzept zur optimalen Schulung Ihrer Honorarmitarbeiter an, mit welchem Sie die Qualität ihrer FSJ-Bildungstage sicherstellen können. Die Honorarmitarbeiter werden in den Bereichen Portfolio- und Biografiearbeit, Kursgeschehen, in Rahmenbedingungen und Methoden geschult.
Die Kosten für unser Modell setzten sich demzufolge wie folgt zusammen:

Arbeitsschritt	Wer? Was?	Kostenzusammensetzung	Gesamt
Entwicklung des Konzepts	2 Bildungswissenschaft-lerinnen	6 Tage à 800€	9600€
Implementierung bei den Freiwilligendiensten	2 Bildungswissenschaft-lerinnen	1 Tag à 1200€	2400€
Durchführungskosten	Freiwilligendienste DRS 3 Kursleitungen	3 Tage à 1200€	10800€
Qualitätsmanagement (optional)	2 Bildungswissenschaft-lerinnen	3 Tage à 800€	4800€

Gesamt: 27.600€

Gesamt ohne Qualitätsmanagement: 22.800€

Gesamt pro TN für einen Schulungstag (6 Stunden) bei 30 TN: 250€

13. Anhang

Grafischer Modulplan

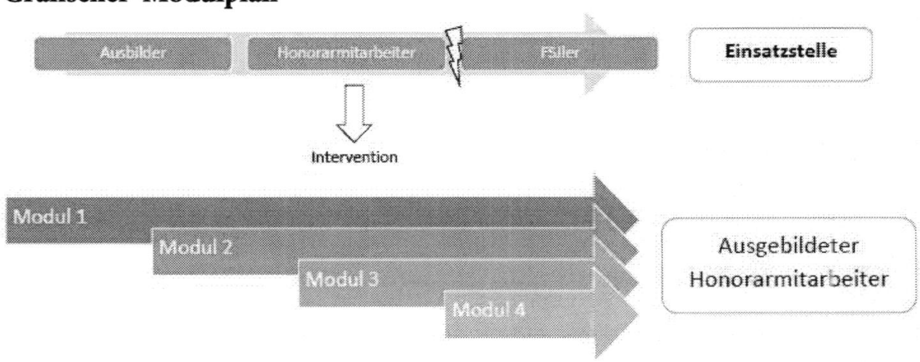

Legende Modulplan

Keine oder nur schlechte Ausbildung der Honormitarbeiter → keine adäquate Betreuung der FSJler möglich

Modul 1 „Portfolioarbeit im Kursgeschehen und individuell"

Arbeit mit Entwicklungsportfolio, Selbstreflexion und Persönlichkeitsentwicklung; Vermittlung an die FSJler wie mit einem Portfolio gearbeitet wird

Modul 2 „Kurssituationen wahrnehmen, analysieren und gestalten"

Kommunikationsmodelle, Konfliktlösestrategien, Wissen über Gruppenprozesse, Leitungsstile

Modul 3 „Bildungstage planen"

Zeitmanagement, Aufgaben einschätzen, Zeitplan erstellen; Lebensrettende Maßnahmen, Gefahrensituationen; Bildungskonzept des Trägers

Modul 4 „Methodenkoffer - Methoden kennen, auswählen und anwenden"

Kennenlernen verschiedener Methoden, Bildungsziele DRS, (Erfahrungs-) Austausch bezüglich verschiedener Methoden und inhaltlichen Einheiten des Kurses

Tabellarischer Modulplan

Modul 1: Portfolioarbeit im Kursgeschehen und individuell

Dauer	Themen
½ Einheit	Arbeit mit Entwicklungsportfolio, Selbstreflexion und Persönlichkeitsentwicklung
½ Einheit	Vermittlung an die FSJler wie mit einem Portfolio gearbeitet wird

Modul 2: Kurssituationen wahrnehmen, analysieren und gestalten

Dauer	Themen
1 Einheit	Kommunikationsmodelle, Konfliktlösestrategien, Wissen über Gruppenprozesse, Leitungsstile

Modul 3: Bildungstage planen

Dauer	Themen
½ Einheit	Zeitmanagement, Aufgaben einschätzen, Zeitplan erstellen
1 Tag	Lebensrettende Maßnahmen, Gefahrensituationen
½ Einheit	Bildungskonzept des Trägers

Modul 4: Methodenkoffer - Methoden kennen, auswählen und anwenden

Dauer	Themen
½ Einheit	Kennenlernen verschiedener Methoden, Bildungsziele DRS, (Erfahrungs-) Austausch bezüglich verschiedener Methoden und inhaltlichen Einheiten des Kurses

Betriebliche Bildung

1.
Soziale und ökologische Nachhaltigkeit in Unternehmen

von Simone Armbruster, Anna E. Laufs,
Lukas Mörchen und Katharina Schneider

Gliederung

Soziale und ökologische Nachhaltigkeit in Unternehmen

1. Abstrakt

Das Beratungskonzept „Soziale und ökologische Nachhaltigkeit in Unternehmen" richtet sich an Firmen, die ein nachhaltiges Wirtschaften dauerhaft in ihre Unternehmensstrukturen implementieren möchten. Da jedes Unternehmen individuelle Dynamiken und komplexe Strukturen besitzt, werden dabei Methoden der systemischen Beratung, der Partizipation, und des Change-Managements sowie grundlegende ökonomische Erfolgsmodelle speziell auf Ihr Unternehmen zugeschnitten eingesetzt. Ausgehend von einer Vision wird mit diesen Strategien ein kontinuierlicher Entwicklungsprozess in Gang gesetzt, an dem alle Ebenen des Unternehmens aktiv beteiligt werden. Durch diese Partizipation und durch den eigenständigen Erwerb von neuen Kompetenzen, steigt gleichzeitig die Mitarbeiterzufriedenheit und damit verbunden die Arbeitgeberattraktivität.

Angepasst an die Forderungen potentieller Kunden werden des Weiteren Methoden des Corporate Social Responsibility eingesetzt. Dies steigert die Wettbewerbsfähigkeit, da eine zunehmende Nachfrage auf Seiten der Klienten nach ethischen, sozialen und ökologischen Standards zu beobachten ist. Das Konzept beinhaltet zudem die einzigartige Möglichkeit einer Zertifizierung. Diese befähigt die teilnehmenden Personen selbstständig in weiteren Unternehmen oder in anderen Kontexten eine Umstellung auf Nachhaltigkeit durchzuführen. Das Beratungskonzept zielt also über Ihre Unternehmensgrenzen hinaus.

2.Überblick

Durch das vorliegende Curriculum greifen wir die Notwendigkeit des nachhaltigen Handelns und Wirtschaftens in Unternehmen auf, die sich durch den Klimawandel und zunehmende Produktionsskandale verschärft hat. Die Notwendigkeit spiegelt den Wertewandel unserer Gesellschaft wieder, der ein Gleichgewicht zwischen Lebensstil, Umweltqualität und einer gerechten Verteilung von Ressourcen anstrebt. Viele Kunden und Stakeholder von Unternehmen und Betrieben hinterfragen heutzutage kritisch Arbeits- und Produktionsbedingungen von Unternehmen. Dies hat auch Auswirkungen auf die betriebswirtschaftliche Praxis: Es wird nicht mehr gefragt, ob Unternehmen eine gesellschaftliche Verantwortung tragen müssen, sondern wie Nachhaltigkeitsaspekte in die Unternehmensführung einzubeziehen, zu verankern und umzusetzen sind.

An diesem Punkt setzt unser Curriculum an. Durch das inhaltlich und didaktisch ausdifferenzierte Konzept, ermöglichen unsere BeraterInnen es Ihnen und Ihren Mitarbeitern Wissen und

Handlungskompetenzen aufzubauen, die Ihrem Unternehmen dabei helfen, dauerhaft nachhaltig zu wirtschaften. Auch nach Abschluss des Begleitprozesses wird die Weiterführung und Evaluation von Veränderungsprozessen gewährleistet.

3. Vorstudie

Mit dem Ziel, alle Aspekte der Nachhaltigkeit in Bezug auf Veränderungsprozesse in Unternehmen in unserem Konzept berücksichtigen zu können, haben wir eine explorative Vorstudie durchgeführt. Dabei wurden Informationen gesammelt und analysiert, die die Notwendigkeit einer nachhaltigen Unternehmensführung veranschaulichen. Zudem deckt sie derzeit bestehende Defizite bei der Umsetzung auf, die deutlich machen, dass Begleitung durch Experten für effiziente und dauerhafte Veränderungen notwendig ist.

Notwendigkeit der Konzeptentwicklung

Der Wert der Nachhaltigkeit ist fest in unserer Gesellschaft verankert und bezieht sich auf die Bereiche Ökonomie, Soziales sowie Ökologie, die es in ein Gleichgewicht zu bringen gilt. Da dafür eine Beteiligung aller Mitglieder und Gruppen einer Gesellschaft notwendig ist, werden u.a. Forderungen bzgl. einer gesellschaftlichen Verantwortung von Unternehmen sowie ihres Nachhaltigkeitskonzepts immer stärker. Durch immer kritischer werdende MitarbeiterInnen, Stakeholder und Kunden, die die Unternehmen in der Pflicht sehen einen Beitrag zur nachhaltigen Entwicklung zu leisten, steigt der Druck. Es stellt sich die Frage, was genau Firmen in Bezug auf Nachhaltigkeit umsetzen müssen, um wettbewerbsfähig zu bleiben und das Vertrauen ihrer Kunden nicht zu verlieren. Dies macht ein Umweltmanagement in Unternehmen notwendig, das alle Nachhaltigkeitsaspekte in die Unternehmensführung einbezieht, in einem Leitbild verankert und in allen Ebenen umsetzt.

Vorgehen

Basierend auf exploratorischen Befragungen und Recherchen sowie Experteninterviews, hat unsere Beratungsfirma verschiedene Unternehmen und Genossenschaften analysiert, die bereits nach sozial und ökologisch nachhaltigen Konzepten arbeiten. Die Erhebung umfasste sowohl persönliche Gespräche, als auch die Internetrecherche. Ihr Fokus lag dabei auf der Analyse von Schwerpunkten, Zielen und Problemfeldern, die bei der Umstellung und Umsetzung aufgetreten waren. Dadurch bekamen wir Einblicke in unternehmensspezifische Ausgestaltungen einer nachhaltigen Unternehmensführung.

Im Öko-Institut e.V. haben wir z.B. ein Interview mit einem Mitglied der Geschäftsführung geführt. Dieses berichtete, dass die Hauptherausforderung die praktische Umsetzung der Umstrukturierungsprozesse sowie die Implementierung nachhaltiger neuer Firmenkonzepte sein. Denn oftmals bliebe es bei der Ausarbeitung eines Konzeptes, da z.B. keine klaren oder zu anspruchsvollen Ziele gesetzt würden. Zudem fehle es häufig an Transparenz, wodurch die Widerstände bei den Mitarbeitern zunehmen. Dieser Bericht deckt sich mit Aussagen aus anderen Unternehmen und mit neusten Forschungserkenntnissen, die zeigen, dass Kenntnisse über Ursache-Wirkungs-Zusammenhänge bei Umstrukturierungsprozessen besonders wichtig sind, damit diese gelingen können.

Durch ein Gespräch mit der GLS-Bank hat sich herauskristallisiert, dass die Partizipation aller Mitarbeiter bei der Umsetzung des neuen Leitbildes/ Konzepts sehr hilfreich ist, um Umsetzungsschwierigkeiten möglichst gering zu halten. Zudem wurde auch der Faktor der Transparenz genannt, der Vertrauen bei Beschäftigten und Kunden schafft und somit den Marktwert des Unternehmens steigert.

Eine zeitgleiche Analyse der Angebote von mehreren Schulungspartnern des Deutschen Nachhaltigkeitskodex ergab, dass bei der Methode des Change-Managements häufig der Fokus sehr weit gefasst auf internationalen Normen, Standards und Vorgaben liegt. Dabei scheinen wichtige Faktoren (z.B. die Partizipation aller Beteiligten und die gemeinsame Erarbeitung einer nachhaltigen Einstellung) vernachlässigt oder gar nicht erst angestrebt zu werden.

Zudem haben wir eine Recherche zum Thema Nachhaltigkeit durchgeführt, die den Fokus auf Rechtsgrundlagen richtete. Dabei haben wir festgestellt, dass ab dem Geschäftsjahr 2017 grundlegende gesetzliche Veränderungen stattfinden werden. Die Europäische Union wird Berichte über Corporate Social Resonsibility (CSR), fordern, die unter anderem die Offenlegung von Umwelt-, Sozial- und Arbeitnehmerbelangen betreffen.

Zudem sind in der von der Internationalen Standardisierungsorganisation entwickelten Norm ISO 14001 schon seit einigen Jahren die grundlegenden Forderungen für eine nachhaltige Entwicklung festgelegt. Diese beinhalten Vorschläge zum Aufbau, der Ein- und Durchführung, Überwachung und Weiterentwicklung. Damit ist sie ein normativer Leitfaden zur Gestaltung von qualitativ hochwertigen Umweltmanagementsystemen. Zusätzlich kann diese Norm auch als Basis für eine Zertifizierung von Umweltmanagementsystemen dienen, indem sie neben weiteren zu erfüllenden Anforderungen als Grundlage für die Qualitätsüberprüfung genutzt wird.

Idee des Konzepts und Ziele

Aus den Erkenntnissen unserer Analyse hat sich die Idee entwickelt ein ganzheitliches Konzept zu erstellen, das bei Beratungsprozessen individuell auf den jeweiligen Auftraggeber (das Unternehmen) angepasst werden kann. Schwerpunkte und übergeordnete Ziele sind dabei Transparenz, Kommunikation und Partizipation aller Beteiligten, die eine Basis für die effektive Umsetzung von Nachhaltigkeits-Interventionen bilden. Inhaltlich werden umfassende theoretische und praktische Kenntnisse über Nachhaltigkeit in Unternehmen sowie über gesetzliche Vorgaben vermittelt. Dabei ist ein sehr wichtiges Ziel, die Kompetenzen und Kenntnisse so zu vermitteln, dass sie nach Abschluss des Beratungs- und Unterstützungsprozesses selbstständig angewendet und weiterentwickelt werden können. Wenn diese Aspekte berücksichtigt werden, entsteht ein umfassendes Konzept, das nachhaltig Wirkung zeigen kann. Die Überprüfung der angestrebten Ziele erfolgt durch direktes Feedback und mehrere Evaluationen im Prozessverlauf.

Zielgruppe

Zielgruppe sind Unternehmen aller Größen, die Begleitung für nachhaltige Umstrukturierungsmaßnahmen wünschen und dabei alle MitarbeiterInnen beteiligen möchten. Denn für den Prozess ist es notwendig, MitarbeiterInnen aus allen Hierarchieebenen mit einzubeziehen. Welche Personen(gruppen) in die einzelnen Phasen der Veränderung mit einbezogen werden, leitet sich aus den Zielen ab, die zu Beginn jedes Beratungsprozesses gemeinsam mit der Unternehmensführung gesetzt werden.

Voraussetzungen

Ein spezifisches Vorwissen für die Anwendung unseres Konzeptes ist nicht notwendig, da es durch unsere BeraterInnen individuell modifiziert, eingeführt und begleitet wird.

Zeitlicher Aufwand

Erfahrungsgemäß nehmen die Umstrukturierungen (inklusive des Beratungsprozessses) ein bis zwei Jahre in Anspruch. Eine zeitliche Begrenzung gibt es jedoch nicht und je nach Betriebsgröße und Zielen kann sich dieses Zeitintervall verkürzen oder verlängern. Die genaue Vorgehensweise und die notwendige Zeitspanne werden gemeinsam mit der Unternehmensführung evaluiert und festgelegt.

4. Das Beratungsteam

SPRING

Aufgrund unserer langjährigen Auseinandersetzung mit Nachhaltigkeit und deren Umsetzung in verschiedenen Sozialisationsumgebungen, ist unsere gemeinsame Initiative im Bereich Nachhaltigkeitsmanagement entstanden: Die Firma SPRING – time to change steht dafür, unternehmerische Tätigkeiten sozial, praxisorientiert, ressourcenorientiert, innovativ, und nachhaltig zu gestalten. Unser interdisziplinäres Beratungsteam besteht im Kern aus vier Trainern unterschiedlicher beruflicher Hintergründe. Durch Kompetenzen aus den Fachrichtungen Psychologie, Betriebswirtschaftslehre, Volkswirtschaftslehre und Kognitionswissenschaften, sind wir in der Lage, Probleme aus verschiedenen Blickwinkeln zu betrachten und ganzheitliche Lösungsstrategien zu entwickeln. Wir vereinen Erfahrungen im Bildungsmanagement sowie in der Jugend- und Erwachsenenbildung. Unser internationales Netzwerk an Experten wirkt ebenfalls in unseren Interventionen mit. In unterschiedlichen Kontexten, Gruppengrößen und Unternehmensarten haben wir Schulungen und Projekte konzipiert und erfolgreich geleitet. Besondere Expertise haben wir in der Gestaltung und Durchführung von partizipativen Begleitprozessen im Rahmen unserer beratenden Tätigkeit.

5. Produkte

Das vorliegende Curriculum enthält verschiedene Komponenten, die für

Prozesse des begleiteten Change-Managements wichtig sind.
Im Phasenhandbuch wird der Ablauf der einzelnen Lern- und Umstrukturierungseinheiten detailliert dargestellt. Dies beinhaltet die einzelnen Phasen, den Zeitaufwand, sowie eine Darstellung der jeweiligen didaktischen und wissensvermittelnden Grundkonzepte. Außerdem eine Aufschlüsselung der einzelnen zu erwerbenden Kompetenzen sowie die jeweiligen Outcome-Evaluationen. Ein graphisch ausgearbeiteter Phasenplan, sowie Phasenzirkel, erleichtert dabei den schnellen Überblick über das gesamte Konzept. Das Konzept beinhaltet zudem eine präzise Ausschreibung inklusive einer detaillierten Kostenübersicht. Diese wurde beispielhaft für die Teilnahme von ca. 75 MitarbeiterInnen aufgestellt. Durch die detaillierte Darstellung der Kosten für die einzelnen Phasen, der MitarbeiterInnen und der BeraterInnen kann jedes Unternehmen die finanziellen Aspekte individuell kalkulieren bzw. abschätzen.
Als Besonderheit enthält das Konzept zudem die Möglichkeit der Zertifizierung zum „Nachhaltigkeitsmanager in spezifischen Arbeitsfeldern", die nicht extern vorgenommen werden muss und eine weitere Qualifizierung für die MitarbeiterInnen des Unternehmens darstellt.

Zielgruppe
Die betriebliche Weiterbildung „Soziale und ökologische Nachhaltigkeit in Unternehmen" richtet sich brachenunabhängig an Unternehmen, die eine Umstellung auf soziale und ökologische Nachhaltigkeit im Kern umsetzen wollen. Die einzelnen Mitarbeiter, welche in den Projekten mitwirken, werden je nach Zielsetzung gemeinsam mit den Beratern ausgewählt. Es werden weder fachspezifisches Wissen noch spezifische Bildungsabschlüsse der einzelnen Teilnehmer vorausgesetzt. Die Teilnehmer des Projektes sollten sich jedoch aus verschiedenen Unternehmensbereichen und Hierarchieebenen innerhalb des Unternehmens zusammensetzen, um möglichst viele Sichtweisen bezüglich der Implementierung neuer Strukturen auf das eigene Unternehmen mit einzubeziehen. Um Qualität zu gewährleisten, wird die Teilnehmerzahl individuell mit den entsprechenden Unternehmen abgesprochen.

6. Konzepte und Definitionen

Corporate Social Responsibility (CSR)
Bei Corporate Social Responsibility (CSR) handelt es sich um eine unternehmerische Verantwortung zur nachhaltigen Unternehmensführung. Die Verantwortung umfasst alle Auswirkungen, die das Unternehmen durch seine Existenz sowie durch seine Geschäftstätigkeiten auf die Gesellschaft und Umwelt hat. Dabei liegen die Schwerpunkte auf drei Dimensionen der Nachhaltigkeit: Ökonomie, Soziale Belange und Ökologie. Mit CSR leisten die Unternehmen einen freiwilligen Beitrag zur nachhaltigen Entwicklung, der über die gesetzlichen Forderungen (EU-Richtlinien und DIN ISO 2600) hinausgeht. Dies geschieht sowohl

firmenintern (z.B. durch gerechten Umgang mit Beschäftigten) als auch bei externen Geschäftstätigkeiten (z.B. durch die Übernahme gesellschaftlicher Verantwortung). Für die Wettbewerbsfähigkeit der Unternehmen ist ein strategischer Einsatz von CSR von zunehmender Bedeutung. Er kann z.B. das Risikomanagement fördern, Kosteneinsparungen bringen, die Kundenbeziehungen sowie das Management von Human Resources verbessern. Unser Curriculum ist darauf ausgelegt, die oben genannten Aspekte umzusetzen. Dies geschieht individuell an das jeweilige Unternehmen angepasst, indem die MitarbeiterInnen in die Veränderungsprozesse eingebunden werden. Sie entwickeln das neue nachhaltige Firmenleitbild mit und sind aktiv an der Umsetzung konkreter Veränderungen beteiligt (als Akteure z.B. bei Optimierungen von Arbeitsabläufen oder als Teilnehmer z.B. an Präventionsmaßnahmen).

ISO 14001

Die internationale Norm ISO 14001 beinhaltet Vorgaben und Anforderungen, denen ein Umweltmanagementsystem in Firmen und Organisationen genügen muss und ist gleichzeitig auch die Grundlage für die Zertifizierung von Umweltmanagementsystemen. Die ISO-Norm legt Verbindlichkeiten fest, die auf Organisationen und Unternehmen jeder Art und Größe sowie auf unterschiedliche kulturelle, geographische, und soziale Bedingungen anwendbar sind. Das übergeordnete Ziel der Norm ist es, Forderungen festzulegen, um sozial und ökologisch nachhaltiges Wirtschaften zu ermöglichen.

Die sechste Phase unseres Curriculums berücksichtigt bei der Zertifizierung die Vorgaben der ISO 14001 und ISO 26000.

Umweltmanagement

Umweltmanagement ist ein Bereich der Unternehmensführung der die Formulierung und Umsetzung von Umweltzielen beinhaltet. Das Eco Management und Audit Scheme ist das europäische System für Umweltmanagement um die Umweltleistung von Unternehmen, Organisationen und Einrichtungen zu verbessern. Es dient als Zertifizierung und ist an die Industrienorm ISO 14001 angelehnt.

Umweltmanagement bildet als Umsetzung von ökologischer Nachhaltigkeit einen Teil unseres Verständnisses von Nachhaltigkeit. Im Laufe der Intervention werden durch unser Curriculum deshalb Umweltziele formuliert und umgesetzt.

SWOT-Analyse

Die SWOT-Analyse oder auch Stärken-Schwächen-Chancen-Risiken-Analyse bildet die Grundlage für eine systematische Situationsanalyse. Die Analyse gibt die Positionierung der eigenen Aktivitäten gegenüber dem Wettbewerber an. Während sich die Chancen und Risiken aus dem externen Umfeld (Wettbewerber, Politik) ergeben, werden aus der interne Unternehmensanalyse (Personal, Finanzen) Stärken und Schwächen abgeleitet. Ziel einer SWOT-Analyse ist es, Strategien abzuleiten und Maßnahmen zu definieren, wie Chancen genutzt und Risiken minimiert werden können.

Auf die Methode der SWOT-Analyse wird in unserem Curriculum

zurückgegriffen, um Strategieempfehlung für das Unternehmen hinsichtlich Nachhaltigkeit abzuleiten. Aufbauend auf der SWOT-Analyse werden Pilotprojekte entwickelt, die bei Erfolg in unterschiedlichen Abteilungen implementiert werden.

Kontinuierlicher Verbesserungsprozess (KVP)

Kontinuierliche Verbesserungsprozesse (KVP) sind stetige kleinschrittige Veränderungsprozesse, die in Unternehmen und Organisationen durchgeführt werden, um die Qualität und Konkurrenzfähigkeit von Produkten bzw. Dienstleistungen zu erhöhen, sowie die Wettbewerbsfähigkeit zu steigern. Es handelt sich dabei um den Einsatz einer systematischen Methodik zur Problembearbeitung, die Produkt- Prozess- und Servicequalität überprüft und ggf. Schritt für Schritt verbessert. (Damit ist diese Methode ein Gegensatz zu kostspieligen innovativen Veränderungsformen bei einschneidenden Neuerungen.) Ausgewählte Mitarbeiter werden an diesem Prozess als Experten für ihren Arbeitsbereich aktiv beteiligt, um realistische Verbesserungen zu entwickeln und umsetzen zu können. Themen sind z.B. die Verbesserung von Arbeitsabläufen, betrieblicher Kommunikation und die Kosteneinsparung. KVP ist ein Grundprinzip des Qualitätsmanagements und unverzichtbarer Bestandteil der ISO 9001.

Anhand unseres Curriculums werden während des Change-Managements die Veränderungsprozesse sorgfältig vorbereitet (Phase 1 und 2) und Schritt für Schritt durchgeführt (Phase 3-6), um eine qualitativ hochwertige und effektive Umsetzung zu gewährleisten. Dabei werden alle Unternehmensebenen mit einbezogen.

ISO 26000

Bei der ISO 26000 handelt es sich um einen freiwilligen Leitfaden, der eine Orientierung bietet und Vorschläge hinsichtlich des Verhaltens von Unternehmen und Organisationen in Bezug auf gesellschaftliche Verantwortung beinhaltet. Unter anderem werden Prinzipien der gesellschaftlichen Verantwortung wie Transparenz, Rechenschaft, Rechtsstaatlichkeit oder ethnisches Verhalten aufgegriffen und erläutert. Da es sich bei der ISO 26000 nicht um konkrete Handlungsanweisungen handelt und keine konkreten Kennziffern benannt werden, ist die ISO 26000 nicht zertifizierbar.

Die sechste Phase unseres Curriculums berücksichtigt bei der Zertifizierung die Vorgaben der ISO 14001 und ISO 2600.

EMAS-Plus

Betrachtet man das Umweltmanagementsystem EMAS aus einer ganzheitlichen systemischen Sichtweise und erweitert es um soziale und ökonomische Faktoren, so handelt man nach dem sog. Nachhaltigkeitsmanagementsystem EMASplus. Dabei wird insbesondere die Corporate Social Responsibility (CSR) zugrunde gelegt, wobei der internationale Leitfaden zur gesellschaftlichen Verantwortung ISO 26000 bzw. die CSR-Strategie der europäischen Union konkrete Weisungen ergeben.

In der sechsten Phase wird das Unternehmen nach dem EMASplus Leitfaden zertifiziert.

Soft Skills

Soft Skills – auch weiche Fähigkeiten genannt - sind außerfachliche bzw. fachübergreifende Kompetenzen. Soft Skills betreffen persönliche, methodische und soziale Kompetenzen. Soft Skills bezeichnen persönliche Eigenschaften (z.B Gelassenheit, Freundlichkeit), soziale Kompetenzen (z.B Empathie, Kommunikationsfähigkeit) und individuelle Fähigkeiten (z.B Begeisterungsfähigkeit, Kritikfähigkeit).

Da bei Umstrukturierungsprozessen möglichst viele Mitarbeiter eingebunden werden sollen und Informationen einfach und verständlich den Mitarbeitern zugänglich gemacht werden sollen, wird in unserem Curriculum besonderer Wert auf soziale Kompetenzen wie Kommunikationsfähigkeit gelegt. Da es bei Umstrukturierungsprozessen zudem zu Wiederständen kommen kann, soll außerdem der Umgang mit Kritik/ Wiederständen geschult werden.

Fertigkeiten

Unter Fertigkeiten (im englischen auch skills genannt), versteht man im Allgemeinen Grundkenntnisse oder –techniken, die erworben und eingeübte werden und aus denen durch Üben automatisierte Bewegungsabläufe entstehen.

In unserem Curriculum erwerben die Teilnehmenden unter anderem Kenntnisse über verschiedene Analysetechniken und erstellen im Anschluss Aktionspläne oder SWOT-Analysen.

5.11 Kompetenzen

Kompetenz bezeichnet das Handlungsvermögen einer Person. Bei Kompetenzen handelt es sich um kognitive Fähigkeiten und Fertigkeiten, sowie um die motivationale und volitionale Bereitschaft, um Probleme in variablen Situationen erfolgreich und verantwortungsvoll zu lösen.

Mitarbeiter, die in unseren Projekten involviert sind, erwerben unter anderem die Kompetenz Diagnosen hinsichtlich der Wirksamkeit von Pilotprojekten zu erstellen und diese gegebenenfalls in anderen Abteilungen zu implementieren.

5.12 Werte und Haltungen

Werte sind Vorstellungen, welche von der allgemeinen Gesellschaft als wünschenswert anerkannt sind und den Menschen somit Orientierung verleihen. Es kann hierbei unterschieden werden zwischen materiellen, politischen und moralischen Werten.

In unserem Curriculum wird vor allem die Wertschätzung bezüglich Ressourcen in den Vordergrund gestellt. Eine wertschätzende Haltung soll jedoch nicht nur bezüglich Ressourcen geschaffen werden, sondern auch durch Transparenz und Kommunikation in den beruflichen Alltag integriert werden.

Wissensmanagement

Wissensmanagement bezeichnet "die Gesamtheit der Modelle und Konzepte, welche die strategische Bedeutung von Wissen als organisationale Ressource herausarbeiten sowie Techniken und Instrumente zur bewussten Gestaltung wissensrelevanter Prozesse in Organisationen entwickeln" (Probst, 2006).

Der Umgang mit den Pilotprojekten und dessen Dokumentation in Phase 3 unseres Curriculums beruht auf dem Konzept des Wissensmanagements. Dabei wird insbesondere auf die Wissensentwicklung, -verteilung,

-bewahrung und -bewertung Wert gelegt (s. "Merkmale des Wissensmanagements" nach Probst/Raub/Romhardt). In Form einer Wissensdatenbank erhält das gesamte Unternehmen Zugang zu relevanten Informationen aus den eingeführten Pilotprojekten.

7. Profil

Profil des Unternehmens

Durch unsere Intervention ist nachhaltiges Wirtschaften im Unternehmen dauerhaft implementiert. Die kontinuierliche Veränderung endet nicht mit Abschluss der Intervention. Ihr Unternehmen entwickelt sich fortlaufend weiter, indem neue Projekte ins Leben gerufen und im Unternehmen verbreitet werden. Zudem werden mit Hilfe von Analysen Notwendigkeiten und Potentiale für weitere Veränderungen entdeckt und genutzt. Zertifikate weisen Personen aus, die als Multiplikatoren für eine weitere Umsetzung des Nachhaltigkeitsprogramms sowohl in ihrem eigenen, als auch in anderen Unternehmen fungieren können. Verantwortliche für die Weiterführung der Nachhaltigkeitsprozesse im Unternehmen sind festgelegt ebenso wie Ansprechpartner für alle Mitarbeiter. Ihren Mitarbeitern wird im Laufe der Intervention bewusst, welche Auswirkungen fehlendes ökologisches und soziales Handeln auf die Umwelt hat und sie erkennen somit die Wichtigkeit von nachhaltigen Veränderungsprozessen an. Diese Haltungen sind die treibende Kraft für die Verfolgung der gemeinsamen Ziele. Eine lebendige, von Transparenz und Kooperation geprägte, Unternehmenskultur ist entstanden.

CSR-Berichte stellen das nachhaltige Unternehmen gegenüber Steakholdern dar, wodurch u.a. die Kundengewinnung verbessert, die Wettbewerbsdifferenzierung verstärkt und die Arbeitgeberattraktivität erhöht wird. Maßnahmen, die den Mitarbeitern die Vereinbarkeit von Beruf und Freizeit erleichtern, erhöhen die Mitarbeiterzufriedenheit.

Ihr sozialverantwortliches Unternehmen hat zertifizierte Nachhaltigkeitsmanager, die die Nachhaltigkeitsstrategie langfristig umsetzen und gestalten. Diese neue Art einer Bildungsinstitution hinterlässt somit qualifizierte Personen, die den Nachhaltigkeitsprozess auch nach der Intervention weiterführen und somit eine dauerhafte Weiterentwicklung gewährleisten. Dadurch entsteht eine ökonomische und an sozialen und ökologischen Werten orientierte Unternehmensgestaltung.

Profil der Mitarbeiter

Als NachhaltigkeitsmanagerInnen führen Sie selbstständig strategische Planungen (mittels der SWOT-Analyse) durch und berücksichtigen dabei die interne Unternehmensanalyse und die externe Umweltanalyse, um eine Strategieempfehlung zu geben. Um die Chancen des Unternehmens hinsichtlich ökologischer und sozialer Nachhaltigkeit zu nutzen und die Risiken zu minimieren, entwickeln Sie geeignete Projekte und legen Verantwortlichkeiten in einem Aktionsplan fest. Um die Wirksamkeit der Projekte festzustellen und Transparenz zu schaffen, führen Sie Pilotprojekte in einzelnen Abteilungen durch und dokumentieren den Projektablauf in einer Wissensdatenbank. Basierend auf den Ergebnissen der Pilotprojekte optimieren Sie Prozessabläufe und Ideen. Durch Ihre interdisziplinären Kenntnisse, die von der Sensibilisierung der Mitarbeiter hinsichtlich ökonomischer und sozialer Nachhaltigkeit bis hin zu Kenntnissen über rechtliche Rahmenbedingungen reichen, betreiben Sie effektives Marketing. Sie zeichnen sich durch eine schnelle Auffassungsgabe und innovative Lösungswege aus und sind somit in der Lage auch in anderen Unternehmen beratend tätig zu sein.

8. Didaktisches Konzept

Das didaktische Konzept ist darauf ausgerichtet, Nachhaltigkeit konsequent in den Mittelpunkt des Unternehmens zu rücken, so dass alle strategischen Entscheidungen auf sozialer Gerechtigkeit, ökologischer Verträglichkeit sowie ökonomischen Wirtschaftens beruhen. Damit dies effizient gelingen kann, werden Schwerpunkte auf Partizipation, Erarbeitung gemeinsamer Werte und Handlungsmöglichkeiten, sowie auf eine offene und wertschätzende Kommunikation gelegt. Denn die größte Barriere bei Veränderungsprozessen ist der Widerstand der MitarbeiterInnen, der u.a. durch einen mangelnden Einbezug und einer dadurch resultierenden Verunsicherung oder erlebten Gefährdung der Selbstwirksamkeit entsteht (vgl. Hernstein-Studie, zitiert nach Schott und Wick 2005, S. 196 und Lauer, 2014). Um dies zu vermeiden, läuft der gesamte Umstrukturierungsprozess für alle Beteiligten transparent ab. Die Führungsebene informiert ihre MitarbeiterInnen z.B. mit Mails oder Aushängen über aktuelle und zukünftige Veränderungen und Planungen. Das Management wird dabei von den BeraterInnen unterstützt, indem bei gemeinsamen Gesprächen und Zielvereinbarungen einzelne Vorgehensweisen geplant werden. Zudem werden die MitarbeiterInnen an den Veränderungsprozessen aktiv mit einbezogen. Dadurch wird Ängsten und Reaktanzen vorgebeugt sowie Vertrauen in die Verantwortlichen der Führungsebene gefördert. Die Partizipation aller Mitarbeiter, die am Veränderungsprozess beteiligt sind, hat in allen Umsetzungsphasen höchste Priorität. Die Partizipation geschieht durch eine offene und wertschätzende Kommunikation, die die Grundlage für den gesamten Prozessverlauf bildet. Die MitarbeiterInnen erarbeiten die theoretischen Grundlagen dafür in der ersten Phase in den Seminaren, um sie im Prozessverlauf durch Rückmeldungen der MitarbeiterInnen untereinander und durch unsere BeraterInnen immer wieder zu thematisieren und zu optimieren. Zusätzlich wird diese Kommunikationsform und die damit verbundene Schulung von sozialen Kompetenzen (wie Empathie, Zuhören, aufeinander Eingehen) dadurch unterstützt, dass es für alle Bereiche (z.B. die allgemeine Projektumsetzung oder für die Dokumentation) Ansprechpartner gibt, an die sich die MitarbeiterInnen bei Bedarf wenden können. Die Ansprechpartner werden von den BeraterInnen und Coaches dafür geschult und ggf. durch Supervisionen unterstützt. Des Weiteren werden durch die Bildung von Arbeitsgruppen bereichsübergreifende Austauschmöglichkeiten geschaffen, die zudem zeitnahe Evaluationen und somit effizientes Arbeiten ermöglichen. Dies geschieht im Umsetzungsprozess in allen Phasen z.B. bei der Anwendung der Methode des World Cafés und den Arbeitszirkeln. Begleitet bei diesen kommunikativen Prozessen werden die MitarbeiterInnen von den BeraterInnen. Sie leiten zu Beginn dieser Umsetzungen die Gruppen, um als Modell zu fungieren. Nach und nach ziehen sie sich dann aus der leitenden Funktion zurück, mit dem Ziel, einzelne MitarbeiterInnen für diese Positionen auszubilden und ihnen weiterhin beratend zur Seite stehen zu können. Durch diese Form der direkten Kommunikation, der Transparenz und der Partizipation fühlen sich die MitarbeiterInnen persönlich sowie fachlich wertgeschätzt. Das steigert ihre Motivation aktiv bei der Umsetzung der Veränderungen mitzuwirken und hält Widerstände gering. Ein weiterer wichtiger Faktor für eine möglichst reibungslose partizipative Umsetzung ist ein gemeinsamer Werte-Konsens. Er wird in der ersten Phase durch Seminare gemeinsam mit den MitarbeiterInnen erarbeitet, um in den anschließenden Phasen daraus konkrete Handlungsweisen ableiten und umsetzen zu können. Die Lernumgebungen sind demnach so gestaltet, dass zum einen genügend Freiraum für die einzelnen Mitarbeiter entsteht, um Selbstwirksamkeit zu erleben und zum anderen, dass es möglich wird gemeinsam ein Ziel (die Umsetzung eines neuen Leitbildes) zu verfolgen.

Lernprozesse (und damit auch Veränderungsprozesse) werden im vorliegenden Konzept aus sozialkonstruktivistischer Perspektive betrachtet, der zufolge Lernen ein aktiver Prozess ist, der von allen Beteiligten gemeinsam gestaltet wird. Der Lernprozess besteht demnach nicht nur aus der Aneignung von Faktenwissen und Methoden, sondern beinhaltet vielmehr den Aufbau von Kompetenzen, die sich an gemeinsamen Werten orientieren und deren Umsetzung in konkrete Handlungen. Dies geschieht in einer praxisnahen Vermittlung von theoretischen Grundlagen in Workshops und Seminaren, die von Experten oder den BeraterInnen durchgeführt werden. Dabei werden Methoden der direkten Instruktion (zur Wissensvermittlung) angewendet und später mit der Praxis verknüpft. Dies geschieht durch Lernen am Modell und cognitive apprenticeship, indem die Experten z.B. eine Handhabung eines Messinstruments demonstrieren und anschließend den MitarbeiterInnen beim Ausprobieren Feedback zur korrekten Handhabung geben, bis diese ihre Kompetenz dahingehend aufgebaut haben, dass sie keine Instruktionen mehr benötigen. Es wird also Unterstützung nach dem Fading-Out-Prinzip gegeben: Zu Beginn des Lernprozesses engmaschig und mit zunehmender Kompetenz der Mitarbeiter nur noch so viel wie notwendig ist. Dies befähigt die Teilnehmenden zu einer selbstständigen Anwendung der neu erlernten Kenntnisse und

Fertigkeiten, was für den Berufsalltag notwendig ist. Um die Fähigkeit eines Wissenstransfers zu gewährleisten, arbeiten wir zudem nach dem Ansatz des problem based learnings, in dem die MitarbeiterInnen in Teams Lösungen für Probleme gemeinsam erarbeiten. Diese Methode wird z.B. in der Phase des Pilotprojekts eingesetzt, in der Projektverantwortliche aus der Wissensdatenbank geeignete Maßnahmen auswählen und modifizieren, um in ihrer Abteilung nachhaltiger handeln zu können. Durch die Förderung der Teamarbeit und die Zusammenarbeit an Projekten, wird auch das Lernen voneinander gefördert. Denn jeder Beteiligte ist nicht nur Lernender, sondern auch Mentor, der seine eigenen Fertigkeiten und Kompetenzen in den Arbeitsprozess mit einbringt und KollegInnen Rückmeldung und neue Impulse geben kann. Dadurch wird bei allen MitarbeiterInnen ein reichhaltiges Repertoire an effektiven Problemlösestrategien und Kompetenzen aufgebaut, das für die selbstständige und effektive Umsetzung von Veränderungsprozessen nach Beendigung des Beratungsprozesses notwendig ist.

9. Phasenplan

Das Curriculum wird als Begleitungs- und Beratungskonzept für Veränderungsprozesse im Betrieb verstanden. Es handelt sich dabei um ein Spiralcurriculum, das in sechs Interventionsphasen aufgeteilt ist und sich nach Beendigung der Beratung fortsetzt.

In der ersten Phase werden die Grundlagen für die folgenden Phasen gelegt. Dies geschieht durch einen aktiven Einbezug der betroffenen MitarbeiterInnen in Workshops, die jeweils die persönlichen Einstellungen zur Nachhaltigkeit, Vermittlung von bereichsspezifischem Wissen, Kommunikationsstrategien sowie die Erarbeitung eines unternehmensbezogenen nachhaltigen Leitbildes zum Thema haben.

Aufbauend von den dort erarbeiten Grundlagen wird in der zweiten Phase besonders die Autonomie sowie das theoretische und praktische Erlernen einer themenbezogenen Unternehmensanalyse im Vordergrund stehen. Resultat ist ein Aktionsplan, der in den nächsten Phasen umgesetzt wird.

Die dritte und vierte Phase, in der der erarbeitete Aktionsplan umgesetzt wird, erzielen erste sozial und ökonomisch nachhaltige Ergebnisse. Hier liegt der Schwerpunkt erneut auf der Partizipation. Die MitarbeiterInnen setzen die gemeinsam erarbeiteten Ideen um und werden von unseren BeraterInnen und Coaches dabei durch Feedback und Expertenwissen begleitet. Zudem bauen sich die MitarbeiterInnen unter professioneller Anleitung Evaluations-Strukturen (wie Qualitätszirkel) auf, die auch nach Beendigung des Beratungsprozesses weiter im Unternehmen bestehen und die effiziente nachhaltige Umsetzung gewährleisten. Daran an schließt sich die fünfte Phase, in welcher die ausgewählten Projekte in den Unternehmensstrukturen verankert werden. Unsere BeraterInnen ziehen sich immer mehr aus den Prozessen zurück, bis der

Nachhaltigkeitsprozess autonom von den Unternehmen fortgeführt wird.

In der sechsten und letzten Phase, werden interne Kontrollinstrumente im Unternehmen auf den Nachhaltigkeitsprozess ausgerichtet. Das nachhaltig geführte Unternehmen ist in der Position auch einer externen Überprüfung standzuhalten und kann gemäß den europäischen Richtlinien zertifiziert werden.

Damit ist das Unternehmen mit seinen MitarbeiterInnen in der Lage, eigenständig die vorgenommenen Veränderungen weiterzuführen, sowie neue Projekte in Angriff zu nehmen, da sie nun über die notwendigen Kenntnisse der Analyse, Durchführung, Überwachung und Evaluation verfügen. Damit ist das Ziel erreicht und die Beratung durch SPRING endet.

Eine Grafik des Phasenplans befindet sich im Anhang auf der Seite 224.

10. Phasenhandbuch

1.Phase: Prozessvorbereitung

Sensibilisierung für das Thema Nachhaltigkeit und Vorbereitung der Teilnehmer auf den Veränderungsprozess

Profil

Die MitarbeiterInnen (MA) werden im Rahmen von vier Modulen in das Thema Nachhaltigkeit eingeführt und etablieren durch tiefgründige Auseinandersetzung damit - im Rahmen einer Exkursion sowie Seminareinheiten im Unternehmen selbst - eigene, auf Nachhaltigkeit bezogene Werthaltungen, sowie eine neue Vision für das Unternehmen. Durch ein absolviertes Kommunikationstraining werden sie geschult, den Veränderungsprozess gewinnbringend aktiv mitzugestalten.

Zeitaufwand

Die Zeit ist für 4 Seminartage á 8 Stunden veranschlagt.

Ziele

Soft Skills:

Durch Hintergrundwissen und situatives Verständnis auch in schwierigen Kommunikationssituationen überlegt, wertschätzend, und produktiv reagieren.

Fertigkeiten:

Kommunikationssituationen richtig einschätzen und trainierte Kommunikationstechniken situationsabhängig auswählen und einsetzen.

Kompetenzen:

Mithilfe von Kommunikationsstrategien langfristig kooperativ, zielgerichtet, und selbstbewusst kommunizieren, dadurch Teamfähigkeit zeigen, und somit aktiv zur Entwicklung einer kooperativen und sozialen Unternehmenskultur beitragen.

Werte und Haltungen:

Auf der Basis einer selbst entwickelten Werthaltung zu sozialer und ökologischer Nachhaltigkeit die eigene Position selbstbewusst und konfliktfrei vertreten und die neue UNs-Vision als Teil der eigenen Einstellung identifizieren bzw. wahrnehmen.

Unternehmens-Perspektive: Der Aufbau von gegenseitigem Vertrauen innerhalb des UNs, die Etablierung eines tragenden „Wir"-Gefühls, und die damit verbundene Stärkung interner Beziehungen dienen als tragfähige Basis der zukünftigen

Veränderungsprozesse.

Didaktisches Konzept

Die persönlichen Einstellungen in Bezug auf die Umwelt und das wahrgenommene Maß der eigenen Verhaltenskontrolle sind nach der „Theorie des überlegten Verhaltens" (vgl. Fishbain & Ajzen, 1980) die stärksten Prädiktoren wenn es darum geht, das Verhalten von Menschen in Bezug auf Nachhaltigkeit zu verändern. Genau da setzt das Konzept an: Aufbauend auf einer grundlegenden Auseinandersetzung mit eigenen Einstellungen, wird eine gemeinsame Wertehaltung für soziale und ökologische Nachhaltigkeit etabliert.

Ausgehend von einer Vision, die Orientierung und Zukunftsperspektiven ermöglicht, wird mit dem Schwerpunkt auf kooperativer Kommunikation interaktiv und praxisorientiert vorgegangen. Dabei werden Kommunikationstechniken zu unterschiedlichen Schwerpunkten eingeübt und das Einschätzen verschiedener Kommunikationssettings und -strukturen geübt.

Partizipationskonzept

Das Partizipationskonzept wird dadurch verwirklicht, dass alle Mitarbeiter an der Entwicklung der UN-Vision teilhaben und somit den Veränderungsprozess aktiv mitgestalten. Größtmögliche Transparenz und Partizipation ist somit gewährleistet und auftretenden Widerständen wird dadurch vorgebeugt.

Leistungsnachweis

Jeder MA schreibt einen Reflexionsbericht (Din A4, 1-2 Seiten) über die Seminartage und reflektiert dort seinen eigenen Lernprozess sowie seine erarbeitete Einstellung zum Thema Nachhaltigkeit. Dieser soll in erster Linie dem MA selbst dienen, um ihm bei der Internalisierung und Elaboration des Gelernten zu helfen sowie dessen Praxisbezug zu verstehen, dient aber gleichzeitig auch als Leistungsnachweis zur Beurteilung der Verarbeitungstiefe der Seminarinhalte. Auf Wunsch kann zusätzlich ein Test mit Fallbeispielen zu Kommunikationssettings sowie zu Hintergrundwissen über Nachhaltigkeit, den Wissenserwerb, sowie die Einstellungsveränderung der MA durchgeführt werden. Der Test kann somit das in der ersten Seminareinheit erstellte Poster als schriftliche Outcome Evaluation ergänzen.

1. Modul

Zuerst werden die Mitarbeiter in das Thema Werte und Haltungen zum Thema Nachhaltigkeit, durch eigene Auseinandersetzung damit, eingeführt. Im Rahmen von Kleingruppenworkshops ist aufbauend auf der Reflexion und Verbalisierung ihrer eigenen Werte ein offener Raum für Diskussion und Austauschvorgesehen: Was sind meine eigenen Werte und Haltungen? Wo können Konflikte zwischen verschiedenen Werten auftreten? Können wir für alles eine Lösung finden? Durch solche oder ähnliche Fragen wird das Thema „Wertkonflikte" zum zentralen Diskurs für die MA. Eine mögliche didaktische Methode für die Umsetzung ist das World Café. Dabei diskutieren die Teilnehmer an Tischen miteinander, auf denen Karten mit verschiedenen Fragestellungen, Zitaten, Sichtweisen und Fakten zu sozialer und ökologischer

Nachhaltigkeit liegen. Es geht dabei nicht darum Regeln oder Verfahren, sondern Werthaltungen zu diskutieren, die hinter den Verhaltensweisen liegen und Auswirkungen -z.B. auf die Produktion- haben. Ihre eigenen Argumente und Haltungen sollen die MA auf einem großen, als Tischdecke dienenden Poster, festhalten. Anschließend wird rotiert, wodurch die Tische und Fragestellungen wechseln. Nun können die Notizen der vorherigen Tischgruppe ebenfalls in die Diskussion mit einbezogen werden, woraus die Diversität vieler Blickwinkel ein tieferes Verständnis bzw. eine tiefere Auseinandersetzung der MA mit Nachhaltigkeit fördert.

2. Modul

Das zweite Modul macht das Thema Nachhaltigkeit für die MA konkret, verständlich und greifbar. Durch eine gemeinsame Exkursion zu einem Umweltinstitut und einer direkten Begegnung - in Form eines Vortrags – mit einer Person mit konkreten Erfahrungen (z.B. Biologe / Entwicklungshelfer mit langjähriger, internationaler Erfahrung) werden ihnen die ökologischen und sozialen Zusammenhänge und Auswirkungen auf die Umwelt, sowie Möglichkeiten, selbst Veränderungen zu bewirken, auf nachvollziehbare und möglichst wenig theoretisch-abstrakte Weise vermittelt. Die MA können sich ein eigenes Bild der Thematik machen, werden angeregt sich darüber auszutauschen und Handlungsalternativen zu diskutieren. Ziel dieser Phase ist es, bei den MA die intrinsische Motivation und persönliche Identifikation sowohl mit dem Thema als auch für die folgenden Schritte der Nachhaltigkeits-Intervention zu fördern, aber auch ihnen die Relevanz ihres persönlichen Beitrags für das gesamte UN zu verdeutlichen. Dies bildet die Grundlage für die gemeinsame Entwicklung eines Leitbilds im dritten Modul sowie für das gemeinsame Umsetzen zukünftiger, anspruchsvoller UNs-Ziele.

3. Modul

Als Grundlage für die Durchführung der nachfolgenden Veränderungsprozesse im Unternehmen werden die MA im Rahmen eines interaktiven Kommunikationstrainings in nachhaltiger Betriebskommunikation geschult. Didaktisch wird dies als „pädagogischer Doppeldecker“ von einem professionellen Coach durchgeführt. Das heißt, der Coach wendet die Kommunikationsstrategien direkt in der Durchführung des Seminars an, indem er die Inhalte interaktiv mit den MA erarbeitet und einübt. Die Einheiten sind daher wie folgt aufgebaut:

- Dimensionen von Kommunikation: Einfluss von Einstellungen bzw. Haltungen, Körpersprache und Typen von Kommunikation kennen lernen, und die eigene Art zu kommunizieren reflektieren.
- Social Communication: Durch kooperative Kommunikation trainieren, Bedürfnisse zu äußern und wahrzunehmen, sowie Verbesserungsvorschläge äußern und annehmen lernen.
- Moderation: Diskurskompetenz, Konfliktmanagement, und Gesprächsführung trainieren.
- Führungskommunikation und Teamkommunikation durchleuchten und bewusst einsetzen.

Die didaktische Umsetzung ist in interaktiver Atmosphäre mit erlebnispädagogischen Elementen und Diskursübung durch Rollenspiele geplant, kann aber je nach Teilnehmergruppe und räumlichen Möglichkeiten frei gestaltet und auf die Bedürfnisse der MA zugeschnitten werden.

4. Modul

Aufbauend auf den gelernten Inhalten und eingeübten Strategien des interaktiven Kommunikationstrainings, wird im vierten Modul schließlich durch gemeinsame Schwerpunktsetzung ein nachhaltigkeitsorientierter Wertekonsens entwickelt. Dieser wird durch die Entwicklung eines neuen UN-Leitbildes dauerhaft festgehalten und von den MA umgesetzt, indem sie mithilfe der gelernten Kommunikationsstrategien ihre Werte im UN vertreten. Die Entwicklung orientiert sich an der Open Space – Methode: Ein Moderator erklärt zunächst den Ablauf und das Ziel der Einheit. Die Geschäftsleitung stellt den MA begründet dar, was ihr persönlich im Leitbild wichtig ist, damit die MA wissen, worauf die Entwicklung abzielen soll bzw. wo die UNs-Prioritäten liegen. Dann erarbeiten die sich nach Interessensprioritäten gefundenen Kleingruppen jeweils einen Wertekatalog (Commitment Paper) sowie ein neues, nachhaltigkeitsorientiertes Leitbild. Ihre Überlegungen fassen sie auf einem Poster zusammen. Anschließend werden die Ergebnisse auf einem offenen Posterkongress vorgestellt, wobei für jedes Poster eine Ansprechperson zur Verfügung stehen soll, während sich die MA frei im Raum bewegen und sich über die Ergebnisse austauschen.

Die UNs-Führung entscheidet sich gemeinsam mit einigen selbst gewählten Beratern (z.B. alle Abteilungsleiter, bestimmte engagierte Mitarbeiter, etc.) für ein Leitbild, das die neue Vision des UNs wird. Sie legt außerdem eine gemeinsame Erklärung mit den zusammengefassten, priorisierten Werten der Kleingruppen fest. Zur Ergebnissicherung - und als Wertschätzung für das persönliche Engagement während der Seminartage - bekommt jeder MA eine persönliche Karte von der Geschäftsleitung sowie ein Poster mit der UNs-Vision und seinem Kleingruppen-Leitbild für seinen Arbeitsplatz.

Ziel der Methode ist, die Selbstwirksamkeit der MA im gesamten Interventionsprozess für Nachhaltigkeit zu stärken, indem sie ihren eigenen Beitrag darin erkennen und den Prozess intrinsisch motiviert als „selbst mitgestaltet“ wahrnehmen. Durch die intensive Zusammenarbeit wird eine nachhaltige Vernetzung und Zusammenarbeit der MA unterstützt, was für den anstehenden Veränderungsprozess förderlich sein wird.

Die Ergebnissicherung erfolgt dann in der UNs-internen Zeitschrift in Form von Beiträgen der verschiedenen Kleingruppen um diese in offiziellem Rahmen Wert zu schätzen und dem gesamten UN zugänglich zu machen. Ebenso erfolgt die Information über die nächsten Schritte, wie die Durchführung von Pilotprojekten, über dieses Medium. Auf einem UNs-internen Onlineforum ist Raum für Diskussion und persönlichen Austausch über die Erlebnisse der Seminartage.

Tabellarische Übersicht der Module ist im Anhang auf Seite XY

2. Phase: Analyse und Planung

Grundlage für die angestrebten Umstrukturierungsmaßnahmen

Profil (Outcome)

Die Teilnahme an der Phase „Analyse und Planung" qualifiziert dazu, diese selbstständig durchzuführen und darüber hinaus das Wissen weiter zu vermitteln. Es werden Veränderungsprozesse selbstständig durchgeführt und auf andere Abteilungen und ggf. Unternehmen übertragen. Dabei wird das Wissen über verschiedene wirtschaftliche Analysemethoden, wie beispielsweise die SWOT-Analyse, genutzt. Kommunikative Strategien werden analysiert, geändert und effektivere in den Alltag implementiert sowie für abteilungsübergreifende Kommunikation genutzt.

Inhalt und Ablauf

Die Phase der Analyse beginnt bereits während der Zeit der Sensibilisierung und nimmt ca. 4 Wochen in Anspruch. Im Anschluss an diese Diagnose findet eine detaillierte Planung des Pilotprojekts statt, um die Veränderungen umzusetzen und deren Nutzen evaluieren zu können.

Durch eine unternehmensinterne Nachhaltigkeitsüberprüfung werden aktuelle Bedarfe für Veränderungsprozesse objektiv festgestellt und anschließend mit dem zuvor erarbeiteten Leitbild abgeglichen. Eine detaillierte Analyse der relevanten sozialen und ökologischen Aspekte im Unternehmen ist grundlegend für eine umfassende Planung. Denn mit den daraus gewonnenen Erkenntnissen können alle notwendigen Aspekte berücksichtigt werden, die für die Umsetzung der Veränderungsprozesse notwendig sind. Die beteiligten Personen erwerben durch diese begleitende Diagnostik zunächst einen Überblick über die relevanten Themenfelder innerhalb und außerhalb des Betriebs. Zudem werden die Mitarbeiter dazu angeleitet ihre Beobachtungsfähigkeit zu schärfen, indem sie verschiedene Analysearten kennen und anzuwenden lernen. Dies geschieht mit einer systematischen Anwendung und Auswertung der Beobachtungen und Diagnose-Instrumente. Diese Kompetenzen und Fertigkeiten können die Mitarbeiter später zur selbstständigen Schulung von Kollegen nutzen. Zudem sind sie in der Lage diese extern anzuwenden, wenn sie ggf. in anderen Unternehmen in beratender Funktion bei ähnlichen Umstrukturierungsprozessen tätig werden. Verfahren für eine umfassende Analyse sind die Umweltbegehung des Betriebs, eine Portfolioanalyse und eine Stakeholderlandkarte sowie ggf. eine Lieferantenbefragung.

Bei der Umweltbegehung (ecomapping) handelt es sich um ein visualisiertes und standardisiertes Instrument zur Aufnahme von ökologischen Aspekten in Unternehmen (z.B. Energie und Abfall). Während einer Begehung des Unternehmens werden hierzu gemeinsam die relevanten Aspekte herausgefiltert und dokumentiert. Zur Priorisierung der Umstrukturierungsprozesse wird im Anschluss eine Portfolioanalyse erstellt. Sie ist eine visualisierte Übersicht und Gewichtung der umweltrelevanten und sozialen Aspekte des Unternehmens und dessen möglichen

Verbesserungspotenzials.
Um alle Personengruppen zu berücksichtigen, die bei den Strukturierungsprozessen wichtig sind und diese ggf. mit einbeziehen zu können, wird eine Stakeholderlandkarte erstellt. Stakeholder können – je nachdem ob das Unternehmen ein Dienstleistungs- oder Produktionsunternehmen ist – z.B. Zulieferer, Genossenschaftsmitglieder oder Vorstandsvorsitzende sein. Ergänzend dazu werden bei Produktionsunternehmen zur Qualitätsdiagnose Lieferantenbefragungen durchgeführt sowie Bedarfsanalysen in Bezug auf Ressourcenverbrauch, Umweltbelastungen und soziale Aspekte in den Providerbetrieben. Damit setzen die Qualitätskontrollen der Umwelt- und Sozialstandards schon frühzeitig an, bevor die Produkte das Unternehmen erreichen.
Um einen speziell auf das Unternehmen zugeschnittenen Aktionsplan zu erstellen, wird gemeinsam mit Experten eine zweitägige SWOT-Analyse durchgeführt. Anschließend wird darauf aufbauend ein Aktionsplan erstellt, für dessen Erarbeitung drei bis fünf Tage veranschlagt werden. Dies beinhaltet u.a. die Ernennung von Ansprechpartnern, die Festlegung und Priorisierung von Themen und Teilzielen sowie den Zeitrahmen für deren Erarbeitung.
Zudem werden für eine langfristige Wirkung und Qualitätssicherung sogenannte Qualitätszirkel gebildet. Die Qualitätszirkel setzen sich aus 3-15 freiwilligen Mitarbeitern zusammen und werden von einem externen Experten eingeführt und begleitet, bis die Teilnehmenden in der Lage sind dies selbstständig zu übernehmen. Die Treffen finden in regelmäßigen Abständen statt, mit dem Ziel, der Verbesserung von Arbeitsbedingungen, qualitativen Arbeitsleistung eines Unternehmens, der Entwicklung von mehr Selbstwertgefühl und Sozialkompetenz der Mitarbeiter sowie der Verbesserung von gruppendynamischen Prozessen im Unternehmen.

Didaktisches Konzept/Partizipationskonzept

Grundlegend für die Phase der Analyse und Planung ist auch hier der Partizipationsansatz. Dabei handelt es sich um eine Methode, die durch den aktiven Miteinbezug der Mitarbeiter der unterschiedlichen hierarchischen Ebenen widerstandsfreie Veränderungsprozesse ermöglicht. Denn durch Transparenz und eine offene Kommunikation wird die Basis für Akzeptanz und damit zur Integration von Veränderungen im Unternehmen geschaffen. Die aktive Mitarbeiterpartizipation während der Analyse und Planung knüpft an die gemeinsame Erarbeitung des neuen unternehmerischen Leitbildes/der neuen Unternehmensstrategie der Sensibilisierungsphase an. Denn die dort erarbeiteten Grundwerte bilden die Basis für das weitere Handeln, da sie Orientierung, Handlungssicherheit und Vertrauen geben. Den Mitarbeitern wird dadurch vermittelt, dass sie mit ihren beruflichen/fachlichen Bedürfnissen und Vorstellungen ernst genommen werden. Denn sie sind die Experten für ihren Arbeitsbereich und kennen die Abläufe und Probleme sehr genau. Durch die direkte und aktive Partizipation können somit Fehlinformationen über

die Umstrukturierungsprozesse, Verunsicherungen und Demotivationen verhindert oder aufgefangen werden, die über langwierige Kommunikationsprozesse entstehen könnten.
Es werden zudem vorwiegend die Methoden des problem based learning und die Methodik des case based learning angewandt. Dies geschieht überwiegend während der zu erlernenden Fertigkeiten im Arbeitsalltag.
Ziel dieses Konzepts ist zudem die Autonomie der Mitarbeiter in Bezug auf nachhaltige Veränderungsprozesse zu fördern. Dafür führen externe Trainer zu Beginn des Prozesses die notwendigen Methoden ein, indem sie z.B. Gespräche moderieren, die Anwendung von Instrumenten demonstrieren und die Handhabung durch die MitarbeiterInnen reflektieren. Theorie und Praxis (von z.B. der SWOT-Analyse) werden anhand des eigenen Unternehmens vermittelt und somit ideal miteinander verknüpft.
Sogenannte Qualitätszirkel setzen sich aus 3-15 freiwilligen Mitarbeitern zusammen. Sie werden von externen Experten eingeführt und begleitet, bis die Teilnehmenden in der Lage sind, dies selbstständig zu übernehmen. Die Treffen finden in regelmäßigen Abständen mit dem Ziel statt, Verbesserung von Arbeitsbedingungen und qualitativen Arbeitsleistung zu erwirken. Außerdem zielen sie auf die Weiterentwicklung von Sozialkompetenz der MitarbeiterInnen und der Verbesserung von gruppendynamischen Prozessen im Unternehmen ab, die sich wiederum positiv auf die Arbeitsprozesse auswirken.
Die Instruktionen werden mit der fading out Methode gegeben. Zu Beginn engmaschig und mit theoretischem Hintergrundwissen. Im Verlauf des Analyseprozesses und mit zunehmender Kompetenz der Mitarbeiter werden diese Instruktionen immer weniger, um ihnen immer eine größtmögliche Selbstständigkeit zu ermöglichen. Die Rolle des Trainers wandelt sich dabei nach und nach zum Berater und Coach, bis keine Unterstützung mehr benötigt wird. Dies geschieht z.B. bei den Qualitätszirkeln. Dadurch werden zudem die Interaktionen verschiedener hierarchischer Gruppen gefördert. Regelmäßiges Peer- und Expertenfeedback soll nicht nur eine Motivationsfunktion haben und das Selbstbild der Mitarbeiter ändern, sondern auch Rückmeldung zur erbrachten Leistung bieten und Verbesserungspotenziale aufdecken.

Ziele

Soft Skills

Ihre Mitarbeiter verstehen es, sich offen und wertschätzend gegenüber ihren Mitmenschen zu verhalten. Sie sind im Stande professionell mit Feedback umzugehen und dieses konstruktiv umzusetzen. Dabei sind Ihre Mitarbeiter in der Lage, eigene Standpunkte selbstsicher zu vertreten und gleichzeitig empathisch auf Argumente anderer einzugehen.

Fertigkeiten

Bei der Anwendung der Analyseinstrumente (z.B. Portfolioanalyse, Stakeholderlandkarte, SWOT-Analyse), gehen Ihre Mitarbeiter selbstständig, sicher und effektiv vor, indem sie ihr theoretisches Wissen in die Praxis umsetzen und den Situationen anpassen.

Kompetenzen
Ihre Mitarbeiter identifizieren ökologische, soziale und ökonomische Problemfelder im Betrieb und führen eigenständige Analysen durch. Sie verfügen über grundlegende Kenntnisse von Analysemethoden und können diese situationsgerecht und effizient einsetzen. Durch die Verknüpfung von theoretischem und praktischem Wissen werden sie außerdem dazu befähigt, selbstständig ein ecomapping im Unternehmensrahmen anzuwenden und zu realisieren. Dabei ist es ihnen wichtig, die einzelnen Arbeitsschritte transparent festzulegen, um in der Phase der Implementierung auf die Daten rückgreifen zu können.

Leistungsnachweis/Outcome-Evaluation
Durch Mentoring und Beratung erhalten Ihre Mitarbeiter Feedback bezüglich ihrer erbrachten Leistung. Dieses gestaltet sich durch ein Zielfestlegungs- und Zielerreichungsgespräch, in dem die wichtigsten Punkte schriftlich festgehalten werden. Zur Überprüfung des Lernerfolgs wird durch den Berater evaluiert, in wie weit die Mitarbeiter die vorab festgelegten Schlusskompetenzen der Phase erreicht haben und dies ggf. im persönlichen Gespräch thematisiert.

3. Phase: Umsetzung der Pilotprojekte

Erfahrungen sammeln und Ergebnisse dokumentieren

Profil (Outcome)
Die Abteilungen haben die Pilotprojekte erfolgreich durchgeführt. Die Wirkungen der einzelnen Projekte sind messbar und entsprechen den im Aktionsplan gesetzten Zielen. Verantwortliche Experten stehen für jedes Projekt zur Verfügung, um in der Implementierungsphase die Verbreitung der Projekte zu begleiten.
Eine Wissensdatenbank zur Bewahrung und Verteilung aller entwickelten Pilotprojekte, für die jeweils Leitfäden, Erfahrungs- und Wirkungsberichte (inkl. Ressourcen- und Kostenpläne) sowie Verantwortliche für Rückfragen und Coaching zur Verfügung stehen, ist aufgebaut.

Ziele
Soft Skills
Die Mitarbeiter gehen empathisch aufeinander ein, z.B. durch aktives Zuhören und angemessene, wertschätzende Reaktionen im Umgang miteinander. Dies ermöglicht ein funktionierendes Teamwork in der gesamten Pilotphase.

Fertigkeiten
Die Mitarbeiter erstellen selbstständig sowohl Kosten- als auch Ressourcenpläne für Veränderungsprojekte. Ausgehend von einem Dokumentationsleitfaden erstellen sie Dokumentationsformulare. Sie verfügen über spezielle Softwarekenntnisse für die Verwendung und Verwaltung der Wissensdatenbank und Dokumentation der Ergebnisse.
Die Mitarbeiter planen die Umsetzung von einzelnen Pilotprojekten und führen diese strukturiert in einzelnen Abteilungen ein.
Zudem evaluieren sie prozessbegleitend den Entwicklungsprozess von Pilotprojekten und passen ihre Umsetzungsstrategien sofort an.

Kompetenzen

Für die erfolgreiche Durchführung des Pilotprojekts verknüpfen die Mitarbeiter ihre Kenntnisse zu Nachhaltigkeit und ihre Kommunikationskompetenzen aus der Vorbereitungsphase. Sie entwickeln das nötige Wissen zur Durchführung der Pilotprojekte und nutzen die Wissensdatenbank um Wissen und Erfahrungen zu bewahren und zu verteilen. Dabei gehen sie strukturiert vor und führen das Pilotprojekt selbstorganisiert durch. Die Mitarbeiter sind in der Lage, den Nachhaltigkeitsprozess in späteren Phasen durch Verbreitung der Projekte fortzuführen.

Werte und Haltungen

Bei der Durchführung der Pilotprojekte legen die Mitarbeiter, sowohl bei Feedback untereinander, als auch bei unternehmerischen Entscheidungsprozessen, großen Wert auf sozial und ökologisch nachhaltige Vorgehensweisen.

Die Mitarbeiter legen Wert darauf, ihr entwickeltes Wissen zu bewahren, transparent zugänglich zu machen und im Unternehmen zu verteilen.

Inhalt und Ablauf

In der Umsetzungsphase wird der erste Projektzyklus gestartet. Die in der Analyse- und Planungsphase festgelegten Pilotprojekte werden von einzelnen Abteilungen durch Projektteams probeweise durchgeführt. Dabei werden erste Veränderungen bereits implementiert und damit Erfolge erzielt. Der Fokus liegt jedoch auf der Durchführung der Veränderungsprozesse als Wegbereiter, wodurch wichtige Erfahrungen für die weitere Implementierung gemacht werden, um einen gelingenden Transfer der Pilotprojekte in anderen Abteilungen zu ermöglichen.

Die Pilotprojekte und Projektgruppen leiten sich aus dem Aktionsplan ab. Ausgangswerte z.B. für die Mitarbeiterzufriedenheit oder den spezifischen CO2-Ausstoß beinhaltet die Analyse aus Phase 2.

Die Pilotphase beginnt, indem Mitarbeiter einer Abteilung in gemeinsamen Entwicklungstreffen die Umsetzungspläne ihrer Pilotprojekte erarbeiten. Das gemeinsame Ergebnis wird umgesetzt und die Pilotphase auf einen mehrmonatigen Zeitraum (in der Regel 1-6 Monate) beschränkt.

Regelmäßige Abteilungstreffen dienen der Steuerungsevaluation und dazu, Pilotprojekte prozessbegleitend zu kontrollieren und anzupassen.

Nach den ersten Abteilungstreffen zur prozessbegleitenden Evaluation gehen die Berater auf einen besonders engagierten und kompetenten Mitarbeiter zu, um diesen für die Projektverantwortlichkeit vorzuschlagen. Dieser Projektverantwortliche ist für die Dokumentation aller Prozesse, die Aufstellung von Ressourcen- und Kostenplänen und für die Wissensbewahrung mittels Wissensdatenbank zuständig und wird das Projekt als Berater in der Implementierungsphase auch in anderen Abteilungen verbreiten. In zweiter Funktion übernimmt der Projektverantwortliche in Absprache oder im Team mit dem Abteilungsleiter eine koordinierende Funktion. Die Projektverantwortlichen sind also die direkten Ansprechpartner für die MitarbeiterInnen.

Zum Abschluss der Pilotphase wird das Pilotprojekt Outcome evaluiert.

Dabei erhebt ein Post-Test dessen Wirkung mit Hilfe der zuvor erhobenen Kennzahlen (z.B. die Mitarbeiterzufriedenheit).

Außerdem erstellt der Projektverantwortliche das Portfolio, um das Projekt erfolgreich in anderen Abteilungen implementieren zu können.

Resultat ist eine Wissensdatenbank zur Bewahrung und Verteilung aller entwickelten Pilotprojekte, für die jeweils Leitfäden, Erfahrungs- und Wirkungsberichte (inkl. Ressourcen- und Kostenpläne), sowie Verantwortliche für Rückfragen und Coaching festgehalten sind.

Praxisbeispiel

Der Aktionsplan aus Phase 2 enthält das Projekt „Höhere Mitarbeiterzufriedenheit durch flexible Arbeitszeiten" für die Abteilung Kommunikation.

Die Mitarbeiterzufriedenheit dieser Abteilung wurde in der Analyse erfasst. Das Anliegen ist die Mitarbeiterzufriedenheit zu erhöhen, indem die MitarbeiterInnen ihre Arbeitszeiten flexibel gestalten und besser mit ihrem Privatleben abstimmen können. Gemeinsam erstellen die MitarbeiterInnen einen Arbeitszeitenplan über drei Monate. Dabei sind die Kommunikationskompetenzen aus Phase 1 eine wichtige Voraussetzung. Alle Mitarbeiter geben ihre Erfahrungen bzgl. der gemeinsamen Erstellung an den Berater weiter. Im zweiwöchentlichen-Rhythmus finden Abteilungstreffen mit allen Mitarbeitern und dem Berater zur Steuerungsevaluation statt, um die Wirkung zu kontrollieren und ggf. den Prozess anzupassen. Nach der ersten Sitzung wird der vom Berater vorgeschlagene Projektverantwortliche zeitnah bestimmt.

Nach drei Monaten wird das Pilotprojekt wirkungsorientiert evaluiert. Dabei erhebt ein Post-Test die Mitarbeiterzufriedenheit erneut. Der Leitfaden sowie die Erfahrungs- und Wirkungsberichte (inkl. Ressourcen- und Kostenpläne) werden erstellt.

Didaktisches Konzept

Die Treffen werden von einem externen Moderator beratend begleitet, während die Abteilung als selbstregulierte Arbeitsgruppe auftritt. Die Treffen haben das Ziel, dass ein ständiger Austausch bestehen bleibt, um eine möglichst effiziente Umsetzung zu gewährleisten. Mögliche Themen sind z.B. auftretende Probleme und Lösungsansätze.

Die Projektverantwortlichen erhalten von den Begleitern ein Coaching während der Pilotphase. Die Projektverantwortlichen werden für die Aufgaben der Dokumentation gemeinsam geschult. Die Schulung vertieft die Erstellung von Leitfäden, Erfahrungs- & Wirkungsberichten inkl. Ressourcen- & Kostenplänen, sowie Methoden und Hilfestellungen zur Förderung von erfolgreicher Teamarbeit. Diese Kompetenzen dienen den Projektverantwortlichen gleichzeitig als Grundlage, sobald sie in der Implementierungsphase selbst anderen Abteilungen in ihren Veränderungsprozessen für Rückfragen und Beratung zur Verfügung stehen. Beratung heißt dabei, die Treffen anderer zu begleiten, die eigenen Erfahrungen weiterzugeben und erfolgreiches Teamwork innerhalb der Abteilung zu fördern.

Die SPRING-BeraterInnen sind als

Supervisor und Coach für die Projektverantwortlichen und weniger für die MitarbeiterInnen verantwortlich. Um die Selbstständigkeit der Projektverantwortlichen zu intensivieren, geben die SPRING-BeraterInnen nur so viel Hilfe, wie gerade notwendig ist, um die Autonomie der Gecoachten zu stärken.

Partizipationskonzept
Durch die selbstbestimmte Umsetzung der Pilotprojekte, unter Einbezug aller Mitarbeiter einer Abteilung, gelingen partizipative Arbeitsprozesse. Die Führungskräfteebene wirkt darauf nur bedingt ein, da sie zuvor maßgeblich daran beteiligt war die Pilotprojekte und die durchführenden Abteilungen auszuwählen, und abschließend an der Outcomeevaluation beteiligt ist.

Leistungsfeststellung
Die Leistungsfeststellung erfolgt durch prozessbegleitende Selbst- und Peer-Evaluation sowie durch eine Outcome basierte Selbstevaluation mit Abschluss der Pilotphase. Die Outcome basierte Selbstevaluation fokussiert die Wirkungen und Erfolge innerhalb der Abteilung und stellt einen wichtigen Bestandteil für die Projektdokumentation dar. Ergänzt wird dies durch Feedback und Aufzeigen der Resultate durch die Führungsebene. Dabei sollen durch Abteilungen wie das interne Controlling oder das Qualitätsmanagement Kennzahlen wie CO2-Ausstoß, Energieverbrauch, Mitarbeiterzufriedenheit, Kosten und Zeitaufwand erhoben werden, um einen Vorher-Nachher Vergleich anzustellen.

5. Phase: Implementierung

Feste Implementierung erfolgreicher Pilotprojekte

Profil (Outcome)
Als Teilnehmer der Implementierungsphase analysieren Sie selbstständig die eingeführten Pilotprojekte hinsichtlich ihrer Übertragbarkeit in andere Abteilungen oder andere Standorte. Außerdem legen Sie Ziele und Verantwortlichkeiten von Interventionen fest und bestimmen den Zeitrahmen, der für die Umsetzung beansprucht wird. Zudem verfügen Sie über einen reichhaltigen Angebotskatalog mit Präventions- und Marketingmaßnahmen und wählen gezielt Maßnahmen, die für Ihre Abteilung geeignet sind, aus. Sie legen ihre Entscheidungen transparent dar, sodass alle Mitarbeiter Zugang zu wichtigen Informationen erlangen.

Ziele
Soft Skills
Ihre Mitarbeiter sind sich bewusst, welche Widerstände bei Veränderungsmaßnahmen auftreten können und gehen bei Auftreten von Widerständen sensibel auf diese ein. Im Team arbeiten sie kooperativ und respektvoll zusammen und kommunizieren abteilungsübergreifend offen und wertschätzend miteinander.
Fertigkeiten
Ihre Mitarbeiter verfügen über Kenntnisse bezüglich des Umgangs mit der Wissensdatenbank, die es ihnen ermöglichen geeignete Projekte auszuwählen. Sie passen die Projekte an ihre Arbeitsbereiche an und führen die Projekte situationsgerecht und effektiv durch.

Kompetenzen
Die Mitarbeiter besitzen die Fähigkeit, Pilotprojekte hinsichtlich ihrer Wirksamkeit auf andere Abteilungen zu beurteilen, durchzuführen und zu evaluieren. Ihre Mitarbeiter wählen aus einem Maßnahmenkatalog geeignete Maßnahmen aus, evaluieren diese und übertragen diese auf ihren Arbeitsbereich.

Werte und Haltungen
Ihren Mitarbeitern ist bewusst, welche Auswirkungen fehlendes ökologisches und soziales Handeln auf die Umwelt hat und sie erkennen somit die Wichtigkeit dessen an. Ihre Mitarbeiter verstehen die Bedeutung von Veränderungsprozessen und kennen die notwendigen Bedingungen, um langfristige Änderungsmaßnahmen zu realisieren und implementieren um somit nachhaltiges Wirtschaften zu ermöglichen.

Inhalt und Ablauf
In der Implementierungsphase werden geeignete Pilotprojekte mit Rückgriff auf die Wissensdatenbank aus Phase 3 ausgewählt. Die Projektverantwortlichen aus der Pilotphase beraten sich hierfür gemeinsam mit den Abteilungsleitern der betroffen Bereiche und analysieren die Übertragbarkeit der Pilotprojekte. Mittels SMART-Methode werden neue Projektgruppen gebildet und Verantwortlichkeiten festgelegt. Es folgt die Durchführung der neuen Projekte.
Um die Identifizierung der Mitarbeiter mit dem neuen nachhaltigen Leitbild des Unternehmens zu stärken und Nachhaltigkeit dauerhaft in die Strukturen des Unternehmens zu implementieren, werden außerdem unterschiedliche Maßnahmen wie z.B. das Einführen von betrieblichen Altersvorsorgen, die Bereitstellung eines Pendlertickets oder das Einführen von flexiblen Arbeitszeiten zu einem Maßnahmenkatalog zusammengefasst. Aus diesem Katalog - der in die Wissensdatenbank integriert wird - können geeignete Verfahren ausgewählt und umgesetzt werden.

Didaktisches Konzept
Projektverantwortliche der Pilotphase und weitere ausgewählte, engagierte Mitarbeiter, treffen sich als neues Expertenteam, um auf Grundlage der Wissensdatenbank das weitere Vorgehen in anderen Abteilungen zu planen. Damit auch in der Implementierungsphase alle Ziele transparent sind und die Verantwortlichkeiten feststehen, wird eine präzise Festlegung der einzelnen Schritte vorgenommen, die gemäß der SMART-Methode Folgendes beinhaltet: Was wird gemacht? Wann wird es gemacht? In welcher Form und von wem wird es gemacht? Welche Ressourcen stehen zur Verfügung? Während der Phase der Implementierung finden zudem regelmäßige Qualitätszirkel statt, in denen das Expertenteam Probleme, die bei der Umsetzung entstehen, identifiziert und behebt. Bei Bedarf stehen SPRING-Berater zu Verfügung.
Während der Implementierungsphase wird durch Austauschforen, die für alle Mitarbeiter zugänglich sind, eine projektübergreifende Kommunikation gefördert. Somit kann ein Austausch über eigene Erfahrungen stattfinden. Diese Foren können sowohl intranetgestützt stattfinden, als auch auf einer realen Ebene (z.B. ein informelles

Treffen alle sechs Wochen). Denn beständige Reflexion der Teamarbeit im Sinne der Selbststeuerung dient der Früherkennung von Störungen und Abweichungen vom Projektauftrag.

Partizipationskonzept

Da die Phase der Implementierung Auswirkungen für viele Mitarbeiter mit sich bringt und die Implementierung der Pilotprojekte möglichst reibungslos verlaufen sollte, ist es wichtig, alle Mitarbeiter über die einzelnen Schritte, die realisiert werden, aufzuklären und dadurch für Transparenz zu sorgen. Durch Austauschforen und Qualitätszirkel wird die Teilhabe und Involvierung der Mitarbeiter gefördert, um Widerstände zu vermeiden und die Entwicklung konstruktiver Ideen zu fördern.

Leistungsfeststellung

Die Überprüfung der zu erbringenden Leistungen wird durch einen neu eingeführten Qualitätszirkel erbracht. Durch unterschiedliche Austauschforen und -formen stehen die Projektdurchführenden in regem Austausch mit allen andern Mitarbeitern und erhalten Rückmeldung bezüglich ihrer Leistung, Verbesserungsvorschläge und weitere Anregungen. Entsteht seitens der Durchführenden der Wunsch nach weiterem Feedback, kann dies in Form eines persönlichen Gesprächs mit einem involvierten SPRING-Berater erfolgen. Kennzahlen, die bereits in Phase 3 zur Messung herangezogen wurden, dienen als Vergleich für die Beurteilung der Ergebnisse.

5. Phase: Institutionalisierung des Nachhaltigkeitsprozesses

Festigung durch strukturelle Veränderungen

Profil (Outcome)

Die erprobten Entwicklungen und Anpassungen aus den Phasen „3. Umsetzung“ und „4. Implementierung“ sind fest in der bestehenden Unternehmensstruktur verankert, sodass der Nachhaltigkeitsprozess langfristig gefestigt und fortgesetzt wird. Eigene Berichterstattung sowie internes Controlling fassen die Entwicklungen im Unternehmen zusammen, bewerten diese und zeigen weitere Potentiale auf. Mit ausgewählten Marketinginstrumenten betreiben Sie Corporate-Responsibility-Marketing, um sich klar als nachhaltiges und sozial verantwortungsbewusstes Unternehmen zu präsentieren.

Für die Mitarbeiter des Unternehmens wurden in dieser Phase Anlaufstellen geschaffen, an die Belange der Nachhaltigkeitsthematik herangetragen werden. Im Zuge der Institutionalisierung werden außerdem einige neue Aufgabenfelder bzw. –erweiterungen geschaffen, für die neue Mitarbeiter eingestellt oder bisherige Mitarbeiter weitergebildet werden müssen.

Inhalt und Ablauf

Um Nachhaltigkeitsprozesse zu institutionalisieren, werden an das Unternehmen angepasste strukturelle Veränderungen erarbeitet. In Arbeitsforen könnten folgende Lösungen erarbeitet werden: Die Einführung von Nachhaltigkeitsverantwortlichen in der obersten Führungsebene sowie in den Abteilungen, Filialen oder Standorten. Die

Einführung eines Nachhaltigkeitrats zur Beratung der Führungsebenen bei lenkenden Entscheidungen. Es wäre auch ein auf Kriterien der Nachhaltigkeit ausgerichtetes Personalmanagement als erfolgreiche Institutionalisierung möglich.

Wichtige Schwerpunkte für die Fortführung des Nachhaltigkeitsprozesses bilden auch die Berichterstattung und das Controlling, um weiterhin über den Stand der Nachhaltigkeit in Kenntnis zu sein. Die dauerhafte interne sowie externe Nachhaltigkeitsberichterstattung sind damit wesentliche Instrumente, um die Qualität des kontinuierlich weiterlaufenden Nachhaltigkeitsprozesses sicherzustellen (weiteres siehe auch unter 6. Zertifizierung). Daran anknüpfend runden weitere Marketinginstrumente das CR-Marketing ab.

Ziele

Für das gesamte Unternehmen ist das Ziel, den Nachhaltigkeitsprozess in den Unternehmensstrukturen dauerhaft und erfolgreich zu verankern und somit den kontinuierlichen Entwicklungsprozess intern zu steuern und fortzusetzen. Dabei steht die Loslösung von SPRING-Beratung im Vordergrund, indem alle Prozesse selbstbestimmt durchgeführt werden.

Soft Skills

Die Führungskräfte kommunizieren die strukturellen Veränderungen selbstbewusst und transparent. Dabei gelingt es ihnen, den Mitarbeitern durch ihren Führungsstil Sicherheit zu vermitteln.

Fertigkeiten

Die Mitarbeiter beziehen die neu geschaffenen oder veränderten Strukturen in ihre Arbeit mit ein und passen ihre Handlungen an die Nachhaltigkeitsprozesse an.

Kompetenzen

Die Führungskräfte erarbeiten kooperativ Lösungswege und kommunizieren transparent mit den Mitarbeitern, wobei sie sich bewusst sind, dass die Interaktionen der Mitarbeiter mit den Strukturen für eine erfolgreiche Einführung essentiell sind.

Die Mitarbeiter verstehen die Funktion und den Sinn der erarbeiteten Konzepte zur Institutionalisierung des Nachhaltigkeitsprozesses.

Werte und Haltungen

Die Mitarbeiter erkennen, dass mit den beabsichtigten strukturellen Veränderungen soziale und ökonomische Nachhaltigkeit erreicht wird und befürworten aus diesem Grund die neuen Strukturen.

Weitere individuelle Ziele in Form von Soft Skills, Fertigkeiten, Kompetenzen und Werten und Haltungen werden je nach Bedarf und erarbeitetem Konzept festgelegt und auf adäquate Art und Weise umgesetzt.

Didaktisches Konzept

Die Lösungswege zur Institutionalisierung des Nachhaltigkeitsprozesses werden von den Verantwortlichen für das Unternehmensmanagement gebeziehungsweise erfunden und von den betreffenden und involvierten Mitarbeitern erarbeitet. Die Berater nehmen eine begleitende Funktion ein und lassen Gestaltungsspielraum für kreative Wege. Lösungen werden dabei individuell für jedes Unternehmen entwickelt oder angepasst, sodass

ein einzigartiges Ergebnis entsteht. Dabei kann die Orientierung an Unternehmen mit bereits erfolgreich implementierten Nachhaltigkeitsmanagement eine große Hilfe darstellen. Die Erarbeitung der Lösungswege erfolgt in Arbeitsforen, die einen kreativen Austausch ermöglichen. Dazu sind Sitzungen im Gesamtumfang von 60 Stunden eingeplant. Für die Einführung der geplanten Institutionalisierungen ist zusätzliche Arbeitszeit notwendig.
Die Partizipation der Mitarbeiter und der Informationsaustausch in den Abteilungen können beispielsweise über Informationswände in den Abteilungen oder ein wöchentliches Lunch & Learn erfolgen.

Partizipationskonzept
Die Partizipation der Führungskräfte erfolgt durch die Erarbeitung der Strukturen. Dabei sollen die jeweiligen Ergebnisse den Mitarbeitern des Unternehmens transparent und unmittelbar mitgeteilt werden. Mitarbeiter, die von den neuen Veränderungen maßgeblich betroffen sind bzw. eingebunden werden, sollten möglichst in der Erarbeitung und Ausgestaltung mitwirken, damit sie sich mit den Wandlungen identifizieren und ihr weiterer Einsatz für das Unternehmen gesichert ist.

Leistungsfeststellung
Die Leistungsfeststellung in der Institutionalisierungsphase erfolgt maßgeblich in der folgenden, der 6. Phase, mit der Zertifizierung des Unternehmens, indem der Nutzen der aufwändig geschaffenen Strukturen belegt wird. Geschaffene Strukturen und Prozesse werden in ihrer Wirkung und in ihrem Ablauf von der Führungskräfteebene beobachtet und evaluiert.
Unmittelbares Feedback zu den strukturellen Veränderungen geben außerdem die SPRING-BeraterInnen.
Anerkennung von Weiterbildung
Ein weiterer wichtiger Bestandteil ist die Zertifizierung von Mitarbeitern zum Nachhaltigkeitsmanager, die während der gesamten Intervention herausragendes Engagement gezeigt haben und bei denen Weiterentwicklungen in den Soft Skills, Fertigkeiten, Kompetenzen, Werten und Haltungen erkennbar sind. Dieses Zertifikat wird von der mit der SPRING-Beratung kooperierenden Albert-Ludwigs-Universität ausgestellt und bescheinigt die Weiterbildung zum „Nachhaltigkeitsmanager in spezifischen Arbeitsfeldern“. Die zertifizierten Mitarbeiter sind demnach dazu befähigt, den Nachhaltigkeitsprozess bzw. die -strategie langfristig im Unternehmen umzusetzen, weiterzuführen und weiterzuentwickeln. Diese neue Art einen Veränderungsprozess abzuschließen wertet die Intervention auf und macht das Unternehmen zu einer Bildungsinstitution für seine Mitarbeiter. Weiteres zum Zertifikat können Sie unter „Zertifikat zum Nachhaltigkeitsmanager“ nachlesen.

6. Phase: Zertifizierung mit EMAS

Profil
Das Unternehmen ist durch das europäische Eco-Management and Audit Scheme zertifiziert. Damit registriert sich das Unternehmen für die freiwillige Verpflichtung von Betrieben und Organisationen, den betrieblichen Umweltschutz kontinuierlich zu

verbessern. Die Weiterentwicklung des europäischen Eco-Management and Audit Scheme, EMASplus, beinhaltet die internationale ISO-Richtlinie 26000 und ist Teil der EU-CSR-Strategie 2011. Das Unternehmen ist somit im Besitz einer international anerkannten, sowie in der Europäischen Union weit verbreiteten, Zertifizierung.

Inhalt und Ablauf

Die Phase der Zertifizierung beinhaltet ein Monitoring, mit dem überprüft wird, ob das Unternehmen die geforderten Standards erfüllt, zu denen es sich verpflichtet hat (u.a. ISO 26000 und EMASplus). Dabei findet die Kontrolle unternehmensintern sowie durch eine externe Prüfung statt. Werden alle Forderungen erfüllt, erhält das Unternehmen die EMASplus-Zertifizierung. Mit dieser wird zudem festgelegt, dass sich das Unternehmen regelmäßigen Überprüfungen unterzieht, die den weiteren Prozessverlauf bezüglich der Nachhaltigkeitsumstellungen kontrollieren und bewerten. Dazu zählen sowohl das interne Controlling, das das Unternehmen selbst ein- und durchführt, als auch die jährlich stattfindenden externen Prüfungen durch SPRING-Beratung oder eine andere Prüfungsgesellschaft im Fachgebiet. Des Weiteren erstellen Mitarbeiter eine EMAS-Umwelterklärung für die Öffentlichkeit.

Ziele

Soft Skills

Die Mitarbeiter sind in der Lage konstruktives Feedback zu geben und professionell mit auftretender Kritik umzugehen.

Fertigkeiten

Die Mitarbeiter überwachen den kontinuierlichen Nachhaltigkeitsprozess und dessen Weiterentwicklung. Sie geben über die Wirkungen der Projekte und Strukturen im Unternehmen Rückmeldung.

Sie erstellen den Entwurf der EMAS-Umwelterklärung für die Öffentlichkeit.

Kompetenzen

Die Mitarbeiter analysieren Potentiale und entwickeln Vorschläge wie diese genutzt werden können.

Werte und Haltungen

Den Mitarbeitern ist bewusst, dass die unternehmensinterne Weiterführung des kontinuierlichen Nachhaltigkeitsprozesses für eine sozial und ökologisch nachhaltige Unternehmensführung wichtig ist. Sie vertreten diese Werte auch durch ihre persönliche Einstellung und durch ihre Handlungen im Betrieb.

Didaktischer Ablauf

Das interne Controlling wird vom Unternehmen selbstständig eingeführt und dabei auf die Aspekte der sozialen und ökologischen Nachhaltigkeit ausgerichtet. Die SPRING-BeraterInnen dienen den führenden Arbeitskräften als Supervisoren. Sie geben z.B. Hilfestellung durch inhaltliche Impulse, Beratung bei auftretenden Problemen und durch Feedback. Dies geschieht, indem sie z.B. bei Bedarf effiziente Kontrollinstrumente vorstellen und sie gemeinsam mit der Unternehmensführung situationsgerecht modifizieren.

Die externen Prüfungen werden entweder von SPRING-Beratern durchgeführt oder an eine andere

Prüfungsgesellschaft übergeben, die dazu berechtigt ist, EMAS-Zertifizierungen vorzunehmen.

Partizipationskonzept

Mit der Zertifizierung endet die Intervention durch die SPRING-Beratung. Um auch in dieser Phase alle Mitarbeiter mit einzubeziehen und den Nutzen des Nachhaltigkeitsmanagements noch einmal zu veranschaulichen, findet eine Abschlussveranstaltung statt. Diese hat zum Ziel, alle Mitarbeiter zu informieren, die Interventionsphasen revue passieren zu lassen und die zukünftigen Möglichkeiten aufzuzeigen.

Leistungsfeststellung

Die Leistungsfeststellung erfolgt zunächst durch eine interne Umweltbetriebsprüfung, die von den Projektverantwortlichen des Unternehmens ausgeführt wird. Diese greifen hierbei auf die bereits erhobenen Kennzahlen, wie Energieverbrauch, Mitarbeiterzufriedenheit und CO2-Ausstoß zurück. Die Begutachtung und Validierung nach EMASplus-Richtlinien erfolgt anschließend durch einen externen Umweltgutachter. Durch Veröffentlichung der Umwelterklärung werden die Umweltauswirkungen, die Maßnahmen zu Verbesserung der Umweltleistung und die Ergebnisse der Öffentlichkeit transparent zugänglich gemacht.

Zertifikat zum „Nachhaltigkeitsmanager in spezifischen Arbeitsfeldern"

Profil

Das Zertifikat "Nachhaltigkeitsmanager in spezifischen Arbeitsfeldern" wird von der Albert-Ludwigs-Universität Freiburg in Kooperation mit unserer Beratungsfirma SPRING ausgestellt. Im Rahmen von betrieblicher Beratung zum Thema Nachhaltigkeit erlangen einzelne Mitarbeiter tiefgehendes Wissen, Kompetenzen und Fertigkeiten zu den Bereichen des Nachhaltigkeitsmanagements in Ihrem Arbeitsfeld. Diese Weiterbildung einzelner Mitarbeiter wird durch dieses Zertifikat belegt.

Ziele

Mitarbeiter der Unternehmen müssen folgende Voraussetzungen erfüllen um als Nachhaltigkeitsmanager zertifiziert zu werden:

Soft Skills

Im Rahmen ihrer Tätigkeiten gehen die Mitarbeiter rücksichtsvoll mit anderen Mitarbeitern um. Sie gehen auf die Bedürfnisse ihrer Kollegen ein und binden sie in die Entwicklungsprozesse ein. Sie sind kritikfähig und offen gegenüber Veränderungen.

Fertigkeiten

Die Mitarbeiter setzen ihre Kenntnisse über Strategien und Instrumente zur Analyse und Durchführung von nachhaligkeitsbezogenen Prozessen anhand erworbener Fertigkeiten um. Dabei wenden Sie diese fach- und situationsgerecht an (z.B. durch eine Leitbildentwicklung, Wahrnehmung von Indikatoren (mangelnder) Nachhaltigkeit , Controlling und spezifischer Kommunikationsstrategien). Zudem sind die MitarbeiterInnen mit den Aufgaben einer/s Nachhaltigkeitsbeauftragten vertraut.

Kompetenzen

Die Funktionsweisen eines Nachhaltigkeitsmanagementsystems werden von den MitarbeiterInnen verstanden. Sie sind in der Lage, Geschäftsprozesse unter dem Gesichtspunkt Nachhaltigkeit zu bewerten und zu optimieren. Sie formulieren Nachhaltigkeitsziele und setzen diese angemessen um. Sie integrieren Nachhaltigkeit prozessbegleitend in Arbeitsstrukturen. Sie identifizieren und realisieren Verbesserungspotentiale.

Werte und Haltungen
Bei ihren Handlungen legen die MitarbeiterInnen großen Wert auf soziale Verantwortung und ökologische Nachhaltigkeit, da dies ihren Einstellungen eines fairen und umweltbewussten Arbeitens entspricht.
Mit Erhalt des Zertifikats sind Angestellte in der Lage tragende Rollen im weiterführenden Nachhaltigkeitsprozess zu übernehmen, sowie die erworbenen Kenntnisse für die Einführung Nachhaltigkeitsmanagement in ihrem Arbeitsfeld einzusetzen.

Ablauf der Zertifizierung
Die Zertifizierung erfolgt zum Schluss der Intervention in der Institutionalisierungsphase, um mit dem Zertifikat das Engagement und die angeeigneten Kompetenzen der ausgewählten MitarbeiterInnen zu belegen. Für die Ausstellung des Zertifikats wird eine abschließende Leistungsfeststellung vorgenommen.
Unsere Erfahrung zeigt, dass besonders Mitarbeiter im Energiemanagement oder Führungskräfte auf mittleren Ebenen Anwärter für dieses Zertifikat sind.

Leistungsfeststellung
Die Leistungsfeststellung erfolgt in Form einer von der Universität geforderten "mündlichen Prüfung". Diese erfordert das Lösen einer Beispielssituation aus dem Berufsalltag im Kontext eines sich kontinuierlich entwickelnden Nachhaltigkeitsprozesses. In der Gestaltung der Prüfungssituation sind die SPRING-BeraterInnen maßgeblich involviert.

Partizipationskonzept
Zertifiziert werden nicht alle Mitarbeiter, sondern diejenigen, die während der Intervention besondere Einsatzbereitschaft gezeigt haben oder führende Rollen in Bezug auf das Nachhaltigkeitsmanagement einnehmen. Das Zertifikat ist dabei nicht als Anreizinstrument zu verstehen. Es wird vielmehr als offizielle Bescheinigung einer persönlichen und fachlichen Weiterentwicklung in Bezug auf nachhaltiges Handeln verstanden, die den Mitarbeiter für neue und anspruchsvollere Arbeitsbereiche qualifizieren.

11. Ausschreibung

Sie führen ein Unternehmen und möchten einen freiwilligen Beitrag zur nachhaltigen Entwicklung leisten und wissen noch nicht genau wie? Wir helfen Ihnen dabei, Ihre sozial-gesellschaftliche Verantwortung wahrzunehmen, Ihre Arbeitgeberattraktivität zu steigern und ihre Konkurrenzfähigkeit zu optimieren.

Anbieter
Unsere Beratungsfirma SPRING-time to change, besteht aus einem hochqualifizierten Team von BildungwissenschaftlerInnen. Wir verstehen uns als BeraterInnen und EntwicklungsbegleiterInnen, da Veränderungsprozesse nur gemeinsam

geplant und gestaltet zum Erfolg führen können. Wir haben vielfältige Arbeitserfahrungen im Bereich des Change-Managements und der betrieblichen Weiterbildung für soziale und ökologische Nachhaltigkeit. Dadurch sind wir in der Lage, den Beratungs- und Unterstützungsprozess individuell auf Ihr Unternehmen abzustimmen, sowie auf Ihre Wünsche und Vorstellungen einzugehen. Wir richten uns an Unternehmen, die auf innovative und individuelle Weise soziale und ökologische Nachhaltigkeit im Kern des Unternehmens umsetzen wollen.

Profil

Ihr Unternehmen wirtschaftet sozial und ökologisch nachhaltig, zeichnet sich durch hohe Arbeitgeberattraktivität und Effizienz aus. Es verfügt über ein Leitbild, das partizipativ mit den Mitarbeitern erarbeitet wurde, und dessen Werte im Unternehmen gelebt und umgesetzt werden. Ihre Mitarbeiter haben ein umfangreiches Wissen und vielfältige Kenntnisse über Nachhaltigkeitsaspekte im Bereich Ökologie, Soziales und Ökonomie. Diese schließen auch rechtliche Komponenten mit ein. Zudem verfügen Ihre Mitarbeiter über ein reichhaltiges Repertoire an differenzierten Analysemethoden, die sie situationsgerecht und selbstständig anwenden. Die daraus abgeleiteten Interventionsmaßnahmen setzen sie praktisch um und evaluieren und dokumentieren diese Prozesse. Sie speichern die daraus gewonnenen Erfahrungen und Informationen in einer Wissensdatenbank, die bei Bedarf jederzeit von allen Mitarbeitern abgerufen werden kann. Ihre Mitarbeiter sind in der Lage, erfolgreiche Maßnahmen auch auf andere Bereiche situationsgerecht zu übertragen.

Ihr Unternehmen verfügt über zertifizierte NachhaltigkeitsmanagerInnen, die das Unternehmen durch die Umstellung auf Nachhaltigkeit selbst hervorgebracht und ausgebildet hat. Diese sind in der Lage, sowohl im eigenen als auch in anderen Unternehmen, Veränderungsprozesse zu initiieren, zu begleiten und erfolgreich durchzuführen.

Ablauf/Didaktisches Konzept

Um wettbewerbsfähig zu bleiben und qualifizierte und engagierte MitarbeiterInnen im Unternehmen beschäftigen zu können, ist es notwendig sich den wandelnden gesellschaftlichen Anforderungen anzupassen, sowie sich von Konkurrenten abzuheben. Mit Hilfe unseres Konzeptes und unser individuellen Beratung, wird Ihnen das gelingen.

Unser Konzept setzt sich aus insgesamt sechs Phasen zusammen, die einen ganzheitlichen und nachhaltigen Change-Management-Prozess darstellen und somit eine erfolgreiche Umsetzung gewährleisten.

Die Basis, um ein gemeinsames Leitbild zu schaffen, bildet die Phase der Vorbereitung. Kern der Phase ist eine hierarchieübergreifende Partizipation, welche den Grundstein für die nächsten Phasen legt. Durch Seminare und Workshops werden zudem Kommunikationsstrategien vermittelt und eingeübt, die dem weiteren Prozess als wichtigen Grundstein dienen.

In der zweiten Phase steht die Analyse von möglichen Problemfeldern in

Bezug auf Nachhaltigkeit im Vordergrund. Durch didaktische Methoden, wie z.B. dem problem based learning und cognitive apprenticeship, werden Praxisbezug und Anwendbarkeit gewährleistet. Zudem wird damit eine selbstständige Handhabung und Durchführung aller Maßnahmen eingeübt. Zum Aufbau dieser Fertigkeiten und Kompetenzen werden Sie und Ihre MitarbeiterInnen durch unsere Beraterinnen zunächst direkt angeleitet und dann mit der Methode des fading outs zu einem immer selbstständigeren Vorgehen geschult.

In der darauf aufbauenden Pilotphase startet der erste Projektzyklus. Maßgeblich hierfür sind Entwicklungstreffen, durch welche ein regelmäßiger Austausch über die Umsetzungsschwierigkeiten stattfindet, Fehlerquellen eliminiert und Verbesserungen abgeleitet werden. Dabei übernehmen Ihre MitarbeiterInnen immer mehr die Verantwortung und unsere MitarbeiterInnen stehen beratend zur Seite und setzen gezielt Impulse, wenn dies notwendig ist. Erfolgsversprechende Projekte werden mit Hilfe einer Wissensdatenbank dokumentiert, auf die in der Phase der Implementierung jede/r MitarbeiterIn zurückgreifen kann. Durch die Austauschforen wird eine allgemeine Partizipation durch Involvierung der MitarbeiterInnen angeregt und eine Qualitätssicherung vorgenommen. Denn Ihre MitarbeiterInnen sind in dieser Phase Lernende und Mentoren zugleich, indem sie KollegInnen Feedback geben und ihre eigenen beruflichen Kenntnisse und Kompetenzen weiterentwickeln.

In der Phase der Institutionalisierung werden Verantwortlichkeiten festgelegt, um die vorgenommenen Veränderungen fest in die Strukturen Ihres Unternehmens zu integrieren. Denn unsere Intervention schließt mit der Möglichkeit zur Zertifizierung ab. Der Prozess der Nachhaltigkeitsentwicklung Ihres Unternehmens bleibt dennoch bestehen, indem er durch regelmäßige Evaluationen immer wieder von Neuem beginnt.

Für Einzelpersonen (die besonders engagiert waren) bieten wir eine Zertifizierung durch eine abschließende, mündliche Prüfung an. Für das gesamte Unternehmen erfolgt diese anhand einer externen Bewertung durch SPRING-BeraterInnen oder einer kooperierenden Einrichtung.

Unsere Beratung endet mit der Zertifizierung, da Sie und Ihre MitarbeiterInnen nun selbst handlungsfähig sind und über notwendige Kenntnisse und Kompetenzen verfügen um Nachhaltigkeitsprozesse selbstständig umzusetzen.

12. Kostenaufstellung

In Tabelle 1 sind alle Dienstleistungen und Produkte aufgeschlüsselt, die ihr Unternehmen erhält und den einzelnen Phasen zugeordnet. Rechnet man alle Dienstleistungen und Produkte zusammen, erhält man einen Kostenbetrag von 63690€. Geht man davon aus, dass 75 Mitarbeiter an den Umstrukturierungsmaßnahmen aktiv - in Form von Beratungen und Schulungen- teilnehmen, erhält man einen Betrag von 849,20€ pro Teilnehmer.

In Tabelle 2 sind die Anzahl der Teilnehmenden nach Phasen aufgeschlüsselt. Außerdem wird die sich hieraus ergebende Abwesenheit der Mitarbeiter quantifiziert, sofern diese sinnvoll ist. In Phase 4 und Phase 6 wurde keine Quantifizierung getroffen, da sich die Implementierungen je nach UN erheblich unterscheiden. Wird von einer aufzubringenden Stundenzahl von 4308 Stunden ausgegangen und von 128 Mitarbeitern, die in die Projekte involviert sind, ist mit einer durchschnittlichen Stundenzahl von 34 Stunden pro Mitarbeiter auszugehen.

Tabelle 1

Dienstleistung/Produkt	Tagessatz	Anzahl Tagessätze	Summe	Erläuterung
Grundkonzept	600€ Berater	6	3600€	Die Entwicklungskosten für das Grundkonzept belaufen sich auf insgesamt 3600€. Diese setzen sich zusammen aus einem Tagessatz von 600€ für drei volle Arbeitstage und 2 involvierte Berater.
Spezifisches Konzept	600€ Berater	12	7200€	Da es sich bei Unternehmen um hochkomplexe Systeme handelt - die sich in den meisten Fällen stark unterscheiden - reicht ein Grundkonzept nicht aus. Deshalb muss für jedes Unternehmen ein spezifisches Konzept ausgearbeitet werden. Dafür werden insgesamt 7200€ veranschlagt. Diese setzen sich erneut zusammen aus einem Tagessatz von 600€ für drei volle Arbeitstage und 2 involvierte Berater.
Phase 1			6330€	
1 Seminartag 2 Seminartag 3 Seminartag 4 Seminartag	960€ Berater 960€ Berater + 1050€ externer Dozent 2400€ Coach 960€ Berater	1 1 + 1 1 1	960€ 960€ 1050€ 2400€ 960€	*Phase 1* setzt sich aus 4 Seminartagen zusammen. Die Kosten des ersten Tages ergeben sich aus dem Tagessatz von 960€ für den Berater. Da am zweiten Tag eine Exkursion stattfindet, wird ein Berater gemeinsam mit einem externen Dozent den Seminartag durchführen. Die Kosten für den dritten Seminartag belaufen sich auf 2400€, die für einen Coach veranschlagt werden. Der vierte Seminartag wird von dem Berater, der das Seminar bereits eingeleitet hat, beendet.
Phase 2			23040€	

Aktionsplan SWOT-Analyse Bestandsaufnahme	960€ Berater 960€ Berater 960€ Berater	10 4 10	9600€ 3840€ 9600€	*Phase 2* kann aufgegliedert werden in die Erstellung eines Aktionsplans, die Erstellung einer SWOT-Analyse und die Durchführung einer Bestandsaufnahme. Für die Erstellung des Aktionsplans und der Bestandsaufnahme werden jeweils 9600€ veranschlagt, die sich aus dem Arbeitseinsatz von 2 Beratern die sich fünf volle Arbeitstage bei einem Tagessatz von 960€ mit dem Thema auseinandersetzen ergeben. Für die SWOT- Analyse werden 3840€ veranschlagt, wobei 2 Berater zwei volle Arbeitstage bei einem Tagessatz von 960€ eingesetzt werden.
Phase 3			3840€	
Coaching Entwicklungskosten	960€ Coach 960€ Berater	2 2	1920€ 1920€	Die Coaching-Kosten ergeben sich aus einem 16- Stündigen Arbeitseinsatz des Coaches bei einem Stundenlohn von 120€. Zudem werden 1920€ für Beratungskosten veranschlagt. Umgerechnet ergeben sich hieraus, bei einem Stundenlohn von 120€ des Beraters, 16 Stunden Arbeitseinsatz.
Phase 4			960€	
Beratung	960€ Berater	1	960€	In *Phase 4* entstehen Gesamtkosten in Höhe von 960€. Diese entstehen durch Rückgriffe auf einen Berater, für den ein Stundenlohn von 120€ veranschlagt wird.
Phase 5			8160€	
Beratung Weiterbildungszertifikat	960€ Berater 960€ Berater	7,5 1	7200€ 960€	Für die Institutionalisierung entstehen Kosten von 7.200€. Da von einem Beratungsbedarf von ca. 60 Stunden ausgegangen werden kann und der Stundenlohn eines Berater sich auf 120€ beläuft, werden Beratungskosten in Höhe von 7.200€ erhoben. Für das Weiterbildungszertifikat werden Kosten in Höhe von 960€ verlangt. Diese entstehen durch Rückgriffe auf einen Berater, für welchen ein Stundenlohn von 120€ veranschlagt wird.

Internes Controlling Externe Prüfung	960€	11	10560€	*Phase 6* setzt sich zusammen aus internem Controlling und einer externen Prüfung. Da sich die internen Controllingkosten erheblich von Unternehmen zu Unternehmen unterscheiden und dieser Prozess nicht von Beratern oder externen Experten begleitet wird, findet für das interne Controlling keine Kostenkalkulation statt. Für die externe Prüfung werden also 10.560€ erhoben. Diese setzten sich zusammen durch einen Berater der insgesamt 11 Tage zur Verfügung steht, bei einem Tagessatz von 960€.
Gesamtbetrag			63690€	

13. Anhang

In Tabelle 2 (Seite 222) sind die Anzahl der Teilnehmenden nach Phasen aufgeschlüsselt.

Tabelle 2

Phase	Stunden der Abwesenheit im Betrieb	Anzahl der Teilnehmenden	Summe der Stunden	Erklärung
Phase 1	32	30	960	In *Phase 1* können Sie als Unternehmer frei entscheiden, wie viele Ihrer Mitarbeiter (MA) an den Seminartagen teilnehmen sollen. Eine ideale Größe ergibt sich bei ca. 30 MA pro Gruppe. Da *Phase 1* vier Seminartage beinhaltet, ergeben sich bei 30 MA in der Summe 960 „Fehlstunden" für den Betrieb.
Phase 2				Für die Erstellung eines Aktionsplans in einem mittelgroßen Unternehmen (UN), ist damit zu rechnen, dass 10 Mitarbeiter vier volle Arbeitstage in das Projekt investieren werden und deshalb 320 Stunden ihrer eigentlichen Arbeit nicht nachgehen werden. Für die SWOT-Analyse werden 8 Mitarbeiter zwei volle Arbeitstage investieren .Für das umfangreiche Projekt der Bedarfsanalyse werden 5 MA fünf volle Arbeitstage in das Projekt integriert.
Aktionsplan	32	10	320	
SWOT-Analyse	16	8	128	
Bedarfsanalyse	40	5	200	
Phase 3				Um die Implementierung der getroffenen Maßnahmen in anderen Abteilungen zu begleiten und als Coach zur Verfügung zu stehen, ist mit einer Involvierung von 30 MA für zwei Tage zu rechnen. Durch mehrere Entwicklungstreffen, werden die 30 MA zudem (umgerechnet) weitere zwei Tage involviert sein.
Coaching	14	30	420	
Entwicklungskosten	16	30	480	
Phase 4				Da die Phase der Implementierung maßgeblich davon abhängt, wie viele Pilotprojekte erfolgreich waren und effizient im eigenen UN umgesetzt werden können, ist eine Kalkulierung der Fehlzeiten der MA bezüglich der Umsetzung wenig sinnvoll.
Implementierung	-	-		
Phase 5				In *Phase 5* werden die erprobten Entwicklungen und Anpassungen aus den *Phasen 3 – Umsetzung* und *4 - Implementierung* fest in der bestehenden Unternehmensstruktur verankert. Hierfür ist mit einem Arbeitsaufwand von 15 Mitarbeitern und 15 Arbeitstagen zu rechnen. Wie viel Arbeitszeit in
Institutionalisierung	120	15	1800	

Weiterbildungszertifikat	-	-		das Weiterbildungszertifikat investiert wird, hängt maßgeblich davon ab, wie viele MA Ihr Unternehmen für die Aufgabe des Nachhaltigkeitsmanagers qualifizieren möchte.
Phase 6 Internes Controlling Externe Prüfung	-	-		Die Berechnung von involvierten MA ist an dieser Stelle nicht sinnvoll, da von Unternehmen zu Unternehmen unterschiedlich viele Projekte realisiert werden und dadurch das interne Controlling unterschiedliche Ausmaße annimmt. Zudem hängt die Zeit, die für die externe Prüfung veranschlagt wird, von der Anzahl der Teilnehmenden ab.
Gesamtbetrag	**270**	128	4308	

In ***Tabelle 2*** sind die Anzahl der Teilnehmenden nach Phasen aufgeschlüsselt. Außerdem wird die sich hieraus ergebende Abwesenheit der Mitarbeiter quantifiziert, sofern diese sinnvoll ist. In *Phase 4* und *Phase 6* wurde keine Quantifizierung getroffen, da sich die Implementierungen je nach UN erheblich unterscheiden. Wird von einer aufzubringenden Stundenzahl von 4308 Stunden ausgegangen und von 128 Mitarbeitern, die in die Projekte involviert sind, ist mit einer durchschnittlichen Stundenzahl von 34 Stunden pro Mitarbeiter auszugehen.

Grafische Darstellung des didaktischen Konzepts inkl. der Inhalte der einzelnen Phasen

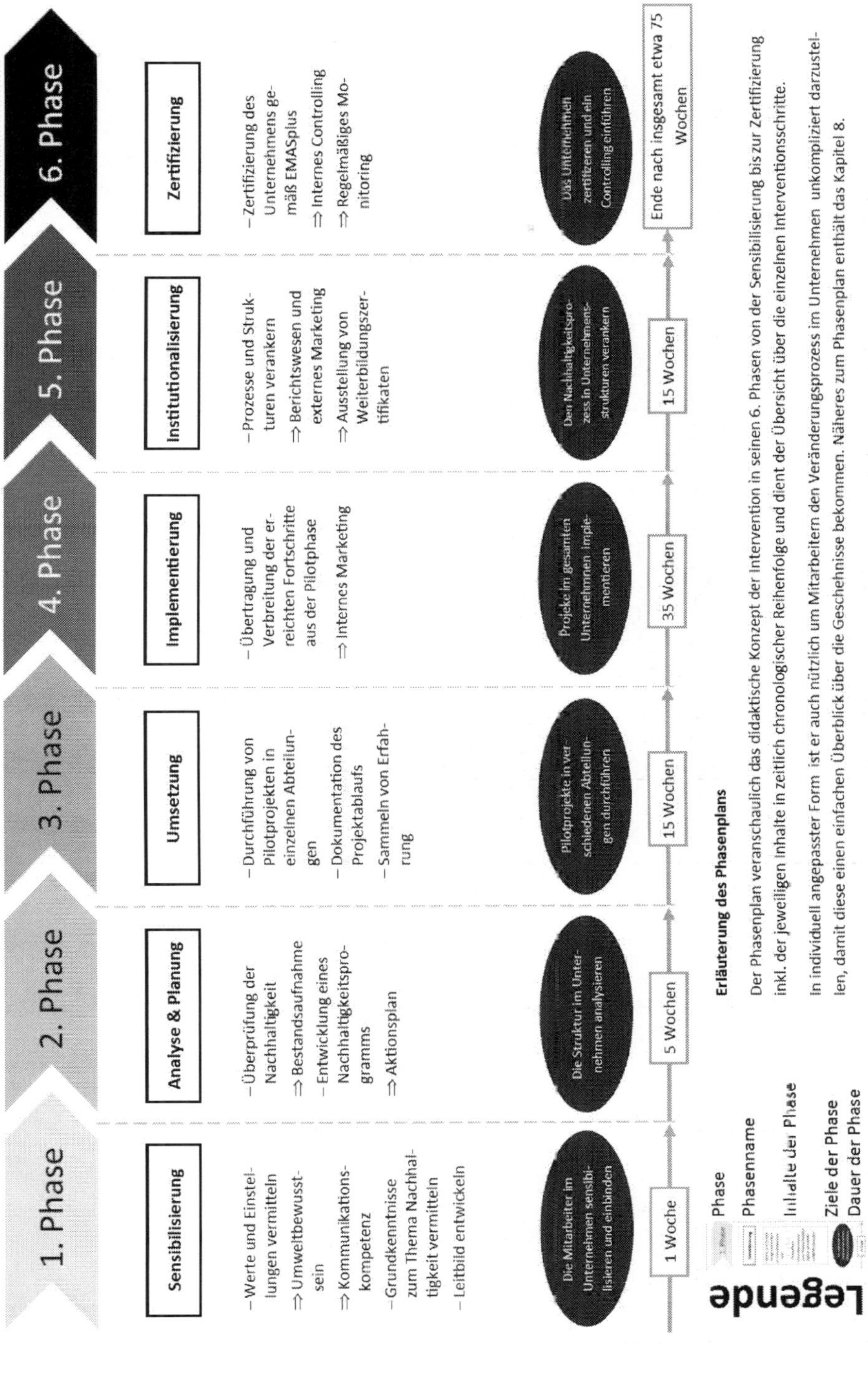

Grafische Darstellung des Prozessverlaufs "soziale und öko-logische Nachhaltigkeit in Unter-nehmen"

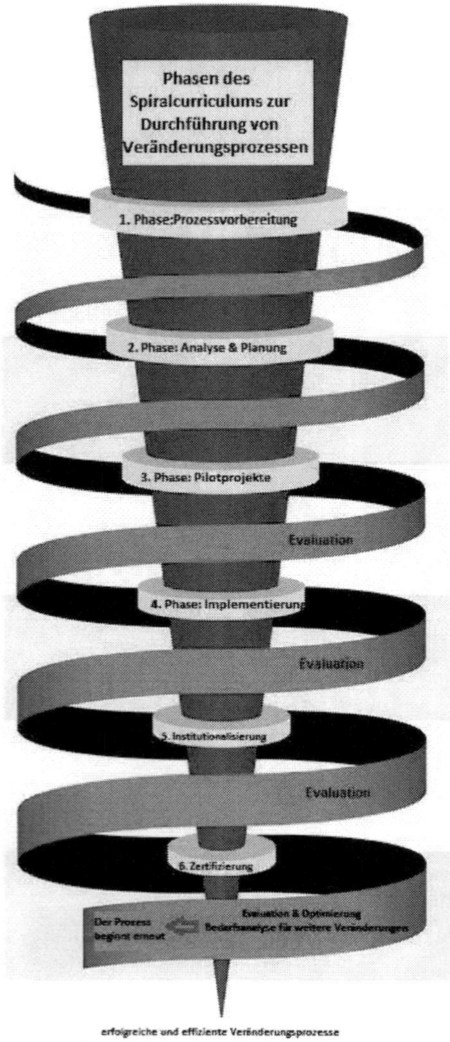

Legende

Die Grafik stellt den spiralförmigen Verlauf unserer Intervention "Soziale und ökologische Nachhaltigkeit in Unternehmen" dar. Dabei orientiert sich das Konzept am General Model of Planned Change. Dieses - sowie unser Konzept - enthält die Phasen der Analyse, Ausführung und Implementierung. Evaluationen stellen während dieser Phasen einen wichtigen Bestandteil dar, um die Qualität zu überprüfen und die einzelnen Umsetzungen beständig zu optimieren. Zudem bieten sie eine wichtige Grundlage für den Übergang in die nächste Phase. Zu beachten ist, dass die einzelnen Phasen ineinander übergehen und teilweise zeitgleich ablaufen können. Ist der Prozess mit der Institutionalisierung bzw. Zertifizierung abgeschlossen, werden anhand erneuter Überprüfungen die Qualität und weitere Veränderungsbedarfe festgestellt. Der Prozess beginnt demnach wieder von Neuem (mit der ersten oder zweiten Phase).

Übersicht der im Text verwendeten Abkürzungen

Abkürzung	Erläuterung
CSR	Corporate Social Responsibility
CR	Corporate Responsibility
GLS-Bank	Gemeinschaftsbank für Leihen und Schenken
ISO	International Organization for Standardization
KVP	Kontinuierlicher Verbesserungsprozess
MA	Mitarbeiter
UN	Unternehmen
SWOT	Strength Weaknesses Opportunities Threats
SMART	Specific Measurable Accepted Realistic Time Bound
EU	Europäische Union

Betriebliche Bildung

2.
Onboarding: Ein metagkognitiver Ansatz zum Einlernen neuer Mitarbeiter

von Narten Bakircioglu, Viktoria Bergmann,
Francisca Jahn, Sabrina Meier und Saskia Schwartz

Gliederung

Onboarding: Ein metagkognitiver Ansatz zum Einlernen neuer Mitarbeiter

1. Abstrakt

Das Einlernkonzept „Onboarding neuer Mitarbeiter - ein metakognitiver Ansatz“ stützt sich auf eine Bedarfserhebung im Auftrag eines Freiburger Biotechnologie-Unternehmens zum Einlernen neuer Mitarbeiter im Labor. Das hierfür entwickelte Konzept gliedert sich in mehrere Phasen und Module die auf den Methoden des Cognitive Apprenticeship und des selbstgesteuerten Lernens basieren. Metakognitive Prozesse stehen im Mittelpunkt und die neuen Mitarbeiter werden schrittweise dazu angeleitet ihnen unbekannte Aufgaben eigenständig zu erlernen und Alltagsprobleme selbstständig anzugehen und zu bewältigen.

2. Auftrag und Vorstudie

Auftrag

Wir wurden beauftragt für ein Biotechnologie-Unternehmen in Freiburg einen Plan zu entwickeln, um neue Laborassistenten möglichst effizient, nachhaltig und schnell einzuarbeiten. Es handelt sich hierbei um neue Mitarbeiter, die zum Großteil über keine bis nur sehr wenig Berufserfahrung verfügen. Zudem sind sie zwar in Berufen im Laborbereich ausgebildet, verfügen hierbei dennoch über einen stark unterschiedlichen theoretischen Background, da mache aus dem biologischen, manche aus dem chemischen Bereich kommen. Diese Heterogenität macht es bisher in der Praxis sehr schwer neue Mitarbeiter in einem zeitlich annehmbaren Rahmen einzuarbeiten und dabei am Ende alle gesetzlich und firmenintern auferlegten Standards optimal zu erfüllen. Das Vorwissen und die praktische Erfahrung sind zu verschieden, als das hier mit einem standardisierten Einarbeitungsplan gearbeitet werden kann. Da es sich zudem um ein Labor handelt, das Routinearbeiten unter Zeitdruck verrichtet, kommt aufgrund des stark durchstrukturierten Arbeitsablauf der individuelle Aspekt in der Betreuung während der Einarbeitungsphase noch einmal zusätzlich zu kurz. Daher muss das neue Konzept gewährleisten, dass die Zeit des Einlernens möglichst kurz, effizient und individuell gestaltet wird.

*Aus Gründen der besseren Lesbarkeit wird auf die gleichzeitige Verwendung männlicher und weiblicher Sprachformen verzichtet. Sämtliche Personenbezeichnungen gelten gleichwohl für beiderlei Geschlecht.

Bisherige Situation

Bei dem Unternehmen, das von uns beraten wurde, handelt es sich um eine kleine Firma, die in den letzten Jahren relativ schnell wuchs und nun an der Grenze hin zu einem mittelständischen Unternehmen steht. Solch eine Situation erfordert immer auch eine Umstrukturierung in Personal- und Organisationsfragen, die bisher noch nicht in vollem Umfang stattfand. Beispielsweise existieren bisher nur wenige offizielle Dokumente, die die Einarbeitungsphase neuer Mitarbeiter beschreiben und die Herangehensweise vorgeben. Bisher war das Unternehmen klein genug, um sich persönlich abzusprechen und neue Mitarbeiter fast nebenher nach bestem Wissen und Gewissen und persönlichen Maßstäben einzuarbeiten. Zudem war die Anzahl der einzuarbeitenden Mitarbeiter stets sehr überschaubar und daher befand sich nie mehr als ein neuer Mitarbeiter aktuell in der Einarbeitungszeit. Da auf Grund des Wachstums und einer mittelfristig großen Fluktuation der Belegschaft die Einstellung einer Vielzahl neuer Mitarbeiter im Laborbereich erforderlich war, ist die bisherige Vorgehensweise nicht mehr praktikabel. Das Personal im Labor steht vor der Aufgabe mit den noch wenig verbliebenen Leuten viele neue Mitarbeiter in kurzer Zeit einlernen zu müssen. Die erfahrenen Mitarbeiter, die meist unter großem zeitlichem Druck ihre eigene Arbeit verrichten, finden häufig kaum Gelegenheit sich ihrer neuen Kollegen mit Ruhe und Bedacht anzunehmen. Auch die Leitung des Labors kann sich nur selten die Zeit für persönliche Feedback-Gespräche nehmen. Neue Mitarbeiter müssen sehr schnell eine Vielzahl an neuen Aufgaben erlernen und schon von Anfang an die Arbeit von erfahrenen, "vollwertigen" Mitarbeiter leisten und gleichzeitig die hohen, qualitativen Standards der Firma erfüllen. Jeder Mitarbeiter wird derzeit nach einem groben Plan mit möglichst wenig Zeitaufwand eingearbeitet. Es gibt weder ein durchdachtes didaktisches Gesamtkonzept, noch einen permanenten Ansprechpartner für die neuen Mitarbeiter, an den sie sich mit Problemen oder Fragen innerhalb des Labors oder der Firma wenden können. Das alles führte in den letzten zwei Jahren dazu, dass sich viele neue Leute schon während der Einarbeitungszeit allein gelassen und unter starken Druck gesetzt fühlten oder auch ihre Arbeit nicht im geforderten Rahmen erfüllten. Was wiederum dazu führte, dass sie während oder nach der Probezeit entweder freiwillig die Firma wieder verließen oder durch die Laborleitung entlassen wurden.

Idee

Die Idee der Entwicklung dieses Einarbeitungskonzept ist es, neue Mitarbeiter des Unternehmens während ihrer halbjährigen Einarbeitungszeit pädagogisch und fachlich intensiver zu begleiten. Dazu sollen auch den Mitarbeitern, die während des Einarbeitungsprozess mit den neuen EMAs (Einzuarbeitender Mitarbeiter) zusammenarbeiten, neue Techniken zur erfolgreichen Begleitung der EMAs vermittelt werden. Gemeinsam soll dadurch insbesondere die hohe Abbruchquote während der Einarbeitungsphase reduziert werden.

Zur Umsetzung oben genannter Ziele soll der Einarbeitungsprozess erstmalig schriftlich festgehalten und ein didaktisch aufeinander aufbauendes Konzept erstellt werden. Dieses soll den Aufbau der 6-monatigen Einarbeitungszeit und deren pädagogische

Begleitung neu strukturieren und auch dann vom Unternehmen weiter anwendbar sein, falls sich das Unternehmen weiter vergrößert und gegebenenfalls auch neue Arbeitsschritte einführt. Daneben soll das Konzept alle notwendigen Lehrmaterialien wie Handbuch für EMAs, E-Learning-Portal auch ein Handbuch und Schulungen für Mentoren und Instruktoren umschließen.

Ziel des Konzepts soll sein, dem EMA während der gesamten Einarbeitung das Gefühl vermitteln, sich in der Firma gut aufgehoben und betreut zu fühlen und einen Ansprechpartner zu haben, an den er sich gezielt mit Fragen wenden kann. Diese Betreuung soll zusätzliche potentielle Stressursachen präventiv entgegen wirken, da bereits das Arbeitsumfeld einen hohen Stressfaktor bietet. Das große, über dem Konzept stehende, Gesamtziel sollte dabei das Erlangen vom fachspezifischen Transferwissen sowie die Erfahrung von Autonomie, Selbstvertrauen und Selbstwirksamkeit sein. Dies bedeutet, dass der EMA nach der Einarbeitung an den drei Arbeitsstationen im Labor fähig sein sollte, sich an einer vierten Station selbstständig einzuarbeiten und neue Aufgaben eigenständig erlernen könnte.

Vorgehen

Zur Erhebung der für das Einarbeitungskonzept relevanten Inhalte werden zunächst Datenerhebungsgespräche mit einarbeitungserfahrenen und langjährigen Mitarbeitenden des Labors geführt. Hierbei müssen zunächst alle, für eine erfolgreiche Einarbeitung relevanten, Inhalte festgehalten und daraus Lernziele, Kompetenzen und Fertigkeiten formuliert werden.

Interessierte und Beteiligte

Im Mittelpunkt des neuen Einarbeitungskonzeptes stehen die neu einzuarbeitenden Mitarbeiter (EMA). Diese verfügen in der Regel über keine oder nur geringe Berufserfahrung und besitzen sehr unterschiedliche Vorkenntnisse, da sie unterschiedliche berufliche Ausbildungen mitbringen. Typischerweise verfügen sie über eine Ausbildung zum Technischen Assistenten, Biologischen Assistenten, Medizinischen Assistenten oder Laborassistenten.

Ebenfalls beteiligt am Einarbeitungsprozess sind bereits länger angestellte Mitarbeiter, die über viel praktisches Erfahrungswissen im Unternehmen verfügen und dieses während der Einarbeitungszeit mit den EMAs teilen. Ein Teil von ihnen wird durch das neue Einarbeitungskonzept zu Mentoren werden, wodurch sie sechs Monate einen EMA intensiv und individuell begleiten werden.

Darüber hinaus bietet das neue Einarbeitungskonzept einen wichtigen Beitrag zum Qualitätsmanagement des Unternehmens und ist daher auch für die Geschäftsleitung von großem Interesse. Das Konzept trägt durch seinen Aufbau zur besseren Überprüfbarkeit bei, dass alle relevanten fachlichen sowie firmeninternen Inhalte und Konzepte vermittelt und vom EMA verinnerlicht wurden.

Erfahrungen und Kenntnisse der Teilnehmer

Bereits alle EMAs verfügen durch ihre Ausbildung bereits über ein umfangreiches theoretisches Fachwissen und haben bereits praktische Laborerfahrung. Sie besitzen grundsätzlich allgemeine Kenntnisse über Handhabungen, verschiedene Techniken und Verhaltensweisen im Labor. Die für die Arbeitsprozesse relevanten praktischen Kenntnisse bringen in der Regel jedoch die wenigsten EMAs mit und müssen daher zunächst im Unternehmen vermittelt werden. Je nach Ausbildung, Berufserfahrung und Auffassungsvermögen variieren die Vorkenntnisse daher sehr stark. Aus diesem Grund darf das Ausbildungskonzept keine allzu hohen Vorkenntnisse voraussetzen, da die Arbeitssituation sehr spezifisch ist und von den meisten EMAs maximal theoretisch in der Berufsausbildung behandelt wurde.

3. Projektteam

Das Beratungsteam bildet sich aus fünf engagierten Bildungswissenschaftlerinnen der renommierten Albert-Ludwigs-Universität mit ausgeprägtem Fachwissen in den Bereichen Didaktik, Bildungsökonomie und Psychologie. Eine der Mitarbeiterinnen verfügt zudem über besondere Fachkenntnisse und Erfahrungswerte, da sie bereits langjährig in dieser spezifischen Arbeitsdomäne tätig war und somit eine direkte Bedarfsanalyse stellen konnte. Im Bereich Kommunikationsfähigkeit hat das Team in Seminaren wie Motivierende Gesprächsführung und Präsentation, Kommunikation und Moderation wichtige Methoden des Informationsaustauschs erlernt und konnte diese auch in der Praxis anwenden.

Einen hohen Grad an Kooperation und Zusammenarbeit, Kommunikation und gegenseitiges Vertrauen in die Fähigkeiten der Mitglieder erlaubt dem Team die effektivsten und effizientesten Lösungen für das Einarbeitungskonzept zu finden.

4. Produkte

Dieses Curriculum beinhaltet ein didaktisches Gesamtkonzept, eine grafische Übersicht über das Konzept, einen Ausbildungs- bzw. Einarbeitungsplan, sowie ein Handbuch mit detailliert ausgearbeiteten Modulen. Zudem gibt es eine Ausschreibung und die Kostenübersicht für das gesamte Projekt.

5. Konzepte und Definitionen

Mentoring

Zu unserem Mentoring-Programm gehören gut ausgebildete Mentorinnen und Mentoren, welche den neuen EMAs während der gesamten Einarbeitung zur Verfügung stehen. Sie geben ihr fachliches Wissen weiter und unterstützen die EMAs in ihrem Lernprozess. Sowohl theoretische, als auch praktische Entwicklungen werden von ihnen in regelmäßigen Abständen überprüft. Lernfortschritte und gewünschte Lernziele können somit gesichert werden.

Instruktoren

An allen Stationen des Betriebes hat der EMA die Möglichkeit, auf die

Expertise von Instruktoren zurückzugreifen. Diese stehen ebenfalls für Rückfragen bezüglich der Arbeitsabläufe an den Stationen im Betrieb zur Verfügung. Der EMA hat so die Möglichkeit, sich bei Unklarheiten direkt an einen Experten zu wenden.

Cognitive Apprenticeship
Das Cognitive Apprenticeship Modell beinhaltet drei Strategien (Modeling/Coaching/Scaffolding) welche wichtige Lernprozesse begünstigen. Anhand des Modeling-Verfahrens hat der EMA die Möglichkeit, den Instruktor oder Mentor an den einzelnen Stationen zu beobachten. Der Instruktor wird Arbeitsschritte vorzeigen, vordenken und Arbeitsschritte verbalisieren. Der EMA hat so die Möglichkeit über die anstehenden Schritte nachzudenken und kann diese nachvollziehen. Während des Coaching-Prozesses kann der EMA die Arbeitsschritte unter Anleitung erproben. Der Instruktor leitet den EMA an und hat Beratungsfunktion. Beim Scaffolding und Fading out arbeitet der EMA weitestgehend selbstständig. Der Instruktor hat nur noch unterstützende Funktion und rückt langsam in den Hintergrund.

Metakognition
Auch die Metakognition spielt in unseren Lernumgebungen eine große Rolle. Mit metakognitiver Überwachung und Selbstregulierung sind Aktivitäten gemeint, die über den eigenen Fortschritt in einem kognitiven Prozess informieren. Metakognitiv beschreibt also das bewusste und überlegte Nachdenken über das eigene Denken. Im Fokus der metakognitiven Entwicklung stehen problemorientierte und zielzentrierte mentale Aktivitäten. Metakognitives Arbeiten findet in allen genannten Modulen statt.

Critical Incident Technik (CIT)
Bei der Critical-Incident-Technik (CIT) können besonders problematische oder gelungene Situationen während der Einarbeitung vom EMA evaluiert werden. Die Methode hilft, gewünschte Ergebnisse im Lernprozess zu stärken und unerwünschte zu unterbinden.

Lerntagebuch
Weiterhin sehen wir das Lerntagebuch als effizientes Werkzeug für selbstorganisiertes Lernen. Das Führen von Lerntagebüchern ist eine bewährte Methode, um den eigenen Lernfortschritt zu dokumentieren, zu überprüfen und möglicherweise neu zu gestalten. Die persönliche Auseinandersetzung mit Lerninhalten und Lernzielen steht im Vordergrund. Sowohl EMAs als auch Mentorinnen und Mentoren werden über die zentralen Aspekte und Besonderheiten der Lerntagebücher geschult.

E-Learning
E-Learning-Programme werden als unterstützende Lehr-/Lernmethode eingesetzt. Das Programm präsentiert zum einen theoretisches Wissen über die verschiedenen Bereiche des Betriebes, welche anhand von Lernaufgaben trainiert werden können und bietet weiterhin die praktische Übungsmöglichkeiten an, welche in Form von simulierten Lernumgebungen angeboten werden.

Module
Module bestehen aus mehreren Lerneinheiten, die fachlich sinnvoll aufeinander aufbauen und

durch verschiedene Lernziele gekennzeichnet sind. Unsere Module richten sich an alle an der Einarbeitung beteiligten Personen (EMA, Instruktor, Mentor).

Kompetenzen

Kompetenzen sind Kenntnisse, Strategien, Routinen oder bereichsspezifische Fähigkeiten. Für die Entfaltung wird Motivation und Affektivität als notwendige Voraussetzung verstanden. Wurden die oben genannten Komponenten erlangt wird situationsgerechtes Handeln möglich.

Fertigkeiten

Fertigkeiten können durch intensive Übungseinheiten erworben und automatisiert werden. Geschicklichkeit, Routine und Technik sind Grundbegriffe welcher bei der Ausführung von Fertigkeiten eine zentrale Rolle spielen.

Soft-Skills

Soft-Skills sind Fähigkeiten und Einstellungen einer Person, die für soziale Interaktionen notwendig sind. Soziale Interaktion, Selbstbeobachtung, Kooperation und Motivation, wären Soft-Skills, auf welche in unserer Firma besonders viel Wert gelegt wird.

Werte und Haltungen

Werte und Haltungen sind als erstrebenswert oder moralisch gut betrachtete Eigenschaften von Menschen. Haltungen sind die durch Einübung anerkannten zwischenmenschlichen Verhaltensmuster. Werte und Haltungen repräsentieren die zur Gewohnheit gewordenen inneren Einstellungen, aus der heraus Handlungen moralisch beurteilt und ausgeführt werden können.

Literatur zu Konzepte und Definitionen

https://portal.hogrefe.com/dorsch/fertigkeit/

https://portal.hogrefe.com/dorsch/suche/Kompetenz/?tx_solr%5Bq%5D=Kompetenz

http://elc.fhda.edu/transform/resources/collins_brown_holum_1991.pdf

http://www.dipf.de/de/forschung/projekte/pdf/biqua/critical-incidents-2013-aus-schwierigen-situationen-lernen

http://www.duden.de/rechtschreibung/Haltung

https://www.psychologie.uni-freiburg.de/Members/rummel/alt/wisspsychwiki/wissenspsychologie/index.html/CSCL

6. Profile

Laborassistenten haben ein großes Tätigkeitsspektrum. Ihr Aufgabengebiet umfasst die Untersuchung, Entwicklung und Erprobung von Organismen und Objekten aus verschiedenen Fachgebieten der Biologie, der Pharmazie und der Chemie. Sie sind die Annahmestelle für Proben und führen DNA-Extraktionen sowie PCR-Analysen durch. Zur Qualifizierung in diesen drei Arbeitsstationen werden die EMAs durch die Einarbeitung zur Selbständigkeit gefördert und gelehrt ihre Zeit effizient zu managen, da sie unter Zeitdruck arbeiten müssen. Sie erwerben Kenntnisse über biologisch-chemische Methoden und sind so in der Lage moderne biologische, mikrobiologische oder biochemische

Arbeitstechniken wie auch Untersuchungsmethoden anzuwenden. Dazu gehört auch die Durchführung und Überwachung der Laborverfahren, die mit der Analyse der Versuchsabläufe und der Auswertung der Ergebnisse abschließt. In diesem Zusammenhang eignen sich die EMAs zudem fortgeschrittene Computerkenntnisse an, die zur Dokumentation und die Erstellung von Protokollen, Tabellen und Grafiken erforderlich sind. Ebenfalls erfolgt die Vermittlung von Kompetenzen zur Erkennung, Bewältigung und Einleitung von Maßnahmen bei potenziell gefährlichen Situationen.

Den Kern des Einarbeitungsprozesses bildet die gezielte Unterstützung der EMAs durch Instruktoren und Mentoren. Sie sind die Ansprechpartner für besondere Probleme, besprechen Marktentwicklungen, Unternehmensstrategie und berichten aus ihren Erfahrungen im Unternehmen. Die Instruktoren sowie Mentoren bekommen dabei vor der Einarbeitung der Mitarbeiter eine Schulung zur Erlernung pädagogischer und fachdidaktischer Fähigkeiten um die jeweiligen Arbeitsschritte am sinnvollsten erklären und begleiten zu können.

7. Ausbildungskonzept und -plan

Didaktisches Gesamtkonzept

Das Konzept umfasst mehrere Module und betrifft mehrere Firmenmitarbeiter in unterschiedlichen Funktionen. Im Mittelpunkt steht der EMA, der in verschiedenen Situationen von unterschiedlichen Mitarbeitern betreut wird.

Im ersten Schritt erhält der EMA von firmeninternen Spezialisten Schulungen zu unternehmensspezifischen Allgemeinwissen (Modul 1) und dem Bereich des Selbstgesteuerten Lernens und Selbstmanagements (Modul 2 und 5). Er wird befähigt, mittels bestimmter Fragetechniken sich selbst neue Arbeiten zu erschließen, einmal gelernte Modelle auf jede Arbeitssituation anwenden zu können und sein Können und seine Fehler jederzeit zu reflektieren.

Der EMA durchläuft während seiner Einarbeitungszeit die drei Stationen, die seinen Arbeitsalltag darstellen, in chronologischer Reihenfolge. Dabei wird er jeweils von einem erfahrenen Mitarbeiter, Instruktor, betreut. Dieser hat die Aufgabe ihm beim Erlernen neuer Aufgaben beratend zur Seite zu stehen (Cognitive Apprenticeship). Wichtig hierbei ist, dass der Instruktor dem EMA grundlegende Aufgaben zeigt (Modeling) und ihn dann dabei unterstützt sich neue Aufgaben, die ein analoges Vorgehen erfordern, selbst beizubringen (Scaffolding). Hierbei wendet der EMA eine ihm in den Eingangsschulungen gelernte Fragetechnik an, die ihm dabei helfen soll auf wichtige Aspekte zu achten und Fehlern vorzubeugen. Der Instruktor zieht sich mit steigender Kompetenz des EMAs immer mehr aus der aktiven Betreuung zurück (Fading).

Zusätzlich wird der EMA während der gesamten Einarbeitungszeit von einem Mentoren betreut. Dieser trifft sich wöchentlich mit dem EMA und unterstützt ihn bei allgemeinen Fragen zur Unternehmenskultur und auch bei persönlichen Anliegen. Die Mentoring-Zeiten sind dazu gedacht, Probleme und Schwierigkeiten im Arbeitsalltag anzusprechen und hierfür gemeinsam Lösungen zu finden. Aktuelle Fälle aus dem Arbeitsalltag des EMAs stehen hier im Mittelpunkt (Critical incidents). Das vom EMA geführte Lerntagebuch bildet dabei die Grundlage der Gespräche. Zudem wird die Zeit mit dem Mentoren dazu genutzt sich gegenseitig Feedback zu geben.

Um didaktisch sinnvoll arbeiten zu können, müssen sowohl die Instruktoren, als auch die Mentoren geschult sein. Diese Schulungen werden von firmenexternen Coaches übernommen, die von uns hinsichtlich der Lernziele instruiert werden (Modul 3 und Modul 4). Ist das Einarbeitungskonzept einmal im Betrieb verankert, ist das langfristige Ziel, dass einige firmenzugehörige Beauftragte zur Ausbildung der Instruktoren und Mentoren gefunden werden, die die künftigen Schulungen der Instruktoren und Mentoren anstelle eines externen Coachs übernehmen.

Um alle Mitarbeiter bezüglich der theoretischen Grundlagen auf den gleichen Stand zu bringen, wiederholen, bzw. festigen EMAs in der Einarbeitungszeit mittels eines E-Learning-Tools ihr Wissen. Jeder EMA wird wöchentlich, theoretisch begleitet zu seiner praktischen Arbeit an den Stationen, am Computer einige Lektionen absolvieren. Grafik „Gesamtkonzept" befindet sich im Anhang auf Seite 245.

Einarbeitungsplan der EMAs

Der „Einarbeitungsplan der EMAs" ist im Anhang auf Seite 246 zu sehen.

8. Modulhandbuch

Modul 1: Welcome-Days - das neue Unternehmen im ersten Blick

Übersicht

Die EMAs arbeiten als Technischer Assistent/in oder Laborant/in im Labor der Serviceanalytik. Sie haben eine Ausbildung an einer Schule oder in einem Betrieb gemacht. Daher besitzen sie bereits theoretisches Grundwissen und haben praktische Erfahrungen im Rahmen der Ausbildung oder innerhalb der weiteren beruflichen Laufbahn gesammelt. Im Laufe des Moduls sollen die EMAs die gesetzlichen und firmeninternen Vorgaben (GenTG, S1, GVO-Kontaminationsvermeidung) und Standards erlernen und dazu befähigt werden diese Prinzipien in ihrem Arbeitsalltag selbstständig an jede Situation anzupassen und umzusetzen. Der Umgang mit dem firmeninternen Laborinformations- und Managementsystems (LIMS) ist ebenso Gegenstand der Einführungsschulungen, wie das datenbasierte Dokumentenablagesystem D4. Die Schulungen werden von den Beauftragten des jeweiligen spezifischen Bereichs durchgeführt.

Didaktisches Konzept

Der EMA erhält innerhalb der ersten Woche Schulungen seitens der Beauftragten für die verschiedenen Spezialbereiche. Die Einführungsschulung ist in vier Teile gegliedert und wird während der Arbeitszeit einzeln oder in der Gruppe durchgeführt. Eine einzelne Einführung ist wünschenswert, da so der Beauftragte eine Eins-zu-Eins-Betreuung mit dem EMA gewährleisten kann. Werden zur selben Zeit mehrere Mitarbeiter neu eingestellt, können die einführenden Schulungen auch in Kleingruppen organisiert werden. Durch ein E-Learning werden im Anschluss die Inhalte aus den Schulungen wiederholt und abgeprüft. E-Learning-Einheiten bieten den Vorteil, dass sie zeitlich individuell durch den EMA bearbeitet werden und auf die jeweiligen Bedürfnisse der Position des EMAs zugeschnitten werden können. Zudem kann der EMA selbstständig in eigenem Tempo alles in den Schulungen Vermittelte festigen.

Ziele

Soft Skills:

Die EMAs sollen sich nach dem ersten Modul im Firmenalltag zurechtfinden.

Fertigkeiten:

Die EMAs können LIMS und D4 bedienen und finden arbeitsrelevante Dokumente auf. Veränderungen von Prozessen können sie im System dokumentieren.

Kompetenzen:

Die EMAs sind sensibilisiert für Sicherheitsfragen, arbeiten grundsätzliche nach Standards, die situationsgrecht interpretiert werden. Potentiell gefährliche Situationen werden erkannt und frühzeitig Maßnahmen ergriffen, um diese aufzulösen. Auf die Vermeidung von Entstehung solcher Situationen wird präventiv hingearbeitet.

Werte und Haltungen:

Die EMAs bewerten die gesetzlichen und firmeninternen Vorgaben mit hoher Priorität.

Heterogenitätsprinzip

Die einzulernenden Mitarbeiter besitzen unterschiedliche theoretische und praktische Erfahrungen. Aus diesem Grund werden sie in Modul 1 bezüglich gesetzlicher und firmeninterner Standards auf den gleichen Stand gebracht.

Leistungsnachweis

Durch eine E-Learning-Einheit werden im Anschluss die Inhalte aus den Schulungen wiederholt und abgeprüft.

Workload

Eine kleine Tabelle zum Workload finden Sie im Anhang auf Seite 247.

Modul 2: Lerntagebuch - das metakognitive Werkzeug des Lernens

Übersicht

Die Schülerinnen notieren sich während ihrer Arbeit in ein digitales/analoges. Bei Problemen geben sie auch an, mit welcher Unterstützung sie die Probleme gelöst/nicht gelöst haben. Bei den wöchentlichen Treffen werden die Erfahrungen verglichen, auch das Vorgehen und das Nutzen von Ressourcen. Ziel ist vor allem, die eigene Reflexion/Problemlösefähigkeit in der Praxis zu stärken. Die im Lerntagebuch gemachten Überlegungen werden später mental, d.h. ohne äußere Unterstützung gemacht

Didaktisches Konzept

Prinzip ist das Externalisierungen von Reflection on Action, um später diese als Reflection in action (Donald Schön) anwenden zu können. Dieses Prinzip bietet die Möglichkeit, Wissen und Verhalten bewusst selbstregulierend zu verändern. Durch reflection in action wird ein „learning by doing“ mit der Situation in Form einer gemeinsamen Konversation möglich. Reflection in action erhält daneben weitere Bedeutung dadurch, dass sie einen flexiblen offenen Umgang mit komplexen Problemsituationen ermöglicht (Straßer, 2008).

Ziele

Soft Skills:
Sie haben des Bewusstsein für den eigenen Lernprozess und setzen sich damit bewusst auseinander.

Fertigkeiten:
EMAs wenden ihre erlernten Kenntnisse an, um erfolgreich ein Lerntagebuch zu führen.
Sie können sich ihre eigenen Ziele setzen und sich auf Schwerpunkte festlegen, die zur Führung des Lerntagebuches notwendig sind.

Kompetenzen:
Das Verfassen des Lerntagebuches führt, indem es regelmäßig nachgearbeitet und reflektiert wird, zu einem vertieften Verständnis des behandelten Stoffes. Dadurch wird das Bewusstsein für den eigenen Lernprozess gefördert, aber auch metakognitive Kompetenzen wie die Entwicklung von eigenen Problemlösestrategien können entwickelt werden. Die Erstellung des Lerntagebuchs ist daher auch als das Einüben einer „Technik" des aktiven, selbstgesteuerten Lernens zu sehen.

Werte und Haltung: Bei der Führung des Lerntagebuches werden vor allem zwei Aspekte hervorgehoben. Erstens die Regelmäßigkeit der Aufzeichnungen und zweitens persönlichen Stil der Aufzeichnungen.

Heterogenitätsprinzip

Die Mitarbeiter haben unterschiedliches Vorwissen, Interessen und beruflicher bzw. Schulischer Herkunft. Aus diesem Grund ist es wichtig, dass der Wissensstand auf eine gleiche Ebene gebracht wird.

Workload

Eine kleine Tabelle zum Workload finden Sie im Anhang auf Seite 247.

Modul 3: Schulung der Instruktoren - Voraussetzung für ein erfolgreiches Einarbeiten

Übersicht

Der Instruktor ist bestens mit seinem Arbeitsumfeld vertraut und beherrscht die korrekte Arbeitsweise an jeder der drei Arbeitsstationen bei GenTG. Im Umgang mit seinen Mitarbeitenden pflegt er einen aufgeschlossenen und freundlichen Umgang und versteht es, leicht verständliche Einführungen und Erklärungen in die jeweilige Arbeitssituation zu geben. Zur Vermittlung neuer Tätigkeiten weiß er gezielt die Modelling-Scaffolding-Didaktik einzusetzen sowie dem EMA diesbezüglich konstruktives Feedback rückzumelden. Bei Schwierigkeiten regt den EMA gezielt dazu an, Wissen zu transferieren und gibt gezielt und angemessene Hilfestellung.

Didaktisches Konzept

Der Didaktische Aufbau der Schulung der Instruktoren sieht zunächst eine Vorwissensaktivierung, gefolgt von einer Basis-Schulung 1 und einer Vertiefungs- bzw. Aufbauschulung 2 vor. Sie findet in den Räumlichkeiten des Unternehmens und während der Arbeitszeit statt.
Die Vorwissensaktivierung findet dabei durch eine E-Learning-Video-Einleitung ins Thema statt, welche von jedem Schulungsteilnehmenden vier bis einen Tag vor der Schulung angeschaut werden sollte. Bereits in

der E-Learning-Einführung werden grundlegende Konzepte und Inhalte der Modelling-Scaffolding-Didaktik und Transferdidaktik vermittelt und erklärt. Dabei soll die Videoeinführung soll dabei einen ersten Ein- bzw. Überblick ins Thema verschaffen, auf die in der Schulung dann aufgebaut und angeknüpft werden kann.

Sowohl die direkte Instruktion als auch die Vertiefungsphase finden in kurzen, dafür aber zeit-effizienten 2,5-stündigen Kleingruppenschulungen mit durchschnittlich 6 bis maximal 8 Teilnehmenden, geleitet durch einen externen Coach, statt*. (* Ist das Einarbeitungskonzept einmal im Betrieb verankert, kann ein zuständiger Schulungs-Beauftragter zur Ausbildung der Instruktoren gefunden werden, der die künftigen Schulungen der Instruktoren anstelle eines externen Coachs übernimmt.)

In der ersten Sitzung werden zunächst die, im Einleitungsvideo bereits angeschnittenen, Inhalte aufgegriffen und vertieft. Hierzu werden relevante und unterstützende Techniken vorgestellt und praktisch geübt. Über der Schulung steht dabei immer der thematische Bezug zur Aufgabe des Instruktors. Gemeinsam werden typische Situationen aus der EMA-Einarbeitungsphase gesammelt und konstruktive Lösungsansätze konzipiert. Darüber hinaus erhalten die Teilnehmenden eine Einführung zum generellen Aufbau und Ablauf der 6-monatigen Einarbeitungszeit der EMAs.

Die zweite Sitzung findet in einem zeitlichen Abstand von mindestens eine Woche statt. Sie wiederholt und vertieft zunächst die Inhalte der ersten Schulungssitzung und klärt eventuell aufgekommene Fragen. Darüber hinaus werden weitere Praxisübungen absolviert sowie Kenntnisse zu Motivationsaktivatoren und aktivem Zuhören vermittelt.

Begleitend erhalten alle Schulungsteilnehmenden ein Handbuch, in dem alle relevanten Schulungsinhalte, mit praxisbezogenen Beispielen unterfüttert, in einfacher Sprache schriftlich festgehalten sind.

Durch die kleinen Schulungsgruppen ist es dem Schulungsleiter möglich, das Wissen der Teilnehmenden im direkten Austausch mit diesen zu überprüfen. Eine schriftliche Leistungsüberprüfung ist daher nicht notwendig. Nach Abschluss der Instruktoren-Schulung erhält jeder Teilnehmende einen schriftlichen Leistungsnachweis über die erfolgreiche Teilnahme an der Schulung.

Ziele

Soft Skills:

Durch seine offene, hilfsbereite und empathische Zugehensweise auf neue EMAs sorgt der Instruktor für ein angenehmes Arbeitsklima und ein gemeinschaftliches Miteinander. Zwar ist er sich seiner Vorbildfunktion bewusst, tritt dem EMA aber auf Augenhöhe gegenüber. Dabei vermittelt er ein Gefühl der Gleichberechtigung und gibt sein Fachwissen weiter, ohne hierarchische Strukturen entstehen zu lassen. Er erkennt außerdem während der Einarbeitungsphase die richtigen Momente, um sich aus der Erklärungssituation zurückzunehmen und dem EMAs dadurch ein Gefühl von Selbstwirksamkeit zu vermitteln.

Fertigkeiten:

Fachdidaktisches Erklärungswissen und gezielte Fragetechniken zur Anregung von Transferwissen ermöglichen es dem Instruktor in der Einarbeitungssituation angemessenen auf dem EMA einzugehen und passende Hilfestellung zu geben. Darüber hinaus versteht er es dem EMA konstruktives und motivierendes Feedback rückzumelden, indem er wichtige Feedbackregeln beachtet.

Kompetenzen:
Durch aktives Zuhören schafft es der Instruktor, den individuellen Wissensstand des EMAs einschätzen und durch lösungsfokussierte Gesprächsführung angemessene Hilfestellung beim Erlangen von Transferwissen geben zu können. Er begleitet den Lernprozess des EMA aktiv, indem er das Vorwissen des EMAs nutzt und auf dessen Basis neue Instruktionen in leicht verständlicher Sprache gibt. Dabei setzt er gezielt die Modelling-Scaffolding-Methode (Didaktik) ein und verwendet motivationsfördernde und -aufrechterhaltende Strategien ein.

Werte und Haltungen:
Das durch einen offenen, geduldigen sowie hilfsbereiten Umgang bedingte gute Arbeitsklima ist für den Instruktor die Grundvoraussetzung für ein erfolgreiches Einarbeiten der EMAs. Dabei legt der Instruktor großen Wert auf die Gemeinschaft im Betrieb und eine erfolgreiche Zusammenarbeit im Team.

Heterogenitätsprinzip
Da nicht alle Instruktoren über dieselbe langjährige Einarbeitungserfahrung von EMAs im Labor verfügen, unterscheiden sich die einzelnen Instruktoren sowohl hinsichtlich ihrer Erfahrung im Umgang mit neuen EMAs und als auch hinsichtlich ihres Erklärungswissens. Der Grad an pädagogischem und didaktischem Vorwissen, mit welchem die einzelnen Mitarbeiter an der Instruktoren-Schulung teilnehmen, ist daher sehr unterschiedlich. Hinzu kommt eine sehr variierende persönliche Motivation, neue EMAs kennenzulernen und einzuarbeiten. Teil der Schulung ist es daher auch, den positiven Nutzen der Aufgabe als Instruktor aufzuzeigen und ansprechend darzustellen.

Workload
Eine kleine Tabelle zum Workload finden Sie im Anhang auf Seite 247.

Modul 4 : Mentoring - Erfolgreiches Begleiten durch alle Situationen

Übersicht
Der Mentor arbeitet in einer begleitenden Funktion in Zusammenarbeit mit dem EMA und unterstützt diesen. Der Mentor begleitet den EMA von Station zu Station und übergibt diesen dem jeweiligen Instrukteur.
Die Beziehung zwischen dem Mentor und den EMAs ist von persönlicher Natur, es herrscht gegenseitiges Vertrauen und Respekt.

Didaktisches Konzept
In einer Trainingseinheit werden die Besonderheiten des aktiven Zuhörens selbst erfahren - die eigenen „Reflexe", wie man selbst zuhört erkannt und dann für die drei Situationen (Erfahrung, Problem, Reflexion) und den emotionalen Zustand der EMAs angepasste Form gewählt.

In einer weiteren Trainingseinheit lernt der Mentor die Methoden des Feedbacks und die damit verbundene kritische Auseinandersetzung mit Verhaltensweisen kennen. Der Mentor erwirbt die Fähigkeit den „blinden Fleck" des EMAS zu erkennen, damit das Selbs-und Fremdbild des EMAS übereinstimmen.
Ist das Einarbeitungskonzept einmal im Betrieb verankert, kann ein zuständiger Beauftragter zur Ausbildung der Mentoren gefunden werden, der die künftigen Schulungen der Mentoren anstelle eines externen Coachs übernimmt.

Ziele

Soft Skills:

Sie verfügen über eine Vielzahl persönlicher Werte wie Ehrlichkeit, Respekt und Beförderung. Diese können Sie im richtigen Kontext gezielt anwenden um Ihre Mitmenschen zu unterstützen. Zuhören und ausreden lassen stellen Sie im Team unter Beweis.

Fertigkeiten:

Sie hören adäquat (aktives Zuhören) bei den drei Situation Erfahrung, Problem und Reflexion zu. Der Mentor gibt passendes Feedback.

Kompetenzen:

Sie analysieren Situationen, geben fachliches Wissen weiter und regen zu neuen Ideen an. Sie besitzen die sozialen Kompetenzen Empathie und Selbstwahrnehmung.

Werte/Haltung:

In Gesprächen legen Sie großen Wert auf Höflichkeit und angepasste sachliche Kritik.

Heterogenitätskonzept

Die Vorkenntnisse der Teilnehmer können stark variieren. Gerade diese Unterschiede ermöglichen eine differenzierte Sicht auf Gegebenheiten und alternativen Lösungsansätzen.

Workload

Eine kleine Tabelle zum Workload finden Sie im Anhang auf Seite 248.

Modul 5: E-Learning- Lehren und Lernen mit digitalen Medien

Übersicht

Modul 5 sieht eine Einführung in das ELearning System vor. Die Teilnehmer werden in einer Schulung, welche alle 2 Wochen angeboten wird, in das ELearning Programm eingeführt. Die Veranstaltung vermittelt Informationen und Kenntnisse im Umgang mit dem Programm und erläutert diverse Nutzungsmöglichkeiten. Das Programm beinhaltet eine virtuelle Lernumgebung, welche es den EMAs ermöglicht, praxisnahe Arbeits- und Problemsituationen kennenzulernen. Im Tutorial vorgestellte Lerntechniken ermöglichen den Transfer in die Praxis.

Didaktisches Konzept

Die Präsenzschulung zum E-Learning Tutorial findet im 2-Wochen Rhythmus statt. Ein Mitarbeiter, welcher am Entwurf des neuen ELearning Programmes beteiligt war, wird die Teilnehmer durch eine direkte Instruktion einführen. Die geschulten Mentorinnen und Mentoren werden diese Sitzung ebenfalls begleiten. Die didaktische Umsetzung erfolgt anhand der Cognitive Apprenticeship Methode. Die Mentoren werden durch das Modeling Verfahren eine mögliche Problemlösung im Tutorial vorführen.

Im nächsten Schritt wird die Coaching Methode angewendet. Der EMA kann unter Expertenbetreuung üben. Der Mentor betreut den EMA und gibt Rückmeldungen. Die folgende Scaffolding und Fading out Technik führt zu einer Zunahme von eigenständigem Arbeiten mit dem Tutorial. Der EMA erlebt eine kontinuierliche Erhöhung seiner Selbstständigkeit.

Ziele

Soft Skills:

Metakognitives Lernen und Arbeiten hat in unserer Firma einen hohen Stellenwert. Besonders reibungslose und effiziente Arbeitstechniken, setzen ein hohes Maß an eigenverantwortlichem Auftreten voraus. Die Arbeit im Team ist auch beim E-Learning erwünscht und selbstverständlich.

Fertigkeiten:

Sie nutzen die virtuelle Lernumgebung um die Lernaufgaben des Tutorials regelmäßig und zeitnah durchzuführen. Sie können die virtuellen Fallbeispiele bearbeiten und kennen somit die Organisationsstruktur der Firma. Vorgestellte Problemlösestrategien werden korrekt angewendet. Ihr Wissenstand wird durch die metakognitive Lerntechnik überprüft. Sie erkennen, wenn Sie Schwierigkeiten in ihrem Arbeitsablauf haben und nutzen daraufhin das E-Learning Programm. Sie verstehen es, ihre Erfahrungen im Umgang mit dem E-Learning auch an andere Mitarbeiter der Firma weiter zu geben.

Kompetenzen:

Nach der Bearbeitung des E-Learning Programmes können Sie die elektronisch simulierten Fallsituationen in die Praxis transferieren und anwenden. Durch die Critical-Incidents-Methode können sie sofort erfassen, wann Sie Arbeitsprozesse optimieren müssen. Sie sind durch die jederzeit abrufbaren Inhalte sowie vielen Übungssequenzen in der Lage, auch für komplexe Problemsituationen eine Lösung zu finden. Sie verstehen es, ihren eigenen Arbeitsprozess stets zu optimieren. Ein ganzheitlicher Überblick und ihre Erfahrung mit problemorientiertem Arbeiten in der Gruppe, ermöglicht es Ihnen, auch auf andere Mitarbeiter außerhalb Ihres Arbeitsbereiches zuzugehen und Ihre Kenntnisse sowie die Unterstützung des Teams anzubieten.

Werte und Haltungen:

Innerhalb der virtuellen Lernumgebung haben die EMAs die Möglichkeit, gemeinsam an Fallbeispielen zu arbeiten um als Gruppe die bestmöglichen Ergebnisse zu erzielen. Wir legen dabei großen Wert auf Fairness und Sachlichkeit innerhalb des Gruppenaustausches. Konstruktive Kritik und eigene Vorschläge können jederzeit geäußert werden. Wir bitten jedoch darum, dabei stets höflich zu kommunizieren und alle Gruppenmitglieder miteinzubeziehen.

Leistungsnachweis

Nach der Einarbeitungszeit müssen fünf simulierte Online-Fallbeispiele bearbeitet worden sein. Alle Fallbeispiele erhalten ein Feedback des Mentors. Die Leistung gilt als erbracht, wenn alle simulierten Fallbeispiele bearbeitet wurden und das Mentoren-Feedback vorhanden ist.

Heterogenitätskonzept

Durch verschiedene Grundausbildungen verfügen die EMAs über unterschiedliche Fach- und Vorkenntnisse. Diese zeigen sich sowohl auf der Ebene des inhaltlichen Fachwissens als auch im Umgang mit neuen Medien. Gerade im IT Bereich können die Teilnehmer von ihren unterschiedlichen Vorkenntnissen profitieren und anhand der CSCL-Methode (Computer-Supported-Coopertive-Learning) optimal lernen.

Workload

Eine kleine Tabelle zum Workload finden Sie im Anhang auf Seite 248.

9. Ausschreibung

Unser Team

Unser Expertenteam besteht aus fünf engagierten Bildungswissenschaftlerinnen der Albert-Ludwigs-Universität Freiburg. Die Entwicklung von Curricula, sowie die Gestaltung von Lehr-/Lernumgebungen sind die zentralen Schwerpunkte unseres Studiengangs. Weiterhin verfügen wir über Fachwissen aus den Bereichen Bildungsökonomie und Psychologie. Eines unserer Teammitglieder verfügt außerdem über langjährige Laborerfahrung und Fachwissen in der Biotechnologiebranche. Dies ermöglichte uns weiterhin eine gezielte Aufführung der zu erlernenden Inhalte. Auf Grundlage der neuesten wissenschaftlichen didaktischen und pädagogischen Konzepte erstellen wir Ihnen deshalb dieses Konzept, welches folgende Produkte enthält.

Unser Produkt

Wir bieten Ihnen ein umfassendes Konzept, welches mit höchst effizienten Lehr-/Lernmethoden ausgestattet ist. Die einzuarbeitenden Mitarbeiter (EMA), Mentorinnen und Mentoren sowie die Instruktorinnen und Instruktoren, sind die Hauptakteure dieses Curriculums, welches aus fünf verschiedenen Modulen besteht. Alle Module beinhalten höchst wirksame Lehr-/Lernmethoden, wie der Cognitive Apprenticeship und Critical-Incidents-Technik. Durch das Anfertigen von Lerntagbüchern sowie der Möglichkeit, simulierte Arbeitssituationen in der virtuellen Lernumgebung des E-Learning Programmes zu absolvieren, werden den EMA vielseitige kognitive Lernmethoden angeboten. Aus Erfahrung wissen wir, dass diese unterschiedlichen Lerntechniken, ein hohes Learning-Outcome haben.

Ablauf und didaktisches Konzept

Modul 1 gibt den einzuarbeitenden Mitarbeitern einen ersten Einblick in das Unternehmen. Die Vermittlung von firmeninternen Standards, findet anhand von Schulungen sowie dem E-Learning Tutorial statt. In Modul 2 wird den neuen Mitarbeitern das Anfertigen eines Lerntagebuches vermittelt. Hier kommt überwiegend die metakognitive Denkweise zum Einsatz. Die Vermittlung erfolgt ebenfalls anhand einer Schulung. Modul 3 sieht eine Schulung der Instruktoren vor. Auch in diesem Modul setzen wir unseren didaktischen Schwerpunkt auf den Cognitive-Apprenticeship-Ansatz, welcher in einer Schulung vermittelt wird. Modul 4 setzt inhaltlich auf die Schulung der Mentoren. Hier setzen wir den Schwerpunkt auf das Erlernen der Feedback-Technik. Die Vermittlung findet ebenfalls in einer Schulung durch einen externen Coach statt. In Modul 5 wird allen an der Einführung beteiligten Personen das E-Learning-System vorgestellt. Anhand der Modeling/Scaffolding/Fading-Technik wird den Teilnehmern ein effizientes Arbeiten mit dem Programm ermöglicht.

10. Kosten

Die folgende Kostenkalkulation zur Einführung eines neuen Einarbeitungskonzepts im beratenen Unternehmen enthält alle entstehenden externen Kosten. Diese umschließen neben der Dienstleistung durch die BiWi GmbH, auch alle Kosten zur Entwicklung und Wartung des E-Learning-Programms und betragen insgesamt 43.520€.

Kosten Produkt und Dienstleistung	**Tagessatz Bildungswissenschaftler *innen**	**Anzahl Tagessätze**	**Summe**	**Erläuterung**
Entwicklung Grundkonzept und Modulhandbuch	420€/Tag	10	**4.200€**	Der Preis des Grundkonzepts beträgt pauschal 4.200€. Dieses entsteht in einer zwei-tägigen Entwicklungsphase durch fünf beschäftigte Bildungswissenschaftler innen mit einem Tagessatz zu je 420€.
Ausarbeitung des Konzepts bei Auftrag	420€/ Tag	20	**8.400€**	Um das Einarbeitungskonzept im Unternehmen einführen zu können, müssen die verschiedenen im Modulhandbuch erläuterten Schulungen sowie der Inhalt des E-Learning-Programms ausgearbeitet werden. Dazu sind verschiedene Datenerhebungen notwendig. Diese und die darauf basierende Ausarbeitung des Grundkonzepts entstehen in einer 4-tägigen Entwicklungsphase durch das fünfköpfige Entwicklungsteam zum einem Tagessatz von 420€ je Bildungswissenschaftler in.

Externe Personalkosten für einzelne Module	Stundenlohn externer Coach/ Schulungsleiter	Anzahl Stunden	Summe	
Modul 1			**0€**	Die im Modul 1 beschriebenen Schulungen werden alle durch firmeninterne Mitarbeitende durchgeführt. Diese sind alle Spezialisten auf ihrem Fachgebiet und benötigen keine weiteren Schulungen. Es entstehen daher keine externen Kosten für das Unternehmen.
Modul 2			**900€**	
Schulung Lerntagebuch EMA Schulung Lerntagebuch Instruktor Schulung Lerntagebuch Mentor	200€/h 200€/h 200€/h	1,5 1,5 1,5	300€ 300€ 300€	In Modul 2 entstehen externe Gesamtkosten in Höhe von 900€. Die setzen sich aus drei 1,5-stündigen Schulungen bei einem Stundensatz des Schulungsleiters von 200€ zusammen.
Modul 3			**3.600€**	
Schulung Instruktion 1 Schulung Instruktion 2 optional: Schulung Instruktorenausbilder 1 Schulung Instruktorenausbilder 2	200€/h 200€/h 200€/h 200€/h	4 4 6 4	800€ 800€ 1200€ 800€	In Modul 3 entstehen externe Gesamtkosten in Höhe von 3600€. Diese setzen sich aus insgesamt 8 Schulungsstunden zu einem Stundensatz des Schulungsleiters von 200€ zusammen. Hieraus ergeben sich Kosten von 1600€. Optional kann sich das Unternehmen dazu entscheiden, einen firmeninternen Beauftragten für die zukünftige Schulung der Instruktoren auszubilden. Die dabei entstehenden externen Kosten setzen sich aus einem 10-stündigen Einarbeitungs-Coaching durch einen

				Schulungsleiter zu einem Stundensatz von 200€ zusammen und betragen 2.000€.
Modul 4			**3.200€**	
Schulung Mentoring-Programm 1 Schulung Mentoring-Programm 2	200€/ h 200€/ h	8 8	1600€ 1600€	In Modul 4 entstehen externe Gesamtkosten in Höhe von 3.200€. Diese entstehen durch insgesamt 16 Schulungsstunden durch einen externen Schulungsleiter, welcher einen Stundensatz von 200€ veranschlagt.
Modul 5			**600€**	
Schulung E-Learning-Programm	200€/ h	3	600€	In Modul 5 entstehen externe Gesamtkosten in Höhe von 600€. Diese entstehen durch eine dreistündige Schulung durch einen externen Schulungsleiter, welcher einen Stundensatz von 200€ veranschlagt.
Kosten E-Learning	Gesamtkosten		**25.820 €**	
Entwicklung, Implementierung und Pflege des E-Learning-Programm	25.820€	Einmalige Kosten als Gesamtpaket	25.820€	Die Entwicklung des E-Learning-Programms erfolgt durch ein darauf spezialisiertes externes Lernsoftware-Unternehmen. Für Entwicklung, Implementierung und Pflege werden von diesem Gesamtkosten von 25.820€ veranschlagt.
Gesamtbetrag			**43.520 €**	

Gesamtkonzept „Onboarding – ein metakognitiver Ansatz“

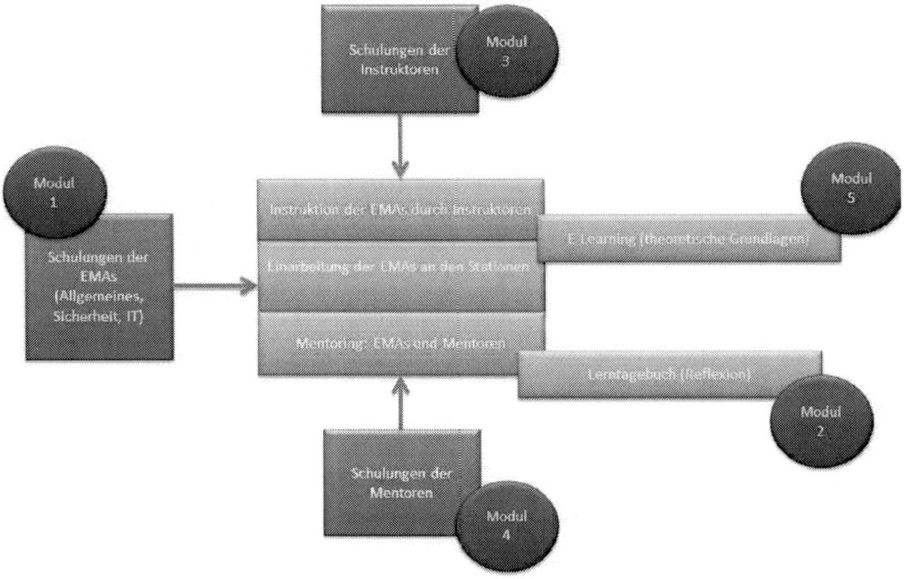

Legende und Bausteine des Gesamtkonzepts „Onboarding – ein metakognitiver Ansatz“

Die Grafik stellt den Zusammenhang zwischen den verschiedenen Begleitprogrammen und den Modulen dar → Bausteine:

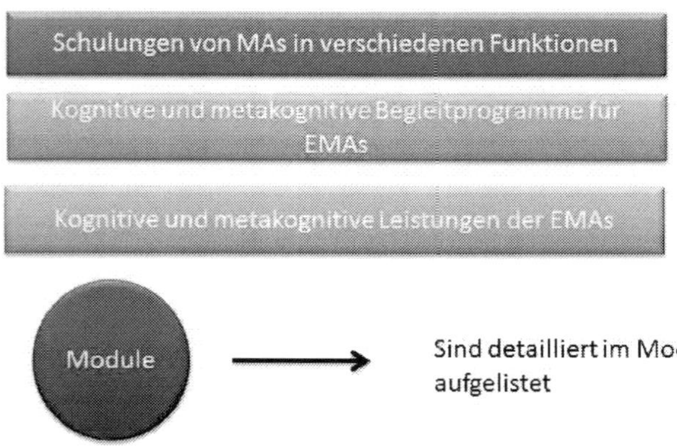

Sind detailliert im Modulhandbuch aufgelistet

Einarbeitungsplan der EMAs

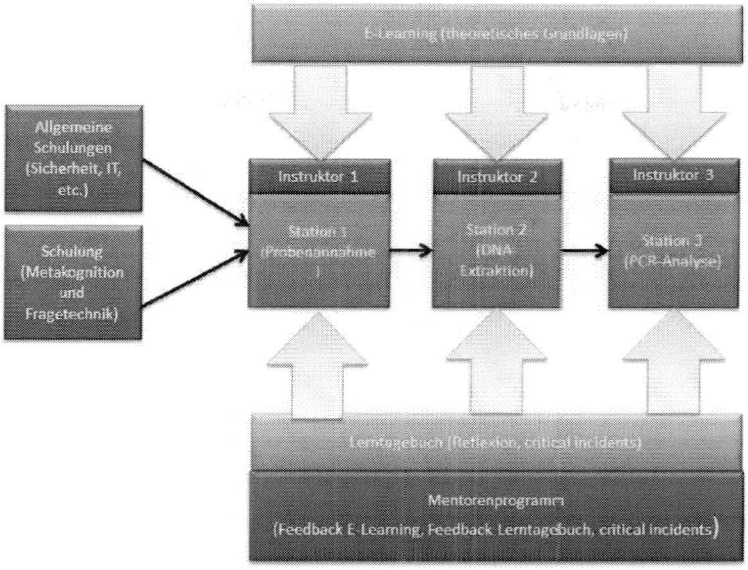

Legende zum Einarbeitungsplan der EMAs

Die Grafik zeigt den Durchlauf der EMAs durch den Betrieb und

die Einbettung in das Gesamtkonzept → verschiedene Bausteine:

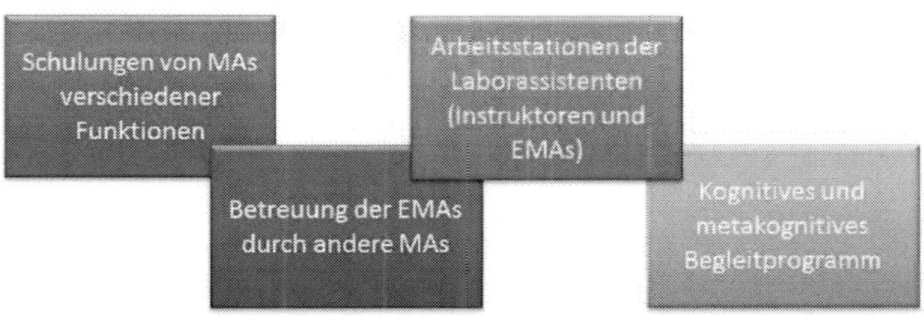

Workload Modul 1

	EMA	EMA E-Learning	Schulungsleiter
GenTG und S1	0,5h	0,25h	0,5h
Arbeitssicherheit	0,75h	0,25h	0,75h
LIMS	2h	0,5h	2,0h
D4	1h	0,5h	1h

Workload Modul 2

	EMA	Instruktor	Mentor
Schulung (Lerntagebuch)	1,5h	1,5h	1,5h
Aufzeichnung des Lerntagebuches (täglich)	2 h	0 h	0 h
Aufzeichnung des Lerntagebuches (täglich)	1,5 h	1,5 h	1,5 h

Workload Modul 3

	Instruktor (6-8 Pers. pro Schulung/ Coach)	Coach	Nachfolger Instruktorenausbilder
Vorwissensaktivierung E-Learning	0,5 h	0 h	0 h
Schulung 1	4 h	4 h	0 h
Schulung 2	4 h	4 h	0 h
Schulung 1 Instruktorenausbilder (optional)	0 h	(5 h)	5 h
Selbststudium Instruktorenausbilder	0 h	0 h	8 h
Schulung 2 Instruktorenausbilder	0 h	3 h	3 h

Workload Modul 4

	EMA	Mentor	Inst-ruktor	Schulungs-leiter	weitere
Schulung Mentoring-Programm	0h	16h	0h	16h	0h
Betreuung der EMAs während der Einarbeitung (insg.)	0h	30h	0h	0h	0h

Workload Modul 5

	EMA	Mentor	Inst-ruktor	Schulungs-leiter	weitere
Schulung (Vorstellung des E-Learning Programms	3h	3h	0h	3h	0h
Selbststudium (während der Einarbeitungszeit)	30h	15h	0h	0h	0h

15473479R00142

Printed in Poland
by Amazon Fulfillment
Poland Sp. z o.o., Wrocław